保尔·拉法格的
马克思主义观研究

A Study of Paul Lafargue's View on Marxism

张留财　著

中国社会科学出版社

图书在版编目（CIP）数据

保尔·拉法格的马克思主义观研究／张留财著 .—北京：中国社会科学出版社，2022.4
ISBN 978-7-5203-9548-9

Ⅰ.①保… Ⅱ.①张… Ⅲ.①拉法格（Lafargue，Paul 1842-1911）—马克思主义哲学—思想评论 Ⅳ.①B0-0

中国版本图书馆 CIP 数据核字（2022）第 012462 号

出 版 人	赵剑英	
责任编辑	刘 艳	
责任校对	陈 晨	
责任印制	戴 宽	

出　　版	中国社会科学出版社	
社　　址	北京鼓楼西大街甲 158 号	
邮　　编	100720	
网　　址	http://www.csspw.cn	
发 行 部	010-84083685	
门 市 部	010-84029450	
经　　销	新华书店及其他书店	
印刷装订	北京君升印刷有限公司	
版　　次	2022 年 4 月第 1 版	
印　　次	2022 年 4 月第 1 次印刷	
开　　本	710×1000　1/16	
印　　张	24.5	
插　　页	2	
字　　数	355 千字	
定　　价	148.00 元	

凡购买中国社会科学出版社图书，如有质量问题请与本社营销中心联系调换
电话：010-84083683
版权所有　侵权必究

出 版 说 明

为进一步加大对哲学社会科学领域青年人才扶持力度，促进优秀青年学者更快更好成长，国家社科基金2019年起设立博士论文出版项目，重点资助学术基础扎实、具有创新意识和发展潜力的青年学者。每年评选一次。2020年经组织申报、专家评审、社会公示，评选出第二批博士论文项目。按照"统一标识、统一封面、统一版式、统一标准"的总体要求，现予出版，以飨读者。

全国哲学社会科学工作办公室

2021年

摘　　要

保尔·拉法格（1842—1911）是法国和国际工人共运史上著名的活动家和领袖，法国马克思主义者的先驱、法国社会党的创始人之一，对马克思主义学说在法国的传播和法国工人党的建立有重要的贡献。但是其马克思主义观的不彻底性也使他犯下了一些错误，增加了自身的复杂性。从蒲鲁东主义到布朗基主义、实证主义，人们对他的评价众说纷纭、莫衷一是。拉法格去世后，其马克思主义者的身份和形象被"污名化"，各种标签也蜂拥而至："半马克思主义者"、"假马克思主义者"、"非马克思主义者"、"半无政府主义者"等，晚年甚至还被冠以"中派主义者"的面貌，拉法格的马克思主义观被涂画成各式各样的脸谱。

拉法格晚年由于身体原因过着深居简出的生活，参加的革命活动大幅度减少，很少在公开场合发表演说。他在法国革命的一些重要问题上也与长期同他并肩作战的革命好友盖得发生了分歧，其政治策略的左右摇摆及这样或那样的错误，增加了他的复杂性。

纵观拉法格的一生，革命的马克思主义者是他最为显著的标签。对他的马克思主义观进行研究，力争做到客观翔实、不带偏见，这既是一个充满趣味的时代话题，也是一个富有启发性的理论课题。鉴别拉法格思想中的是非曲直，不仅对于正确探讨时代变化与马克思主义之间的内在张力、准确判断时代形势，而且对正确回答"什么是马克思主义"以及"怎样科学对待马克思主义"等重要问题都具有参考价值。

拉法格马克思主义观的形成具有特定时代场景和思想资源。从法兰西第二帝国到19世纪末20世纪初自由资本主义向垄断资本主义过渡，构筑了拉法格两种生活年代的背景底色。资产阶级政党执政后各个党派的粉墨登场，造就了法国政局的独特特征。拉法格正是在这样一个阶级对立、文化丰厚和矛盾交织的封建专制和资本主义民主共和国国家中开启了他的思想之旅和革命之路。19世纪的法国成为世界革命的"暴风眼"，促使他思考如何推进马克思主义在法国的传播以及指导无产阶级革命运动；由于成长环境和优质教育的熏陶，受18世纪法国大革命遗产的影响，加上马克思恩格斯的指导与感染，拉法格逐渐学会运用马克思主义结合法国实际，分析具体问题；巴黎公社失败后，第一国际内部马克思主义同巴枯宁等机会主义流派的斗争以及19世纪末第二国际理论家关于马克思主义原则的论争，为拉法格马克思主义观的形成提供了国际视野。

可以说，拉法格的马克思主义观是连续性与阶段性的统一体。连续性是因为自从拉法格从蒲鲁东主义者和布朗基主义者转变为马克思主义者后，他一直秉承马克思主义；同时，不同的革命事件线索也造就了其革命实践活动的不同划分区间。具体而言，拉法格的马克思主义观从生发到确立，从成熟到晚年探索，一共历经了四个阶段：萌芽生发期（1865—1871）、跃迁确立期（1872—1882）、成熟发展期（1883—1901）、深入探索期（1902—1911）。这四个阶段唇齿相依，也囊括了拉法格马克思主义观的三元层次结构。正因为早期的萌芽导致了立场的转变，而晚年的主张中又恪守前期的原则。因此，以不同时期的革命活动和历史事件为坐标，对四个阶段特征做具体分析，才能在微观视阈中准确研判其理论贡献和内在缺陷。具体而言：

第一，拉法格马克思主义观历经了四个阶段。反对法兰西第三帝国的暴虐统治和法国工人运动的高涨坚定了他的革命倾向。从参加大学生团体运动到与马克思的伦敦情结，再到支援巴黎公社，拉法格逐渐脱离了蒲鲁东主义、布朗基主义、实证主义的窠臼，孕育了对马克思主义的渴望和追求。他开始在马克思主义中寻找关于法国经济发展进程和革命运动等迫切问题的指导方案，直接领导了法国工人党的建立，但这种历程并非一蹴而就，而是充满艰辛。流亡西班牙期间，积极宣传马克思主义，同莫拉、梅萨等无政府主义斗争，并严厉批判了以马隆、布鲁斯为首的可能派错误主张。马克思主义观进入成熟发展期，他举办理论讲座，推动无产阶级的国际联系，为捍卫共产主义观点同德莫连唇枪舌剑。拉法格晚年虽然革命活动减少，但他依旧批判唯心主义先验论和不可知论，在反对改良主义和无政府主义的两条战线上毫不妥协。事实上，从以马克思主义立场分析问题的"初学者"到认真研究、积极宣传马克思主义，拉法格的整个蜕变历程也是用新思想清理旧思想的过程。

第二，中观视阈下扫描拉法格马克思主义观三元层级结构，从本体论层面看，关于什么是马克思主义方面，他有着自己的话语体系。概括起来，包含三个方面：首先，马克思和恩格斯是"两个身体，一个大脑"，从缔造者的角度看，马克思是该学说的首要创立者，博学的恩格斯为马克思主义的创立做出了突出贡献。因此，马克思主义可谓是两人"共同的脑力劳动"。拉法格还以反讽的口吻不轻易炮制任何定义。其次，在拉法格看来，马克思主义是交给社会主义者的新的工具，它的根本方法是历史唯物主义。尽管他有时将历史唯物主义称为经济唯物主义，对专业术语有类似表达上的错误，但诸多证据表明拉法格坚持了唯物史观的基本思想。再次，他始终秉持为无产阶级利益服务的群众立场，为群众著述立言，号召革命唯物主义者要为无产阶级的物质利益服务，对农民和土地问题做出了思索。这都呈现出了他对马克思主义根本立场的承继关系。最后，按照拉法格的看法，马克思主义的核心是阶级斗争学说。拉法格分析了阶级对立的成因，并结合法国实际具体分析了法国阶级斗争的新阶段。他深入探讨了无产阶级在夺取政权后面临的主要任务、国家机器特征以及向共产主义过渡等问题。

第三，从实践论层面看，关于"怎样对待马克思主义"。其一，拉法格倡导刻苦学习和宣传马克思主义，他对经典著作的研读如饥似渴；拉法格夫妇所译介的马克思主义理论读物成为法国民众获取马克思主义的来源；拉法格积极创办无产阶级报刊，主张宣传鼓动家传播马克思主义学说，善于利用多种形式开展共产主义理论宣传工作，开辟了一条由英国向法国及由法国向西班牙、葡萄牙、瑞士传播马克思主义的欧洲路径。其二，拉法格主张"要很好地应用马克思的历史法则"。他将唯物辩证法的战斗因子植入文学评论领域；以语言为思想武器，追溯语言的起源，并运用马克思主义的观点揭示各种宗教观念的起源之谜。其三，捍卫马克思主义原则方面表现为：哲学问题域中，他努力廓清哲学疑难问题的迷雾，及时反击伯恩施坦修正主义等逆流思潮，驳斥饶勒斯的唯心史观；政治经济学理论方面，拉法格在资产阶级经济学者对马克思经济学说的"围剿"中主动迎敌，实现"突围"，捍卫革命导师的思想遗产。其四，他主张"在理论和实践方面勾画发展马克思主义的轮廓"，在革命实践中对马克思的伟大学说进行检验。通过分析卡特尔、托拉斯等垄断组织，对帝国主义论中的"五个基本特征"做出了独创性分析；分析了财产的起源及其在人类社会各个历史阶段的不同形态。

　　第四，从价值论层面看，拉法格关于"马克思主义的历史命运"的思考包含三个方面：其一，拉法格的一生命运多舛，由于领导和从事革命活动，他多次被政府通缉驱逐和流亡海外，还要承受丧子之痛，经济上拮据潦倒。即使面对革命的暂时失利或低潮，他仍坚信"社会主义会重露头角"，社会主义革命事业在不久定会胜利，恪守马克思主义信仰。其二，在他眼中，马克思主义"历险记"首先经历了蒲鲁东主义、巴枯宁主义、可能主义等几个阶段，走出各种错误思潮的迷宫，接着又与修正主义形成了两军对垒的局面，这折射了马克思主义的生长规律。其三，马克思主义在前进路上与各种错误思潮的较量以及和工人运动的结合是一个长期反复清除"余毒"的过程，对客观规律的认识呈现出一个螺旋式上升图谱。

　　第五，从认识论层面看，拉法格思想主张中的几个重要问题决定了其马克思主义观的真假和走向。拉法格在对待半无政府主义者爱尔威的立场和中派主义问题上，都构成了其马克思主义者身份的核心组件。为此，通过探究拉法格马克思主义观中的两个典型主题，即半无政府主义和中派主义非议，展开对拉法格是否为一个马克思主义者的蠡测，还原其作为革命马克思主义者的思想面貌。

拉法格晚年与盖得在一些原则问题上发生了激烈争论，双方的分歧点主要聚焦于议会斗争的重要性。从后来的法国无产阶级革命实践来看，拉法格的主张也有一定的合理之处和现实意义。所以他晚年的一些思想主张和革命斗争活动也值得予以关注。

综合来看，拉法格的错误主要表现在：对历史唯物主义的表述不够确切；对农民缺乏科学的阶级分析；对巴黎公社的评价具有片面性；低估了无产阶级取得政权后国家的作用，错误地认为无产阶级国家不应干预任何生产；等等。

因此，在拉法格的马克思主义观中，既有重要的成就，需要我们坚持发展，也有经验教训，值得我们甄别反思。在评析拉法格马克思主义观时，我们要坚持以历史视角和辩证方法为坐标的评价体系，既不能一概而论，也不能混为一谈。一言以蔽之，拉法格的马克思主义观构筑了国际工人运动史中独特的"拉法格阶段"，在马克思主义发展史上是"大写的贡献"与"小写的错误"并存。其中蕴含的独特的思想营养，为新时代中国共产党人树立科学马克思主义观提供了榜样示范。

关键词：拉法格；马克思主义观；理论贡献；内在缺陷

Abstract

Paul Lafargue (1842 – 1911) was a famous activist and leader in the history of France and international workers' movement. The pioneer of the France Marxist and one of the founders of the French Socialist Party has made important contributions to the spread of Marxist doctrine in France and the establishment of the French Workers' Party. However, the incompleteness of his view of Marxism also caused him to make some mistakes and increase his complexity. From Proudhonism to Blanquism and Positivism, people have different opinions on him, and there is no consensus. After the death of Lafargue, his Marxist identity and image were "stigmatized" and various labels also swarmed: "Semi-Marxist", "Fake Marxist", "Non-Marxist", "Half-anarchist", etc, even in his later years, he was even labeled as a "centralist". Lafargue's view of Marxism was painted into a variety of faces.

In his later years, Lafargue lived a life of deep self-sufficiency due to physical reasons. The revolutionary activities he participated in were greatly reduced, and few public speeches were made. He also disagreed with the revolutionary buddy Gade who has been fighting with him for a long time on some important issues of the France revolution. The swaying of his political strategy and one or the other mistakes increased his complexity.

Throughout Lafargue's life, the revolutionary Marxist is his most prominent label. Studying his view of Marxism and striving to be objective and unbiased is not only an interesting topic of the times, but also an inspiring theoretical subject. To identify the right and wrong in Lafargue's thoughts, not only to correctly explore the inherent tension between the times and Marxism, but also to accurately judge the situation of the times, and to answer the important questions such as "What is Marxism" and "How to treat Marxism scientifically" has a reference value.

The formation of Lafargue's view of Marxism has specific time scenes and ideological resources. From the Second Empire of France to the transition from the capitalist to the monopoly capitalism in the late 19th and early 20th centuries, the background color of Lafargue's two life years were constructed. The appearance of various parties after the bourgeois political party took office has created the unique characteristics of the French political situation. Lafargue opened his journey of thought and revolution in such a feudal autocracy and a capitalist democratic republic with class opposition, rich culture and contradictions. In the 19th century, France became the "storm eye" of the world revolution, prompting him to think about how to promote the spread of Marxism in France and guide the proletarian revolutionary movement; due to the growth environment and the influence of quality education, influenced by the heritage of the French Revolution in the 18th century, In the guidance and infection of Marx and Engels, Lafargue gradually learned to use Marxism in combination with French reality to analyze specific problems; after the failure of the Paris Commune, the struggle between Marxism and the opportunistic schools such as Bakunin within the First International and the debate among the Second International theorists on the principles of Marxism in the late 19th century provides an international perspective for the formation of the Lafargue's view of Marxism.

It can be said that Lafargue's view of Marxism is a unity of continuity and stage. Continuity lies at he has been adhering to Marxism since Lafargue changed from Proudhonism and Blanquism to Marxism. At the same time, different revolutionary events clues have created different divisions of his revolutionary practice activities. Specifically, Lafargue's view of Marxism from birth to establishment, from maturity to later years of exploration, has gone through four stages: sprouting period (1865 – 1871), transition establishment period (1872 – 1882), mature development period (1883 – 1901), in-depth exploration period (1902 – 1911). These four stages are closely related to each other, and also include the ternary hierarchy of Lafargue's view of Marxism. It is precisely because of the early germination that led to the change of position, and proposition in his later years adhered to the principles of the previous period. Therefore, taking the revolutionary activities and historical events in different periods as the coordinates and making a detailed analysis of the four stages of characteristics, we can in the microscopic perspective accurately judge its theoretical contribution and inherent defects. In particular:

Firstly, Lafargue's view of Marxism has gone through four stages. Opposing the tyrannical rule of the Third Reich of France and the rise of the French workers' movement reinforce his revolutionary tendencies. From participating in college student group movements to Marx's London complex, to supporting the Paris Commune, Lafargue gradually separated from the mortar of Proudhonism, Blanquism, and Positivism, gestating the desire and pursuit of Marxism. He began to seek guidance on the urgent issues of the French economic development process and the revolutionary movement in Marxism, and directly led the establishment of the French Workers' Party. However, this process is not a one-step process, but full of hardships. During his exile in Spain, he actively promoted Marxism, struggled with anarchism such as Mora and Mesa, and severely criticized the possible false claims led by Marlon and Brousse. Lafargue's view of Marxism entered a period of mature development. He held theoretical lectures to promote the international relations of the proletariat and defended the communist views with Demolius. Although Lafargue's revolutionary activities were reduced in his later years, he still criticized the idealist transcendentalism and agnosticism, and did not compromise on the two fronts against reformism and anarchism. In fact, from the "beginners" who analyzed problems from the standpoint of Marxism to seriously study and actively promoted Marxism, the entire process of transformation of Lafargue is also the process of cleaning up old ideas with new ideas.

Secondly, in the Mesoscopic threshold view, the ternary hierarchy of Lafargue's view of Marxism is scanned. He has his own discourse system on what is Marxism from the perspective of ontology. To sum it up, there are three aspects: Firstly, Marx and Engels are "two bodies, one brain". From the perspective of the founder, Marx is the primary founder of the doctrine. The learned Engels made outstanding contribution to the creation of Marxism. Therefore, Marxism can be described as their "common mental labor". Lafargue also does not easily make any definition in an ironic tone. Secondly, in Lafargue's view, Marxism is a new tool for socialists, and its fundamental method is historical materialism. Although he sometimes referred to historical materialism as economic materialism and had similar expression errors in terminology, there is much evidence that Lafargue adheres to the basic idea of historical materialism. Thirdly, he always upheld the masses' position to serve the interests of the proletariat, writed for the masses, and called on the revolutionary materialists to serve the material interests of the proletariat and thought about the peasants and the land issue. This shows his inheritance of the fundamental position of Marxism. Finally, in Lafargue's opinion, the core of Marxism is the theory of class struggle. Lafargue analyzed the causes of class opposition and specifically analyzed the new stage of the French class struggle in light of the French reality. He delved into the main tasks faced by the proletariat after seizing power, the characteristics of the state machine and the transition to communism, etc.

Thirdly, from a practical perspective, Regarding "how to deal with Marxism", Firstly, Lafargue advocated studying and propagating Marxism hard, and he was hungry for the study of classic works; the Marxist theoretical readings translated by the Lafargue couple became the source of the French to obtain Marxism; Lafargue actively established the proletarian newspapers, advocated propagandist to spread the Marxist doctrine, and was good at using various forms to carry out propaganda work of communism theory, and opened up a European path to spread Marxism from Britain to France and from France to Spain, Portugal and Switzerland. Secondly, Lafargue advocated "to apply Marx's historical rules well". He implanted the combat factor of materialist dialectics into the field of literary criticism; using language as an ideological weapon, traced the origin of language, and used Marxist views to reveal the mystery of the origin of various religious ideas. Thirdly, defending the principles of Marxism is: in the field of philosophical problems, he strived to clarify the fog of philosophical problems, counterattacked Bernstein's revisionism and other counter-current thoughts, and refuted Jaures's idealistic view of history; In the "encirclement and suppression" of bourgeois economists' opinion on Marx's economics, Lafargue took the initiative to meet the enemy, realized "breakthrough" and defended the ideological heritage of the revolutionary mentor. Fourthly, he advocated "delineating the outline of developing Marxism in theory and practice" and testing Marx's great theory in the practice of revolution. Through the analysis of cartels, trusts and other monopoly organizations, He made an original analysis of the "five basic characteristics" of imperialism; analyzed the origin of property and its different forms in various historical stages of human society.

Fourthly, from the perspective of axiology, Lafargue's thinking on the "historical destiny of Marxism" consists of three aspects: Firstly, Lafargue's life was much more difficult. Because of leadership and revolutionary activities, he had been repeatedly expelled and exiled by the government. He had to suffer from the pain of losing children, the economy was struggling to stumble. Even in the face of the temporary loss or low tide of the revolution, he firmly believed that "socialism will reappear", and the cause of socialist revolution will soon win and abide by Marxist beliefs. Secondly, in his eyes, "adventures of Marxism" first experienced several stages such as Proudhonism, Bakuninism, and Possibleism, and walked out of the labyrinth of various wrong thoughts, and then formed a confrontation with the revisionism. The situation reflects the law of growth of Marxism. Thirdly, the combination of Marxism on the way forward with various wrong thoughts and the movement of the workers is a long-term process of repetitively clearing the "drugs", and the understanding of objective laws presents a spiral rising map.

Fifthly, from the epistemological perspective, several important issues in Lafargue's ideological proposition determine the true or false of the view of Marxism. Lafargue's position on the semi-anarchist Elway and the issue of centralism constitutes a core component of his Marxist identity. To this end, by exploring the two typical themes in the Lafargue's view of Marxism, criticism about semi-anarchism and the centristism, unfolding speculation of whether Lafargue is a Marxist and revert his appearance of thought as revolutionary Marxist.

In his later years, Lafargue and Gade had a heated debate on some issues of principle. The differences between the two sides focused on the importance of the parliamentary struggle. Judging from the later practice of the French proletarian revolution, Lafargue's proposition also has certain rationality and practical significance. Therefore, some of his ideas and revolutionary struggles in his later years deserve attention.

On the whole, Lafargue's mistakes are mainly manifested in: the expression of historical materialism is not precise; the lack of scientific class analysis for peasants; the evaluation of the Paris Commune is one-sided; the role of the state after the proletariat's political power is underestimated, wrongly believes that the proletarian state should not interfere with any production, and so on.

Therefore, in Lafargue's view of Marxism, there are important achievements, we need to persist in development, and we have lessons to learn. It is worthy of us to reflect on reflection. When evaluating Lafargue's view of Marxism, we must adhere to the evaluation system based on historical perspectives and dialectical methods, which cannot be generalized or confused. In a nutshell, Lafargue's view of Marxism constructed the unique "Lafargue stage" in the history of the international workers' movement. In the history of the development of Marxism, "the contribution of capitalization" and "the mistake of lowercase" coexist. The unique ideological nutrition contained therein provides an example for the Chinese Communists in the new era to establish a scientific view of Marxism.

Key Words: Paul Lafargue; View of Marxism; Theoretical Contribution; Intrinsic Defect

目 录

绪 论 ……………………………………………………………（1）
  一 研究背景与研究意义 ……………………………………（1）
  二 国内外研究综述 …………………………………………（10）
  三 研究方法及研究思路 ……………………………………（33）
  四 创新点及不足 ……………………………………………（36）

第一章 拉法格马克思主义观形成的时代背景和理论渊源 ……（38）
  第一节 本土特征：拉法格马克思主义观形成的
          国内背景 …………………………………………（39）
    一 19世纪中后期法国社会的本质特征 ………………（39）
    二 19世纪末20世纪初法国国内外矛盾交织 …………（47）
  第二节 国际环境：资本主义世界出现的新变化 …………（52）
    一 19世纪70年代以来资本主义世界出现的新现象 ……（53）
    二 马克思主义理论与资本主义新现象的"偏离"或
       "张力" …………………………………………………（56）
    三 马克思主义遭遇的危机和挑战 ……………………（61）
  第三节 拉法格马克思主义观形成的理论渊源 ……………（67）
    一 理论基础：马克思恩格斯的指导与感染 …………（67）
    二 革命传统：法国大革命遗产的深刻影响 …………（69）
    三 国际视野：19世纪末第二国际理论家对马克思主义
       原则的论争 ……………………………………………（71）

第二章　拉法格马克思主义观的实践历程与演变轨迹……（77）
第一节　早期萌芽生发时期（1865—1871）…………（78）
　　一　参加学生革命进步运动………………………（80）
　　二　与马克思的伦敦会晤…………………………（82）
　　三　同革命伴侣劳拉的结合………………………（85）
　　四　支援巴黎公社活动……………………………（86）
第二节　跃迁确立时期（1872—1882）………………（90）
　　一　粉碎巴枯宁在西班牙的阴谋活动……………（91）
　　二　努力建立独立的工人政党……………………（96）
　　三　坚决捍卫《哈佛尔纲领》……………………（100）
　　四　严厉批判可能派的错误主张…………………（103）
第三节　成熟发展时期（1883—1901）………………（109）
　　一　举办系列讲座的"巴黎明灯"………………（110）
　　二　加强同他国社会主义者联系…………………（111）
　　三　同德莫连进行学术论辩………………………（114）
第四节　深入探索时期（1902—1911）………………（118）
　　一　参与创建工人国际法国支部…………………（118）
　　二　反对改良主义和无政府主义两条战线的并行…（121）
　　三　宣传辩证唯物主义反映论……………………（123）
　　四　严厉批判不可知论……………………………（129）

第三章　本体论：拉法格关于"什么是马克思主义"的探讨………………………………………………（134）
第一节　马克思主义是马克思恩格斯"共同的脑力劳动"………………………………………………（137）
　　一　马克思是马克思主义的首要创立者…………（138）
　　二　博学的恩格斯对马克思主义做出了突出贡献…（141）
　　三　马克思主义是"两个身体，一个大脑"的思想结晶……………………………………………（143）

四　给马克思主义下定义的反讽："不轻易炮制任何定义" …………………………………………… (144)

第二节　马克思主义的历史方法是"交给社会主义者的新的工具" ……………………………………… (148)
　　一　"经济唯物主义"的思想源流考察 ………………… (150)
　　二　"历史唯物主义"概念的身世由来与演变发展 …… (152)
　　三　拉法格眼中的"经济唯物主义"真相还原 ………… (158)

第三节　以劳动群众为中心是马克思主义的根本立场 …… (163)
　　一　"革命唯物主义者要为无产阶级物质利益服务" … (164)
　　二　农民与土地问题的思索 ………………………… (166)

第四节　无产阶级斗争学说是马克思主义的基石 ………… (171)
　　一　马克思主义的核心是阶级斗争学说 ………………… (171)
　　二　无产阶级夺取政权之后去往何处和国家观之间 …… (174)

第四章　实践论：拉法格关于"怎样对待马克思主义"的解读 ………………………………………… (178)

第一节　认真学习和宣传马克思主义 …………………… (179)
　　一　刻苦学习马克思主义理论读物 ……………………… (179)
　　二　积极译介马克思主义著作 …………………………… (187)
　　三　"已经制定的理论现在需要宣传鼓动家来传播" … (193)

第二节　"很好地应用马克思的历史法则" ……………… (202)
　　一　唯物辩证法在文艺领域的运用 ……………………… (204)
　　二　"语言观"的三维镜像 …………………………… (210)
　　三　蒲鲁东主义到马克思主义宗教观的转向 …………… (217)

第三节　坚决捍卫马克思主义的原则 …………………… (222)
　　一　捍卫马克思主义哲学基础：驳斥伯恩施坦主义的哲学基础 ……………………………………… (223)
　　二　捍卫唯物史观：同饶勒斯的论争 ………………… (227)
　　三　捍卫《资本论》的科学价值：同资产阶级经济学家的论战 ……………………………………… (231)

四　平均利润率问题的详细阐述：价值理论的深入
　　　　研究 ………………………………………………………（240）
　第四节　"在理论和实践方面勾画发展马克思主义的
　　　　粗略轮廓" …………………………………………（245）
　　一　帝国主义论的独创性分析 …………………………（246）
　　二　《家庭、私有制和国家的起源》的"续篇" ………（251）
　　三　"对马克思的伟大学说进行历史的检验" …………（257）

第五章　价值论：拉法格关于"马克思主义历史命运"的
　　　　思考 ………………………………………………（260）
　第一节　坚定马克思主义必胜的信念 ……………………（260）
　　一　"社会主义会重露头角" ……………………………（261）
　　二　"深信为之奋斗的事业在不久的将来会取得
　　　　胜利" ………………………………………………（266）
　第二节　科学揭示马克思主义的生长规律 ………………（270）
　　一　马克思主义走出各种错误思潮的"迷宫" …………（271）
　　二　马克思主义与修正主义的"两军对垒" ……………（275）
　第三节　正确看待前进道路上的曲折 ……………………（281）
　　一　马克思主义与各种错误思潮的斗争是长期反复的
　　　　过程 …………………………………………………（282）
　　二　马克思主义和法国工人运动的结合是不断清除
　　　　"余毒"的过程 ……………………………………（283）
　　三　马克思主义对客观规律的认识是一个螺旋式上升
　　　　过程 …………………………………………………（288）

第六章　认识论：拉法格马克思主义观的评析及其
　　　　当代启示 …………………………………………（294）
　第一节　关于拉法格"半无政府主义"真假面孔的
　　　　澄清 ………………………………………………（296）

一 "半无政府主义"的释义 ………………………………（296）
　　二 驳西方学者关于拉法格是"半无政府主义者"之
　　　 责难 ……………………………………………………（299）
第二节 关于拉法格晚年"中派主义错误"与否定性
　　　 评价 ……………………………………………………（302）
　　一 "中派主义"概念及其发展流变 ……………………（303）
　　二 关于拉法格晚年"中派主义错误"否定性评价之
　　　 评价 ……………………………………………………（307）
第三节 拉法格马克思主义观整体评价：贡献大于缺陷 …（310）
　　一 拉法格马克思主义观评价方法：历史视角和辩证
　　　 方法相结合 ……………………………………………（311）
　　二 国际共产主义运动史上独特的"拉法格阶段" ……（313）
第四节 拉法格马克思主义观对中国共产党人的当代
　　　 启示 ……………………………………………………（318）
　　一 马克思主义学说是博大精深的理论体系 ……………（318）
　　二 认认真真钻研和体悟马克思主义经典著作 …………（321）
　　三 在理论与实践的互动中发展21世纪的马克思
　　　 主义 ……………………………………………………（324）
　　四 恪守马克思主义信仰为共产党人补足精神之钙 ……（330）

结　语 …………………………………………………………（335）

参考文献 ………………………………………………………（338）

索　引 …………………………………………………………（353）

后　记 …………………………………………………………（359）

Contents

Introduction ·· (1)
 1　Research Background and Significance ···························· (1)
 2　Research Overview ··· (10)
 3　Research Methods and Ideas ······································· (33)
 4　Innovations and Deficiencies ······································· (36)

Chapter 1　The Historical Background and Theoretical Origin of the Formation of Lafargue's View of Marxism ··· (38)
　Section 1　Local Characteristics: Domestic Background of the Formation of Lafargue's View of Marxism ············ (39)
　　1　The Essential Characteristics of French Society in the Middle and Late 19th Century ································ (39)
　　2　Internal and External Contradictions Interwoven in France at the End of the 19th Century and the Beginning of the 20th Century ··· (47)
　Section 2　International Environment: New Changes in the Capitalist World ··· (52)
　　1　New Phenomena in the Capitalist World since the 1870s ·· (53)
　　2　The "Deviation" or "Tension" Between Marxist Theory and the New Phenomenon of Capitalism ······················ (56)

  3 Crisis and Challenges Encountered by Marxism ………… (61)

Section 3 Theoretical Origin of the Formation of Lafargue's View of Marxism …………………………………… (67)

  1 Theoretical Basis: Guidance and Infection of Marx and Engels ………………………………………………… (67)

  2 Revolutionary Tradition: Profound Influence of the Legacy of the French Revolution ……………………………… (69)

  3 International Perspective: The Second International Theorists' Controversy on Marxist Principles at the End of the 19th Century ……………………………… (71)

Chapter 2 The Practice Course and Evolution Track of Lafargue's View of Marxism …………………… (77)

Section 1 The Period of Early Germination (1865 – 1871) ………………………………… (78)

  1 Participate in the Student Revolution and Progress Movement ……………………………………………… (80)

  2 Meeting with Marx in London ………………………… (82)

  3 Combination with Revolutionary Partner Laura ………… (85)

  4 Supporting the Activities of the Paris Commune ………… (86)

Section 2 The Period of Establishment and Transition (1872 – 1882) ………………………………… (90)

  1 Smash Bakunin's Conspiracy in Spain ………………… (91)

  2 Strive to Establish an Independent Workers' Party ……… (96)

  3 Resolutely Defend the "Harvard Program" …………… (100)

  4 Severely Criticize the False Claims of the Possible Faction …………………………………………………… (103)

Section 3 Mature Development Period (1883 – 1901) …… (109)

  1 Hold a Series of Lectures as "Paris Beacon" ………… (110)

2　Strengthen Ties with Socialists in Other Countries ……… (111)
　　3　Conduct Academic Debates with Demolius ……………… (114)
　Section 4　In-depth Exploration Period (1902 – 1911) …… (118)
　　1　Participate in the Creation of the French Branch of
　　　　Workers International ……………………………………… (118)
　　2　Parallel of Two Fronts against Reformism and
　　　　Anarchism …………………………………………………… (121)
　　3　Propagate Dialectical Materialist Theory of Reflection … (123)
　　4　Severely Criticize Agnosticism …………………………… (129)

Chapter 3　Ontology: Lafargue's Discussion on "What is Marxism" ……………………………………………… (134)

　Section 1　Marxism is the "Common Mental Work" of Marx
　　　　　　and Engels …………………………………………… (137)
　　1　Marx is the Chief Founder of Marxism …………………… (138)
　　2　The Knowledgeable Engels Made Outstanding
　　　　Contributions to Marxism ………………………………… (141)
　　3　Marxism is the Crystallization of "Two Bodies,
　　　　One Brain" ………………………………………………… (143)
　　4　The Irony of Defining Marxism: "Do not Concoct Any
　　　　Definition Easily" ………………………………………… (144)
　Section 2　The Marxist Historical Method is "A New Tool
　　　　　　Handed Over to the Socialists" ………………… (148)
　　1　Investigation on the Ideological Origin of "Economic
　　　　Materialism" ……………………………………………… (150)
　　2　The Origin, Evolution and Development of the Concept
　　　　of "Historical Materialism" ……………………………… (152)
　　3　The Truth Reduction about "Economic Materialism" in
　　　　the Eyes of Lafargue ……………………………………… (158)

Section 3　Centering on the Working Masses is the Fundamental Position of Marxism …………………………（163）
　1　"Revolutionary Materialists Must Serve the Material Interests of the Proletariat" ……………………（164）
　2　Thoughts on Farmers and Land Issues ……………（166）
Section 4　The Theory of Proletarian Struggle is the Cornerstone of Marxism ………………………………（171）
　1　The Core of Marxism is the Theory of Class Struggle …（171）
　2　Where to Go after the Proletariat Seizes Power and the Question of the View of the Country ……………（174）

Chapter 4　Practice Theory: Lafargue's Interpretation on "How to Treat Marxism" ………………………（178）

Section 1　Seriously Study and Promote Marxism …………（179）
　1　Study Marxist Theoretical Readings Assiduously ………（179）
　2　Actively Translate and Introduce Marxist Works ………（187）
　3　"Theories that Have been Formulated Now Need to be Spread by Propagandist and Agitators" ……………（193）
Section 2　"Good Application of Marx's Historical Laws" …（202）
　1　The Application of Materialist Dialectics in the Field of Literature and Art ………………………………（204）
　2　Three-dimensional Mirror Image of "View of Language" ………………………………………（210）
　3　The Transition from Proudhonism to Marxist View of Religion ………………………………………（217）
Section 3　Resolutely Defend the Principles of Marxism ……（222）
　1　Defend the Philosophical Basis of Marxism: Refute the Philosophical Basis of Bernsteinism ………………（223）

2 Defend the Materialist Conception of History: Controversy with Jaures ……………………………… (227)
3 Defend the Scientific Value of "Das Kapital": A Controversy with Bourgeois Economists ……………… (231)
4 Detailed Explanation of the Average Profit Rate: An In-depth Study of Value Theory …………………… (240)
Section 4 "Draw A Rough Outline for the Development of Marxism in Theory and Practice" ……………… (245)
1 Originality Analysis of the Theory of Imperialism ……… (246)
2 The "Sequel" of "Family, Private Ownership and the Origin of the State" …………………………… (251)
3 "Historical Test of Marx's Great University Theory" … (257)

Chapter 5 Theory of Value: Lafargue's Thoughts on "Marxist Historical Destiny" ……………… (260)

Section 1 Firm the Belief that Marxism will Win …………… (260)
1 "Socialism will Re-emerge" ………………………… (261)
2 "Firmly Believe that the Cause for Which I have Worked Hard will be Triumphant in the Near Future" ………… (266)
Section 2 Reveal the Law of Growth of Marxism Scientifically ……………………………… (270)
1 Move away from the "Maze" of Various Wrong Thoughts ……………………………………… (271)
2 "Two Armies Confrontation" Between Marxism and Revisionism ……………………………………… (275)
Section 3 Take A Correct View of the Twists and Turns on the Road Ahead ……………………………… (281)
1 The Struggle Between Marxism and Various Erroneous Trends of Thought is a Long and Repeated Process …… (282)

  2 The Combination of Marxism and the French Labor Movement is a Process of Unceasingly Eradicating "Residual Poison" ·· (283)

  3 Marxism's Understanding of Objective Laws is a Spiral Process ·· (288)

Chapter 6 Epistemology: Comments on Lafargue's View of Marxism and Its Contemporary Enlightenment ·· (294)

 Section 1 Clarification on the True or False Face of Lafargue's "Semi-anarchism" ··· (296)

  1 Interpretation of "Semi-anarchism" ······················· (296)

  2 Refute Western Scholars' Accusation that Lafargue is a "Semi-anarchist" ··· (299)

 Section 2 On Lafargue's "Centrism Error" and Negative Evaluation in His Later Years ······················· (302)

  1 The Concept of "Centrism" and Its Development Changes ·· (303)

  2 An Evaluation of the Negative Evaluation of Lafargue's "Centrism Error" in His Later Years ·················· (307)

 Section 3 Overall Evaluation of Lafargue's View of Marxism: Contributions Outweigh Defects ······················· (310)

  1 Evaluation Method of Lafargue's View of Marxism: Combination of Historical Perspective and Dialectical Method ··· (311)

  2 The Unique "Lafargue stage" in the History of the International Communist Movement ···························· (313)

 Section 4 The Contemporary Enlightenment of Lafargue's View of Marxism to Chinese Communists ·················· (318)

1	Marxist Theory is a Broad and Profound Theoretical System	(318)
2	Study and Comprehend the Classic Works of Marxism Seriously	(321)
3	Develop Marxism in the 21st Century in the Interaction of Theory and Practice	(324)
4	Abide by the Marxist Beliefs and Replenish the Calcium of Spirit for the Communists	(330)

Conclusion ··· (335)

References ··· (338)

Index ·· (353)

Postscript ··· (359)

绪　　论

一　研究背景与研究意义

保尔·拉法格（Paul Lafargue）是国际共运史上著名而又复杂的人物。他是法国工人党的创始人和领袖之一，堪称在法国传播马克思主义的第一人，对法国无产阶级政党的建立有重要贡献。但他晚年革命活动骤减，并逐渐和革命好友盖得分道扬镳，逝世后被打扮成"半无政府主义者"、"中派主义者"。

梳理拉法格的一生，忠诚但非彻底的马克思主义者是他最显著的标签。他努力将马克思主义理论运用到文化丰厚、矛盾交织的法兰西共和国，严格遵循马克思主义原则，在法国革命的实践活动中形成了自己的马克思主义观，对"什么是马克思主义"、"如何对待马克思主义"和"马克思主义的历史命运走向"做出了独创性思考，丰富了马克思主义思想库，为我们留下了一笔不可小觑的理论遗产。

开拓者的道路总是艰辛的，拉法格一生的革命事业一直饱受非议：他在早期冲出激进民主主义阵营，转变到科学共产主义立场上，拉法格成为法国第一个杰出的马克思主义者；1871年声援巴黎公社，第一个反击蒲鲁东主义；19世纪七八十年代他是批判可能派改良主义的先锋；19世纪末，他是法国向伯恩施坦修正主义逆流开火的第一人，坚决捍卫了马克思主义，接连批判了米勒兰主义、工联主义等；19 世纪末 20 世纪初法国工人党面临思想分离、组织涣散危机之际，他助推了法国社会党的统一，成为了党的领袖。当巴黎公社失败后，拉法格依然给予法国社会主义运动热情的支持，助推了法国工人运动的重新活跃；圣珀拉惹监狱服刑期间，依然抓紧学习和工作，撰写工人党纲领；挫败可能派篡夺第二国际领导权的野心，拉法格在流亡西班牙期间继续努力传播马克思主义；革命事业遭受摧残，党派林立，党内动摇、消沉成风的关键时期，他努力争取社会主义运动的统一；晚年批判机会主义、改良主义、无政府主义等五颜六色的错误思潮，保护了党。直到去世，拉法格都一直恪守了马克思主义信仰。

可以说，拉法格在法国社会主义革命每一个重要关口所做的理论思考和革命实践都遭到了各种错误思潮和敌对派别的污蔑与反抗。其中既有拿破仑封建帝制势力以及资产阶级政府的围剿，也有同时期马克思主义阵营内部的修正主义派别的攻击。前者反映的是封建势力和资产阶级同无产阶级的阶级对立，后者则反映了马克思主义阵营内部的马克思主义原则分歧，它促使我们去思考拉法格的理论探索和实践活动与马克思主义学说之间的内在逻辑。

拉法格夫妇的去世并没有终结一些问题的论争。拉法格在法国构筑了国际共运史中的独特阶段，虽然取得了不小的历史成就，但也包含明显弊端，如他的一些观点带有机械唯物论的色彩、把布朗热运动看作人民的运动、学术用语不够准确等。这就为西方资产阶级学者提供了攻击的口实，在后世人中也存在着各种分歧。随着后来法国无产阶级革命的深入，人们开始意识到拉法格对马克思主义的解读和践行中，理论贡献要大于内在缺陷。随着 2013 年法国档案馆公布了一些关于拉法格新的原始资料，这促使我们去细数他的思想之旅和政治生涯，耙梳他走过的道路和关心的问题，真实、客观地评价拉法格的马克思主义观。

拉法格在革命理论和实践统一中形成的马克思主义观引发的争论，彰显了他在法国革命历史中的地位。回顾他的一生，其实都是在用马克思主义寻求法国社会发展规划的钥匙。拉法格更多的是传承马克思主义的经典文本,结合法国实际进行思考,探索和解决法国的现实出路问题。梳理拉法格马克思主义观的心路历程,探寻他思想观念和政治立场转变背后隐藏的真相,归纳他思想主张中的合理成分,评析他晚年主张的实质及其被"污名化"的原因,对他的马克思主义观做到客观、公正评价,是一个有趣的理论课题。无论对于正确探讨时代变化与马克思主义之间的内在张力、准确研判时代形势,还是科学把握"什么是马克思主义"、"怎样正确对待马克思主义"等重要问题都具有理论价值和参考意义。

(一) 研究背景

本书之所以选择《保尔·拉法格的马克思主义观研究》为题,其研究背景及缘由主要基于以下两点。

1. 改善马克思主义发展史学科中拉法格研究的贫瘠现状

有学者曾指出,"第二国际可能是当今马克思主义研究领域尚存的、为数不多的'富矿'之一"[1],有待深入挖掘。近些年,虽然学术界对拉法格的研究取得了一些成果,一些专家学者和博士学位论文也相继展开了对第二国际的专题史研究[2]和对格奥尔基·瓦连廷诺维奇·普列汉诺夫(Georgi Valentinovich Plekhanov)、卡尔·考茨基

---

[1] 方章东:《第二国际理论家马克思主义观研究》,安徽大学出版社2007年版,序言第1页。

[2] 近些年关于第二国际专题史研究的代表性博士学位论文包括:陈爱萍:《第二国际马克思主义哲学研究》,博士学位论文,南开大学,2010年;卢家银:《第二国际的新闻自由理念(1889—1914)》,博士学位论文,华中科技大学,2010年;孟飞:《第三条道路——奥地利马克思主义理论与实践的折中之道》,博士学位论文,南京大学,2013年;付明:《第二国际理论家帝国主义理论研究》,博士学位论文,黑龙江大学,2014年;刘雅琪:《第二国际的理论争论与马克思主义的分野》,博士学位论文,中央党校,2016年;聂大富:《第二国际理论家的伦理社会主义倾向研究——以伯恩施坦、饶勒斯和鲍威尔为例》,博士学位论文,山东大学,2018年;孟祥健:《第二国际马克思主义政治哲学思想研究》,博士学位论文,安徽大学,2019年;等等。

（Karl Kautsky）、罗莎·卢森堡（Rosa Luxemburg）、爱德华·伯恩斯坦（Eduard Bernstein）等同时代思想家的人物研究。① 但在中国知网以"拉法格"为主题搜索，尚未有博士学位论文对拉法格马克思主义观的整体面貌进行系统研究。囿于历史进程的复杂多变和语言障碍，第二国际人物的相关文献资料难以获得，研究进展缓慢，诸多问题难以言说，对思想家们的评价不能形成一致性定论。因而，

---

① 关于第二国际人物思想研究代表性的博士学位论文有：苏颖：《卡尔·考茨基的马克思主义观研究》，博士学位论文，山东大学，2009 年；郝瑞斌：《普列汉诺夫宗教思想研究》，博士学位论文，河北师范大学，2009 年；赵春清：《历史与人的解放——罗莎·卢森堡社会革命思想研究》，博士学位论文，复旦大学，2011 年；张保和：《布哈林帝国主义理论研究》，博士学位论文，南京师范大学，2011 年；贾淑品：《卢森堡对伯恩施坦主义的认识与批评》，博士学位论文，南京师范大学，2011 年；王兰：《普列汉诺夫与苏联哲学教科书体系》，博士学位论文，黑龙江大学，2011 年；张小红：《罗莎·卢森堡总体性方法研究》，博士学位论文，华东师范大学，2011 年；范冉冉：《罗莎·卢森堡总体性视域下的社会主义思想研究》，博士学位论文，南开大学，2012 年；张玉宝：《卡尔·考茨基及其中派主义研究》，博士学位论文，北京大学，2012 年；沈丹：《伯恩施坦修正主义思想研究》，博士学位论文，北京大学，2012 年；李轶：《罗莎·卢森堡资本积累理论及其当代意义》，博士学位论文，武汉大学，2013 年；张颖：《考茨基的唯物主义历史观研究》，博士学位论文，复旦大学，2014 年；贺敬垒：《革命还是改良？——伯恩施坦、卢森堡与列宁的论争》，博士学位论文，武汉大学，2014 年；李平：《社会革命合法性之辩——罗莎·卢森堡社会革命观研究》，博士学位论文，黑龙江大学，2014 年；林颐：《考茨基垄断资本主义时期的民主及其变革方式理论研究》，博士学位论文，南开大学，2014 年；郭鹏：《普列汉诺夫文化理论研究》，博士学位论文，山东大学，2015 年；张亮亮：《卡尔·考茨基思想述评》，博士学位论文，中央党校，2015 年；张驰：《普列汉诺夫社会主义革命思想研究》，博士学位论文，武汉大学，2016 年；仲帅：《布哈林社会主义文化建设理论研究》，博士学位论文，哈尔滨工程大学，2016 年；郑伟：《普列汉诺夫一元论历史观研究》，博士学位论文，武汉大学，2016 年；谢月华：《布哈林新经济政策理论研究》，博士学位论文，武汉大学，2017 年；唐启亮：《罗莎·卢森堡民主思想研究》，博士学位论文，武汉大学，2017 年；胡刚：《伯恩施坦主义的历史考察与当代审视》，博士学位论文，武汉大学，2018 年；侯文文：《考茨基唯物主义历史观及其当代价值》，博士学位论文，武汉大学，2018 年；徐宏霞：《布哈林平衡论思想研究》，博士学位论文，武汉大学，2019 年；张圆梦：《普列汉诺夫的文艺观研究》，博士学位论文，武汉大学，2020 年；周琳：《普列汉诺夫无产阶级政党建设思想研究》，博士学位论文，山东师范大学，2020 年；等等。

现实中很多对于第二国际人物研究不温不火，都"绕着走"，就好比"吃冷饭"，显得冷门一些。在一些学者眼中，拉法格甚至被打扮成籍籍无名的"小人物"。1911年拉法格逝世后，法国和其他国家的十多名代表在葬礼上发表演讲，包括法国的迪布勒伊（Dubreuil）、布拉克（Braque）、爱德华·瓦扬（Edward Vaillant）、茹尔·盖得（Jules Guesde）和让·饶勒斯（Jean Jaures），德国的考茨基（Karl Kautsky），比利时的安塞尔（Ansel），英国的凯尔·哈第（Keir Hardie），俄国的列宁（Lenin）、亚历山德拉·米哈伊洛夫娜·柯伦泰（Alexandra Mikhailovna Kollontai）和鲁巴诺维奇（Rubanovich），缅怀其在传播发展马克思主义的崇高地位和做出的突出贡献。但在我国学术界拉法格得到的关注还不及考茨基、伯恩施坦、普列汉诺夫、卢森堡等第二国际的其他理论家，这与他的贡献相比是一种不相称的反差。① 虽然，拉法格的思想很早就被引介到了国内，但是到目前为止，拉法格在我们的观念中仍然是一幅模糊的，甚至是残缺的图像。

事实上，保尔·拉法格（1842—1911）是法国工人党的创始人、第一国际的积极活动家，对第二国际的创建也做出了十分重要的贡献。他的一生艰难曲折，多次被判入狱，长期流亡国外，还要承受丧子之痛。但他始终充满革命乐观主义精神，一直忠于共产主义的

---

① 国内最早系统关注拉法格思想研究的是我国著名的国际共运史和俄罗斯问题翻译家、理论家、原中央编译局副局长李兴耕先生，他在《拉法格文选》（上、下卷，人民出版社1985年版）中翻译整理了拉法格的一些经典篇章，在《拉法格传》（人民出版社1987年版）一书中系统梳理和回顾了拉法格的生平著作和思想转变历程，填补了国内研究拉法格的空白，为读者研究拉法格及法国和国际共运史提供了重要资料。此后，马健行、金隆德、楼均信等一批国内学者及"法兰西第三共和国史研究"课题组专门撰文对这位在法国史学界声名远播，而在我国史学界却"鲜为人知"的学者进行了思想介绍。其他学者的研究则是一鳞半爪，未作深入探讨，或是对李著内容的转引。这以后，我国学界在探讨拉法格及其学术贡献方面的文献成果较为匮乏，年均不足1篇。2021年4月15日，笔者在中国知网以"第二国际主流理论家的人物名字"为主题搜索路径，检索结果显示国内学界关于拉法格的文献104条，伯恩施坦406条，考茨基511条，普列汉诺夫854条，卢森堡1062条。

崇高理想。作为杰出的马克思主义理论家和宣传家，拉法格在科学社会主义思想发展史上占有相当突出的地位，被列宁称为"马克思主义思想的最有天才、最渊博的传播者之一"①。他学识渊博，兴趣广泛，始终如一地努力运用马克思主义的观点和方法来观察和分析问题，不仅在哲学、政治经济学、科学社会主义方面有很高的造诣，而且对文学、语言学、民族学、人口学、宗教等问题也有深入的研究，提出了不少独到的见解。拉法格正是在长期参加革命斗争和从事各种社会活动的实践中，结识了马克思和恩格斯，在两位导师的教诲与影响下，刻苦学习马克思创立的科学社会主义学说，思想上发生了根本转变，从一个激进的民主主义者成长为一个忠诚坚定的马克思主义者。"历史研究是一切社会科学的基础，承担着'究天人之际，通古今之变'的使命。"② 马克思主义发展史是一门研究马克思主义产生、发展的历史过程和内在规律的科学，在马克思主义理论一级学科中具有基础研究的性质和独特的学科地位。研究马克思主义发展史，自然离不开对重要历史人物的评价。

2. 甄别错误思潮的现实诉求

当前，应该如何理解和怎样对待马克思主义等重要理论和实践问题，可以多多少少地从拉法格的马克思主义观中汲取智慧和营养。对他在国际共产主义运动中的历史贡献做出新的时代评述，生发新的思考和启迪，是一个重要的现实课题。马克思曾指出："对人类生活形式的思索，从而对这些形式的科学分析，总是采取同实际发展相反的道路。这种思索是从事后开始的，就是说，是从发展过程的完成的结果开始的。"③ 当今世界正在发生深刻复杂的变化，形形色色的价值观念和思潮异常活跃。2015 年初，《马克思主义研究》杂

---

① 《列宁全集》第 20 卷，人民出版社 2017 年版，第 386 页。
② 《习近平致信祝贺第二十二届国际历史科学大会开幕 实现中国梦需要从历史中汲取智慧》，《人民日报》2015 年 8 月 24 日第 1 版。
③ 《马克思恩格斯文集》第 5 卷，人民出版社 2009 年版，第 93 页。

志发文评析了2014年意识形态领域的十个热点问题。①《人民论坛》杂志也刊文列举了新自由主义、普世价值论、历史虚无主义、新左派、新儒家、生态主义、极端主义等当年的十大中外社会思潮。② 这些思潮依然或明或暗、或强或弱地呈现于世，其实质是质疑、修正和解构处于主流意识形态地位的马克思主义，表明了当下意识形态、社会政治生态环境恶化，形势极其严峻。当代社会结构的变化和利益格局的调整不会终止，社会思潮的多变、多样、多元将会长期存在，各种思潮的交流、交融、交锋会长期进行。学术界关于马克思主义观的个案和专题研究取得了一系列成果③，这对我们科学地理解和把握马克思主义有重要指导作用。历史经验表明，用科学的马克思主义引领非科学的马克思主义是一种必然选择。我们当下面临的现实境遇与拉法格的生活时代有一定相似之处，这种背景方面的类似性可以帮助我们从拉法格马克思主义观的理论与实践探索中获取一些宝贵的启迪。

（二）研究意义

梳理拉法格关于法国和西欧一些其他国家的相关论述，挖掘他对法国工人运动史的指导，探寻他政治立场转变的深层次原因，对拉法格的马克思主义观做客观、公正的评价，是一个充满趣味的理论课题，对于正确探讨当今时代与马克思主义之间的张力、准确判

---

① 马学轲：《2014年意识形态领域十个热点问题》，《马克思主义研究》2015年第2期。

② 贾立政等：《2014中外十大思潮》（上、下），《人民论坛》2015年第1期、第3期。

③ 梁树发：《谈谈马克思主义观》，《马克思主义研究》1999年第6期；梁树发：《再谈马克思主义观——关于科学马克思主义观的基本内容》，《马克思主义研究》2000年第5期；梁树发：《关于"什么是马克思主义"的提问》，《中国人民大学学报》2000年第4期；周向军：《恩格斯的马克思主义观：基本内容与重要意义》，《理论学刊》2006年第8期；孙来斌：《列宁的马克思主义观》，《学习论坛》2009年第2期；周向军、刘文杰：《论马克思的马克思主义观》，《理论学刊》2013年第8期。

断时代形势有指导意义，对准确把握"什么是马克思主义"、"怎样科学对待马克思主义"等重要问题都具有理论价值。本书的研究意义主要体现在以下几点。

第一，增强对马克思主义观的正确理解与继承反思。马克思主义观是国际共产主义运动的重要世界观和指导思想。拉法格对此做了卓有成效的继承与发展：早期在马克思恩格斯的影响下，他通过研读马克思主义经典著作，逐渐与蒲鲁东主义决裂，由民主主义转变到科学的共产主义立场，论证了资本主义在法国社会革命的现实必然性，有力地捍卫了马克思主义观的原则、观点等。但到了中后期，他还没有完全摆脱无政府主义的残余影响，对唯物史观的用语不够确切，在布朗热运动中其革命策略的左右摇摆，对小农的自私心理做出原则的让步等，导致其自身的马克思主义观还不够彻底。分析拉法格各个时期的主张，探讨其原因，对我们正确理解马克思主义立场、观点和方法有莫大帮助。

第二，促进对第二国际同时期各理论家思想主张的正确认识。第二国际的成立①，一方面加速马克思主义在各国工人阶层中间的传

---

① 关于第二国际的起止时间划分，有两种代表观点：一种是主张1889年7月14—21日，国际工人巴黎代表大会成立的新组织标志着第二国际的诞生。第二国际处于第一国际和第三国际的中间，从1889年成立到1914年破产，历时25年。在这个时间区间进行理论工作和革命斗争的马克思主义理论家成为第二国际理论家（参见《国际共产主义运动史》，人民出版社、高等教育出版社2012年版；张汉清等《简明国际共产主义运动史》，北京大学出版社1985年版；杨惠卿等《国际共产主义运动史简编》，山东教育出版社1986年版；高放《国际共产主义运动通史教程》，北京师范大学出版社1986年版；中国人民大学科学社会主义系编《国际共产主义运动史文献史料选编》第3卷，中国人民大学出版社1985年版；王礼训等《国际共产主义运动史》（上册），山东人民出版社1983年版；《国际共产主义运动简史（1848—1924）》，天津人民出版社1976年版；北京大学国际政治系编《国际共产主义运动史》（上册），商务印书馆1976年版）。另一种观点将第二国际的起止时间划分为1889—1923年，历时34年，1923年5月，第二国际和第二半国际合并建立社会主义工人国际，标志着第二国际的结束。笔者认同25年的分期观点，因为1914—1923年，虽然第二国际组织仍有活动，但其影响力微乎其微，基本上可以忽略不计（参见高放《国际共产主义运动别史》，中国书籍出版社2002年版）。

播,成为了马克思主义在世界范围内由理论形态向实践形态转变的重要平台;另一方面,第二国际也是马克思主义发展由"一元"到"多线"的历史源头。这一时期,自由资本主义向垄断资本主义过渡所出现的新情况、新问题,对马克思主义理论权威造成挑战。一些学者以不同的视角和立场对马克思主义进行了"新的修正",各种攻击和歪曲层出不穷。在社会主义运动内部,拉法格始终坚持马克思主义原则,与可能派、机会主义、米勒兰主义、伯恩施坦修正主义等各种流派和反动思潮进行了顽强的斗争,进行了深刻的批判,确保了马克思主义在法国的传播与发展。因此对他各项主张的归纳和整理,不仅有利于梳理他自身的马克思主义观的心路历程,也能加深我们对拉法格与同时期各个流派思想家的横向对比。

第三,推动准确评价拉法格毕生革命事业的功绩与缺陷。作为国际共产主义运动和领导法国工人运动的重要人物,尽管他的理论贡献被人奉为圭臬,但他的形象在国外往往被丑化歪曲。不少学者都认为他前期贡献卓越,在一些问题上摇摆不定,甚至晚年犯了中派主义错误。几十年来,由于人们立场、角度、方法的不同,加上政治形势多变,尤其是国外学者对他的评价不免褒贬掺杂,左右偏颇。如何真正以马克思主义为指导,从客观历史事实出发,本着实事求是的原则,全面、准确、客观地评价他一生各个时期、各个方面的是非功过,具体、细致、恰当地分析他一生思想发展变化的全过程,这是值得我们所有马克思主义工作者认真探索的一个课题。

第四,提高学习马克思主义理论的自觉性。"什么是马克思主义,怎样对待马克思主义"是马克思主义发展史和国际共产主义运动史上的基本理论问题,也是贯穿整个无产阶级革命运动全部进程的重大实践问题。随着资本主义社会从自由时代向垄断时代过渡,以电力的广泛应用为标志的第二次科技革命为资本主义社会生产力和生产关系带来的新变化,马克思主义理论的影响力和号召力遭到削弱,出现了各种质疑声:马克思主义是否过时?在坚守马克思主义立场的基础上,如何丰富发展马克思主义?问题的核心在于对马克思主义的不同运用。这不仅有利于正确理解和运用马克思主义理论，更能准确把握和揭示马克思主义生长规律，有利于增强学习马克思主义理论的自觉性。

二 国内外研究综述

（一）国内研究综述

总体而言，我国学者对拉法格的研究可分为四个时期：中国共产党成立后到新中国成立对拉法格文本的零星译介时期、新中国成立后至 70 年代末对拉法格著作的系统收集编译期、改革开放后到 90 年代末的重新认识和多维扫描期、21 世纪以来的真正学术研究期。

1. 第一阶段：从 1921 年中国共产党成立到 1949 年新中国成立，是拉法格思想传入期

1840 年鸦片战争后，西方列强瓜分中国，中华民族危机日益加重。为回答"中国向何处去"这一时代中心问题，中国的先进知识分子睁眼看世界，探索救国救民之道。随着十月革命胜利后，俄国对法国马克思主义者的作品翻译逐渐传入中国，中国的一批先进知识分子纷纷转变成马克思主义者，并在国内广泛传播马克思主义，将马恩列等经典作家的论著和国外马克思主义的研究成果翻译和介绍到国内来，开始将目光关注到拉法格的论著。

早在 1921 年 12 月 27 日和 29 日，中国共产党早期领导人之一恽代英就以《拉法格论古代共产制》为篇名，摘译了拉法格 1891 年所著的《由野蛮至文明时期财产的演变》，后在上海《民国日报》副刊《觉悟》登载。① 受在法国亲身感受到的以拉法格为代表的马克思主义哲学传统的影响，1923—1924 年蔡和森在上海大学社会学系讲授社会进化史课程讲稿的基础上，敏锐地关注到拉法格与恩格斯

---

① 恽代英：《拉法格论古代共产制》，《民国日报》1921 年 12 月 27 日。

《家庭、私有制和国家的起源》的思想联系及由此对唯物史观的贡献，写成《社会进化史》一书，吸取和介绍了拉法格《财产及其起源》的主要哲学思想，[①] 使中国人对唯物史观的内涵有了更丰富的理解，成为中国人认识和了解法国马克思主义哲学的开端，对国人开始看到法国人对马克思主义哲学的杰出贡献做了开启之功。[②] 1925年，商务印书馆发行了李希贤编译的《财产进化论》。[③]

20 世纪 30 年代初，上海昆仑书店出版了由我国社会学家熊得山和著名法学专家张定夫所译，拉法格所著的《宗教之起源》，后改译名为《宗教及正义·善的观念之起源》。[④] 1930 年，春秋书店出版了由俄国塞姆柯甫士基所著、刘沁仪翻译的《社会科学教科书》第 2 编《史的唯物论》，其中收录和整理了拉法格、考茨基等人有关历史唯物主义的论著分类摘编，包括拉法格的《威哥的历史法则》《自然环境及人为环境》和《人为环境之作用》。[⑤] 同年，上海辛垦书店出版了刘初鸣翻译的《经济决定论》。[⑥] 次年，张达翻译了拉法格所著的《哲学问题之唯物的研究》一书。[⑦] 1932 年，上海辛垦书店出版了由四川民主革命运动的开拓者杨伯恺翻译的拉法格的《财产之起源与进化》。[⑧] 我国传播苏俄马克思主义的第一人、中国马克思主义哲学的创始人瞿秋白，他第一次把拉法格的文艺批评介绍到中国

[①] 蔡和森：《社会进化史》，民智书局 1924 年版。(2014 年 3 月上海三联书店发行了民国沪上初版书复制版，对原书的破损和字迹不清之处进行技术修复，尽可能保持初版的面貌。)

[②] 参见李维武《蔡和森在〈社会进化史〉中对唯物史观的阐释》，湖北人民出版社 2009 年版，第 25 页。

[③] 《财产进化论》，李希贤译，商务印书馆 1925 年版。

[④] 《宗教及正义·善的观念之起源》，熊得山、张定夫译，昆仑书店 1930 年版。

[⑤] [俄] 塞姆柯甫士基：《社会科学教科书》第 2 编《史的唯物论》，刘沁仪译，春秋书店 1930 年版。值得关注的是，上海社会科学院于 2017 年整理出版了该套典藏上下册的西学要籍汉译文献的影印版。

[⑥] 《经济决定论》，刘初鸣译，辛垦书店 1930 年版。

[⑦] 《哲学问题之唯物的研究》，张达译，新生命书局 1931 年版。

[⑧] 《财产之起源与进化》，杨伯恺译，辛垦书店 1932 年版。

来，其中一篇是拉法格撰写的文艺评论文章《左拉的〈金钱〉》，另两篇是 1932 年瞿秋白根据苏联共产主义学院公布的材料转译的《拉法格和他的文艺批评》和《关于左拉》。① 他在文中介绍了拉法格的生平和事业，并以马克思主义的观点评述了他的文艺理论，应当时中国左翼文学的需求，从拉法格的社会研究和社会批评文章中吸取了拉法格文艺批评的"武器论"因素，开拓了马克思主义文艺批评的思路。20 世纪 30 年代，出现了几部辞典，收录了拉法格人物简介的词条。② 1934 年，刘初鸣翻译的《思想起源论》由上海辛垦书店出版。③ 1935 年 3 月 6 日，胡绳的《报复》一文刊载于当年 4 月 20 日上海《芒种》第四期，在该文中，作者读了拉法格《思想起源论》里的论"正义思想的起源"，转载了拉法格书中一个有趣的故事。④ 1935 年 6 月，由鲁迅编印出版、瞿秋白翻译的《海上述林》收入了拉法格、普列汉诺夫等人的文艺理论遗产作品。⑤ 1940 年，《辩证唯物论体系》一书节选了马克思、恩格斯、拉法格等人的哲学著作。⑥ 1949 年的《新哲学社会学解释辞典》中对拉法格的简介说：他"在第一和第二国际中同蒲鲁东主义、米哈伊尔·亚历山大罗维奇·巴枯宁（Mikhail Alexandrovich Bakunin）主义和右倾机会主义进行了坚决斗争，在宣传马克思主义方面做出了贡献，但是在民族、土地问题上也有错误的观点"⑦。1949 年 3 月初，由东北书店出版发行了拉法格等所著的《回忆马克思》⑧，其中收录了我国文学翻译家

---

① 《瞿秋白文集：政治理论编》第 8 卷，人民出版社 2013 年版。
② 何景文：《新人名辞典》，开华书局 1933 年版；深志远：《新哲学辞典》，笔耕堂书店 1933 年版；高希圣、郭真：《经济科学大词典》全 1 册，科学研究社 1934 年版。
③ 《思想起源论》，刘初鸣译，辛垦书店 1934 年版。
④ 《胡绳全书》第七卷，人民出版社 2003 年版，第 302 页。
⑤ 《海上述林》卷上《辩林》，鲁迅编，瞿秋白译，东北书店 1936 年版。该书 2014 年中央编译出版社发行了影印本。
⑥ 黄特、刘涟：《辩证唯物论体系》，新人出版社 1940 年版。
⑦ 胡明等编：《新哲学社会学解释辞典》，光华出版社 1949 年版。
⑧ ［法］拉法格等：《回忆马克思》，东北书店 1949 年版。

董秋斯翻译的拉法格的《忆马克思》、李卜克内西的《星期日在荒原上的遨游》和《马克思与小孩子》等篇目。这一阶段，我国学者主要是翻译介绍拉法格的著作。

2. 第二阶段是中华人民共和国成立以后到20世纪70年代末，这一时期我国翻译出版了拉法格的很多政治、哲学、经济学、语言学和文学评论方面的论著

1950年，张仕章在《宗教批判集》中收录了拉法格关于宗教的论述文章。[①] 文艺理论译丛编辑委员会编辑的《文艺理论译丛》第1期辑录了《雨果的传说》。[②] 中央编译局[③]译的《马克思恩格斯论教育》收入拉法格的《忆马克思》和《忆恩格斯》。[④] 1959年，中共中央对外联络部编的《国际共产主义运动手册》指出："拉法格斗争不彻底，在若干问题上自己也滚到中派主义立场上去了。"[⑤]

进入60年代，中华书局辞海编辑所修订的《辞海试行本》第2分册《哲学》在《外国哲学史》一章中对拉法格作了简介。[⑥] 1962年，中国人民大学新闻系报纸体裁教研室编撰的《通讯特写选》节录了《忆马克思》一文。[⑦] 当年，中国人民大学马克思列宁主义基础系所编的《列宁著作名词简释》专门论述了拉法格及拉法格和龙

---

① 张仕章：《宗教批判集》，青年协会书局1950年版。
② 《文艺理论译丛》第1期，文艺理论译丛编辑委员会编，人民文学出版社1957年版。
③ 中央编译局全称中共中央马克思恩格斯列宁斯大林著作编译局，成立于1953年，主要任务是编译和研究马克思主义经典著作，翻译党和国家重要文献和领导人著作，收集和整理马克思主义和社会主义研究领域的文献信息资料。2018年3月，中央党史研究室、中央文献研究室、中央编译局整合，组建中央党史和文献研究院，不再保留中央编译局。
④ 《马克思恩格斯论教育》，中共中央马克思恩格斯列宁斯大林著作编译局译，人民教育出版社1958年版。
⑤ 中共中央对外联络部：《国际共产主义运动手册》，1959年。
⑥ 中华书局辞海编辑所：《辞海试行本》第2分册《哲学》，1961年。
⑦ 中国人民大学新闻系报纸体裁教研室编：《通讯特写选》，1962年。

格。① 1962年5月9日，中国翻译家罗大冈在《人民日报》刊发《拉法格的文学论著》。② 1962年12月25日，我国著名文学作家柳鸣九在《光明日报》发表《拉法格，战斗的文学批评家》一文③，并在《文学评论》1962年第6期发表《拉法格的文学批评——读〈拉法格文学论文选〉》。④ 在文学评论研究热潮的带动下，催生了一批以罗大冈和王子野为代表的有价值和影响力的翻译成果。⑤ 1964年，开封师范学院中文系外国文学教研室在编著的《外国文学研究资料索引》设置了拉法格人物索引。⑥ 1965年，《哲学研究》编辑部编的《苏联哲学资料选辑》第10辑作了拉法格的个人简介。⑦

60年代中期到70年代中期，由于受"文革"特殊时代的影响，全国范围内掀起学习马列毛著作的热潮，1971年也相继出现了几种含有拉法格经典篇章的学习小册子，但关于拉法格研究的文章处于"空场"状态。1978年12月，胡乔木在《关于文艺理论研究问题》中探讨马列主义经典作家及拉法格、普列汉诺夫等人的论著是否包括了马克思主义文学理论应该研究的全部内容。⑧ 1979年，在前面所列的1962年版本《文学论文选》的基础上，罗大冈根据法国马克思主义文艺理论家弗雷维尔（Freville）编订的《拉法格文学批评

---

① 中国人民大学马克思列宁主义基础系编：《列宁著作名词简释》，1962年。
② 罗大冈：《拉法格的文学论著》，《人民日报》1962年5月9日。
③ 柳鸣九：《拉法格，战斗的文学批评家》，《光明日报》1962年12月25日。
④ 柳鸣九：《拉法格的文学批评——读〈拉法格文学论文选〉》，《文学评论》1962年第6期。
⑤ 主要有：《文学论文选》，罗大冈译，人民文学出版社1962年版；《革命前后的法国语言——关于现代资产阶级根源的研究》，罗大冈译，商务印书馆1964年版；《宗教和资本》，王子野译，生活·读书·新知三联书店1963年版；《思想起源论》，王子野译，生活·读书·新知三联书店1963年版；《唯心史观和唯物史观》，王子野译，生活·读书·新知三联书店1965年版；《财产及其起源》，王子野译，生活·读书·新知三联书店1978年版；等等。
⑥ 开封师范学院中文系外国文学教研室编：《外国文学研究资料索引》，1964年。
⑦ 《哲学研究》编辑部编：《苏联哲学资料选辑》第10辑，上海人民出版社1965年版。
⑧ 《胡乔木谈文学艺术（修订本）》，人民出版社2015年版，第96页。

集》译出拉法格《文论集》，增录了《革命前后的法国语言》一文，书后附有罗大冈撰写的长篇"译后记"，推动了中国马克思主义美学和文艺学的研究。① 这一时期，虽然拉法格的大多数代表性著作已被翻译成中文，但国内学者对拉法格思想的研究很少，比较沉寂冷清，人们往往是通过马克思恩格斯才知道拉法格的。

3. 第三个阶段是从20世纪80年代初到90年代末，为拉法格文本翻译解读到微观视角的学术研究转向

首先，在改革开放学术自由氛围的推动下，拉法格的研究可谓与改革开放"同频共振"。在一些大部头的关于社会主义思想史著作中也有专门的章节论述拉法格的思想转变历程，关于他的某一时期、某个侧面、某些问题的专著和论文更是不计其数。②

1981年，《马列著作编译资料》第13辑选载了法国社会主义运动主要活动家《保·拉法格》的传略。为纪念马克思逝世100周年，1982年中央编译局编辑了"回忆马克思恩格斯"一套4册文集，由人民出版社出版，第一册《摩尔和将军》收入了拉法格的《忆马克思》和《忆恩格斯》两篇回忆文章。1979—1981年，人民出版社陆续出版了3卷本的《恩格斯与保尔·拉法格、劳拉·拉法格通信集》，为研究拉法格的思想和革命活动提供了丰富的第一手资料。之

---

① 参见王友贵《20世纪下半叶中国翻译文学史：1949—1977》，人民出版社2015年版，第738页。
② 这种类型的论著有：[波]莱泽克·科拉科夫斯基：《马克思主义的主要流派》第2卷，马翎等译，黑龙江大学出版社2015年版；吴大琨：《金融资本论》，人民出版社1993年版；马健行：《二十世纪社会主义经济思想史》，中央党校出版社2003年版；姚顺良：《马克思主义哲学史：从创立到第二国际》，北京师范大学出版社2010年版；杜玉华：《马克思社会结构理论与当代中国社会建设》，学林出版社2012年版；刘维春：《列宁帝国主义论的再理解》，社会科学文献出版社2013年版；王广：《思想镜像的生成》，中国社会科学出版社2013年版；公丕祥：《马克思主义法律思想通史》，南京师范大学出版社2014年版；刘锡诚：《民间文艺学的诗学传统》，上海文化出版社2018年版；何萍：《马克思主义哲学史教程》（上），人民出版社2009年版；史小宁：《马克思主义视域中意识形态批判及其功能研究》，中国社会科学出版社2016年版；杨焕章、郭湛：《简明哲学原理24讲》，中国人民大学出版社2016年版；等等。

后，为适应广大研究者的需要，1985 年，中央编译局、国际共运史研究室编译了更为系统和完整的拉法格著作选集——《拉法格文选》，由人民出版社付梓，上卷包括 1870—1894 年的著作，下卷包括 1895—1910 年的著作。1982 年，由中共中央马克思恩格斯列宁斯大林著作编译局、国际共运史研究室编写的第 12 辑《国际共运史研究资料》，选译了拉法格的一些相关文章，如《法国工人党纲领绪论部分解说》《革命的次日》等。

其次，20 世纪 80 年代，随着拉法格作品翻译工作的成熟，一些学者从唯物史观、革命策略、财产权理论、帝国主义理论、宗教、文学等不同角度，开始以撰文或翻译拉法格的书信等方式对其相关思想进行零星的学术研究，由一元集聚向多领域辐射。

一是拉法格译著工作的展开。我国著名的世界史专家沈炼之教授结合法国史研究工作，根据巴黎社会出版社出版的《弗里德里希·恩格斯与保尔和劳拉·拉法格通信》，即恩格斯与拉法格夫妇通信集的第一卷（1868—1889 年）中拉法格致恩格斯的信译成中文，并选择一部分在《杭州大学学报》发表。[①] 1987 年，由李兴耕教授所著的《拉法格传》出版发行，对拉法格的一生历程进行了详细的介绍。对此，楼均信教授评价说，这部专著为研究拉法格和国际共运史提供了重要的参考资料。[②] 方光明在《教学与研究》杂志上相继翻译刊发了拉法格的十八封信中的六封书信。[③]

二是关于拉法格的历史唯物主义研究。马润清在《拉法格对阐发和传播历史唯物主义的贡献》中，重新把梳了拉法格传播唯物史观的历史进程。[④] 李长林的《保·拉法格对家庭史研究的贡献》论

---

① 沈炼之：《拉法格致恩格斯的信（选译）》，《杭州大学学报》（哲学社会科学版）1977 年第 3 期。

② 楼均信：《一部有价值的传记——〈拉法格传〉评介》，《世界历史》1988 年第 4 期。

③ 方光明：《保尔·拉法格的十八封信》，《教学与研究》1985 年第 1—6 期。

④ 马润清：《拉法格对阐发和传播历史唯物主义的贡献》，《河北学刊》1986 年第 5 期。

述了拉法格在家庭史方面的精湛研究。① 金隆德曾提出,马克思恩格斯的学生们在从事阶级斗争中,努力宣传、运用和发展历史唯物主义,首推保尔·拉法格。②

三是关于拉法格的帝国主义学说研究。楼均信教授撰写了《拉法格对帝国主义本质的精辟论述》③。1988年马健行教授的《拉法格对帝国主义理论的贡献》认为,拉法格秉承了导师马克思恩格斯的遗愿,以美国为背景对资本主义经济新现象进行了深入研究,他是科学帝国主义理论创立的先行者。④

四是关于拉法格的民族、伦理、语言、宗教等思想研究。1985年,杨堃的《论拉法格对民族学与经济民族学的贡献》一文⑤,从民族学的视角研究了拉法格的贡献。1987年,王义奎等的《试论拉法格的伦理思想》从伦理学视角提出:"在许多著作中,深入细致地探讨了伦理学问题,提出了一系列很有价值的伦理思想,为马克思主义伦理学的发展做出了重要贡献。"⑥ 1980年,王子野、莫姆江发表《拉法格的美学思想》,指出拉法格运用唯物辩证法分析文学艺术的过程,加深并扩大了马克思主义美学思想。⑦ 1981年,伍铁平写作《正确理解拉法格的〈革命前后的法国语言〉》,澄清了一些人对拉法格承认语言阶级性的误解。⑧ 随后,楼均信完成了《拉法格的

---

① 李长林:《保·拉法格对家庭史研究的贡献》,《史学史研究》1986年第3期。
② 金隆德:《拉法格对历史唯物主义的贡献》,《安徽教育学院学报》(社会科学版)1988年第4期。
③ 楼均信:《拉法格对帝国主义本质的精辟论述》,《法国研究》1984年第4期。
④ 马健行:《拉法格对帝国主义理论的贡献》,《中国人民大学学报》1988年第1期。
⑤ 杨堃:《论拉法格对民族学与经济民族学的贡献》,《思想战线》1985年第1期。
⑥ 王义奎、赵云莲:《试论拉法格的伦理思想》,《法国研究》1987年第2期。
⑦ [苏]莫姆江:《拉法格的美学思想》,王子野译,《外国文学研究》1980年第3期。
⑧ 伍铁平:《正确理解拉法格的〈革命前后的法国语言〉》,《外国语》1981年第4期。

无神论思想浅论》①，剖析了拉法格对宗教迷信的批判和对无神论思想的论证。同年，徐华龙撰写了《拉法格的神话观》②，梳理了从19世纪中叶到20世纪初，以语言派和人类学为代表的西方学者对神话的不同解释，阐明了神话概念的缘起及演变。

进入20世纪90年代，学界又零星地出现了一些代表作品。金隆德教授在《拉法格对资产阶级道德观的剖析》中，强调"拉法格对资产阶级道德观的批判在马克思主义发展史上占有重要地位"③。王安林所写的《拉法格的宗教观》从宗教仪式的产生和发展、宗教和教会在阶级斗争中的作用等几个方面，探讨了拉法格的宗教思想。④ 学术界长期流行一种观点，认为恩格斯去世后，在相当长的时间内，没人对马克思主义做出新贡献。针对这种片面学说，"法兰西第三共和国史研究"课题组以大量资料证明，当时在德、法、俄等国涌现出一批以拉法格等人为代表的马克思主义信徒。⑤ 1998年，李益荪认真考察了拉法格文艺理论的两大贡献：一是开辟了马克思主义文艺研究和批评的一种新的文艺社会学方向；二是提出文艺批评的新思路。后者成为马克思主义文论史上的绝响。⑥

事实上，20世纪90年代国内学者对拉法格等第二国际人物的研究热情消退，将更多的学术视线投向后现代主义等西方流派和思潮，追逐时髦学术。只有少数长者耕耘在这片土地上，很多年轻学者对拉法格等人知之甚少。原因有二：一是原先作为高校公共政治理论课的《共产主义运动史》被停开后，从事国际共产主义运动的研究队伍锐减；二是90年代初国际共产主义运动陷入低潮，目光短浅者

---

① 楼均信：《拉法格的无神论思想浅论》，《天津社会科学》1983年第3期。
② 徐华龙：《拉法格的神话观》，《思想战线》1983年第6期。
③ 金隆德：《拉法格对资产阶级道德观的剖析》，《江淮论坛》1990年第6期。
④ 王安林：《拉法格的宗教观》，《宗教学研究》1992年第Z2期。
⑤ "法兰西第三共和国史研究"课题组：《论拉法格对马克思主义的新贡献》，《浙江社会科学》1993年第1期。
⑥ 李益荪：《拉法格批评思想新论》，《社会科学研究》1998年第6期。

看不到社会主义的曲折性，没有预料到马克思恩格斯和他们的学生的事业终究会后继有人。这些因素都构成了研究第二国际的阻力。

4. 进入 21 世纪后，我国学者对拉法格思想的研究有回暖态势，渐趋系统、全面，但综观来说，依然沉寂乏力

2002 年，莫其逊在《论马克思、恩格斯之后的马克思主义美学研究》中指明，拉法格对左拉作品的评论，使他成为"在马克思主义美学史上第一个对自然主义进行系统评价的学者"①。周宏在其《试论拉法格的意识形态理论》中提出"拉法格的意识形态理论总体上是马克思主义的，但细节上又存在缺陷"②。同时，郭艳君撰文系统研究了拉法格对唯物史观的理解和内在缺陷。③ 同年，张镭以拉法格的财产权思想为研究主题，整理和归纳了其作品中关于财产和资本形态、财产的起源理论、现代社会财产及所有权的研究。④ 2008 年，庄绪策、聂运麟等在综合先前国内研究成果的基础上，对拉法格的思想研究进行了系统梳理。⑤

进入 21 世纪初的 10 年，周莉莉发表《保尔·拉法格对历史唯物主义的阐释与运用》一文。她认为拉法格"不但对唯物史观进行了通俗、细致的阐释和解读，坚决反击和驳斥了种种资产阶级思想和机会主义思潮对历史唯物主义的进攻和歪曲，还创造性地运用历史唯物主义原理对财产起源等许多问题进行了独特研究和解析，在宣传和发展历史唯物主义方面发挥了重要作用"⑥。郭小香撰写了

---

① 莫其逊：《论马克思、恩格斯之后的马克思主义美学研究》，《广西师范大学学报》（哲学社会科学版）2002 年第 4 期。
② 周宏：《试论拉法格的意识形态理论》，《南京社会科学》2006 年第 4 期。
③ 郭艳君：《论拉法格对唯物史观的理解及局限》，《学习与探索》2006 年第 5 期。
④ 张镭：《论拉法格的财产权理论》，《贵州社会科学》2006 年第 6 期。
⑤ 庄绪策、聂运麟、黄红发：《不容遗忘的马克思主义理论家——理论界关于拉法格思想研究综述》，《当代世界与社会主义》2008 年第 2 期。
⑥ 周莉莉：《保尔·拉法格对历史唯物主义的阐释与运用》，《科学社会主义》2010 年第 3 期。

《拉法格对史前社会研究的贡献》一文，该文指出拉法格从三个方面对古代神话作了马克思主义的阐释分析，丰富了唯物史观。① 在纪念拉法格逝世 100 周年之际，周莉莉刊文探讨了拉法格的政党建设思想及其对中国共产党建设的现实指导意义。② 次年，伍先福、陈攀以解读《懒惰权》为切入点梳理了拉法格的休闲思想。③ 游志能从法学的视角探究拉法格"正义思想的起源"，认为其从流血复仇到伤害赔偿制度的发展过程体现了抽象思维能力的进步和人类理性的增长。④ 以基金项目为依托，2013 年，周莉莉从拉法格对"什么是社会主义，怎样实现社会主义"系统全面的认识着手，研究他的社会主义思想及对当前马克思主义理论研究和中国特色社会主义建设实践带来的启发。⑤ 同年，随着法国档案馆对拉法格最新研究资料的公布，郑佳译对拉法格的活动足迹进行了关注和整理。⑥ 2015 年，王芹、颜岩发文认为，拉法格把马克思主义称作"经济唯物主义"，走向了经济决定论。⑦ 在社会发展动力问题上，刘菲菲指出，与饶勒斯的折中主义相比，拉法格更注重现实问题指向，对社会发展动力问题的研究主要集中在问题的性质和解决方式层面。虽然捍卫了唯物史观，但同样出现误读，即将唯物史观理解成了经济决定论。⑧ 还有

---

① 郭小香：《拉法格对史前社会研究的贡献》，《吉林师范大学学报》（人文社会科学版）2010 年第 4 期。
② 周莉莉：《保尔·拉法格关于政党建设的探索及其现实意义——写在中国共产党建党 90 周年暨拉法格逝世 100 周年之际》，《社会主义研究》2011 年第 4 期。
③ 伍先福、陈攀：《休闲权保障对社会和谐发展的历史意义——从〈懒惰权〉解读拉法格的休闲思想》，《长春理工大学学报》（社会科学版）2012 年第 3 期。
④ 游志能：《从流血复仇到伤害赔偿制度——拉法格"正义思想的起源"探究》，《云南大学学报》（法学版）2013 年第 3 期。
⑤ 周莉莉：《保尔·拉法格的社会主义思想及其当代价值》，《社会主义研究》2013 年第 3 期。
⑥ 郑佳译：《一个国际工人运动著名活动家的足迹》，《社会科学报》2014 年 1 月 2 日第 8 版。
⑦ 王芹、颜岩：《第二国际理论家对唯物史观的基本理解》，《学术交流》2015 年第 12 期。
⑧ 刘菲菲：《历史唯物主义是经济决定论吗？——以饶勒斯与拉法格在社会发展动力问题上的争论为理论案例》，《教学与研究》2016 年第 1 期。

文章研究了关于拉法格与马克思恩格斯学术思想的关系，谢向波提出"作为第一国际及第二国际的马克思主义理论家，拉法格深受马克思、恩格斯的影响，由维护资产阶级民主主义转向拥护国际共产主义的立场。尽管他的一些理论观点中有不足之处，但他对马克思主义的发展与宣传做出了重大的贡献"①。王群、詹真荣认为拉法格对历史唯物主义的捍卫和开拓是一个动态演进的历史过程，遵循着由表及里的发展逻辑，从"副本"到"原本"再到"本质"批判，系统阐释唯物史观的基本原理，最终完成对各种论点的超越。② 王广认为拉法格始终坚持运用唯物史观，深刻阐释了正义观念的起源、演变和本质等问题，对于当前深化马克思主义正义理论研究有重要启示意义。③

值得关注的是，近年来一些学者以拉法格思想研究为主题的基金项目相继立项。如华中师范大学周莉莉主持的 2010 年教育部人文社科研究青年基金项目"诠释马克思·发展马克思：拉法格思想及其当代价值研究"、2016 年国家社科基金一般项目"拉法格与饶勒斯社会主义思想的比较研究及当代反思"等。进入 21 世纪后，一些专门研究拉法格思想的学位论文也相继出现。2011 年，南京大学的豆勇超在硕士学位论文《拉法格对唯物史观的阐释及其缺陷》中指出："拉法格作为第二国际时期的马克思主义理论家，为马克思主义哲学的发展和传播做出了突出的贡献，主要是分析拉法格唯物史观的缺陷以及产生的原因，同时阐述拉法格唯物史观留给我们的教训和启示，从而把一个客观全面的拉法格呈现给读者。"④ 2013 年，首

---

① 谢向波：《拉法格与马克思恩格斯学术思想的关系》，《学术交流》2016 年第 2 期。
② 王群、詹真荣：《论拉法格对历史唯物主义的理论贡献和当代启思》，《科学社会主义》2019 年第 1 期。
③ 王广：《坚持唯物史观在正义研究中的指导地位——以拉法格为中心的考察》，《马克思主义研究》2020 年第 2 期。
④ 豆勇超：《拉法格对唯物史观的阐释及其缺陷》，硕士学位论文，南京大学，2011 年。

都师范大学的刘大皓在《论拉法格在马克思主义哲学发展史中的地位——以〈唯心史观和唯物史观〉与〈卡尔·马克思的历史方法〉为例》中，具体分析了拉法格两部代表作的解读模式。①

通过梳理国内文献不难看出，我国学者对拉法格的评价以褒奖为主，较流行的观点是他的贡献和缺陷"并存论"，普遍认为对发展马克思主义的贡献大于过失。虽然他长期参加革命活动，著述丰厚，但由于个人认识和客观条件的限制，不能对复杂的社会现象做出准确研判，如在早期著作中受无政府主义影响对无产阶级革命左右摇摆、实践中有时表现出宗派主义和关门主义倾向等，但错误毕竟是次要的，他始终是法国杰出的革命实践家和著名的马克思主义宣传家，是一个忠诚但非彻底的马克思主义者。②梁树发教授曾指出，马克思主义者的身份不能简单地用职业来定义，它是代表一种资格和品质，这种资格和品质高于职业选择。马克思主义者除了从事无产阶级和人类解放的事业，从事马克思主义理论研究、教育与传播等实际的活动外，还涉及关于对马克思主义的认识与态度、科学的世界观、共产主义理想与信念、对无产阶级事业和人民忠诚、高尚道德情操和政治觉悟、对马克思主义事业有实际贡献等要求。根据马克思主义者的特殊品格，马克思主义者的身份实际上是一种政治身份。③

综观国内对拉法格的研究呈现如下特征。

第一，研究成果分布不均，整体性有待提高。对拉法格马克思主义观的研究，研究成果分布不均，整体性略显不足。这主要体现

---

① 刘大皓：《论拉法格在马克思主义哲学发展史中的地位——以〈唯心史观和唯物史观〉与〈卡尔·马克思的历史方法〉为例》，硕士学位论文，首都师范大学，2013年。

② 参见中共中央马克思恩格斯列宁斯大林著作编译局国际共运史研究室编《国际共运史研究资料》第5辑，人民出版社1982年版，第13—14页。

③ 参见梁树发《马克思主义者身份认同与马克思主义发展主体意识自觉》，《马克思主义理论学科研究》2018年第3期。

在：首先，在内容上，对拉法格马克思主义观的研究主要集中在其唯物主义历史观上，但这只是拉法格马克思主义观内容的重要组成部分之一，并不能涵盖全部。其次，在关联上，早期激进的民主主义立场与之后成长为马克思主义者的传承与转变，早期立场思想与晚年主张之间的相互关系如何，这方面研究并不多见，因此，需要整体研究。最后，在特征上，对拉法格的研究侧重于各阶段的现实需要，带有鲜明的阶段性特征，从而在一定程度上阻碍了整体性研究。

第二，比较研究范围广泛，衔接度有待完善。比较研究范围涉及面比较广泛，拉法格马克思主义观发展的历程以及与同时代主要理论家的论战，在比较的衔接程度上有待完善。这主要体现在：首先，拉法格马克思主义观与第二国际其他理论家的主张存在取代和超越、共存和利用关系，现有研究很多都是取之一，侧重点依然是坚持哪种世界观，难以把这两种立场放入拉法格马克思主义观中加以研究。其次，拉法格马克思主义观自身的比较研究，多数学者仅仅涉猎其中的某一个方面，在一定程度上出现研究的断层，破坏了其衔接性与整体性。最后，拉法格与同时期第二国际理论家关于拉法格马克思主义观的比较分析，研究成果多侧重于和可能派的比较，而忽视了同时期其他第二国际理论家的思想主张；侧重于从现实事件进行比较，而忽视了放进共产国际运动与法国社会主义发展的历史长河中进行多方面分析，使得现有研究成点而不成线。

第三，理论贡献的研究需加开拓，历史评价研究仍要重视。关于拉法格马克思主义观的历史地位研究成果稀少。不少是从批判的角度提出现实反思。事实上，拉法格马克思主义观，是在坚持马克思主义的原则下，运用马克思主义观点和方法分析一系列问题的系统工程，因此，研究路径需加开拓，应从历史角度分阶段加以考察，以辩证方法分角度加以评析。同时，回顾拉法格对马克思主义的理解与运用，可以获得一些启迪，这对树立国际共产主义运动的指导原则无疑有一定的参考价值。

(二) 国外研究综述

作为国际共产主义运动中"具有多重身份"的重要人物，拉法格享有广泛影响力，因此也是学术界进行工人运动史尤其是第二国际的理论与实践研究中所不可绕过的重要人物，一些国外学者站在不同理论视角做了相关的研究。

1. 法国对拉法格的相关研究

第二次世界大战以前，法国共产党[①]也开始关注拉法格的相关著作。1925 年，法国共产国际代表 A. 库雷拉（Alfred Kurella）用化名 A. 贝纳编辑出版的《为了成为列宁主义》，收录了 5 篇拉法格的文选。1931 年 11 月，法国《世界报》首次刊载了由亚·泽瓦埃斯（Alexandre Zevaes）发表的拉法格给路易·奥古斯特·布朗基（Louis-Auguste Blanqui）的信，标题是《布朗基和马克思——保尔·拉法格的一封未发表的信》。1933 年，瓦尔莱（Valray）编写的《保尔·拉法格——马克思主义理论家》巴黎法文版和 1959 年 E. 鲍提若里（Emile Bottigelli）编的《恩格斯与保尔·拉法格、劳拉·拉法格通信集》巴黎法文版，对法兰西第三共和国成立后，资产阶级共和党人曾建议拉法格担任省长但遭到拒绝的话题进行了讨论。此后，有学者在《对青年拉法格的生活和作用的某些方面的澄清》一文中对这种说法表示怀疑。1937 年，斯托尔茨（Stolz）的《社会主义战士、理论家保尔·拉法格》巴黎版出版。

20 世纪五六十年代，拉法格作品的译本在多个社会主义国家都能看到。1956 年，法国巴黎社会出版社出版了《恩格斯—拉法格通信集》第 1 卷，公布了 1955 年法国发现的未经发表的恩格斯新信件

---

① 法国共产党简称"法共"（PCF），1920 年 12 月成立，二战后初期实力达到巅峰，党员最多时达 80 万人，曾是法国第一大党。北约成立后，迅速衰减，成员多为工人、教员、雇工、手工业者等。

的一部分，是了解法国工人运动的珍贵史料。① 1959 年巴黎版本的《通信集》收入了恩格斯和拉法格夫妇在 1868—1895 年能收集到的全部重要往来书信 606 封，为我们了解恩格斯和拉法格夫妇在此期间的生活和革命活动提供了重要资料。《懒惰权》也在法国多次再版。1965 年 C. 魏亚尔（Vuillard）发表了一篇关于"J. 盖德派"的论文，促使关于拉法格的研究出现了一个重要的转折点。这篇杰出的论文超越了之前的研究，甚至超过了 E. 鲍提若里 1956—1959 年编译的巴黎法文版的《恩格斯与 P. 拉法格、L. 拉法格通信集》（3卷）。同一时期，M. 佩罗（Michelle Perrot）出于对马克思主义在法国的历史的兴趣，整理了马克思女儿们的书信集，在 1979 年出版。

法国历史学家 J. 雅克·吉罗尔（Jacques Girault）是一直致力于研究拉法格的学者，他曾在 1970 年发表巴黎法文版的重要文选《拉法格选集》，帮助一代又一代的活动家和研究者不断深入了解拉法格。1970 年 10 月，法国《思想》杂志刊登了兰克于 1891 年在《巴黎日报》发表的一篇文章，回顾了他在 1870 年同拉法格的交往。1975 年，梅特隆（Metron）主编的《法国工人运动人名词典》法文版面世，专门设置了"拉法格"条，对拉法格揭露波拿巴的反动独裁统治，号召青年团结起来推翻第二帝国等斗争，进行了整理叙述。1981 年 11 月，法国社会出版社出版了《法国工人党的诞生》一书，该书由法国著名的马克思主义发展史研究专家 E. 鲍提若里在生前编好初稿，收入了拉法格的 18 封书信，第一次为理论研究提供了原始的文献资料，有助于我们更好地认识这位法国工人党内第一位马克思主义理论家。

在法国鲁昂—诺曼底大学近代史讲师 J-N. 迪康热（Jean-Numa Ducange）和法国档案馆管理员 P. 布瓦屈（Pierre Boichu）的共同努力下，2013 年法国档案馆公布了拉法格的最新研究成果：《法国共

---

① 李宁来：《法国出版"恩格斯—拉法格通信集"》，《人民日报》1957 年 3 月 23 日第 1 版。

产党的一份特殊的社会主义历史档案——P. 拉法格档案资料（1830—1965）》，这一历史档案的公布有助于人们了解拉法格曾经走过的道路以及他所关心的问题。还有巴黎法文版《法国社会党（工人国际法国支部）第三次全国代表大会会议记录（1908 年 10 月 15—18 日图卢兹）》和第六、第七次全国代表大会会议记录资料等。除此之外，法国国家档案馆在 2011 年即拉法格夫妇逝世 100 周年之际，举办了纪念活动。这意味着拉法格的生平、作品、品行及才华是卓尔不凡的。

2. 国外其他国家对拉法格的研究

关于拉法格著作在俄国的传播研究。十月革命之前，作为一名马克思主义的天才普及者，法国和国外的很多工人读者都是通过拉法格著作第一次接触马克思主义的。在俄国 1905 年那些"自由的日子里"他的多数著作被译成俄文出版，很快成为最受欢迎的马克思主义通俗作家。[①] 不是因为"他仅仅只是以容易理解的方式重复马克思的某些思想，而是创造性地加以阐释，引用了新的材料，独立进行了思考，独立做出了结论"。

1911 年，鲁桑诺夫（Rusanov）发表的《保尔·拉法格与劳拉·拉法格》是再现拉法格面貌的重要文献资料。[②] 1917 年俄国十月革命之后，在苏联、东欧等社会主义国家，甚至在许多西方资本主义国家中，涌现出大量有关马克思主义的教科书和理论读本，关于拉法格研究的各种选本和理论著作也异彩纷呈。苏联出现了好几个俄语版本的拉法格作品，他撰写的马克思主义简化版宣传小册子

---

① 1904—1906 年在俄国翻译出版了拉法格的下列著作：《美国的托拉斯》（圣彼得堡，1904 年）；《妇女问题》（基辅，1905 年）；《拥护共产主义和反对共产主义》《我们回忆马克思》（敖德萨，1905 年）；《历史唯心主义与历史唯物主义》《小农所有制与经济发展，土地纲领及其注释》《拜金主义》《懒惰权》《失去了的兴趣》《劳动与游手好闲》（圣彼得堡，1905 年）；《土地纲领》《共产主义与经济进化》《社会主义与知识分子》《劳动与资本》（圣彼得堡，1906 年）；等等。

② 参见［苏］鲁桑诺夫《保尔·拉法格与劳拉·拉法格》，《俄罗斯财富》1911 年第 12 期。

收到了不错的反响。1924年，斯捷克洛夫（Steklov）所撰写的《革命的共产主义战士拉法格 1842—1911》出版。1921年，苏联成立马恩研究院，举全国之力致力于马克思恩格斯著作、手稿和书信的收集，在与第二国际争夺收藏和出版马克思恩格斯文献的最高理论权威中，掌握了研究马克思主义文献的解释权和话语权，成为中心舞台。可以说，在马克思主义研究方面，苏联是法国的老师，关于拉法格的研究资料比法国还要多。从1925年开始苏联马克思恩格斯学院的里亚扎洛夫相继编辑出版了俄文版《拉法格文集》3卷集，这是现存拉法格著作最系统最完整的文集。同年，苏联著名的马克思主义研究专家、马克思恩格斯研究院①的创建人和第一任院长（1921—1931）达维德·波里索维奇·梁赞诺夫（David Borisovich Ryazanov，1870—1938）主持编写的莫斯科—列宁格勒俄文版的《拉法格选集》出版。②

受一部分布尔什维克党人的影响，拉法格在20世纪30年代成了一个热门话题，国际上掀起了一股"拉法格热"。苏联学者、著名的拉法格研究专家、文学评论家戈费恩·舍费尔（Goffin Schaefer）从20世纪30年代开始对拉法格的美学遗产做了大量研究工作，编

---

① 1921年，在列宁的支持和推动下，苏联成立马克思恩格斯研究院，系统开展马克思恩格斯文献的收集、编辑和出版。1924年，马克思恩格斯研究院成为直接隶属于苏共中央的机构。1924年，俄（共）布第十三次代表大会通过决议，要求马恩研究院筹备出版《马克思恩格斯全集》（以下简称《马恩全集》），即后来的《马恩全集》俄文第一版。同年，共产国际第五次大会通过决议，委托马恩研究院院长梁赞诺夫进行《马恩全集》历史考订版（MEGA1）的编辑出版。自1931年11月，马恩研究院与1924年成立的列宁研究院合并为马克思恩格斯列宁研究院。1956年改称马克思列宁主义研究院（即我们通常所说的苏共马列主义研究院）。

② 梁赞诺夫不仅精通马克思和恩格斯的著作，还同拉法格夫妇交往甚密，在德拉维依长期从事马克思和恩格斯遗著的研究工作，从他们那里了解到马克思的很多第一手资料，并且拉法格夫妇很乐意将马克思逝世后留下的文献和书信交给他使用。（参见［苏］达·梁赞诺夫《卡尔·马克思的〈自白〉》，宋洪训译，见《马列著作编译资料》第10辑，人民出版社1980年版，第47页。）

撰了一系列作品。① 有学者还在苏维埃社会主义共和国联盟中提到拉法格的文选。1933 年,国际社会出版社出版了拉法格的文选《马克思主义的理论家》,并在法国人民阵线成立之际,1936 年拉法格的《文学批评》得到出版。

1954 年,哈·尼·莫姆江（Х. Н. Момджян）主编的《拉法格与马克思主义理论的若干问题》论丛,专门探讨了其哲学、经济等几个方面的思想。1955 年,苏联的罗森塔尔（М. Розенталь）和尤金（П. Юдина）所编的《简明哲学辞典》指出,拉法格是"法国社会主义者,著名的马克思主义的理论家和宣传者"②。次年,皮克（В. Пик）在《苏联大百科全书》以人物传记的形式选译了拉法格、弗兰茨·埃德曼·梅林（Franz Erdmann Mehring）、卢森堡等人的文章。③ 1956 年,叶菲莫夫（А. В. Ефимов）等在《近代世界史》中提出,"盖得最亲密的战友是拉法格"④。1956 年,热卢鲍夫斯卡（Zhelubovskaya）编写的《法兰西第二帝国的倾覆和第三共和国的诞生》莫斯科俄文版出版发行,谈到了拉法格本人回忆的与资产阶级共和派的决裂历程。1957 年,苏共中央马克思列宁主义研究院专门编著了《回忆马克思恩格斯》选录了拉法格的两篇回忆文章。⑤ 1962 年,格·索洛维耶夫（Ge Soloviev）编的《马克思恩格斯论文

---

① ［苏］戈费恩·舍费尔:《保尔·拉法格——马克思主义批评的实践家》,莫斯科—列宁格勒 1933 年版;《保尔·拉法格及其对自然主义的批判》,《文学问题》1957 年第 5 期;《诗歌格式的革命辩证法》,《新世界》1957 年第 8 期;《马克思主义批评史·拉法格及其为现实主义进行的斗争》,莫斯科 1967 年版。他在后期的总结性著作中,改变、订正和补充了自己以前的许多结论,包括对拉法格评价维克多·雨果（Victor Hugo）的看法等。

② ［苏］罗森塔尔、尤金编:《简明哲学辞典》,中共中央马克思恩格斯列宁斯大林著作编译局译,人民出版社 1955 年版。

③ ［苏］皮克:《苏联大百科全书》,王荫庭译,人民出版社 1956 年版。

④ ［苏］叶菲莫夫等:《近代世界史》,陈山等译,中国青年出版社 1956 年版。

⑤ 苏共中央马克思列宁主义研究院:《回忆马克思恩格斯》,胡尧等译,人民出版社 1957 年版。

学》收进了拉法格的《回忆马克思》。① 1963 年，敦尼克（Dunnick）等主编的《哲学史》第 3 卷上册②专门梳理了拉法格和盖得对马克思主义哲学在法国传播和发展所做的贡献。南斯拉夫的普雷德腊格·弗兰尼茨基（Predrag Vranicki）在所著的《马克思主义史》中，称拉法格是"一个极其强有力的马克思主义理论家"③。1963 年，《弗兰茨·梅林著作集》柏林德文版中，梅林曾经发表了一篇纪念拉法格的文章。1967 年，特·尔·奥腾米耶娃（Teel Otenmieva）在发表的《保尔·拉法格 19 世纪 80—90 年代的政论和宣传活动》一文中，介绍了拉法格在 80—90 年代的学术写作活动。④ 1970 年，俄文版的《第一国际海牙代表大会（1872 年 9 月 2—7 日）会议记录和文件》还原了当时拉法格反对巴枯宁派吉约姆（Guillaume）的无政府主义观点。同年，莫斯科俄文版《马克思和十九世纪国际工人运动的若干问题》首次刊载了拉法格在 1880 年撰写的《法国工人党宣言》手稿的第一部分和第三部分。

20 世纪七八十年代，拉法格的著作仍受到苏联学者的关注。1978 年莫姆江的俄文版《保尔·拉法格与马克思主义哲学》论述了拉法格的哲学思想。1983 年俄文版《马克思恩格斯与马克思的亲属通信》和 1984 年波尔迪列夫（Boldyrev）编写的人物传记《拉法格》相继问世。1982 年苏联科学院世界历史研究所编写的《一八七一年巴黎公社史》对《红色公告》上的签名是否为拉法格本人的问题进行了探寻。1978 年，三联书店版的伊·阿·巴赫（Bach）主编的《第一国际和巴黎公社》和奥尔嘉·梅耶（Olga Meyer）编的

---

① ［苏］格·索洛维耶夫编：《马克思恩格斯论文学》，曹葆华译，人民文学出版社 1962 年版。

② ［苏］敦尼克等主编：《哲学史》第 3 卷（上），何清新译，生活·读书·新知三联书店 1963 年版。

③ ［南］普·弗兰尼茨基：《马克思主义史》（上），生活·读书·新知三联书店 1963 年版，第 161 页。

④ ［苏］特·尔·奥腾米耶娃：《保尔·拉法格 19 世纪 80—90 年代的政论和宣传活动》，《苏共历史问题》1967 年第 1 期。

《马克思的女儿——未发表的信札》都提到了拉法格在巴黎公社时期写给马克思的信。1964 年，苏联《近代史和现代史》杂志第 5 期，提到了拉法格 1889 年写信给盖得，力图说服他改变对德雷福斯案件的袖手旁观立场。苏联的《历史问题》杂志在 1981 年第 6 期刊登了拉法格在布鲁塞尔群众集会上的演说。

此外，苏联还有几篇副博士论文从多个方面探讨了拉法格理论活动。① 那些来自苏联的 V. 大林（Victor Daline）、西班牙历史学家 P. 里巴（Pedro Ribas）、英国的 R. 斯图尔特（Robert Stu-art）和 L. 德夫勒（Leslie Defler）等人的重要的有关拉法格和盖得主义的作品，很多还没有被译成法语出版。另外，社会主义历史学家 J. 马萨（Jacques Mace）和 F. 拉鲁朗洛瓦（Francoys Larue-Langlois）写的传记，以及通过达朗迪出版社发表的有关拉法格的出版物，都为拉法格研究做出了贡献。同时，一些国家图书馆或研究院等科研机构也存有拉法格的一些相关文献。如 1921 年成立的莫斯科马列主义研究院（IML）在拉法格资料的保存中扮演了重要的角色，1991 年，该研究院开始收集属于"马克思主义经典"的拉法格的原始手稿和微缩胶卷。拉法格家族的档案就存放在俄罗斯社会主义政治历史国家档案馆中，从这些家族资料中可以提炼出一些独立的拉法格文献。而今，可以在荷兰阿姆斯特丹社会历史国际研究所查阅这些莫斯科的拉法格文献。②

另外，1995 年加拿大学者凯洛格（Paul Kellogg）的《保尔·拉法格和法国社会主义的建立 1842—1882》③ 和 2000 年法国学者 L.

---

① 例如：胡佳科娃：《拉法格在第一国际为维护马克思主义的革命原则而进行的斗争》（1951）；萨维洛夫：《保尔·拉法格著作中的伦理学问题》（1966）；波尔迪列夫：《保尔·拉法格论证与捍卫马克思主义的道德观》（1974）；等等。

② 参见郑佳译《一个国际工人运动著名活动家的足迹》，《社会科学报》2014 年 1 月 2 日第 8 版。

③ Paul Kellogg, "Paul Lafargue and the Fouding of French Marxism: 1842 – 1882", *Science & Society*, No. 1, 1995.

德夫勒（Leslie Derfler）的《保尔·拉法格和法国社会主义的发展1882—1911》① 两篇文章，从马克思主义纵向发展的角度论述了拉法格的学术创新和对马克思主义传播的贡献。美国学者富兰克林·吉丁斯（Franklin H. Giddings）在《拉法格的社会和哲学研究》一文中，通过对《唯心史观和唯物史观》和《卡尔·马克思的历史方法》两部著作的论述，描画出拉法格社会批判理论的基本架构，揭示他对唯物史观的具体应用方法。②

总的来看，国外学者对拉法格思想的研究呈现出以下特点：

第一，对拉法格的研究呈现出国际性特征。研究人员来自多个国家，涉及英国、俄罗斯、德国、西班牙等国。研究人员国籍多说明其思想影响广泛，已超出了国境的局限。

第二，对拉法格思想的研究有历史性特征。从时间跨度看，自拉法格在19世纪中期登上理论舞台，对其思想研究的广度与深度在不断扩展。

第三，对拉法格的研究有综合性特征。国外学者整理与汇编了一些与拉法格相关的专著、会议记录文件、国际共运史等资料，这些散落在其中的思想研究涉及了拉法格理论的诸多方面，包含经济、文学、美学、宗教、意识形态理论等，为我们认识拉法格思想提供了多重视角。

第四，对拉法格马克思主义观的评价褒贬不一。以资产阶级政客、历史学家、无政府主义者、修正主义者为一方，革命的马克思主义者为一方，对拉法格的评价相互排斥，截然对立。一种观点是"否定论"。在拉法格去世后他仍然是一切"半马者"、"假马者"、"反马者"不可接受的人物，机会主义者抓住他犯过的一些错误，在

---

① Keller, F. Leslie Derfler, "Paul Lafargue and the Flowering of French Socialism, 1882 – 1911", *International Review of Social History*, No. 9, 2000.

② Franklin. H. Giddings, "The Positive Outcome of Philosophy by Joseph Dietzgen; The Physical Basis of Mind and Morals by M. H. Fitch; Social and Philosophical Studies by Paul Lafargue", *International Journal of Ethics*, Vol. 17, No. 2, Jan 1907, pp. 262 – 264.

以"马克思的方式""爱护"拉法格的幌子下攻击马克思主义学说的本质。比如，无政府主义者吉朗（Geelong）企图像一面哈哈镜一样丑化拉法格的政治面貌与精神面貌。若尔日·索列尔（Jorge Soller）花了不少力气破坏拉法格的威信，仰慕他的那些人都指责拉法格的马克思主义是"荒诞不经"，态度"轻率和自以为是"，是马克思的低级和庸俗的推崇者，"只是把马克思的名字介绍到了法国，这是他作为女婿起码应该办到的事情"。著名的糊涂虫索列尔对拉法格的历史唯物主义著作的学术价值提出质疑。修正主义鼻祖伯恩施坦则竭力把"政治暴力的拥护者"拉法格同"和平的学者"马克思对立起来。埃米尔·王德威尔得（Émile Vandervelde）和第二国际的其他修正主义者，把革命家拉法格歪曲为"假左派"和"喜好奇谈怪论的人"。

另一种代表性的观点是"肯定论"，在第二国际的其他党内，拉法格被认为是法国最好的，甚至是唯一的马克思主义理论家。在考茨基看来，拉法格的逝世使科学社会主义失去了一位最杰出的学者和战士。列宁在《唯物主义和经验批判主义》中，称赞他是"社会主义的权威人士"①。苏联也有学者提出"拉法格运用自己的全部知识，施展自己的一切才干，把革命的马克思主义思想灌输到无产者的头脑中去"，他"是一位火热的战士"。法国著名史学家、巴黎第八大学的克洛德·维拉尔（Claude Vilar）认为，与盖得、饶勒斯、索列尔和瓦扬等人相比，拉法格可能算是自始至终地努力运用马克思的分析方法，创造性地来解决政治、哲学、宗教、伦理等各种意识形态问题的唯一理论家。② 但他又任意将拉法格与普列汉诺夫、考茨基、卢森堡加以对比，断定"考茨基、卢森堡这二位理论家在创造性地掌握马克思主义方面要比拉法格强得多"，拉法格作为一个理

---

① 《列宁全集》第 18 卷，人民出版社 2017 年版，第 261 页。
② 参见［法］克洛德·维拉尔《保尔·拉法格和他对资产阶级社会的批判》，公直译，见中共中央马克思恩格斯列宁斯大林著作编译局国际共运史研究室编《国际共运史研究资料》第 7 辑，人民出版社 1982 年版，第 156 页。

论家"不如考茨基与普列汉诺夫"。这种据此抬高其他理论家而贬低拉法格著作理论价值的"截然对立论"让人怀疑。苏联历史学家 A. 曼夫列德（А. Манфред）在为克洛德·维拉尔《1893—1905 年的法国社会主义运动（盖得派）》所写的序言中，认为维拉尔的论断难以令人同意，虽然拉法格在理论上存在一些错误，但考茨基与普列汉诺夫所犯的错误要比拉法格大得多。对此，苏联学者莫姆江持同意观点，完全赞同曼夫列德的结论，他说："把中派主义者、后来成为叛徒的考茨基的理论观点同犯过错误的革命家拉法格的理论立场上的某些错误加以对比，未必有何根据。拉法格是一位马克思主义的理论家。"① 波兰学者莱泽克·科拉科夫斯基（Leszek Kolakowski）认为，拉法格的马克思主义是高度简化的。② 法国学者斯蒂芬妮（Roza Stéphanie）认为拉法格是最先把马克思主义介绍到法国的几个人之一。③

三 研究方法及研究思路

（一）研究方法

1. 文献研究法

拉法格的马克思主义观是纵向延伸的，因此，要想了解拉法格马克思主义观的生成条件、主要内容、演变阶段历程等，就要求我们必须对马克思恩格斯著作及拉法格本人的著作、书信等经典原著进行认真研读，主要文献包括《马克思恩格斯全集》、《马克思恩格

---

① ［苏］哈·尼·莫姆江：《拉法格与马克思主义哲学》，张大翔等译，国际文化出版公司 1987 年版，第 74 页。
② ［波］莱泽克·科拉科夫斯基：《马克思主义的主要流派》第 2 卷，马翎等译，黑龙江大学出版社 2015 年版，第 132 页。
③ ［法］R. 斯蒂芬妮：《马克思与 18 世纪法国的思想遗产》，潘滢译，《马克思主义与现实》2019 年第 4 期。

斯与马克思的亲属通信集（1835—1871）》、《恩格斯与保尔·拉法格、劳拉·拉法格通信集》、《拉法格文选》、第二国际历次代表大会的会议报告、记录和决议以及历次党代会的大会决议与报刊社论，国内外学者关于拉法格思想的专著、教材、编译文献等，通过认真解读这些繁杂的材料，挖掘资料背后可能隐藏的事实真相，跳出固有的视角，概括、凝练出拉法格马克思主义观的演变轨迹与形成阶段。

2. 比较研究法

所谓比较研究法，就是对照各个事物，以确定其间差异点和共同点的逻辑方法。从时间、空间、内容上的可比性来比较分析。这个也是本论题的核心方法，从纵向角度，考察马克思、恩格斯的马克思主义观与拉法格的马克思主义观的关系，说明拉法格对马克思主义观的继承、丰富和发展；同时探索拉法格在一生的不同阶段中，其马克思主义观的反复、动摇和不彻底性。从横向来看，比较拉法格与同时代其他思想家如列宁、伯恩施坦、考茨基和卢森堡等人在马克思主义原则问题上的差异、借鉴和批判，指明拉法格对马克思主义学说理解的缺陷。

3. 逻辑与历史相统一的方法

恩格斯曾说："历史从哪里开始，思想进程也应当从哪里开始，而思想进程的进一步发展不过是历史过程在抽象的、理论上前后一贯的形式上的反映；这种反映是经过修正的，然而是按照现实的历史过程本身的规律修正的。"[①] 逻辑与历史的统一，也是辩证思维的一个基本原则。本书的主旨思想研究，偏重于从逻辑体系上揭示拉法格的马克思主义观，阐明其发展的历程与阶段性特点，在总体揭示拉法格的马克思主义观的发展转变与最终确立中，在具体研究某一思想时，又尽可能遵循思想发展的历史真实情景。

---

① 《马克思恩格斯选集》第 2 卷，人民出版社 2012 年版，第 14 页。

4. 理论和实践相统一的方法

本书重点研究的背景为法国社会主义革命与工人运动的历史发展，但这并不是简单的逻辑演绎，而是把这一研究和当时的具体实践统一起来加以考察，以此说明拉法格马克思主义观形成发展中所内存的经济、政治、文化等诸多方面的成因。这种实践研究不仅研究拉法格在世时期的实践，而且也涉及拉法格之后中国共产党人的实践，同时也探讨了世界社会主义的实践发展。

（二）研究思路

本书试图从历史、理论和现实结合上构建全书。首先，从侧重于历史的角度探讨拉法格马克思主义观生成的时代场景和思想来源。其次，从理论发展的角度梳理了拉法格马克思主义观的初步形成、发展、转变和最后探索，概括了拉法格马克思主义观的逻辑演进。这一部分构成本书的主干和核心内容。最后，从侧重于现实的角度，依据拉法格马克思主义观的历史发展所取得的丰硕成果和经验教训，对今天如何坚持马克思主义观和发展中国特色社会主义建设无疑意义重大。

需要说明的是，如恩格斯所言："世界不是既成事物的集合体，而是过程的集合体。"[①] 思想家的思想发展过程是由思想发展的若干阶段衔接而成的。探讨拉法格马克思主义观的历史发展正是对马克思主义观形成过程的抽象概述，同时也要对其进行阶段划分。而要进行阶段划分，必须坚持一定的原则方法。其中，较具说服力的是如下观点[②]：第一，坚持阶段性和连续性的统一方法；第二，坚持历史和逻辑、理论和实践统一的方法；第三，坚持总体和部分相互促进的方法。依据这些方法，既要分别考察拉法格马克思主义世界观

---

① 《马克思恩格斯文集》第4卷，人民出版社2009年版，第298页。
② 参见孙来斌《列宁的马克思主义理论教育思想研究》，中国社会科学出版社2003年版，第31页。

演变轨迹中发表的阶段性、标志性的著作,又要达到前后有机衔接;既要注重共产主义世界观的发展过程,又要分析马克思主义观背后的实践成因;既在整体中把握部分,也在部分中丰富整体。同时,对拉法格马克思主义观发展的分期过程中,在学界研究的基础上进一步归纳,更加科学地进行分析和研究,推动研究范式从"宏大叙事"转向"个体叙事",宏观分析和细节考证的相互融通。

四　创新点及不足

当代中国,研究拉法格思想的人不多,可参考的历史资料有限,研究成果多呈碎片化。因此,本书的研究对理论文本的考察要求较高,表面上看似容易,其实做起来有一定难度。因为在前人已经取得相关优秀成果的基础上进行新的阐释,在创新力上难度可想而知。以一种"一脚门里,一脚门外"的"入门者"的求教心态,本书尝试从以下几个方面提出一些创新之处。

第一,试图对拉法格马克思主义观的发展脉络做系统性梳理,展现其马克思主义观全貌,力图弥补过去学界一般泛泛而论与零碎的个案研究的不足,实现由零碎、分散、微观的历史层面上升到系统、整体、宏观的理论把握。既观照拉法格马克思主义观的主要内容,同时也尝试澄清西方学者对拉法格马克思主义观中几个核心议题的责难。本书以拉法格一生为主线,立足于法国经济文化落后的历史背景,把拉法格马克思主义观的转变轨迹分为早期跃迁转折、牢固确立、成熟完善、后期探索四个阶段进行整体考察。

第二,力图从拉法格思想的原始语境出发,尝试澄清西方学者长期以来对拉法格马克思主义观中几个核心议题的争论,如关于"经济唯物主义"的分歧、"半无政府主义"和"中派主义者"的责难,发掘拉法格夫妇逝世谜案背后的历史真相,祛除缠绕在拉法格身份界定中的迷雾,还原其革命的马克思主义者的面貌。

第三，本书尝试在评价拉法格马克思主义观的历史地位时，力求做到符合历史、客观公正。既要重视拉法格马克思主义世界观历史发展过程存在的优点和成果，也要审视其错误和不足。正是基于此，本书既注重阐明拉法格对马克思和恩格斯马克思主义观的继承与发展，也努力寻求拉法格马克思主义观中独特的理论价值和思想营养。

第四，尝试立足哲学层面的本体论、实践论、价值论、辩证法和认识论的视角，探讨拉法格马克思主义观的深刻内涵。从本体论角度谈马克思主义发生与发展、本质与特征、结构与功能，回答"什么是马克思主义"的问题；从实践论角度考察对待马克思主义的态度、方法与行动，解读"怎样对待马克思主义"；从价值论角度探讨马克思主义的意义与作用，回答"如何评价马克思主义历史命运"的问题；从辩证法角度，设置以唯物史观和阶级分析为坐标的评价体系；从认识论的角度凝练对中国共产党人的当代启示。与传统研究"马克思主义观"的视角相比，是一次比较新颖的尝试。广泛借鉴哲学问题的研究范式，促推跨学科的交叉融合，在史论结合中实现对拉法格马克思主义观问题和材料的驾驭与综合处理。

但是也应承认，本书的研究设计也存在诸多难点和不足。首先，研究时间不长，文献史料不足、学术积累单薄，由于受语言、地域、国度和藏书条件的制约，很难占有原始的报刊资料，这就需要借助编译文献和翻译著作。其次，由于缺乏深入系统的研究，在涉及对拉法格的一些理论观点和实践错误评价时，会遇到叙有余而论不足，不敢轻易下结论，相关问题的理论深度有待提升。最后，对待像拉法格这样忠诚但非彻底的马克思主义者，在考察其晚年立场时，国内外学者存在各种版本的看法，如何客观、全面、完整地凸显拉法格的马克思主义观，也是本书的难点和重点所在。

第 一 章

拉法格马克思主义观形成的时代背景和理论渊源

　　19世纪中后期，法国封建贵族、有产者与新兴资产阶级的各种矛盾激增，汇集了资本主义的一切矛盾，逐渐成为世界革命运动的暴风眼。但法国革命进程并非一帆风顺。在生产力落后和封建专制统治的背景下，法国革命一波三折。鲜花不能长在岩石上，任何思想都不是凭空产生的，它与思想者所处的时代息息相关。任何伟大思想家都是自己时代的产物，需要具备相应的物质因素和政治思想土壤。同拉法格的整体思想一样，拉法格的马克思主义观也是法国社会历史发展的产物；是在人类社会由自由资本主义进入到帝国主义的时代背景下，拉法格运用马克思主义基本理论探寻法国革命实际的产物；是拉法格在领导法国革命的进程中，针对马克思主义遭遇的社会现实变化和理论挑战的回应，同马克思主义内部和外部敌人的斗争中探索并不断发展的产物。因此要探寻拉法格马克思主义观的内涵，必须回到他所处的历史情境和理论境遇长廊中，这是理解拉法格的马克思主义观的基本前提。

第一节 本土特征：拉法格马克思主义观形成的国内背景

19世纪六七十年代，与同时期西方国家相比，法国抓住第二次工业革命的机遇加速经济发展，塑造了这一时期社会发展的基本特性。这源于法国现代化的开端晚于西欧的美英等国，经济分散性和等级制度森严始终制约着法国的历史发展进程。从法兰西第二帝国到垄断资本主义过渡的20世纪初，构筑了拉法格两种生活年代的背景底色。拉法格正是在这样一个阶级对立、文化丰厚和矛盾交织的封建专制和资本主义民主共和国国家中开启了他的思想之旅和革命之路。法兰西独特的国情孕育了他马克思主义观从启蒙、成长到成熟的全过程。鉴于此，详细考察拉法格所处的国内背景是必不可少的。

一 19世纪中后期法国社会的本质特征

诚如法国著名历史学家阿历克西·德·托克维尔（Alexis-Charles-Henri Clérel de Tocqueville）所说："每个民族都留有他们起源的痕迹。他们兴起时期所处的有助于他们发展的环境，影响着他们以后的一切。"[①] 法国封建贵族作为政府的统治阶层，垄断和把持着国家一切政治资源，它以中央集权制对社会的统治程度，是西欧专制集权国家中较为典型的一个国家。后来，资产阶级政党执政后，各个党派纷争不断，粉墨登场，造就了法国政局的独特特征。

第一，政治制度上，各种党派阶层轮流执政，令人眼花缭乱，无休止的政治纷争侵入到共和国肌体的每一个细胞中。路易·波拿

---

① ［法］托克维尔：《论美国的民主》（上卷），董果良译，商务印书馆2009年版，第35页。

巴（Charles-Louis-Napoléon Bonaparte）第二帝国时期，政府对内实行专制统治，将军事官僚机器发展到空前的规模。法兰西第二帝国实质上是法国大资产阶级的公开专政。巴黎公社失败后，法国无产阶级遭受血腥镇压，近3万名公社社员被杀，无数人被监禁、流放、服苦役，当时的路易－阿道夫·梯也尔（Adol-phe Thiers）也尔反动政府向其他国家发出照会，引渡和追捕流亡国外的公社社员，各大城市呈现出一片恐怖氛围。同时，法国企图恢复帝制的势力还很猖獗，保皇党分子在国民议会中分成三派：波拿巴派、奥尔良派和正统派。他们各怀鬼胎，力图推翻共和，恢复帝制。

　　1871年，"老保皇派"的梯也尔担任总统，给共和政体以保守主义性质，力图保持一个"没有共和派的共和国"。1873年，保皇党人抬出顽固的帕特里斯·麦克马洪（Patrice Mac-Mahon）继任总统，着手恢复帝制，企图建立独裁。1879年，麦克马洪下台，两院共同推举共和党派弗朗索瓦·保罗·儒勒·格雷维（Francois Paul Jules Greco）任总统。而共和制的确立，也为工人阶级斗争提供了帮助。正如恩格斯所言："不管目前法国的共和政府怎样被人瞧不起，然而，共和国的最终建立毕竟使法国工人有了一个基础，可以组织起来，成为一个独立的政党，并且在将来不是为他人的利益而是为它本身的利益进行战斗。"① 法国议会中更是党派林立，纪律松弛，内阁更迭频繁引起政府危机，1873—1890年就更换了34次内阁，这种"多党政治"实质上是资产阶级统治人民的工具，资产阶级共和党在和保皇党斗争时对群众许下的诺言也都束之高阁。共和党执政后，分裂为两派：以莱昂·甘必大（Léon Gambetta）和茹尔·弗朗索瓦·卡米耶·费里（Jules François Camille Ferry）等为领袖的代表大资产阶级利益的温和派②；以若尔日·克雷蒙梭（Jorge Clem-

---

　　① 《马克思恩格斯全集》第19卷，人民出版社1963年版，第154页。
　　② 正如"温和"一词一样，温和派主张一种渐进、稳重的改革，要寻找合适的机会来推行改革，在对外政策上，倡导每个法国人要把收复失地作为义不容辞的责任，但复仇条件还不具备，把对外政策重点放在殖民扩张上。

enceau）为领袖、代表中小资产阶级利益的激进派①，骗取工农支持，削弱工人革命斗志。两派之间经常相互指责和拆台斗殴。共和党执政时期，统治阶层贪污腐化，政局动荡，阶级斗争尖锐，布朗热事件②、"巴拿马丑剧"③、德雷福斯案件④三个案例更加印证了这一点，一件接一件的政治风波和金钱丑闻把温和共和派的政治统治推向绝境。

第二，经济形态上，19世纪的最后30年，法国经济发展速度缓慢。虽然1870—1900年，工业总产值增长94%，铁和煤的产量翻倍，钢产量增长了15倍，但是法国工业发展速度还远落后于英、美、德等国。特别是在1883—1896年，发展速度处于整个19世纪的平均水平线之下，被称作"19世纪最严重的危机"。19世纪中叶到80年代，法国工业总产值在世界工业总产量中的占比由第2位退居第4位。即使19世纪末20世纪初掀起了以电力为中心的第二次工业革命，但依旧难与他国比肩。波拿巴政府的经济政策使法国的

---

① 激进派为把法国建设成一个白璧无瑕的共和国提出了一系列激进的改革方案，如废除参议院、实行政教分离、征收个人累进所得税、将铁矿企业收归国有等。对外政策上优先考虑对德复仇。

② 19世纪80年代末，温和派共和党反动政策日益引起群众的不满。前陆军部长布朗热利用这种形势，煽动对德复仇情绪，密谋发动政变，实行军事独裁。他和保皇党、天主教僧侣暗中勾结，同激进派调情。但是共和派揭露了他的阴谋，行径败露，最终被判处无期徒刑。

③ 1879年，法国殖民主义者、开凿苏伊士运河的建筑师斐迪南·黎塞普组织股份公司，开凿巴拿马运河，发行30亿—40亿法郎股票，小资产阶级们为了发财抢购一空，公司在浪费大量金钱后宣布破产，工程也半途而废。在清理财产的过程中，公司对政党领袖和达官显赫行贿的秘密浮出水面，但是受贿者的罪行却被法院宣告无罪。这使资产阶级威信扫地，许多工人因此也纷纷脱离激进派转到社会主义方面来。

④ 1894年，一个法国军官将法国的军事秘密卖给了德国驻巴黎的使馆武官，共和党政府便毫无根据地逮捕了犹太籍的炮兵尉官德雷福斯，判处他无期徒刑，一些沙文主义者趁机掀起反犹太人运动，煽动对德战争。1897年，一个少校军官艾斯特加齐被证明是真正的罪犯。但政府却始终不愿承认错误，拒绝为德雷福斯平反，激起了群众的愤怒，围绕这个案件形成了两派：德雷福斯派和反德雷福斯派。1899年政府重新审理此案后，宣判德雷福斯无罪。

大资本家和金融巨头们赚得盆丰钵满，大发横财，国家的经济命脉被掌握在一小撮交易所的投机家和银行家手里。在帝国的残酷统治下，"工商业扩展到极大的规模；金融诈骗风行全世界；民众的贫困同无耻的骄奢淫逸形成鲜明对比"①。马克思曾指出：帝国在经济上毁了中等阶级，"因为它大肆挥霍社会财富，怂恿大规模的金融诈骗，支持人为地加速资本的集中，从而使他们遭受剥夺。帝国在政治上压迫了他们，它的荒淫无度在道义上震惊了他们"②。

19世纪70—90年代，随着资本主义生产力的迅猛发展，大量人口从农村涌入城市，法国城市居民从1850年的14.4%增加至1890年的37.4%。法国经济中占优势的是小型工业③和农业，大工业的发展速度和生产集中度远远落后于美国和德国，到19世纪最后几十年，法国银行资本比工业资本占优势的状况更加明显，银行资本集中迅速，程度较高④，大量信贷资本输往国外。⑤ 19世纪末20世纪初，资本输出的重要性与日俱增，法国在1880—1914年的对外投资年流通量增加了2倍⑥，成为仅次于英国的最大的资本输出国家，大量资金外流，对国内企业投资反而缩小。据统计，1909—1913年，法国每年高利贷利息收入就达17亿—18亿法郎，这就催生了国内一

---

① 《马克思恩格斯选集》第3卷，人民出版社2012年版，第97—98页。
② 《马克思恩格斯选集》第3卷，人民出版社2012年版，第104页。
③ 据1906年统计，1—10人的小型工业企业占工业企业总数的93%之多，百人以上的大型工业企业只占总数的8‰之少。小型企业的占比过大，阻碍了新技术和新装备的运用。(参见刘祚昌等《世界通史》近代卷下，人民出版社2017年版，第704—705页。)
④ 19世纪末20世纪初，银行资本主要集中于法兰西银行、里昂信贷银行等几家大银行手里，它们控制了全国70%的存款，尤其是法兰西银行独具发行纸币、支配商业债务的垄断权力。银行资本和工业资本的"联姻"，形成了由200个家族组成的金融寡头统治集团，它们把控国家经济命脉，操纵国家政治权力。
⑤ 1892年，法国出售的各种债券达770亿法郎，而投入工商业的资本只有66亿法郎，国外的投入远超国内的投入。1880年资本输出额为150亿法郎，1890年增加至200亿法郎。
⑥ [法]米歇尔·博德：《资本主义史（1500—1980）》，吴艾美等译，东方出版社1986年版，第177页。

个庞大的食利者阶层,列宁称之为"叮在数万万不文明的各族人民身上的寄生虫"①,促使法国逐步演变为"高利贷帝国主义"②,充分证明了法国帝国主义的寄生性和腐朽性。19世纪末,辛迪加成为法国垄断组织最普遍的形式。

20世纪初,垄断组织的统治地位确立,标志着法国进入了帝国主义阶段。法国的垄断组织由重工业部门逐渐辐射至轻工业部门。③另外,19世纪中叶到20世纪初,在法国大小地产并存的土地结构中,法国小农户大量存在,小土地耕作经营成为农地经营主流。自耕农在法国占据主要地位。1882—1892年,法国自耕农由215.1万户上涨至219.9万户,农场主从96.8万户增加到106.1万户,分成佃农由34.2万户提高到34.4万户。④ 1893年拥有耕地不足5公顷的有400万农户,占总数的71%。19世纪末,小农的抵押债务高达250亿法郎。小农户的大量存在也阻碍了新农艺的应用,主要还是以手播和手工制为主,在工业原料等方面限制了工业的发展。此外,普法战争战败,法国赔付德国50亿法郎的巨额赔款,割让了有丰富矿藏资源的阿尔萨斯和洛林,成为其经济发展缓慢的一个诱因。

第三,意识形态和思想文化传播上,各种思想纷繁夹杂。经济发展的特点造就了无产阶级的自身特征。19世纪八九十年代法国发生农业危机,大量农村人口被迫流入城市谋生,导致城市人口剧增,工人队伍迅速扩大。由于法国的无产阶级处于孤单状态,大量破产的农民和手工业者被抛入工人阶级行列,他们深受小资产阶级改良

---

① 《列宁选集》第2卷,人民出版社2012年版,第705页。
② 《列宁选集》第2卷,人民出版社2012年版,第629页。
③ 如重工业部门中的冶金行业,1876年成立的郎格维辛迪加,后来囊括了14家最大的钢铁企业;1887年西克利达辛迪加占有了全世界钢的30%的销量。20世纪初法国重工业中最具代表性的垄断组织有旺代尔、施奈德、马林、奥姆古尔、德恩·昂选等公司,化学行业中以久尔曼和圣戈班托拉斯的实力最雄厚。轻工业部门中出现的垄断组织,如亚麻辛迪加控制了全国90%的麻纺品生产;制糖卡特尔也占据垄断地位。
④ 参见[英]克拉潘《1815—1914年法国和德国的经济发展》,傅梦弼译,商务印书馆1965年版,第188页。

主义和无政府主义思想的侵蚀，将小资产阶级社会主义思想带入工人运动和法国社会党中来，产生了猛烈的右倾机会主义思潮。可能主义、米勒兰主义、阿勒曼主义等思潮由巴黎向全国蔓延开来，这为日后修正主义在党内的泛滥埋下了祸根。在这一时期，对拉法格等进步大学生影响比较深远的就是蒲鲁东主义[①]和布朗基主义[②]。此外，当时法国青年学生中间比较流行实证主义，实证主义的集大成者奥古斯特·孔德（Isidore Marie Auguste Francois Xavier Comte）标榜实证主义居唯心主义和唯物主义之上，认为科学只是对主观经验的描写，只有主观经验才是"确实的"，而事实的本质是超乎感觉经验或现象之外的，是不可认识的。但实际上，实证主义本身就是唯心主义的变种。

巴黎公社夭折后，法国资产阶级政府疯狂镇压社会主义者和工人运动，禁止马克思主义在工人中的传播，但仍有一些第一国际和马克思恩格斯著作的法文译本在法国出版和传播。[③] 这也打破了皮埃尔-约瑟夫·蒲鲁东（Pierre-Joseph Proudh）主义和布朗基主义在法国工人运动中处于支配地位的状况，培养出一批具有马克思主义觉悟的工人运动理论家。19世纪末20世纪初，资产阶级哲学特有的非理性主义、唯意志论、直觉主义等反动思潮，加剧了无政府工团主义运动。由于马克思主义哲学辩证唯物主义思想在法国的传播，资

---

① "蒲鲁东主义"从小生产者的私有观念出发，对资本主义社会进行批判。主张通过小生产者之间的互助，组建"交换银行"，发放无息贷款。维护小生产者的独立地位，帮助工人成为小私有者，用改良的办法消除资本主义的弊病。在国家问题上，蒲鲁东站在无政府主义立场上，否定工人的政治斗争，反对工人组织工会和组成政党。

② "布朗基主义"主张通过少数革命家密谋暴动夺取政权，不管群众是否做好准备，革命形势是否成熟，在他们看来，任何时候都可以实行这种密谋。他们不依靠无产阶级革命群众，只把希望寄托在少数人身上，不懂得无产阶级的历史使命和建立无产阶级革命政党的必要性。这也反映了其小资产阶级的面目。

③ 如1872年初，美国纽约国际法国人支部的机关报《社会主义者报》刊载了法文版的《共产党宣言》；同年6月，在布鲁塞尔出版了经马克思校订的《法兰西内战》法译本；1872—1875年，在巴黎出版了《资本论》第1卷法译本等。

产阶级学者和机会主义者们企图用各种唯心主义哲学和社会学理论对抗、修改或"精巧地"伪造马克思主义革命理论。帝国主义资产阶级和教权势力中的哲学家和社会学家构成了法国意识形态方面极右翼的反动势力，主要流派有：以伯格森哲学为代表的直觉主义、以创始人杜克海姆实证主义为首的社会学学派、新托马斯主义和宗教哲学等其他反动哲学流派。同时，19世纪中后期产生并活跃于法国的新批判主义哲学和精神论哲学两股思潮，从不同角度对19世纪上半叶在法国占统治地位的折中主义和当时新出现的实证主义展开批判。前者吸收康德哲学的批判精神，对哲学的一些基本概念和范畴进行审视和批判，后者主张恢复法国哲学的唯心主义色彩，重返形而上学的传统。

另外，19世纪七八十年代教权主义盛行，教会学校泛滥于法国城乡导致整个社会弥漫着浓厚的宗教气息。一方面，温和派曾把与旧思想有千丝万缕联系的天主教会视为共和制的首要敌人，为削弱天主教会的影响力，温和派（1879—1899）在执行费里的世俗化教育改革过程中，采取了一些措施，但没有真正实现政教分离，教会依然保持强大势力。激进派（1899—1905）在掌权的最初几年沿着反教权主义的路线继续前行。另一方面，由于一系列新发明、新发现使单调的世界变得丰富多彩，社会矛盾的堆积，反传统的新文化运动在文学、绘画等领域愈演愈烈，革新之势如潮如涌。

第四，对外关系上，疯狂进行海外殖民扩张。为满足国内对资源市场的需求，转嫁国内矛盾，在路易·波拿巴统治期间就多次发动对外战争，贪婪掠夺殖民地。60年代，拿破仑三世远征墨西哥失败，发动克里木战争，为资产阶级开拓国外市场。普法战争后法国不甘心失败，一心推行"大陆方针"，准备收复失地，一雪前耻。法国企图从拉帮结派的外交蜘蛛网中走出泥潭，千方百计拉拢英、俄，以图建立同盟获取支持，摆脱孤立境地。1877年，德国制造战争恐怖氛围，以战争恫吓来孤立法国，促使欧洲出现了"武装的和平"。

自19世纪80年代起，掌权的资产阶级温和共和派主张进行疯狂的殖民扩张，而在温和派内部也有反对意见。激进派和民族主义者认为殖民扩张违背法国利益，扩张与复仇不能两全，对外殖民只能分散法国的人力、物力，给法国增加巨大负担，是一笔不划算的"经济账"，会贻误对德复仇大计。但费里政府的"殖民党"期间数次侵略中国，联合西方其他列强逼迫当时的清政府签订《中法新约》等一系列不平等条约。通过血腥的殖民战争，法国在亚洲和非洲占领了大片土地，对西非民众进行残酷屠杀。

1881 年，法国入侵突尼斯，建立了保护国制度，又征服了整个越南，在越南实行"分而治之"的殖民政策。1888 年建立印度支那联邦政府，将越南、柬埔寨、老挝三国组织在同一个行政机构中，受殖民者的掠夺与奴役。此外，还通过传教、探险①、武装暴力等手段进一步侵占非洲大片土地，如 1891—1896 年分别侵占几内亚、达荷美、中非、南非的马达加斯加②，并将塞内加尔、上几内亚、刚果、象牙海岸变成殖民地。1897 年法国强迫清政府不能将海南岛割让给他国，1899 年强租广州湾，1900 年加入八国联军入侵中国。到 1900 年法国控制了非洲大陆 34% 的面积。在 19 世纪的最后 20 年（1880—1899），它的殖民地面积从 70 万平方千米增加到 370 万平方千米，人口则从 750 万增加到 5640 万人。③

法国革命的波荡起伏，除了阶级特质外，种类混杂的社会思潮也影响了工人群众的革命意志。法国蒲鲁东宣扬的无政府主义都在不同程度上混淆了工人的革命意识，腐蚀革命斗志。因此，法国政府严酷的政治、经济、宗教制度，大肆奴化的教权主义教育，以及无产阶级自身的艰苦性，决定了法兰西共和国开展无产阶级革命运

---

① 1895 年，反教权主义的代表人物茹尔·西蒙高度颂扬教会团体"圣灵教士团"在非洲的"探险"活动时说，教士们"一手拿着十字架，一手举着旗帜，……所征服的土地三倍于我们的祖国"。（参见 Jean-Yves Mollier et Jocelyne George, *La Plus Longue Des Républiques*, *1870-1940*, Paris: Fayard, 1994, p. 244.）

② 参见沈炼之、楼均信《法国通史简编》，人民出版社 1990 年版，第 426 页。

③ 参见《列宁选集》第 2 卷，人民出版社 2012 年版，第 640 页。

动面临着难以想象的艰难。

二 19世纪末20世纪初法国国内外矛盾交织

19世纪末，法国借助第二次工业革命推动了资本主义经济迅速发展，主要工业产品的产量大幅度增长，主要工业部门逐渐推广工业设备和机器生产。可以说，正当世界资本主义由自由阶段开始向帝国主义过渡的时候，法国也紧随其后，并产生了第一批垄断组织。但是，国内外各种矛盾的交织出现也成为了法国发展的困顿所在。

首先，法国国内各种矛盾极其突出。

第一，封建专制与人民大众的矛盾不断升级。拿破仑三世掌权的第二帝国时期，依靠庞大的军事官僚机器实行独裁统治，议会议员充当皇帝的代理人，人民的民主和自由权利被剥夺殆尽。为了缓和无产阶级的不满，拿破仑三世玩弄政治手腕，通过小恩小惠麻痹工人，照顾大资产阶级的利益。1860年以后，随着资本积聚的加速，造成了许多小规模手工业企业破产，1867年经济危机的爆发更是加深了小资产阶级的不满。19世纪60年代末，工人阶级、小资产阶级和资产阶级①都起来反对第二帝国，政府统治陷入严重的危机中。1870年9月普法战争中色当战役的惨败，成为巴黎群众革命行动的导火索，群众纷纷冲入立法团大厅，明确提出"打倒帝国！"、"共和国万岁！"的口号，要求废除帝制，建立共和国。资产阶级共和派立即宣布废除帝制，成立临时政府，由于此时工人阶级缺乏革命政党领导，组织上很脆弱，工人领袖多被囚禁在第二帝国监狱中，所以工人未能阻止资产阶级夺取政权。

第二，法国无产阶级与资产阶级的矛盾日益尖锐。法国资本主

---

① 资产阶级反对第二帝国由多种因素促成：首先，1860年法国政府与英国签订的新商约，规定两国互相降低从对方进口商品的关税税率，这显然不利于法国工业的发展，造成英国商品在法国大量倾销，引起资产阶级不满；其次，法国对外战争产生的庞大财政赤字；最后，拿破仑在意大利反奥战争中的背信弃义，引起许多资产阶级自由主义者的愤怒。对此，拿破仑三世实行了让步。

义的发展离不开对工人阶级的残酷剥削,这也促使了资本主义固有的矛盾不断激化。伴随法国资本主义的发展,资本家开始疯狂地压榨本国无产阶级,对劳动人民敲骨吸髓。工人们处境艰难,经济条件每况愈下,生活在水深火热之中;工人每天工作时长达11—13小时;生活必需品价格不断攀升,实际工资水平日益下降。1873—1896 年,法国的实际工资增长了 25%,但是中间贯穿危机波动:1873 年停滞,1876—1877 年倒退,1883—1892 年再次停滞,实际工资增长低于生产率提高。[①] 伴随失业人数猛增,很多小企业主负债累累,工厂陷入破产倒闭;还有一部分中等资产阶级受到波拿巴经济政策损害,对当局政府统治不满的情绪日益增长,先是不断发生小规模的骚乱,后来发展成有组织的罢工。

资本主义的发展也催生了无产阶级人数的急剧增长,推动了罢工运动的风起云涌。从 19 世纪 60 年代开始,法国工人运动重新高涨活跃起来。巴黎公社失败后,经过相当长一段时间的"消沉"期,工人阶级又重新登上了政治斗争的舞台。1873 年法国爆发经济危机,为反抗资本家的残酷剥削,缩短劳动时间,提升工资待遇,诺尔省和加来海峡省的矿工举行了大规模的罢工。

据统计,1874 年共发生 21 次罢工,参加者达 2730 人;1876 年增加至 50 次罢工,参加者 7173 人。在法国,1865—1875 年发生了 196 次罢工,1882—1887 年增加到 758 次,1886 年德卡兹维耳 3000 名矿工举行了长达 6 个月的大罢工,1890 年爆发了 313 次罢工,参加者多达 118941 人[②],1892 年卡尔莫矿区爆发了持续 3 个月的政治罢工,1899 年勒克勒佐工人、1900 年马赛港口装卸工人、1901 年蒙索莱明矿工、1902 年许多地方矿工及 1910 年铁路工人相继罢工。[③]

---

① 参见［法］米歇尔·博德《资本主义史 1500—1980》,吴艾美等译,东方出版社 1986 年版,第 153 页。

② 参见殷叙彝等《第二国际研究》,中央编译出版社 1998 年版,第 4 页。

③ 参见［法］米歇尔·博德《资本主义史 1500—1980》,吴艾美等译,东方出版社 1986 年版,第 163 页。

工人们在自发罢工运动兴起中逐渐认识到建立工人集中组织的必要性，开始建立起一批工会和工人组织。法国工会在1875年是135个，1890年达1000多个，1894年2000多个，1895年成立全国总工会。[①] 一些零散的工团组成全国性联合会，还成立各种合作社和互助组织，领导工人开展经济、政治斗争，使工人阶级意识到暴力革命的极端重要性。无产阶级和资产阶级的矛盾不断加深。另外，工人中关于国际团结的思想不断加强。19世纪60年代初，法国工人就与英国工人建立联系，参加了第一国际的创立。1870年法国的巴黎、里昂、卢昂和马赛就建立了四个国际支部联合，国际会员达20万人左右。

第三，地主贵族阶级与广大农民的矛盾也极其突出。绝大部分农民土地面积稀少，受到高利贷者和国家的剥削，承担沉重的苛捐杂税，只能维持半饱半饥的生活。农村有约300万农业工人和短工，由于失去了土地等生产资料不得不出卖劳动力维持生计。从19世纪70年代到90年代的20年间，农户经营土地面积不断缩减，小麦、马铃薯、黄油等农产品价格下降，根据计算，1873—1894年农产品价格下降了37%，产量下降11%，收入下降20%，最终农产品指数从1865—1874年的101下降到1895—1904年的83。[②] 农民收入锐减，土地所有者收入的名义价值不断缩水。

19世纪晚期，法国许多地区的农民在社会主义者和俄国革命的冲击和影响下，出现新的农民革命运动倾向。一些农业工人组织自己的工会，举行罢工斗争，如1904年的埃罗省和奥德省的农业工人罢工、1906年朗德省树脂采集工人和巴黎郊区园艺工人罢工，1907年法国南方四省受虫病和酒税苛重，葡萄种植园农民和酿酒小农纷纷破产，爆发了酒农暴动，相继在尼姆、贝济埃、纳尔榜和蒙彼利

[①] 参见彭树智《修正主义的鼻祖——伯恩施坦》，陕西人民出版社1982年版，第34页。

[②] 参见［法］弗朗索瓦·卡龙《现代法国经济史》，吴良健、方廷钰译，商务印书馆1991年版，第115—117页。

埃等城市举行大规模游行示威。虽然从 1900 年到一战前夕，法国农业逐渐从衰落中有所恢复，农业品价格和农民收入开始回升，但复苏的影响和增加幅度并不突出。

第四，民族政策中对外的极端民族主义和对内的排犹主义并存。法国国内一些极具煽动力的有名望的知识分子和政治人物不断鼓动普法战争失败后的对德复仇主义，为民族主义推波助澜，如以夏尔·莫拉斯（Charles Maurras）为首的新保王主义者、共和党人的贝居、老牌民主主义者作家莫里斯·巴雷斯（Maurice-Barrès）等人，哲学家艾米尔·布特卢（Emile Butlu）还鼓动法国士兵反对德国的科技，这甚至为 20 世纪初期法西斯主义的兴起埋下了祸根。民族主义者认为与其下跪屈服，不如拼个鱼死网破，他们利用报刊制造舆论；利用文学作品腐蚀青年灵魂；采用科研调查手段，夸大德国受到来自海洋、大陆、经济和殖民地各个方面威胁的紧迫性，引起青年对失地的向往，挑动他们的好战情绪。同时，19 世纪晚期，由于欧洲许多国家出现的排犹浪潮，很多犹太人移居至"自由平等"的法兰西，这就触碰了一些极端民族主义者的排外神经。[①] 19 世纪下半叶，法国资产阶级哲学和社会学放弃了过去两个世纪的思想进步传统，开始走下坡路，资产阶级社会学宣扬主观主义、心理主义，将社会关系生物学化，反动代表人物还制造出殖民主义和种族主义思想，还有甚者宣称犹太人正在法国金融领域迅速崛起，使法兰西遭受了可怕的侵蚀，他们成立"反犹同盟"，全力传播反犹及排外观念。

其次，宗主国的法国与殖民地落后国家的矛盾日益激化。法国夺占并守住殖民地的利益导致的殖民地当地政府和群众的反抗斗争从未断绝，在西非、突尼斯、马达加斯加等地都爆发了大规模暴动和反对法国殖民统治的间歇性战争。例如：1881 年 7 月突尼斯南部

[①] 据不完全统计，1880 年法国的犹太人口数量约为 8 万，到 1920 年时增至 20 万。

人民举行的反法起义；80 年代初，法国疯狂向西非内陆的塞内加尔河和尼日尔河上游挺进时，遭到了两个强大非洲国家图库勒尔帝国和乌阿苏鲁国的顽强抵抗；1873—1885 年清军将领刘永福率领的黑旗军血战法国殖民者，1884 年老将冯子材收复琼山等失地；1883 年 5 月，法马战争中，马达加斯加岛军民同仇敌忾，击退法军主力；1884 年 10 月，法国海军主攻台湾时，遭遇台湾军民顽强抵抗；在越南既有王朝帝王咸宜帝领导的勤王运动，也有贫农梁文楠和雇农黄花探领导的安世农民起义；1895 年末，马达加斯加人民发动反殖暴动，岛上抵抗运动一直持续到 1904 年；非洲的许多地区居民还以信仰伊斯兰教圣战的形式，狠狠打击法国殖民者"异教徒"；等等。

最后，法国与西方其他列强的矛盾错综复杂。面对国内日益高涨的革命形势，为了摆脱国内困境和转移工人阶级的视线，满足资产阶级的野心，拿破仑三世决定发动对普鲁士的战争，拉拢丹麦、奥地利、意大利与法国结成同盟，但均告失败。

一方面，意大利与法国在突尼斯疯狂争夺利益。意大利在突尼斯的侨民有 1 万多人，许多资本家在那里投资建筑铁路，并取得采矿权。所以，意大利被 1878 年 6 月柏林会议中法国同意奥匈占领波斯尼亚的结果激怒，但对法国又无可奈何。法意关系因明争暗斗而日益冷淡。1881 年，法国温和派出兵占据了突尼斯，直接导致了意大利最后一届亲法政府倒台。法意这对"拉丁姐妹"最终分道扬镳，意大利一怒之下对德、奥投怀送抱，与两国签订反法三国同盟条约。

另一方面，殖民地国家之间的矛盾摩擦从未停止，如 1882 年 10 月，英国独自占领埃及，破坏了长期以来和法国关于埃及问题的君子协定，法国竟然被从两国原先制定的双重监督机构中排除，感觉蒙受奇耻大辱，对英国态度强硬起来，英法关系交恶，还为刚果问题争吵。这直接使英法"自由同盟"解体，为 10 年后的俄法同盟铺平了道路。① 19 世纪 90 年代，英法两国在非洲马不停蹄地开疆拓土、构筑殖民版图时利益相撞，两国关系再次恶化，1893 年为争夺暹罗又差点兵戎相见。② 为摆脱德奥的钳制，俄国与法国结盟。20 世纪初，国力强盛但殖民地面积较少的德国对法国在摩洛哥"维持和平"的活动反应强烈，为争夺殖民地爆发了两次"摩洛哥危机"③。

总之，国内各个阶层群体之间的矛盾以及帝国主义之间的各种冲突在法国特别尖锐地凸显出来。同时由于法兰西共和国政府的利益与西方帝国主义利益的交织与牵涉，它也同其他西方国家一样被卷入帝国主义体系并成为当时帝国主义一切矛盾的"火山口"。

第二节　国际环境：资本主义世界出现的新变化

拉法格理论活动所处的时间区间位于 19 世纪 70 年代到 20 世纪初，正是自由竞争资本主义进入帝国主义阶段的过渡期。在历史转折期，正是资本主义社会的政治、经济、文化等诸多方面发生急剧变化的时期，各种思潮和流派纷至沓来，充斥着对马克思主义的责

---

① 参见［英］克拉克《新编剑桥世界近代史》第 11 卷，中国社会科学院世界历史研究所译，中国社会科学出版社 1999 年版，第 760 页。

② 标志性的事例是著名的"法绍达事件"：1898 年英国妄图连接南非和东北非的殖民地路线与法国梦想将西非、东非和北非西部地区殖民地连接起来的路线相冲突，导致了英法两国在苏丹中部小村法绍达短兵相见，但在最后关头两国妥协并达成谅解，法国撤军，英国为其提供其他有利可图的机会。

③ 由于德国不承认英法之间的私下交易，要求把摩洛哥作为一个国际问题处理，1905 年 3 月德皇访问摩洛哥并声称要维护摩洛哥的独立，因法国未做好对德战争的准备，只好退让，史称"第一次摩洛哥危机"；1911 年 4 月摩洛哥首都非斯爆发了反对当局征收新税的起义，应摩洛哥请求，法国派兵镇压并趁机占领非斯，德国再次反应强烈。为避免战争，法国与德国达成协议：德国承认摩洛哥受法国"保护"，法国将法属刚果一部分划分给德国。史称"第二次摩洛哥危机"。

难和攻击，马克思主义的发展面临着诸多挑战。资本主义社会原先固有的各种矛盾不仅没有得到解决，相反却日益加深。生产力的巨大发展又使资本主义社会出现了新情况、新问题。资本主义社会出现的新变化"引起了马克思主义内部和外部的理论家对于马克思主义的科学性、现实性、历史命运的反思"①。同样，法国进入帝国主义阶段后，破坏了原有的物质和精神生活基础，向法国的进步力量提出新的任务。

一　19世纪70年代以来资本主义世界出现的新现象

19世纪70—90年代，资本主义总体呈现出相对和平发展的繁荣景象。在列宁看来，与第一国际时期"疾风暴雨式革命"的时代特征相比，第二国际时期带有"和平"的性质，是资本主义的平稳发展期。拉法格所处的时代，资本主义发达国家的生产集中不仅程度高、规模大，而且已经发展为垄断。在垄断企业成为资本主义支配力量的同时，资本主义的某些基本特性开始转化为自己的对立面。这些新变化，不仅推动了世界经济的发展，也刷新了人们对资本主义本质的认识。

其一，经济领域的飞速发展。19世纪的最后30年间，欧美主要发达资本主义国家掀起了以电力的广泛应用为特征的第二次工业革命，带动了社会生产力的巨大发展。随着新能源的不断涌现，蒸汽、电力成为工业中的重要驱动力，发电机、内燃机、发动机等科技发明的广泛应用，催生了钢铁、冶金、化学等许多新兴工业部门如雨后春笋般崛起。世界钢铁总产量从1870年年产量52万吨上升至2830万吨。② 据统计，英国在1880—1887年的几年中，每年有3万多件专利被授权；美国被授予的专利到1907年增加至36000多件；

---

① 孙来斌：《列宁的马克思主义理论教育思想研究》，中国社会科学出版社2003年版，第19页。

② 参见殷叙彝《第二国际研究》，中央编译出版社1988年版，第2页。

法国从 1880 年的 6000 件上涨到 1907 年的 12600 件；德国的专利数从 1900 年的 9000 件增加到 1910 年的 12000 件。[①] 这些专利发明都极大地改变了人们的生活方式，革新了社会的生产方式。西方国家的工业在该时期得到了迅猛发展，世界工业总产量在这 30 年里增长了 2 倍多。同时，工业的发展也反哺了交通和通信业的发展。从 1876 年到 1900 年，世界铁路线总长度增加了约 60 万千米，增长了 4 倍之多；英、法、美、德等国之间连通了便利的铁路干线。[②] 电话、电报、收音机的广泛应用也加速了信息的传播，到 1900 年，世界电报线路的总长度已达 430 万千米。由此可以看出，第二国际成立后的 30 年间，生产部门数量的增长和工业总产量的跨越，都反映出资本主义经济较强的增长势头。

其二，政治领域的暂时平稳，生产力的飞速发展推动了资本的积累和集中，引发了资本主义制度的内在结构变化。从 19 世纪 70 年代开始，资本积聚的趋势进一步加剧，逐渐形成了卡特尔、辛迪加、托拉斯等垄断组织，资本主义经济的无政府状态表面上似乎得到了克服，给人一种矛盾已经"缓解"的假象，恩格斯关于卡特尔、托拉斯等垄断组织"包含着更猛烈得多的未来的危机的萌芽"的论断好像过时了。从长远看，资本主义国家的资本积聚和输出会激化国内固有的矛盾和国家之间的冲突；从短期看，托拉斯等垄断组织作为资本集中的经济形式，利用资本集中优势，形成垄断价格，便于各个垄断组织间结成垄断同盟，一致对外争夺原料产地和投资场所，达成共同瓜分世界市场的协定，减少国内资本家之间的矛盾。无产阶级和资产阶级的斗争日趋缓和，资本主义政治制度显得"愈加民主化"，似乎只需要投票和示威游行就可以避免流血革命，实现社会变革。

---

① 参见［法］米歇尔·博德《资本主义史 1500—1980》，吴艾美等译，东方出版社 1986 年版，第 171 页。
② 参见高放《第一个社会主义政党的国际组织第二国际功败垂成》，《中国延安干部学院学报》2014 年第 6 期。

其三，工人贵族的出现。19世纪最后20年，在英、法、美、德等国家中都相继出现了工人贵族。① 各国垄断资产阶级调整统治策略，利用从殖民地剥夺来的高额利润收买和笼络工人阶级中的上层分子，实行"蜜糖面包政策"作为"鞭子监狱政策"的补充，把某些工人运动理论家培植成工人贵族，成为一种普遍的国际现象。这些工人贵族们的生活方式、工资待遇和世界观被完全资产阶级化，他们舒适安逸的生活同贫困潦倒的基层工人群众遭受的苦难分道扬镳了，工人贵族逐渐从无产阶级中分离出去。他们为本国的资本家利益服务，鼓吹资本主义制度的优越性，一味地宣传改良主义、阶级合作和资产阶级世界观，为帝国主义的侵略剥削政策辩护。正如列宁所说的那样："他们被帝国主义的超额利润所收买，已变成了资本主义的看门狗和工人运动的败坏者"②，"这些人对作为阶级的无产阶级说来是异己分子，是资产阶级的奴仆、代理人和资产阶级影响的传播者"③。垄断资产阶级在经济上给工人贵族施以恩惠的同时，还在政治上给他们提供了一些特权。资产阶级内阁、各种委员会、编辑部和工会理事会的安稳肥差，成为垄断资产阶级嘉奖和诱惑工人贵族的奖品。

其四，无产阶级政党中小资产阶级成分的增长。随着资本家之间的竞争加剧和垄断组织的形成，大批小生产者纷纷破产，作为"新兵"加入无产阶级的队伍。这在壮大无产阶级力量的同时也把小资产阶级的世界观和身上的习气带到了无产阶级行列中来，并企图以此来改造无产阶级及其政党。由于他们往往是资产阶级思想的接收者和传播者，在表现小资产阶级世界观的时候，通常自觉或不自觉地把资产阶级的理论观点带到无产阶级中来。19世纪70年代到

---

① 参见彭树智《修正主义的鼻祖——伯恩施坦》，陕西人民出版社1982年版，第22页。
② 《列宁选集》第2卷，人民出版社2012年版，第708—709页。
③ 《列宁选集》第2卷，人民出版社2012年版，第710页。

20世纪初，这种现象在欧洲主要资本主义国家普遍存在。许多社会党内的小资产阶级社会主义者在宣扬自己的观点时，总是贩卖资产阶级理论家的思想。

其五，资产阶级统治策略上发生变化，意识形态领域中的民主化和法制化成为了社会新现象。19世纪六七十年代德国和法国主要采取反革命的暴力镇压手段，为确保资产阶级专政对劳动人民的统治，资产阶级玩弄两手策略，反革命暴力和政治欺骗手段交替使用。开始实行一些细小的政治改良或扩大民主权利，麻痹无产阶级革命的斗志，缓和阶级矛盾。19世纪最后30年，是资本主义和平发展期，资本主义社会要发展下去，就要有稳定的资产阶级代议制，赋予群众一定的政治权利，所以各国资产阶级相继使用政治欺骗手段。1871年巴黎公社失败后，无产阶级把工作重心放在宣传、动员和组织群众的工作上，他们开始学习利用资产阶级议会讲坛进行合法斗争，维护自身权利。[①] 工人群众也开始享有一定的民主参选权利，工人政党也逐步从非法政党上升到合法地位。工人阶级通过工会和工厂法与资本家进行斗争，通过了一些维护工人权益的法案，期望争取八小时工作日、提高工资待遇、改善劳动条件等经济要求。

二 马克思主义理论与资本主义新现象的"偏离"或"张力"

马克思和恩格斯生活的时代处在19世纪40—80年代，世界资本主义还处于自由竞争阶段，尚未过渡到垄断阶段，所以，尽管他们对垄断的本质、资本主义发展趋势做了细致的分析，但在论述资本主义国家之间利益争夺时，主要是从殖民政策、殖民体系和争霸

---

① 代表性的事件是，由于德国工人阶级充分利用了1866年的普选权，社会民主党的选票逐年增加，政府当局对此非常恐慌而实行反社会党人法，从而使选票暂时有所下降，但很快又得到猛增。德国社会民主党充分利用普选权扩大了战斗阵地并取得重大胜利。

世界等术语的含义上探讨，并没有用帝国主义的概念。① 19 世纪 70 年代开始，随着资本主义经济的不断发展，资本主义社会出现的一些新现象与马克思主义经典作家的原初预想之间似乎出现了一定的"差距"。不仅反马克思主义者开始指责马克思主义，甚至第二国际内部的一些理论家也开始对革命导师原有的革命学说和斗争策略产生质疑，对革命前景摇摆不定，感到迷茫。所以，根据现实实践新变化调整斗争策略，成为亟待解决的现实问题。正如意大利最早的马克思主义宣传家安东尼奥·拉布里奥拉（Antonio·Labriola）所言："前些年激烈的、活生生的、有些早熟的希望——那些对过于精细的细节和轮廓的期待——现在正遇到最复杂的经济关系和最难以理解的错综复杂的政治世界。"② 修正主义以时代的新变化为借口，散布马克思主义一系列基本原理过时论，打着发展马克思主义的幌子，干着否定马克思主义在新时代的科学性及其对国际共产主义运动指导意义的勾当。

首先，从经济角度来看，自 19 世纪 70 年代以来工人阶级通过合法斗争使自己的生活境遇有了明显改善，而不是采取暴力革命的手段。这与马克思、恩格斯描述的工人阶级的贫穷困苦状态有很大不同。与马克思预计的社会被日益划分为无产阶级与资产阶级的两大阶级对立呈简单化趋势不同，工人贵族阶级立场并不统一，各种阶级成分掺杂其中，并且摇摆不定。同时，19 世纪最后 30 年，资产

---

① 国内外一些学者执此观点（参见［英］安东尼·布鲁厄《马克思主义的帝国主义理论》，陆俊译，重庆出版社 2003 年版，第 25 页；宦乡《纵横世界》，世界知识出版社 1985 年版，第 167 页；等等），但也有学者通过阅读柯柏年译、吴黎明平校的马克思的《拿破仑第三政变记》（即《路易·波拿巴的雾月十八日》），认为里面有"帝国主义"的提法。（参见高放《国际共产主义运动别史》，中国书籍出版社 2001 年版，第 417—418 页。）

② 转引自［英］恩斯特·拉克劳、查特尔·墨菲《领导权与社会主义的策略——走向激进民主政治》，尹树广、鉴传今译，黑龙江人民出版社 2003 年版，第 15 页。

阶级自由主义政策使一些人被表面假象迷惑，对资产阶级政策产生了不切实际的幻想，修正主义者则抓住这种合适的气候，大肆鼓吹马克思主义阶级斗争学说已经过时，力推阶级合作并付诸机会主义的实际行动，推行投降政策。伯恩施坦修正主义正是在此关头跳出来分裂工人运动、反对马克思主义的。列宁一语中的："资产阶级策略的曲折变化，使修正主义在工人运动中猖獗起来，往往把工人运动内部的分歧引向公开的分裂。"①

由于资本主义经济30年相对平稳的暂时繁荣，尤其是卡特尔、辛迪加、托拉斯等垄断组织的出现，产生了一种资本主义生产无政府状态似乎已经演变为"有组织"、"有计划"的经济制度的表象，资本主义经济中的生产社会化和生产资料资本主义私人占有之间的矛盾似乎已经"缓和"，甚至已经"消失"。虽然资本主义在发展过程中不断出现周期性的经济危机，但是危机并没有导致资本主义社会的崩溃。相反，垄断组织在生产销售领域显示出了极强的自我调节能力，帮助资本主义总结历史教训，调整内外政策，缓解了一次又一次的危机。马克思主义经典作家似乎过早地宣判了资本主义的死刑，资本主义制度在经济危机和无产阶级革命运动的挑战下，还有很强的适应力和活力，保持了较快的发展态势，与马克思分析的完全无政府状态不同。从而使马克思关于自由竞争资本主义时代历史趋势的学说，如资本主义经济危机理论、资本主义积累的历史趋势理论，在垄断资本主义时代就似乎变成一种"过时的假说"。

其次，政治领域的新变化也映射了经济发展的"同步效应"，与原有的马克思主义经典理论出现明显"错位"和"反差"。随着资本主义经济的发展，没有引起无产阶级革命运动的高涨，资本主义国家也没有对工人阶级进行大规模的镇压和剥削，反而在政治上出

---

① 《列宁选集》第2卷，人民出版社2012年版，第277页。

现了民主化和法治化的苗头。① 面对资本主义的长期和平发展，马克思在 1872 年海牙代表大会提出英、美等国的工人用和平手段夺取政权的可能性，他在《法国工人党领导纲领导言》中提出，一些西方国家没有军事官僚机器，工人群众利用普选权进行合法斗争，在一定的条件下有可能和平取得政权。恩格斯晚年也提出了这种新的可能性。于是在马克思原有的暴力革命论断和新观点之间产生了一定的"错位"。② 资本主义和平发展时期的合法斗争淡化了无产阶级的革命意志，模糊了运用无产阶级革命手段取得社会主义革命胜利的认识，无产阶级似乎能和资产阶级在资本主义的平稳发展中"和谐相处"。这使得马克思主义关于阶级斗争、无产阶级革命和组建无产阶级政党的理论似乎也成了一种"过时的教条"。相反，推崇阶级合作，走和平的议会道路，渐进地向社会主义"进化"成为一种时尚，甚至被一些社会主义者信奉为唯一正确的"新策略"。

19 世纪 70 年代末，一些国家的社会党和工人党中刮起了右倾机会主义风，逐步演变为一种满足于眼前暂时利益的情绪，过分看重局部经济利益、选票和席位，迷恋资产阶级民主而忘记了社会主义革命和无产阶级专政的根本目标。在 30 年的资本主义和平发展中，工人运动重点聚焦于合法议会斗争的环境，为机会主义提供了养料。

---

① 马克思恩格斯从总结英法资产阶级革命以及 1848 年欧洲大革命经验，到 1871 年巴黎公社失败以后，他们都一直坚持暴力革命的信念。在他们看来，国家的实质是阶级统治的工具，资产阶级的国家代表着资产阶级的根本利益，无产阶级不能简单地掌握现成的资产阶级国家机器，要彻底打碎资产阶级的国家机器，建立与资产阶级国家完全不同类型的政权，所以相对于人民民主，资本主义出现了议会制、普选权等民主化表象。（参见马克思《法兰西内战》，见《马克思恩格斯选集》第 3 卷，人民出版社 2012 年版，第 95—96 页。）

② 随着代议制在政治生活中的影响扩大，马克思恩格斯根据历史条件的新变化，调整了革命斗争策略，将暴力革命与和平手段两种方式并列提出。恩格斯在晚年阐述合法斗争意义的同时，也强调了保留革命权的重要性，并没有宣扬绝对放弃暴力革命，提出革命权是唯一的真正"历史权利"。（参见恩格斯《卡·马克思〈1848 年至 1850 年的法兰西阶级斗争〉一书导言》，见《马克思恩格斯选集》第 4 卷，人民出版社 2012 年版，第 395 页。）

后来，这种从事合法斗争的行动发展成合法主义和议会主义，导致党内一些信仰不坚定的人患上了"议会迷"病。80年代后，这种"议会迷"病进一步蔓延和扩散，甚至在一些国家形成政治流派，最后发展为修正主义集团。这就如盖得曾经说过的一句话：在法国，"社会主义已经发展起来了，但我觉得它在广度上取得的成就却在深度上丧失了。我感到似乎它的脊梁骨已不像从前那样硬直了"①。盖得阐述的这个事实不仅适用于法国，也同样适用于欧美各国。

最后，科学和价值问题上出现了一些"困惑"。马克思主义创立之初就是为了批判资本主义制度，实现无产阶级解放，为资本主义必然灭亡和共产主义最终胜利的历史趋势提供了科学依据。这是马克思自始至终秉持的价值立场，也构成了马克思主义学说的革命性因子。马克思基于唯物史观和剩余价值学说两大发现，展开对资本主义的价值批判，思考无产阶级的利益，将社会主义置于科学之上，实现了社会主义从空想到科学的发展，所以马克思主义是科学与价值相统一的理论。

但是，19世纪末资本主义经济的新发展使得部分马克思主义者把马克思主义的科学性肢解了。第二国际后期的一些理论家严重曲解了马克思主义的科学性和价值性，出现一种把马克思主义哲学实证主义化的倾向。他们把马克思主义理解为一种历史观或经验的社会科学，并特别重视关注经验事实的因果关系，拒绝任何价值判断，主张不偏不倚的"科学性"或推崇脱离意识形态的"中立性"。② 在他们眼中，马克思主义历史观是一种不带价值判断的实证科学，和意识形态是分离的，它的科学性和真理性不依附于任何政治态度或阶级立场，而这就忽略了内在的革命性和实践性，得出了马克思主义在逻辑上是一种客观、自由而没有价值判断科学的谬论。因此，

---

① 彭树智：《修正主义的鼻祖——伯恩施坦》，陕西人民出版社1982年版，第37页。

② 参见陈先达《被肢解的马克思》，中国人民大学出版社2016年版，第62—65页。

他们无形中在社会主义和马克思主义之间树立了一道对立的屏障：社会主义是一种政治意志和价值悬设的目标；而马克思主义是一种纯粹客观的学说。虽然马克思在科学地解释世界时坚持以客观的科学态度作为研究的基本原则，但同时也担负了无产阶级的使命感。

三　马克思主义遭遇的危机和挑战

19世纪末，资本主义经济和平发展的30年间，生产力和生产关系发生了巨大变化。各种思想流派和理论思潮涌现而来，对这一时期的新变化作了不同的解读。

在马克思主义阵营内部，伯恩施坦率先打着"修正"马克思主义基本原理的旗号对马克思主义发难。马克思主义发展史证明：马克思主义自从出现时起，资产阶级学者对它的攻击和指责就没停止过，马克思主义是在斗争中产生发展起来的，它在生命的征途中每前进一步都要经过战斗。资产阶级理论家多次宣布马克思主义"被驳倒"、"破产了"。但是马克思主义每次被他们宣布驳倒和消灭后反而愈加生机勃勃。这种情况下，他们就不得不把自己装扮成马克思主义者进行招摇撞骗，他们只是在表面上承认马克思主义的基本原理，实际上是用诡辩阉割它的内容，把马克思主义变成安静、神圣的"偶像"。他们盗用马克思主义的术语打扮自己，拿马克思主义的词句做挡箭牌，用革命导师的名字做商标和广告。这些人在和平时期混入工人党内部，做着资产阶级的工作，用改良主义给资本主义制度涂脂抹粉。19世纪90年代，马克思主义在欧美的广泛传播迫使资产阶级掀起了一股把马克思主义庸俗化的风潮。综合来看，当时歪曲和攻击马克思主义的各种观点，如经济决定论、马克思主义危机论和新康德主义等接踵而至。

第一，经济决定论的出世。

一是以莱比锡大学保尔·巴尔特（Paul Barth）为代表的资产阶级学者，把唯物史观歪曲为经济唯物主义和技术经济史观。巴尔特在《黑格尔和包括马克思及哈特曼在内的黑格尔派的历史哲学》一书中,将承认历史必然性和机械决定论、社会宿命论混为一谈,认为唯物史观只是一种"半截子真理",社会历史是经济自动运动的过程,人只是经济的奴仆,忽视了道德等观念因素的作用。① 他们还污蔑马克思恩格斯将人看作受经济任意摆布的机器,把思想当作消极的外衣,无视意识形态对经济的反作用,宣称要克服马克思主义的这种片面性。

二是以保尔·恩斯特(Paul Ernst)为首的德国社会民主党"青年派"则机械、庸俗地解读马克思的历史理论,认为马克思的历史观是一部没有任何人参与而完全自动形成的历史,经济因素是唯一的、最终起决定作用的因素,经济关系像玩弄棋子一样玩弄人类,抹杀人的自觉能动性。他们把历史唯物主义鼓吹为经济唯物主义和经济决定论,还拿它作为"套语"去分析文学作品和社会问题。② 青年派还反对利用议会进行合法斗争的必要性,反对社会民主党参加议会选举,主张由激动的狂想家激起暴力革命行动。③

三是"青年派"中以康普夫麦尔为代表的一些人,在对历史唯物主义的经济决定论解读中得出与恩斯特等人相反的结论,提出放弃暴力革命的斗争,这实质上是一种主张和平过渡到社会主义的观点,这和伯恩施坦的主张不谋而合。但是颇具讽刺的是,伯恩施坦批判了他们的观点,认为"他们死守一些迄今在党内一部分已经获得几乎是教条式的力量、一部分至少已经广为流传的、陈旧的词句和口号,就这点而论,他们实际上是些老头子"④。

第二,马克思主义危机论的蔓延。随着资本主义社会出现的新

---

① 参见[德]梅林《保卫马克思主义》,吉洪译,人民出版社1982年版,第42页。

② 参见冯瑞芳、李士坤《马克思恩格斯八封历史唯物主义书信研究》,北京大学出版社1986年版,第125页。

③ 参见中共中央马克思恩格斯列宁斯大林著作编译局国际共运史研究室编《国际共运史研究资料》第1辑,人民出版社1981年版,第76页。

④ 殷叙彝:《伯恩施坦文选》,人民出版社2008年版,第57页。

现象、新变化和新情况，马克思主义理论和现实实践之间的张力日益扩大，有人将问题归结于马克思主义理论发生了危机。

布拉格大学哲学教授托马斯·加利格·马萨利克（Thomas Gallig Masaryk）在1898年的《当前马克思主义内部的科学危机和哲学危机》一书中首次提出，马克思主义存在危机。在他看来，虽然马克思恩格斯热衷于批判，但是他们缺乏批判态度和创造力，由于他们在哲学中承袭了黑格尔（G. W. F. Hegel）的辩证法，他们的哲学含有折中主义的一切特征[①]，因为黑格尔关于进步和发展的概念已经完全不符合现时的观点。马萨利克的这种危机论受到了资产阶级学者的追捧，各种关于马克思主义危机的小册子、书籍和文章层出不穷，就如"强风中被吹掉的核桃一样接二连三地被抛了出来"，还有甚者提出"马克思的学说的一切论点早已被生活和科学统统抛进了废物堆"。[②] 以马萨利克为代表的危机论"批评家"，最终目的是倡导社会改良，反对社会革命。这种所谓的马克思主义危机论也得到了第二国际阵营中的考茨基等人的认同。[③]

另外，德国社会民主党的亨利希·库诺（Heinrich Cunow）也认为马克思主义在马克思恩格斯逝世后遭遇了危机。他说："当前马克思主义正处于严重的危机之中，特别是与马克思的政治经济学有别而通常称为社会哲学的马克思主义的那一部分。"[④] 这些危机不仅有来自外部的攻击，还有党内被撕裂为诸多相互敌对的党派。在库诺看来，马克思主义危机的原因有三：一是马克思恩格斯的逝世导致了理论权威的真空；二是资本主义经济的发展提出了迄今尚未碰到

[①] 参见《普列汉诺夫哲学著作选集》第2卷，生活·读书·新知三联书店1962年版，第759页。

[②] 《卢森堡文选》（上），人民出版社1984年版，第187页。

[③] 需要说明的是，考茨基基于现实的变化，他在1903年《马克思主义的三次危机》中主张，马克思主义自诞生以来共经历了三次危机，分别是：1848年6月的反革命之后、1871年巴黎公社失败后、修正主义的出现。

[④] ［德］亨利希·库诺：《马克思的历史、社会和国家学说》，袁志英译，上海译文出版社2006年版，前言第1页。

的新问题，对马克思主义的解释五花八门；三是马克思恩格斯没来得及亲自阐释他们社会哲学思想的内在逻辑关系，他们的社会哲学观点散见于各种论著和报刊文章中。从以上论述可以看出，他们都认为，社会现实的新变化使马克思主义陷入了危机。

第三，新康德主义的侵袭。19 世纪 70 年代新康德主义开始发展为一种哲学思潮，这种理论的主要特征和对待唯物史观的态度都是妄图复活康德哲学否定历史唯物主义和科学社会主义，取代马克思主义，倡导一种伦理学的社会主义。新康德主义者们首先打出否定唯物主义，"回到康德去"的口号。

弗里德里希·阿尔伯特·朗格（Friedrich Albert Lange）认为，伊曼努尔·康德（Immanuel Kant）在哲学史上实现了"哥白尼变革"，提出了不是概念适应事物，而是事物适应概念的学说。他强调，康德的变革不是为了将概念等主观因素作为绝对的原则和出发点，而是为了强调在认识的过程中主体对客体的制约作用，从而使人的认识不会超出经验的范围。相反，唯物主义的根本缺陷在于主观必须和客观符合、意识必须依赖于物质，这是不可能的事，因为"不管怎样明确地指出意识完全依赖于物质的变化，外部运动对感觉的关系仍是无法理解的。对此，所作的说明越多，所暴露出来的矛盾也越多"①。另一个缺陷是过分强调物质对意识的决定作用，偏向于利己主义，忽略了宗教、道德、艺术等因素的作用，这就决定了它只能在一定范围内才有实用价值。新康德主义者由否定唯物主义进一步否定马克思恩格斯的历史唯物主义。

马堡学派的柯亨（Hermann Cohen）认为，唯物史观有片面性，它只关注了经济的决定作用；弗莱堡学派的文德尔班（Windelband）则反对历史唯物主义中经济基础决定上层建筑的学说，认为社会进化是经济、政治、道德等因素彼此独立地起作用；亨利希·李凯尔

---

① ［德］弗里德里希·阿尔伯特·郎格：《唯物主义史》，转引自刘放桐《新编现代西方哲学》，人民出版社 2000 年版，第 68 页。

特（Heinrich Rickert）完全将历史唯物主义解读为经济决定论，他认为历史唯物主义是党派政治的衍生品，因为它把"一切现象同那被当作唯一的本质成分的经济史联系起来的做法，必定要被归入迄今为止所进行的最随心所欲的历史解释之列"[①]。对此，新康德主义者提出，为了克服历史唯物主义的缺陷，必须回到康德去，因为康德的整个理论体系由于强调主客观的双向互动作用而成为消除唯物主义的有效力量，也能为科学社会主义提供理论基础。

按照新康德主义的伦理社会主义者的看法，衡量一个社会好坏的标准是看自由、平等、公正等伦理原则是否得到贯彻。他们认为马克思恩格斯创立的科学社会主义不可能完成建立一个以实现每个人的自由等伦理原则为目标的社会任务[②]，因为他们不是以伦理学为基础，不是通过目的论论证它，这种论证方式使他们的理论陷入了无法突围的困境，导致科学社会主义不能作为一种善的东西被接受，不具备普遍的有效性。由此，伦理社会主义者认为克服科学社会主义理论缺陷的解决办法唯有借助康德的伦理学。它不仅与社会主义的伦理要求相一致，还为解释和论证社会主义提供了伦理基础和主要论据。

另外，在看待康德伦理学和唯物史观的关系问题上，新康德主义内部形成了两种对立倾向：一种是以柯亨为代表的"冲突论"；另一种是以德国社会民主党的新康德主义者福尔伦德尔（Forrendel）为代表的"融合论"。柯亨认为，社会主义在概念和历史上都是以伦理唯心主义为根源[③]，康德早在《道德形而上学基础》中就已阐明社会主义的伦理原则，他才是德国社会主义的真正创始人，主张用康德伦理学代替唯物史观。福尔伦德尔等人则主张唯物史观和伦理之间并非水火不容、完全对立，而是可以相容。他们推崇康德的伦

---

① ［德］亨里希·李凯尔特：《李凯尔特的历史哲学》，涂纪亮译，北京大学出版社 2007 年版，第 103 页。
② 参见殷叙彝《民主社会主义论》，中央编译出版社 2007 年版，第 76 页。
③ 参见殷叙彝《民主社会主义论》，中央编译出版社 2007 年版，第 77 页。

理学，但没有全盘否定历史唯物主义，只是反对从唯物主义规律中引申出社会主义必然性的观点，力图达到一种马克思与康德、唯物史观与伦理学相结合的"综合体"形式。他们的根据是：马克思恩格斯无法摆脱伦理学；康德伦理思想中的许多内容已经被吸收进了社会主义思想中，从思想方法上看，两者能够而且必须相结合。两种观点一致的地方在于，都强调康德的伦理学是社会主义的理论基础。

综合来看，新康德主义者对唯物主义和历史唯物主义的解读都歪曲了马克思主义的本真精神。他们并未区分开马克思的历史唯物主义和旧唯物主义，只是把当时对历史唯物主义的误读当作了马克思创立的历史唯物主义。但是新康德主义者的观点在马克思主义者和非马克思主义者中间都产生了很大的反响。就如苏联学者谢·伊·波波夫（С. И. Попов）所指出的，19世纪下半叶，新康德主义的瘟疫蔓延到各所大学和教研室，"回到康德去"的口号甚至还被第二国际其他党派中的修正主义者和机会主义者利用并加以传播。到20世纪初，新康德主义在世界各地肆虐风靡，给马克思主义带来了很大的冲击。① 马克思主义和无产阶级革命实践在这个时期遭遇了严峻的挑战。此种境遇下，重新阐释马克思主义，探索新形势下马克思主义的出路问题是第二国际的马克思主义者们面临的实践课题。俄国的普列汉诺夫，德国的弗兰茨·梅林、卡尔·考茨基等人相继发表文章和著作。普列汉诺夫是最早向新康德主义者宣战的理论家，自1898年11月他就在《新时代》杂志上发表文章批判新康德主义倾向；梅林针对伦理社会主义也发表了系列文章，指责柯亨和福尔伦德尔等人的"回到康德去"意味着"绞杀整个社会主义"；考茨基对新康德主义的态度有一个转变的过程，历经了最初的马克思主义与新康德主义合题的可能性到重新阐释唯物史观和伦理之间的关

---

① 参见［苏］谢·伊·波波夫《康德和康德主义：马克思主义对康德主义的认识论和逻辑的批判》，涂纪亮译，人民出版社1986年版，第200页。

系，驳斥了新康德主义者的观点。

第三节 拉法格马克思主义观形成的理论渊源

笔者通过解析现有的史料发现，拉法格马克思主义观的形成并非一朝一夕之功，这与两位革命导师的感染、法国革命传统、法兰西民族的浪漫特色等因素密不可分。

一 理论基础：马克思恩格斯的指导与感染

19世纪八九十年代，国际共产主义运动中涌现出一批理论水平较高、政治素养过硬的年轻人，如奥古斯特·倍倍尔（August Bebel）、约瑟夫·狄慈根（Joseph Dietzgen）、威廉·李卜克内西（Wilhelm Liebknecht）、茹尔·盖得、加布里埃尔·杰维尔（Gabriel Javier）、格·瓦·普列汉诺夫、卡尔·考茨基等人。拉法格自然也是这批年轻人中的优秀者之一。他们的成长应当首先归功于马克思和恩格斯对他们的悉心指导和培养。其中，恩格斯不仅认为使一些国家的工人党掌握马克思主义理论是自己的职责所在，他还悉心培养了一批善于独立思考、精通理论知识、结合本国具体革命斗争实践的应用并发展马克思主义的青年人。对拉法格的培养，占用了恩格斯的许多时间和精力，最终使他不断进步，成长为一个革命的法国工人党人。可以说，导师是学生最重要的启蒙老师，拉法格在摆脱蒲鲁东主义转向马克思主义立场的阶段中，受到马克思恩格斯的影响是非常值得肯定的。这不但对他的个人思想观念的形成有第一性的作用，而且对未来人生导向也有深远影响。在马克思恩格斯的言传身教下，他们本人做出的榜样给拉法格产生了示范作用。

从学术上看，拉法格在伦敦的3年时间里，马克思经常把《资本论》第1卷的内容讲给拉法格听，他回到家中就立刻把听到的东西记录下来；拉法格还担任马克思工作室的书记员，把他口述的内容记录下来；马克思具备严谨的学风和科学态度，严密的逻辑论证使他养成了参考第一手资料的习惯，不敢有一点马虎和疏忽，这对拉法格都产生了深远影响，拉法格在自己的文章中对引证的原文出处和统计资料都做了详细的说明性注释。以他的《卡尔·马克思的经济唯物主义》（1883）为例，他在文中研读并引用了大量的原著，如詹巴蒂斯塔·维科（Giambattista Vico）的《新科学的要素》、雅克·伯尼涅·博胥埃（Jacques-Bénigne Bossuet）的《论世界通史》《旧约全书》《创世纪》、尤斯图斯·冯·李比希（Justus von Liebig）的《化学应用于农业和生理学》、查尔斯·罗伯特·达尔文（Charles Robert Darwin）的《人的起源》、罗伯特·欧文（Robert Owen）的《翼的本质》、弗朗索瓦·拉伯雷（Francois Rabelais）的《巨人传》、谢尔（Scherr）的《脑的比较解剖学》、弗朗斯瓦·勒奈·沙多勃利昂（François-René Chateaubriand）的《基督教的真谛》、亚里士多德（Aristotle）的《动物史》、乔治·居维叶（Georges Cuvier）的《论地球表面的变革》、雷·郎凯斯特（Ray Langcaster）的《退化：达尔文主义中的一章》、乔治·梅恩（George Mayne）的《东方和西方的农村公社》等著作，涉猎哲学、法学、医学、生物、化学、历史、金融、宗教等许多领域[①]，从中可见拉法格的知识渊博、涉猎广泛。

从革命活动上看，马克思由于参加批判资本主义制度的革命而经常遭受反动政府的驱逐和通缉，但是，无论如何都没有背弃自己的共产主义信仰，他身上闪烁的革命示范精神也为学生日后从事的革命斗争做了最好的诠释。此外，拉法格在一些问题上犯错误时，马克思和恩格斯还致信批评并及时帮助拉法格纠正。

---

① 参见中共中央马克思恩格斯列宁斯大林著作编译局国际共运史研究室编《拉法格文选》（上卷），人民出版社1985年版，第140—171页。

二 革命传统：法国大革命遗产的深刻影响

18世纪的法国是一个有着悠久革命传统的国家。法国大革命中自愿而彻底的政治变革观念对拉法格等后世有巨大影响，为其了解政治生活提供了教材，革命者的一些思想主张正是在对革命遗产的长期反思下逐渐形成的。大革命还开创了自由民主的先河，赋予公民一定的政治权利，为后世革命者展现出民意力量的可能性。代表民意力量的一些社团在国家政治生活中扮演了重要角色，可以看作是未来拉法格大学时期参与共和主义大学生团体，后期创办法国革命派、工人党等党派，再到主张推翻帝制的摇篮和草图，这都为革命运动提供了效率和延续。同时，后来法国史中一些突发变故、政权更迭也是大革命产生的"余波效应"。[①]

1789年的法国大革命通过摧毁封建结构秩序、粉碎旧制度国家机器、促进经济自由、反对封建贵族特权，在一定程度上减轻了农民身上苛捐杂税的负重，加速了资本主义的发展道路，从"封建主义"向资本主义过渡进程中迈出关键性一步。法国大革命这场辉煌的资产阶级革命使以前的革命黯然失色，给后世的政治文化打上了革命烙印，就如饶勒斯（Jean Jaures）在《社会主义的法国大革命史》中所说的，和英美狭窄保守的资产阶级革命相比，这场革命是一场广泛的资产阶级民主革命。按照马克思的看法，法国大革命中产生出了超越整个旧世界秩序的思想范围的思想，即属于新社会范畴的思想。对此，法国历史学家阿尔贝·索布尔（Albert Soboul）有一段很好的论述："法国大革命从那时起就处在当时世界历史的中心，处在曾经并使各国产生差异的各种社会和政治潮流的汇合处……它为自由、独立进行的斗争和对兄弟般平等的向往永远激励

---

① 参见［法］雅克·索雷《拷问法国大革命》，王晨译，商务印书馆2015年版，第327—328页。

着人们的革命热忱……法国大革命始终受人尊敬或被人惧怕，它将永远活在人们的心灵里。"①

"自由、平等、博爱"三位一体的政治口号和神奇格言铭刻在很多革命者的心中，塑造了法国大革命期间最具代表性的思想观念。法国大革命与作为其逆转的拿破仑帝国的血雨腥风史，基本特征是封建专制终结和资产阶级统治确立，标志着法国现代文明进程的开端。大革命的历史是交织着革命与反革命、干涉与反干涉、复辟与反复辟、侵略与反侵略斗争的历史。它又是一场欧洲和国际范围内两大阵营的较量，有深刻的国际政治影响，甚至改变了欧洲和世界的历史面貌。所以，法国大革命是内外因素综合的产物，它既猛烈撼动了外部世界，又受到国际环境的制约。外部的反作用是改变法国革命进程的主导力量，它不仅是欧洲与大西洋革命的重要一环，而且可以说是这个旋涡的中心和潮流的主体。

法兰西疾风暴雨式的法国大革命，为法兰西民族留下了丰富的政治文化传统，加上法国人本身的思想飞扬，②这就培育了一种独特的政治精神和文化品格，它在革命后长时期内影响着法国革命家的精神风貌和思想力量。正如法国社会心理学大师古斯塔夫·勒庞（Gustave Le Bon）所言，法国大革命的遗产可用"自由、平等、博爱"一句格言来概括，民主思想深入人心，影响了好几代人，法国大革命的革命原则如宗教信仰一样影响了后世几代人的思想和情感走向。③ 这种革命家的精神品格或许潜在地镶嵌在了拉法格等法国马克思主义者的骨子里。

事实上，拉法格从青少年时代就以 18 世纪法国大革命时期的人

---

① ［法］阿尔贝·索布尔：《法国大革命史》，马胜利等译，北京师范大学出版社 2015 年版，第 434—435 页。

② ［法］斯塔尔夫人：《法国大革命》，李筱希译，吉林出版集团 2015 年版，第 550 页。

③ ［法］古斯塔夫·勒庞：《法国大革命与革命心理学》，倪复生译，北京师范大学出版社 2015 年版，第 183 页。

民英雄马拉①作为自己最喜爱的英雄，以自己的精神偶像为榜样，积极投身于解放无产阶级事业当中，在革命实践斗争中以马拉精神鼓舞自己。拉法格在1879年刊发在《法国革命》杂志上的《回忆奥古斯特·布朗基》一文中，为过去资产阶级将马拉污蔑为恶魔鸣不平。此外，拉法格还在《工人政党和资本主义国家》（1880）中讽刺那些只会沉醉于玩弄政权、自由、革命、团结等词句的无能之辈过于脱离现实实际，用火和血等辞藻来吓唬自己，这些革命者完全忽视无产阶级的迫切物质需要，要求群众一心一意地信奉这些愚蠢的革命者从丘必特式的头脑中臆想出来的迂腐理论，他们自以为这样就会成为马拉那样的革命英雄，其实是一种革命空谈。② 从中可见，革命英雄偶像对拉法格以后马克思主义观中的革命因素影响至深。

三　国际视野：19世纪末第二国际理论家对马克思主义原则的论争

伯恩施坦在1899年1月发表的《社会主义的前提和社会民主党的任务》一书中，对自己的机会主义理论作了最系统的阐述，对马克思主义基本原理做出最全面的修正，他在书中说明马克思和恩格斯的理论学说在哪些方面大体是错误的或者自相矛盾的。就如他在1898年给倍倍尔的信中所说："这次脱毛不仅涉及个别问题，而且

---

① 让·保尔·马拉（Jean-Paul Marat，1743—1793），法国政治家、医生。1783年弃医从政，1789年法国大革命爆发后投入战斗，成为法国大革命时期的民主派革命家。他创办的《人民之友》报，是支持激进民主措施的喉舌。马拉以惊人的毅力同政治迫害、贫困与疾病作斗争，几乎独自承担撰稿、编辑、出版等全部工作，被誉为"人民之友"。他猛烈抨击当权的君主立宪派的温和政策，要求建立民主制度，主张消灭贫富悬殊，改善穷苦人的生活境遇。1793年雅各宾派取得政权之后，马拉强调要建立革命专政，用暴力确立自由。同年7月马拉在巴黎被一名伪装革命家的吉伦特派支持者刺杀。（参见［苏］阿·列万多夫斯基《马拉传》，陈森、张锦霞译，商务印书馆2015年版。）

② 参见中共中央马克思恩格斯列宁斯大林著作编译局国际共运史研究室编《拉法格文选》（上卷），人民出版社1985年版，第60—61页。

涉及马克思主义的基础。"① 在他看来，19 世纪末的政治、经济、历史条件已经发生了变化，马克思恩格斯创立的革命理论前提依据也已大大改变。作为一个社会主义者，伯恩施坦认为自己当时在思想上所受到的决定性影响并不是纯理论上的东西，而是事实，这些事实迫使他修正他的信仰所依据的观念。② 根据时代条件的变迁对原有的理论做出修正是必要的，马克思主义并不忌讳修正，但伯恩施坦的修正却变成了背离。"一石激起千层浪"，这也成了伯恩施坦与第二国际马克思主义者决裂的标志。第二国际的理论家们纷纷站在了批判伯恩施坦修正主义的理论前沿。

第一，罗莎·卢森堡为捍卫马克思主义的纯洁性，对伯恩施坦的观点进行了系统批判，提出了独到见解。

首先，她从三个方面阐释了马克思关于资本主义必然灭亡的理论。一是针对伯恩施坦关于信用在资本主义经济中所起作用的误读，认为资本主义时代变化中的信用发展不能消除经济危机，反而还会进一步加剧经济危机。二是关于卡特尔联合组织的性质和信用一样，只能加剧资本主义世界的无政府状态。三是强调中小企业的发展在资本主义经济的科技革命中应用新的生产方法，成为技术进步的先锋，中小企业的发展并不是直线地走向灭亡。

其次，捍卫马克思主义无产阶级政党及其原则理论问题。针对伯恩施坦"运动就是一切，最终目的是微不足道的"观点的本质及其党的策略原则的危害做了剖析。她提出，没有比最终目的问题更加实际的问题了，"我们必须对我们的最终目的有非常清楚的认识，我们要不顾风吹浪打使之实现"③。她还强调无产阶级政党领导"无

---

① 中共中央马克思恩格斯列宁斯大林著作编译局国际共运史研究室编：《德国社会民主党关于伯恩施坦问题的争论》，生活·读书·新知三联书店 1981 年版，第 65 页。

② 参见［德］伯恩施坦《社会主义问题》，转引自上海社会科学学会联合会编《社会科学争鸣大系（1949—1989）》（科学社会主义·国际共产主义运动史卷），上海人民出版社 1991 年版，第 320—321 页。

③ ［德］罗莎·卢森堡：《卢森堡文选》（上卷），人民出版社 1984 年版，第 42 页。

产阶级必须在两个方面进行斗争"的理论,即反"极左派"和反机会主义倾向的斗争,不惜一切代价加强党的原则和基本理论斗争问题。

最后,对劳动价值论作了深入思考。卢森堡运用总体分析的方法,揭示伯恩施坦的理论观点和策略主张之间的内在关联,对马克思主义历史命运做出思索。在她看来,伯恩施坦根本不懂得马克思关于劳动价值论的"抽象"并不是一种自我的想象,而是存在于商品经济中,是一种现实的社会存在,马克思劳动价值论的科学性与唯物史观、科学社会主义理论相一致。卢森堡还揭露了伯恩施坦理论中隐藏的内核和反对马克思主义原理的路数:他先是适应马克思学说的形式和语言,然后慢慢脱去"旧外壳",向各国原理进攻,消解马克思主义的科学性、阶级性和革命性,最后把整体体系从上层到基础全部毁掉。① 卢森堡对马克思主义历史命运的思考虽有不足之处,但她始终是杰出的马克思主义理论家。

第二,考茨基作为19世纪末第二国际中最负盛名的马克思主义理论家,他是以伯恩施坦修正主义的反对者出现的。

首先,考茨基在《伯恩施坦和社会民主党纲领》一书中,从坚持马克思主义"方法"入手,对伯恩施坦理论进行系统批判。他认为,马克思恩格斯的根本方法就是唯物史观,伯恩施坦通过对马克思著述中个别词句的诡辩,进行歪曲性演绎,把马克思的历史观解读为机械的自动的宿命论。考茨基认为,伯恩施坦杜撰的"崩溃论"问题,马克思恩格斯那里是不存在的,伯恩施坦则贬斥马克思的"剥夺者被剥夺"理论,认为是吓人的怪谈,科学社会主义中的空想因素。对此,考茨基批判了这些错误论点。首先,马克思所说的"剥夺者被剥夺"是对资本主义历史趋势的概括和预测,它的到来是不可避免的,但是具体形式和速度快慢难以预测,要取决于所遵循的方向。② 伯恩施坦的错误则是将资本主义发展的历史趋势和现实状

---

① [德]罗莎·卢森堡:《卢森堡文选》(上卷),人民出版社1984年版,第72页。
② [德]卡尔·考茨基:《伯恩施坦和德国社会民主党纲领》,转引自庄福龄《简明马克思主义史》,人民出版社2001年版,第179页。

态混为一谈，用暂时现象否定内在和必然的趋势。

其次，伯恩施坦故意用一些孤立的、片面的统计材料否定以资本集中为前提的马克思的"剥夺者被剥夺"的理论，得出资本集中变得缓慢的错误结论。考茨基指出，不应该拿某些小企业的存在和充斥否认资本集中的趋势，也不应把资本集中简单解读为所有行业同时发生小企业锐减和大企业剧增。通过对19世纪德国资本集中加剧的特征，得出资本集中导致"垄断化"的结论。资本集中向资本垄断化的过渡，既是同类企业的卡特尔和托拉斯化，也是不同类的企业向少数资本家手中积聚的，成为了19世纪末经济生活的最大特征。考茨基认为，这个还不到20年时间的垄断化发展，"只有靠资本的集中才有可能出现，这个发展反过来又十分有力地促进了资本的集中"①。考茨基强调，马克思关于资本主义生产方式历史趋势的理论是经得住19世纪末资本主义经济发展检验的，它仍然是剖析资本主义生产方式内在矛盾的理论武器。同时，考茨基还试图运用马克思的方法结合资本主义经济发展的新现象和新情况，对马克思主义做出更透彻的阐释，他对伯恩施坦的批判确实有深刻的意义。但是，后来考茨基背离了马克思主义的原则，走向了和伯恩施坦如出一辙的机会主义。

第三，俄国马克思主义的先驱普列汉诺夫在和伯恩施坦修正主义、俄国民粹主义及各种错误思潮的论战中，对伯恩施坦修正主义做出了全面批判，对马克思主义的历史命运进行了冷静思考。在第二国际的马克思主义者阵营中，能够深刻理解马克思主义哲学的是普列汉诺夫。正如弗兰尼茨基所说，当修正主义在俄国泛滥时，他是当时唯一能够和那些修正主义代表人物在专门哲学领域（不单单在政治经济学或社会学方面）进行论战的理论家。②

---

① ［德］卡尔·考茨基:《伯恩施坦和德国社会民主党纲领》，转引自庄福龄《简明马克思主义史》，人民出版社2001年版，第180页。

② 参见［南］普雷德腊格·弗兰尼茨基《马克思主义史》第1卷，李嘉恩等译，人民出版社1986年版，第451页。

首先，尖锐地回击了修正主义者对辩证唯物主义和历史唯物主义的攻击。伯恩施坦等人把唯物主义和唯心主义混为一谈，提倡"回到康德"的谬论，普列汉诺夫深刻懂得马克思主义哲学理论的实际意义，揭露了伯恩施坦在哲学方面的无知，他说："这一'批评家'号召我们'回到康德'"，"我们倒要号召他回过头来……研究哲学"。[①] 普列汉诺夫以深厚的哲学功底和生活经验，论证了唯物主义和辩证法的正确性。在他看来，历史唯物主义是人类思想史上一次真正的革命，辩证法是马克思主义哲学体系的灵魂，助推了社会主义从空想到科学的转变。他还强调了哲学在马克思主义中的重要地位，为"物质"下了一个定义[②]，他所定义的物质概念后来还被列宁接受和沿用。

其次，以大量事例论证马克思主义政治经济学理论的科学性和正确性。在分析无产阶级贫困化问题上，普列汉诺夫指认伯恩施坦提出的财产分散、有产者人数增加的观点完全是无稽之谈，凭空杜撰，股份公司的出现不是财富分散而是财富集中和贫富差距扩大的因素；在经济危机和革命问题上，他认为修正主义者没有经济危机就没有革命的言论是错误的，经济不平衡现象和无产阶级生存状况的恶化，必然引发经济危机，发生社会主义革命；即使没有经济危机，失业、困苦也会引起阶级斗争尖锐化；在考察资本主义生产方式问题上，他指出"崩溃论"是修正主义者主观臆造强加到马克思头上的，生产力超过了资本主义生产关系的容量，它就应当让位于社会主义生产关系。

---

① 《普列汉诺夫哲学著作选集》第 2 卷，生活·读书·新知三联书店 1961 年版，第 393 页。

② 在普列汉诺夫看来，"我们所说的物质的对象（物体），就是那些不依赖于我们的意识而存在的对象，这些对象在作用于我们的感官时唤起我们一定的感觉，而这些感觉反过来又成为我们关于外部世界，即关于这些物质对象及它们的相互关系的观念的基础。"（参见《普列汉诺夫哲学著作选集》第 3 卷，生活·读书·新知三联书店 1962 年版，第 250 页。）普列汉诺夫的这个定义并非完美无缺，没有贯穿实践的观点，但从它的整个哲学思想来看，仍然坚持了马克思的实践观。

最后，批判了伯恩施坦修正主义者歪曲社会主义革命理论。普列汉诺夫指出，伯恩施坦的"暴力革命是无谓的牺牲"、"无产阶级专政是低级文化"的谬说是从资产阶级经济学家那里照搬来的，"最终目的微不足道，运动就是一切"的言论也是抄袭了舒尔采-格弗尼茨的《论社会和平》一书；他们散布马克思主义"过时论"，实质上他们自己却回到了甚至比马克思恩格斯更早一代的资产阶级学者那里。在暴力革命问题上，普列汉诺夫认为，无产阶级政党不可能准确地预见无产阶级在夺取政权时遇到的一切情况，所以在原则上不能放弃暴力革命的手段。同时，他也指出，恩格斯晚年提出的利用普选权等合法手段取得社会主义革命胜利的论断是针对德国社会民主党当时状况而言的，具有特殊性，但恩格斯并不是一味地反对武装革命；在无产阶级专政问题上，强调了无产阶级建立专政的必要性，他认为某一阶级统治和专政可以组织社会上的力量维护自己的利益，镇压那些威胁它利益的社会运动。他说道："凡存在着阶级的地方，阶级斗争就不可避免。凡是有阶级斗争的地方，相互斗争着的任何一个阶级都必须而且自然地力求取得对敌人的完全胜利和对敌人的彻底统治。"[①]

不得不说，在普列汉诺夫还是革命的马克思主义者的时候，他就对马克思主义理论做出了重要贡献，但是由于缺乏对政治经济学的深入研究，一些经济问题的见解甚至背离了马克思主义原则；由于不了解无产阶级在资产阶级革命中的角色，他还高估了自由资产阶级的作用，低估了农民的革命性。因此对马克思主义思考的理论观点有不彻底、非科学的色彩。

[①] 《普列汉诺夫哲学著作选集》第2卷，生活·读书·新知三联书店1961年版，第561—562页。

第 二 章

拉法格马克思主义观的实践历程与演变轨迹

　　社会活动家世界观转变和革命思想的发展原因，不应当从他们所研究的理论中去寻找，而应当首先从时代的社会需要、革命运动的需要中去寻找。天底下没有天生的革命的马克思主义者，拉法格也正是经过推求、比较和辨别各种社会思潮之后，在穿越不同的革命激流中，认同、接受马克思主义理论，能够运用马克思主义来阐释法国问题和探索法国道路，才逐渐形成马克思主义观，最终坚定共产主义信仰，成长为一名坚定的马克思主义者的。拉法格马克思主义观的形成及确立不是一蹴而就的，而是一个循序渐进的过程，根据不同历史时期的革命事件线索，可以将拉法格的马克思主义观分为早期萌芽时期、跃迁确立时期、成熟发展时期、深入探索时期四个阶段，这也正是对应了拉法格对马克思主义的选择、认同、接受与传播的认知态度和革命实践。所以，按照这种理路，笔者对拉法格的马克思主义观的四个阶段分别进行考察，以此完整呈现出他的马克思主义观研究中的经验事实和价值判断统一。

第一节　早期萌芽生发时期
（1865—1871）

"萌芽"一词是指草木初生发芽，寓指事物的开端。[①] 这一时期，蒲鲁东主义对工人运动还有深刻的影响。拉法格的青年阶段受到了蒲鲁东主义、布朗基主义和实证主义的影响，还处于向科学的马克思主义观转变的阶段。在马克思的教诲和帮助下，拉法格正是通过马克思主义学说的感染，才逐渐摆脱三种思潮的影响，助推了他的马克思主义世界观的生发，孕育了其马克思主义观的胚胎。同时，这也和他的家庭成长环境和优质教育的熏陶密不可分。

保尔·拉法格（Paul Lafargue）1842年1月15日出生于隶属于古巴的圣地亚哥城的一个法国移民家庭中。16世纪初，古巴沦为西班牙的殖民地，岛上占主要人口比例的印第安人惨遭杀戮和血腥镇压。圣地亚哥作为古巴海岛东南岸的一个古老而又美丽的港口城市，在1522—1589年成为了西班牙殖民地政府的战时首府。

拉法格的父亲是圣地亚哥当地一个箍桶的工匠，后来又经营一个小型种植园，从事葡萄酒的贩卖。他的母亲出身于一个小型种植园家庭。拉法格后来在同沙尔·龙格（Charles Longuet）[②]的一次谈话中提及自己的童年生活时回忆到，自己的童年时代是在各种木料和刨花之间度过的，老拉法格是一位箍桶匠，经过艰辛的岁月积攒了一笔微薄的家产，才能将拉法格送到波尔多的中学读书。[③] 可以看出，拉法格的家庭经济状况属于中等收入水平。

[①]《礼记·月令》有云："（仲春之月）是月也，安萌牙，养幼少，存诸孤。"

[②] 沙尔·龙格（1839—1903），法国著名工人运动活动家，蒲鲁东主义信仰者，第一国际委员，也是马克思长女燕妮·马克思的丈夫。

[③] 中共中央马克思恩格斯列宁斯大林著作编译局：《马列著作编译资料》第11辑，人民出版社1980年版，第98页。

向上追溯，拉法格的祖父原籍本是法国波尔多，18世纪80年代从法国迁到圣多明各岛①，1796—1802年，岛上的黑人为反抗殖民主义者的残暴统治，举行起义，要求独立。拉法格的祖父可能在这次起义中被杀，下落不明。拉法格的祖母兼有黑人和白人混血血统，在此次起义期间流亡到古巴避难，在古巴人民掀起反对西班牙殖民统治斗争后，她又带着拉法格的父亲逃离古巴，前往北美的新奥尔良，以叫卖水果和小商品为生，直到16年后才重回古巴。拉法格的外祖父有犹太人和法国人的血统，在法国接受教育后成为一个商人。他的外祖母是牙买加岛②上的印第安人。可见，拉法格的血统是极其复杂的。德国马克思主义史学家弗兰茨·梅林评价拉法格时，认为他"血管里混合着三个被压迫种族的血液"，他混有黑人、犹太人和印第安人的血统。从拉法格的外貌特征看，他皮肤黝黑并略带橄榄色，在脸庞上有一双引人注目的大眼白，马克思开玩笑地称呼他"克里奥洛人"③。或许，家族谱系中的被压迫的革命斗争基因和反殖民的生活阅历，对拉法格产生了革命示范，使他深受影响。

拉法格的父母也比较重视子女教育，作为家里的独生子，他受到父母的宠爱，被送往圣地亚哥最好的学校里接受初等教育，师从古巴著名的民主主义诗人弗朗西斯科·姆尼奥·德尔·蒙特（Francisco Mño del Monte）。1851年，他跟随父母到波尔多和图卢兹求学，1861年图卢兹中学毕业会考后，他进入巴黎大学医学院学习。由于大学期间参加进步学生运动，他被巴黎大学开除学籍，为尽快完成学业和满足父母的期望，1865年他前往伦敦的圣巴托罗缪医院附属医学院学习，并于三年后取得医学博士学位。拉法格从小的成长环境和接受的优质教育，为其日后学习、研究和宣传马克思主义的学术积累打下了坚实的文化素养基础。

---

① 即海地岛，西印度群岛中的第二大岛，位于古巴岛和波多黎各岛之间。
② 牙买加是中美洲加勒比海上的一个岛国，邻古巴和海地，在印第安人阿拉瓦克族的语言中，"牙买加"意指"泉水之岛"。
③ 《马克思恩格斯全集》第31卷，人民出版社1972年版，第510页。

一 参加学生革命进步运动

拉法格的大学生涯正处于法国各地蓬勃开展反对路易·波拿巴第二帝国的革命运动时期。路易·波拿巴利用法国各阶级之间的矛盾斗争篡夺了政权，上演了复辟帝制的政治闹剧。他对内实行独裁专制，对外发动侵略战争。正如马克思在分析帝国实质时所说："帝国是在资产阶级已经丧失统治国家的能力而工人阶级又尚未获得这种能力时唯一可能的统治形式。"① 巴黎的拉丁区是法国进步学生运动的风暴中心，拉法格进入大学后也加入了反对路易·波拿巴反动统治斗争的行列。19 世纪 60 年代中期，他成为了有"拉丁区之狮"之称的共和主义大学生团体②成员之一。

随着反对第二帝国斗争的深入，以拉法格为代表的进步学生们开始与资产阶级共和派划清界限，同工人取得联系。拉法格在回顾与资产阶级共和派决裂的过程时说："帝国及其馨炉的专制制度……在青年们心中引起了对形形色色的政府以及产生并支持帝制的社会的深刻仇恨。我们懂得，如果不改变社会，将一事无成……现在我们认识到，他们是卖身投靠帝国的人，是它的安全阀，于是我们断然同他们决裂了。我们离开了他们向我们敞开大门的沙龙。"③

---

① 《马克思恩格斯选集》第 3 卷，人民出版社 2012 年版，第 97 页。
② 关于拉法格是否为"未来社"成员，存在两种对立观点。国内有些学者认为拉法格曾参加了"未来社"，"未来社"是一种秘密会社共济会组织。梅特隆主编的《法国工人运动人名词典》"拉法格"条也认为拉法格是"未来社"的成员。法国历史学家雅克·吉罗在《对青年拉法格的生活和作用的某些方面的澄清》一文中则主张，没有充分证据证明拉法格确实参加了这个共济会团体。他查阅了巴黎国立图书馆收藏的 1865—1874 年未来社档案成员名单，没有发现拉法格的名字。据此，他认为有三种可能：要么拉法格在 1865 年以前参加了该团体；要么是参加了另一个共济会支部；要么根本没有参加共济会组织。
③ [法]雅克·吉罗：《拉法格选集》，转引自李兴耕《拉法格传》，人民出版社 1987 年版，第 6 页。

1865年以后,拉法格为激进民主主义报刊《左岸》撰稿,该报反映了脱离资产阶级共和派的进步学生的思想动态。虽然期间该报被波拿巴政府勒令停刊,但是不久后又在布鲁塞尔重新出版发行,后来迁至伦敦。拉法格以《左岸》为战斗阵地,发表了一系列文章[1],痛斥第二帝国的反动政策,支持工人罢工运动,揭露资产阶级共和派的丑陋面目。但在这个时期,蒲鲁东主义对法国工人运动有深刻影响。蒲鲁东在国家问题上坚持无政府主义立场,否定一切中央集权国家的专制主义,否定工人的政治行动,反对工人阶级在罢工和组织工会等斗争中组成政党。拉法格和其他进步学生一样,也受到蒲鲁东主义的侵蚀。比如他在1866年《至圣的雅科宾教会的教皇通谕》中说:"我们痛恨一切政府,痛恨蓝色的政府正如痛恨立宪君主和痛恨一切其它的统治形式一样强烈。我们需要无政府状态,我们不需要夺取政权而要消灭它。"[2] 他有时甚至还将蒲鲁东称为"敬爱的导师",但是他并没有成为彻头彻尾的蒲鲁东主义者。同时,拉法格还受到布朗基主义的影响,接受了布朗基关于必须开展革命斗争反对资本主义制度的观点。他在1866年写给布朗基的信中,讲述了布朗基对自己思想发展的影响,认为布朗基对革命最纯洁的热爱推动了他革命热情的高涨,使他决心将一生奉献给革命事业,竭尽全力效劳。[3]

随着欧洲工人运动的高涨,1864年各国工人代表在伦敦圣马丁堂集会,通过了建立国际工人协会的决议。当时在国际巴黎支部占统治地位的是以昂利·路易·托伦(Henri-Louis Tolain)为首的右翼

---

[1] 拉法格在此期间发表的文章主要有:《唯心主义方法和实证主义方法》《罢工及其后果》《平民的胜利》《至圣的雅科宾教会的教皇通谕》《国际工人协会发展概况》《新的一代》《战争拯救了帝国》《书评》《社会斗争》等。

[2] [法]拉法格:《宗教和资本》,王子野译,生活·读书·新知三联书店1963年版,第119页。

[3] 参见中共中央马克思恩格斯列宁斯大林著作编译局国际共运史研究室编《国际共运史研究资料》第12辑,人民出版社1984年版,第194页。

蒲鲁东主义者，包含机械工缪拉（Murat）、青铜工卡梅利纳（Carmelina）、雕刻工布尔唐（Burtang）、模压工朗德伦（Landren）、装订工路易斯·欧仁·瓦尔兰（Louis Eugene Varlin）等，约有五百名成员。1865 年初，拉法格参加了国际巴黎支部活动并成为成员。同年 2 月，拉法格受支部委托到伦敦汇报法国工人运动状况，受到了马克思的热情接待，成为两人的"初次相遇"。正如李兴耕先生所说："和马克思的第一次见面给拉法格留下了深刻的印象，成了他逐渐从蒲鲁东主义转向马克思主义的起点。"①

1865 年 10 月 29 日至 11 月 1 日，拉法格参加了比利时国际大学生代表大会，他和战友徒步从巴黎前往列日，沿途开展了广泛的宣传和调研工作。拉法格在会上作了发言，猛烈批判了拿破仑三世的反动统治，倡导推翻帝制、用红旗代替法国三色旗②的革命主张，受到了其他国家大学生代表的赞许。由于参加了国际大学生代表大会，他被法国当局指控为"在国际学生代表大会上侮辱法国国旗；攻击社会秩序的原则，从事恐怖活动；'上帝是祸害，财产是盗窃'的发言就是蛊惑叛乱和内战"。拉法格回国后被巴黎大学开除。为完成医学学科学业和满足父母的期望，拉法格离开巴黎途经比利时前往伦敦圣巴托罗缪医学院继续学习深造。

二 与马克思的伦敦会晤

1865 年秋，在伦敦的一些法国流亡者建立了国际法国人支部，拉法格到伦敦后也加入了这个支部。1866 年国际总委员选举拉法格为总委员会西班牙通讯书记。但是，当时拉法格在一些问题上仍受蒲鲁东主义思想的影响。

马克思曾在 1866 年 6 月 7 日给恩格斯的信中说到，巴黎大学生

---

① 李兴耕：《拉法格传》，人民出版社 1987 年版，第 9 页。
② 法国三色旗中的白色象征法兰西王室，红色和蓝色象征革命的巴黎，三种颜色代表着延续和改变的结合。

中的"蒲鲁东派"鼓吹和平，宣布"战争过时论"，认为民族特性是无稽之谈，并且攻击奥托·爱德华·利奥波德·冯·俾斯麦（Otto Eduard Leopold von Bismarck）和朱塞佩·加里波第（Giuseppe Garibaldi）等人。在马克思看来，把这一策略当作同沙文主义论战的手段是有益的，是可以理解的。但是拉法格和龙格等信仰蒲鲁东的人竟主张整个欧洲都可以而且应当安静、消极地等待法国老爷们来消灭"贫穷和愚昧"。他们自己越是大声地叫喊"社会科学"，就越是陷入贫穷和愚昧之中，简直太可笑了。他们撰写的关于法国当前农业危机的论文更是让人对他们的"学问"感到惊讶。① 在1866年国际总委员会会议上讨论普奥战争问题时，拉法格赞同蒲鲁东主义者关于"一切民族都是陈腐的偏见"的论调，他对蒲鲁东宣扬的"祖国"、"民族"、"爱国主义"等概念没有任何合理内容的提法表示同意，并在奥地利侵略意大利的战争问题上，否定民族解放运动的现实意义。恩格斯在和马克思的通信中对拉法格这种否定民族特性的观点进行了批评。他说："拉法格大概是完全不自觉地把否定民族特性理解为由模范的法国民族来吞并各个民族了。"②

列宁曾在《论民族自决权》中评价到，从马克思所有这些批评意见中可以看出：工人阶级不会把民族问题当作偶像，因为资本主义的发展不一定就能唤起所有民族都起来争取独立生活。但是，回避已经产生的群众性的民族运动，拒绝支持其中的进步成分，实际上就是陷入了民族主义的偏见，就等于认为"自己的"民族是享有建立国家特权的"模范民族"。③ 此外，马克思在读了《泰晤士报》153的巴黎通讯后，他在1867年6月3日给恩格斯的信中对巴黎人发出了反对亚历山大而拥护波兰的呼声感到满意，并批判"蒲鲁东先生和他那个学理主义的小集团不是法国人民"④。可以说，马克思

---

① 参见《马克思恩格斯全集》第31卷，人民出版社1972年版，第224页。
② 参见《马克思恩格斯全集》第31卷，人民出版社1972年版，第231页。
③ 参见《列宁全集》第25卷，人民出版社1988年版，第266页。
④ 《马克思恩格斯全集》第31卷，人民出版社1972年版，第307页。

对蒲鲁东主义反动本质的剖析和对拉法格的批评与帮助，推进了拉法格较快地摆脱蒲鲁东主义的影响。

在伦敦的三年时间里，拉法格经常到马克思家里做客，经常一块长谈或者展开争论。他们在汉普斯泰特草地一块散步的时候，马克思将《资本论》第1卷的内容详细地解释给拉法格，使他获得了丰富的经济学知识。在马克思的耐心指导和自己的勤奋下，拉法格逐渐掌握了马克思学说的内容。他在《忆马克思》中曾说："马克思以他特有的渊博的见解向我讲解了他的人类社会发展的辉煌理论。就像在我眼前揭开了一道帷幕一样，我生平第一次看到了世界历史的逻辑，在社会发展和思想发展表面上如此矛盾的现象中，找到了它们的物质原因。"[①] 拉法格还将马克思工作时口述的内容记录下来，认真琢磨马克思的思维模式和写作方法。同时，拉法格还认真研读了马克思的《哲学的贫困》《资本论》《共产党宣言》。他逐渐洗刷和摒弃了蒲鲁东主义和实证主义的影响，慢慢转到科学的共产主义世界观上来，成长为一个马克思主义者。

另外，拉法格为筹划1866年国际工人协会的日内瓦代表大会做了大量工作，邀请布朗基参加此次代表大会，并将马克思给参加代表大会的代表们写的《临时中央委员会就若干问题给代表的指示》翻译成法文。拉法格还加入了伦敦群众要求改革选举制度的游行示威活动中，号召英国工人支持法国冶金工人的罢工。此外，拉法格在伦敦的国际法国人支部中拥护马克思的路线，同以费·皮阿（Felix Pyat）为代表的小资产阶级分子的冒险主义路线展开斗争，划清界限。1868年皮阿在伦敦的一次集会上主张用恐怖手段反对拿破仑三世，一些报刊也将其奉为国际领导人。国际总委员会考虑到皮阿的观点可能会被反动派用来镇压国际在法国的成员的借口，宣布对皮阿的观点不负任何责任，这也就导致伦敦的法国人支部发生了分

---

① 中共中央马克思恩格斯列宁斯大林著作编译局：《摩尔和将军——回忆马克思恩格斯》，人民出版社1982年版，第97页。

裂。拉法格等人退出支部后，伦敦的法国人支部成为与总委员会公开对峙的团体。

三 同革命伴侣劳拉的结合

拉法格在伦敦期间，由于和马克思一家交往密切，和马克思的二女儿劳拉（Laura Marx）擦碰出真挚的爱情火花。拉法格在描述劳拉的容颜时说："两颊绯红，美丽的卷发金光闪耀，就像经常有夕阳照耀着似的。"① 马克思的夫人燕妮称赞劳拉精通英文、法文、意大利文，还懂得西班牙文，语言才能卓越，她不仅多才多艺，而且巧智活泼。从海滩到厨房，从不列颠博物馆阅览室到舞台，劳拉都能轻盈灵巧。② 劳拉还在家里经常扮演马克思秘书的角色，协助他抄写稿件及查找资料。但是，在拉法格和劳拉坠入爱河后，有时表现得过于热情，在马克思看来，"真正的爱情是表现在恋人对他的偶像采取含蓄、谦恭甚至羞涩的态度，而绝不是表现在随意流露热情和过早的亲昵"③。马克思希望拉法格在结婚以前能变得更成熟一些，先通过医学博士考试，实现经济独立，再考虑结婚的问题。

1867年，已经成为劳拉未婚夫的拉法格在马克思带领下前往曼彻斯特，经马克思的介绍，第一次会见了恩格斯。此后，拉法格和恩格斯建立起密切的联系和诚挚的友谊，终生将恩格斯当作革命导师和真情挚友。1868年4月拉法格和劳拉举行婚礼后，正式成为马克思家庭中的一员。就如梅林所言："对马克思来说，拉法格不但是一个给他的女儿创造生活幸福的佳婿，而且也是一个有才华的得力助手，是自己的精神遗产的忠实保护者。"④

---

① 中共中央马克思恩格斯列宁斯大林著作编译局编：《摩尔和将军——回忆马克思恩格斯》，人民出版社1982年版，第107页。
② 参见[苏]奥·巴·沃罗比耶娃、伊·米·西涅里尼科娃《马克思的女儿》，叶冬心译，生活·读书·新知三联书店1965年版，第27—28页。
③ 《马克思恩格斯全集》第31卷，人民出版社1972年版，第520页。
④ [德]弗·梅林：《马克思传》，樊集译，人民出版社1965年版，第479页。

1868 年 7 月，拉法格获得医学院博士学位，他的挚友穆瓦兰劝他弃政从医，但是拉法格没有遵从朋友的劝告，毅然决然投身于社会主义革命运动中。拉法格在写的一篇问答式的《自白》中，将马拉作为自己最喜爱的英雄绝非偶然。事实上，拉法格从青少年时代就以 18 世纪法国大革命时期的这位"人民之友"为榜样，立志献身群众解放事业，在革命实践斗争中经常以马拉的顽强精神鼓舞自己。值得关注的是，在劳拉的《自白》中，她最珍重的品德是真诚、正义感和心地善良，喜欢做的事是读书；座右铭是"真理高于一切，它必然胜利"。这些从侧面折射了劳拉坚持真理的情操，如一条红线贯穿她的一生。从横向比较来看，可以讲，为无产阶级解放事业奋斗的共同信仰将拉法格和劳拉两人紧密地联结在一起，他们既是生死不离的爱情伴侣，又是志同道合的革命战友。

　　综观来说，拉法格的伦敦时期（1866—1868），是世界观发生决定性转折的阶段。正是在这三年中，他从蒲鲁东主义逐渐跃迁至马克思主义，蜕变为国际共产主义运动中一名坚强的革命战士。自此，拉法格投入了为实现无产阶级解放的革命斗争中。

四　支援巴黎公社活动

　　正如有学者指出，19 世纪 70 年代以后，拉法格已经成长为一个马克思主义者，出现在国内和国际斗争的舞台上。[1] 1868 年 10 月，拉法格夫妇回到法国，马克思建议他回国后不要急于开展公开的鼓动宣传工作，首要任务是对法国国内的阶级力量对比、资产阶级政党策略等情况进行认真的调研，从思想上和组织上为加强国际工人协会法国支部而抓紧工作，促使法国工人运动中的蒲鲁东派和布朗基派联合起来。遵循马克思的指示，拉法格将精力放在了切实组织和聚集法国革命力量之上。

---

[1] 参见中共中央马克思恩格斯列宁斯大林著作编译局国际共运研究室编《国际共运史研究资料》第 5 辑，人民出版社 1982 年版，第 5 页。

随着法国政治局势要求各个国际支部联合起来同宗委员会建立联系，1870年3月7日，巴黎各支部代表通过了建立国际巴黎联合会的决议，后来总委员会任命拉法格为派驻巴黎的"特约通讯员"。1870年，拿破仑三世为巩固风雨飘摇的政治统治，精心设计了一场投票骗局，要求5月8日举行全民投票。① 同年4月，国际巴黎联合会在成立大会上一致决定抵制全民投票后，拉法格牵头拟定了一个宣言，揭穿了拿破仑三世的陷阱，号召工人们拒绝回答投票中所提出的问题。由于国际工人协会在法国的影响力日益扩大，拿破仑当局政府对此惊恐万分，企图对其进行压制和迫害。在投票的前几天，政府逮捕了巴黎联合会的一些成员，拉法格也几乎被逮捕，被迫流亡瑞士避难。

随着第二帝国统治危机加深，拿破仑三世想通过对外战争巩固自己的宝座。1870年7月，拉法格刚回到法国就爆发了普法战争。法军在色当战役中的惨败和拿破仑三世被俘，直接导致帝制被废除，成立共和国，革命成果落入资产阶级手中。一群资产阶级政客掌握了国防政府，推行卖国投降的政策。1871年1月底，巴黎投降，国防政府和普鲁士签订非常苛刻的停战协定，引起了广大群众的不满。2月底，丧权辱国的法德初步和约②的签订，更是激起了法国人民的极大愤怒。对此，拉法格代表国际工人协会波尔多支部发表公开信，谴责国防政府对法国人民利益的无耻背叛。

1871年3月18日，巴黎的无产阶级举行了公社起义，在人类史上破天荒地第一次进行建立无产阶级专政的伟大尝试。里昂、圣艾蒂安、马赛、图卢兹等地的无产阶级相继加入了支援巴黎公社的阵营中，以拉法格为首的波尔多支部在组织无产阶级支持巴黎公社原

---

① 拿破仑三世要求人们投票回答是否赞成1860年以来实行的自由改革，是否赞成1870年4月的新宪法。如果投反对票，就代表拒绝改革；如果投赞成票，就是对帝国的认可。拉法格等人起草的宣言建议工人们采取各种方式表明他们对帝国的否定态度，或者不参加投票，或者投空白票，或者在票上写"民主社会共和国"等口号。

② 法德初步和约规定：法国将阿尔萨斯和洛林东部割让给德国，并缴纳50亿法郎的战争赔款，在付清赔款以前，德国军队有权继续占领法国的部分领土。

则的革命斗争中扮演了重要角色。作为《波尔多论坛报》的编辑，拉法格把报纸办成革命的战斗性报纸，他在报上报道巴黎公社的消息，转载公社的各种材料，发表波尔多支部的宣言和声明等。4月6日，拉法格由波尔多前往巴黎会见了许多公社的领袖，对公社战士们的战斗精神十分钦佩。23日，拉法格回到波尔多写信给燕妮·马克思（Jenny Marx）说："巴黎正在觉醒。这情景简直使我们惊呆了。我们在这里正尽力设法组织起来，以便在波尔多做些事情……国际正由幽灵变为现实。"① 紧接着，他在《波尔多论坛报》上发表了巴黎之行的4篇文章，介绍巴黎公社概况，驳斥资产阶级对巴黎公社的歪曲，分析了战斗形势，对未来前景充满必胜信念。后来马克思在撰写《法兰西内战》时还援引了拉法格文章中的资料。

拉法格在波尔多时，还同马克思保持频繁的通信，向导师汇报巴黎公社和波尔多支部的情况，也从马克思那里获得了很多材料和重要指示。他期待马克思的《法兰西内战》一书的问世，计划根据校样将其译成法文，使它在伦敦和巴黎一起出版。拉法格还打算将国际总委员会的所有宣言和各支部的重要文件汇编成册，予以出版，但计划未能实现。马克思也十分关注拉法格在波尔多的宣传活动，高度颂扬波尔多及其他省份的无产阶级支援巴黎公社的革命运动，同时也分析了这些斗争的局限性。虽然这一时期波尔多的支部力量有了很大增长，但是人数有限，改组工作进行得较晚，不得不采取措施将群众的自发斗争引导至正确轨道。1871年5月，巴黎公社在凡尔赛反革命军队的血腥镇压下以失败告终，反动派对革命者进行残酷迫害，波尔多无产阶级革命也转入低潮。由于拉法格作为波尔多支部的负责人，组织和发动了无产阶级支持巴黎公社的斗争，还因为他是国际工人协会的"大头目"——卡尔·马克思的女婿，因此成为梯也尔政府重点打击的对象。为躲避警察的监视和追捕，在

---

① ［苏］伊·阿·巴赫：《第一国际和巴黎公社：文件资料》（下册），杭州大学外语系俄语翻译组译，生活·读书·新知三联书店1978年版，第582—583页。

马克思的建议下，拉法格离开波尔多，逃往西班牙的圣塞瓦斯田，后又前往马德里，投入了同巴枯宁主义的斗争中。

由于巴黎公社时期革命斗争的错综复杂和历史条件的限制，拉法格对巴黎公社的性质和历史地位并没有清晰的认识。在他看来，巴黎公社并不是社会主义革命，也就只是1848年六月起义的重演。他在《法国的社会主义》一文中评价公社的历史命运和失败原因时说道："公社是小资产阶级共和派和布朗基主义革命家的政府。有几个加入国际的工人参加了革命政府，但他们非常缺乏经验，人数寥寥无几，无法使国际的思想取得统治地位。社会主义思想没有把形形色色的分子联合起来，而斗争的失败和艰难困苦则使他们四分五裂。公社被梯也尔打垮了，遭到一切资产阶级报纸的攻击和污蔑，而以马克思和恩格斯为首的国际总委员会则起来为之辩护。马克思代表总委员会起草的《关于内战的宣言》赋予公社以社会主义性质，而公社在自己存在的短暂时期内并不具有这样的性质。"① 这段论述表明拉法格对公社阶级实质的分析区别于马克思恩格斯的论断。马克思对巴黎公社起义给予了高度的历史评价："即使它会被旧社会的豺狼、瘟猪和下贱的走狗们镇压下去，它还是我们党从巴黎六月起义以来最光荣的业绩。"②

拉法格并没有真正认识到，巴黎公社"实质上是工人阶级的政府"③，它是建立无产阶级专政新型国家的一次伟大尝试。虽然公社中的蒲鲁东派和布朗基派两个派别都不是马克思主义者，但是他们的革命行动却由于斗争的必然性与他们倡导的理论观点相悖。列宁曾说："群众不管布朗基和蒲鲁东的荒谬理论和错误怎样，究竟把整个运动提到了更高的阶段。"④

---

① ［苏］梁赞诺夫：《拉法格选集》第1卷，转引自李兴耕《拉法格传》，人民出版社1987年版，第45页。
② 《马克思恩格斯文集》第10卷，人民出版社2009年版，第353页。
③ 《马克思恩格斯选集》第3卷，人民出版社2012年版，第102页。
④ 《列宁选集》第1卷，人民出版社2012年版，第706页。

我们知道，社会主义革命也称"无产阶级革命"、"无产阶级社会主义革命"，三者在一定意义上可以等同使用，它是指无产阶级在工人政党的领导下，带领劳动人民推翻资本主义统治制度，建立无产阶级专政和社会主义制度的革命。巴黎公社中，无产阶级正是扮演了革命的主力军和领导者的角色，毫无疑问，巴黎公社是第一国际的精神产儿。尽管拉法格对公社的评价有不同的观点，但他在实际斗争中是和马克思恩格斯站在同一革命立场的，拉法格在巴黎公社时期的活动是他光辉战斗一生中的元素之一。

总之，法国社会历史的发展与革命实践证明，拉法格对马克思主义理论的认知与理解，以及从理论和实践层面对法国革命道路的探索基本上是正确的。但他对马克思主义的认识、理解、把握和运用还处于早期探索时期，一些认知带有肤浅性和生硬移植的色彩，对马克思主义理论的整体性认识还有待进一步拓展和深化。

第二节　跃迁确立时期（1872—1882）

"跃迁"一词是量子力学领域中的专业术语，指从一个量子状态到另一个量子状态的转变过程，两种状态的能量大小不同，跃迁时期伴随有能量的放射或吸纳，导致能态发生跳跃式的变化。拉法格在西班牙流亡期间推进马克思主义的传播，同巴枯宁主义进行了顽强斗争。他协助导师恩格斯捍卫法国第一个马克思主义的《哈佛尔纲领》，努力创办工人政党，并严肃批判了可能派的错误主张。该时期的一系列革命事件促使拉法格在马克思主义学说"光的照射"下吸收其思想内核，逐渐从低能态跳到高能态放出"思想光子"。他在这个过程中巩固了自己马克思主义世界观的形成与确立，成长为一位坚定的马克思主义者。

一　粉碎巴枯宁在西班牙的阴谋活动

19世纪中叶，西班牙的资本主义工业虽有一定发展，但与欧洲其他资本主义国家相比，生产力仍然比较落后，增长速度迟缓。作为一个农业国家，封建残余势力在国内仍有较大影响。手工业在工业生产中占有很大比重，1700万人口中只有30万工人，只占总人口的1.8%，而产业工人只有18万。1869年召开的制宪会议通过了资产阶级君主立宪制的宪法，规定在国内实行普选制。这为工人运动的兴起提供了条件。巴黎公社失败后，拉法格流亡西班牙，这一时期的活动重心主要聚焦于粉碎巴枯宁的阴谋。

当时巴枯宁主义对工人运动有着严重的侵蚀，甚至在工人运动的条件还不太成熟的西班牙受到一些青年律师、医生及其他空论家们的追捧。在巴枯宁及其追随者看来，国家是祸害，要消灭任何国家，反对一切权威。他们主张个性绝对自由，认为继承权是一切社会不平等的根源和国家存在的条件，所以主张将废除继承权作为社会革命的第一个要求。他们拒绝工人阶级组织成为独立的无产阶级政党和建立无产阶级专政。正如马克思在1871年致弗里德里希·波尔特（Friedrich Bolt）的信中所说，巴枯宁的纲领"是东一点西一点地草率拼凑起来的大杂烩——阶级平等（！），以废除继承权作为社会运动的起点（圣西门主义的谬论），以无神论作为会员必须遵守的信条，等等，而以放弃政治运动作为主要信条（蒲鲁东主义的）"[1]。巴枯宁在西班牙还建立了"社会主义民主同盟"[2]，图谋加入国际工人

---

[1]　《马克思恩格斯选集》第4卷，人民出版社2012年版，第497页。
[2]　该组织是巴枯宁于1868年10月在瑞士日内瓦建立的国际无政府组织，它的成员以宣扬无神论、阶级平等和取消国家为纲领，否认工人政治斗争。这种小资产阶级无政府主义的纲领还受到了意大利、瑞士和其他一些工业不发达国家的欢迎。1869年该同盟加入国际后，保持自己的秘密组织，在巴枯宁的鼓动下从事反对总委员会的活动，马克思恩格斯对此进行了坚决的斗争，揭露了这个力图分裂工人运动的宗派集团的真面目，并于1872年9月在国际工人协会海牙代表大会上将巴枯宁开除出国际。

协会篡夺领导权。1868 年，巴枯宁派的秘密同盟的领导者还分别在马德里和巴塞罗那建立国际支部，构筑自己在西班牙的主要支柱，通过报纸散布无政府主义的谬论。对此，恩格斯曾指出："国际在西班牙最初是作为巴枯宁的秘密团体——同盟的一个简单附属品建立起来的；它必须充当同盟的一个特殊的招募人员基地，同时也必须成为同盟影响整个无产阶级运动的杠杆。"①

拉法格夫妇在 1871 年 8 月底到达圣塞瓦斯田后，和西班牙联合委员会的领导人弗·莫拉（Maura）和罗伦佐（Lorenzo）取得了联系。拉法格在同年 10 月给恩格斯的信中谈及在西班牙结识的工人时说："在我看来，这些人都是杰出之士，可以说，我从未见过这么聪明、这么有学问的工人济济一堂。他们学识之渊博恰同西班牙资产阶级的愚昧无知形成鲜明对比。"② 马克思恩格斯也较为关注拉法格在西班牙的活动，他们叮嘱拉法格"要尽一切可能在各地同那些在这种形势下对我们有用的人建立联系"③，便于粉碎巴枯宁的阴谋。

同年 11 月 12 日，巴枯宁派在瑞士召开"反权威主义代表大会"，宣布成立汝拉联合会，通过《致国际工人协会各联合会的通告》，即"桑维耶耶通告"。这个通告主张放弃一切政治和各支部完全自治，否定纪律和集中的必要性，消灭一切权威，对国际总委员会的活动进行攻伐，坚持召开代表大会审查国际的共同章程，将总委员会打扮成一个简单的通信局和统计中心。巴枯宁还煽动西班牙各支部共同联合起来反对总委员会和第一国际伦敦代表大会的决议。为达目的，他寄去了"桑维耶耶通告"，还派遣代表前往西班牙详细谋划反对总委员会的活动。令人欣慰的是，西班牙联合委员会对通

---

① 《马克思恩格斯全集》第 18 卷，人民出版社 1964 年版，第 203 页。
② [法] 爱·鲍提若里：《恩格斯与保尔·拉法格、劳拉·拉法格通信集》第 1 卷，北京第二外国语学院法语专业 73 级师生合译，人民出版社 1979 年版，第 8 页。
③ [法] 爱·鲍提若里：《恩格斯与保尔·拉法格、劳拉·拉法格通信集》第 1 卷，北京第二外国语学院法语专业 73 级师生合译，人民出版社 1979 年版，第 12 页。

告持否定态度，决定不再采取可能加剧国际分裂的措施。

1872年2月，拉法格看到巴枯宁派在报上刊登的通告后，写信和恩格斯联系。同时，拉法格和西班牙联合委员会的成员取得联系时，积极争取他们站到马克思恩格斯和总委员会的立场上来，他还在《解放报》上撰文驳斥桑维耳耶通告对总委员会的污蔑。在拉法格的努力下，西班牙联合委员会驳回了巴枯宁要求召开代表大会的要求。恩格斯曾在1872年1月向李卜克内西转述了拉法格的来信内容，说道："西班牙的情况很好，这就是联合会委员会而言的。在巴塞罗那，还有人在大搞阴谋，联合会处于巴枯宁分子的强大影响之下，不过，由于在西班牙问题要提到代表大会（4月）上去讨论，而那里多数是工人，不是律师、医生等等，所以我认为一切都会顺利进行。"① 这段话表明了拉法格在西班牙反对巴枯宁派斗争的胜利，但也说明拉法格对于西班牙斗争成果的过分乐观。由于不了解巴枯宁秘密同盟的真实状况，他没有认识到斗争的复杂性和艰巨性。

1872年4月4—11日，拉法格化名参加了西班牙联合会在萨拉哥沙的第二次代表大会。巴枯宁分子莫拉哥（Morago）对拉法格的化名问题大做文章，散布攻击拉法格的流言蜚语。为了澄清事实真相，拉法格向大会讲述了巴黎公社失败后他所遭遇的迫害，有力地回击了莫拉哥对他的诽谤。在组织问题上，巴枯宁派的莫拉哥主张修改西班牙联合会章程，否定联合会委员会接收新的支部的权限，消灭一切权威，实现各支部自治。拉法格则强调要分行业建立全国性联合会，实现各行业的国际联合。经过激烈争论，大会一致决定联合会章程继续有效，否决了莫拉哥关于修改章程的意见。对此，恩格斯在1872年总委员会会议上也否定了这种关于权力是独裁专制的权力的无端攻击。在集体所有制问题上，大会提交了拉法格起草的一个关于生产资料集体所有制原则的报告，批判了关于维护私有

---

① 《马克思恩格斯全集》第33卷，人民出版社1973年版，第382页。

制的各种小资产阶级论调，认为工人阶级斗争的最终目的是建立土地和劳动工具集体所有制。

也就是在萨拉哥沙大会期间，拉法格第一次了解到秘密同盟的存在，并把所知道的情况写信告诉了恩格斯，转述了巴枯宁给拉法格的一封信，曝光了巴枯宁主张在国际之外建立一个秘密机构来领导革命运动的阴谋。基于此，拉法格建议把国际"改造成为革命的行动党"。① 接着拉法格在布鲁塞尔《自由报》上刊发了关于萨拉哥沙代表大会的两篇通讯，第一次公开批判秘密同盟的存在。他认为秘密同盟的使命是为了监视国际，维护巴枯宁主义原则，实质是为了瓦解国际在内部建立的一个贵族集团。恩格斯称赞拉法格："在西班牙做了很多工作，而且做得很好，《自由报》上那篇关于萨拉哥沙代表大会的通讯就是他写的。"②

拉法格的做法招致了巴枯宁派的谩骂指责和人身攻击。面对挑衅，他又在《平等报》上发表了一封《致〈汝拉联合会简报〉编辑公民们》的公开信，反驳了巴枯宁派的污蔑，他说道："我要向你们，向你们在瑞士的上司们以及你们在西班牙的追随者们挑战，你们无法推翻我所说的任何一点。我保证，在全体大会上，我还要进一步揭露你们小集团的秘密。"③

拉法格发表的两篇通讯文章和对秘密同盟的揭露也促使《解放报》的编辑们同巴枯宁派决裂的决心。由于莫拉哥等同盟分子指责《解放报》的编辑是叛徒，将其开除国际，拉法格等人在马德里联合会上，以确凿的证据揭露了秘密同盟的活动，并在马德里出版了揭露巴枯宁派破坏活动的小册子《致西班牙联合会的国际会员们》。他们分析了同盟和总委员会之间的分歧，阐明秘密同盟的破坏作用，

---

① ［法］爱·鲍提若里：《恩格斯与保尔·拉法格、劳拉·拉法格通信集》第1卷，北京第二外国语学院法语专业73级师生合译，人民出版社1979年版，第63页。
② 《马克思恩格斯全集》第33卷，人民出版社1973年版，第456页。
③ 中共中央马克思恩格斯列宁斯大林著作编译局国际共运史研究室编：《拉法格文选》（上卷），人民出版社1985年版，第22页。

也揭露了巴枯宁派在其他国家的分裂活动。

在1872年9月2日的海牙代表大会期间,巴枯宁分子对拉法格的代表委托书表示质疑,理由是新马德里联合会没有得到西班牙联合会的承认。鉴于此,拉法格在发言中痛斥了巴枯宁分子在西班牙的破坏活动和选举代表采取的不正当手段,实行了有力打击。在讨论国际工人协会的组织原则问题时,拉法格和弗里德里希·阿道夫·佐尔格（Friedrich Adolph Sorge）等坚决反对巴枯宁派的头目之一吉约姆提出的取消总委会及各地方组织完全实行自治的无政府主义观点。在讨论国际章程的第7条条款时,吉约姆妄图用巴枯宁关于立刻消灭国家并用自治团体联邦取代国家的无政府主义观点取代无产阶级专政的学说,否认无产阶级夺取政权的必要性。拉法格和马克思、恩格斯、左尔格等人一起反对他的种种谬论。

此外,海牙代表大会还专门成立了一个调查巴枯宁派社会主义民主同盟的委员会。拉法格向委员会讲述了该同盟在西班牙的活动轨迹,因为按照国际章程的规定,国际内部严禁存在任何其他组织。经过激烈辩论,大会决定将巴枯宁和吉约姆开除国际。此次大会的举行标志着第一国际内部反对巴枯宁主义斗争的决定性胜利,马克思主义基本原理得到确证,为各国建立工人政党奠定了基础。此后,拉法格还协助马克思和恩格斯根据海牙代表大会决议和各种确凿材料撰写揭露巴枯宁及其社会主义同盟的小册子,以《社会主义民主同盟和国际工人协会》为题在汉堡和伦敦发行,它痛击了巴枯宁分子在国际的破坏活动,总结了反对巴枯宁派的斗争经验。恩格斯在评价这本小册子时说:"这本东西就象炸弹一样在自治论者中间爆炸,如果说它注定要炸死某个人,那就是巴枯宁。这本东西是拉法格和我编写的,只有结语是马克思和我写的。"① 海牙代表大会结束后,拉法格夫妇移居伦敦,在那里度过了将近十年动荡不安的流亡生活。期间,伙同巴黎公社的参加者、流亡英国的法国雕刻工,开设石板雕刻场来维持生计,但经营不良,不久倒闭。在拉法格的困难时期,恩格斯经常给予救济。

可以说,拉法格在西班牙流亡的将近一年时间里,他创办了《解放报》,揭穿巴枯宁的阴谋,与之进行坚决斗争,并先后发表了不少重要著作,促进了马克思主义在西班牙乃至伊比利亚半岛的传播,为西班牙社会主义政党的建立奠定了基础,推动了西班牙工人运动的兴起。西班牙著名的工人运动史学家莫拉托(Morato)认为,拉法格是西班牙社会党的真正缔造者,对社会党的建立做出了最初的推动。②

二 努力建立独立的工人政党

巴黎公社失败后,法国无产阶级遭受残酷镇压,工人运动暂时陷入"寂静期",梯也尔政府的"社会主义被彻底埋葬"的谬论一时甚嚣尘上。但是实践很快证伪了这种谬说。1873年,法国爆发了巴黎公社之后的第一次全国性经济危机,工人在罢工斗争中逐渐认识到组织起来的必要性,开始建立工会和工人组织。以新闻记者巴伯雷(Barberet)为代表的合作社主义者在工人中占有主要地位。他们鼓吹阶级合作,反对任何罢工等革命斗争手段,主张和资产阶级妥协。

1876年10月,在资产阶级改良主义者和合作社主义者的领导下,在巴黎召开了第一次全国工人代表大会,标志着法国工人运动的重新高涨。当时,身在伦敦的拉法格密切关注着法国工人运动的

---

① 《马克思恩格斯全集》第33卷,人民出版社1973年版,第601—602页。
② 转引自李兴耕《拉法格传》,人民出版社1987年版,第59页。

动向，给盖得①等战友们在法国的活动给予热情的支持。1879 年，经西班牙社会主义者梅萨（Meza）的引荐，拉法格和盖得取得联系。由于找到了勉强能够糊口的生计，拉法格在信中向盖得解释了没有离开伦敦回到巴黎的原因。他建议盖得出版一个基础扎实的周刊并创建一个紧密团结和认真负责的编辑部是创办日报的先决条件，有利于传播科学社会主义，为建立独立的工人政党提供思想滋养。拉法格还和盖得交流了办报经验，认为当总编辑确实是一个很辛苦的职业。他高度赞扬了盖得所写的宣传社会主义的小册子，如《集体主义和革命》《共和国和罢工》《工资法和它的后果》《集体主义在第十分庭面前》，认为这些篇章对于工人运动的贡献可能要比在报纸上进行三个月的宣传效果还要好。

1879 年 10 月，马赛召开了法国社会主义工人代表大会。会上，集体主义者和蒲鲁东主义者以及小资产阶级无政府主义者展开激烈辩论，取得了胜利。大会宣布成立法国工人党，通过党的章程规定，党分为六个联合会②，并通过了关于所有制问题的决议，认为社会问题只有在每个人的需求得到满足和才能得以发展的时候才能解决，将尽一切可能实现生产资料公有制作为无产阶级的奋斗目标。③ 拉法

---

① 盖得（1845—1922），早年在米兰期间通过阅读法国 18 世纪启蒙运动思想家的哲学作品、空想社会主义者德萨米的著作及俄国革命民主主义者车尔尼雪夫斯基的著作，逐渐脱离巴枯宁主义。1876 年回到法国后逐渐接受了科学社会主义学说，承担起两大历史任务：将科学社会主义学说灌输到工人群众队伍中去；建立一个独立的工人政党，并同杰维尔、马萨尔等人在 1877 年 11 月创办了《平等报》。由于盖得等人主张实行生产资料集体所有制，被称为集体主义派。虽然盖得和《平等报》的编辑们对马克思主义的理解还较为肤浅，思想理论中还掺杂着空想社会主义的成分，但是《平等报》的宣传在法国引起了较大反响。拉法格评价他具有相当敏捷的辩论口才和一流的演说才能，所到之处留下了社会主义思想的热情拥护者，他是一个能使大多数人改变信仰的宣传家。（参见中共中央马克思恩格斯列宁斯大林著作编译局国际共运史研究室编《拉法格文选》（上卷），人民出版社 1985 年版，第 276 页。）

② 分别是东部（里昂）、西部（波尔多）、南部（马赛）、北部（利尔）、中部（巴黎）和阿尔及利亚（阿尔及尔）。

③ 参见［法］亚历山大·泽瓦埃斯《一八七一年后的法国社会主义》，中共中央马克思恩格斯列宁斯大林著作编译局国际共运史研究室译，生活·读书·新知三联书店 1983 年版，第 27 页。

格认为这个决议是"第一次把财产国有化写在法国无产阶级的旗帜上"①。马赛代表大会是法国工人运动史上的一个重要坐标，马克思曾说："法国真正的工人党的第一个组织是从马赛代表大会开始建立的。"②

马赛代表大会以后，在拉法格写信建议盖得恢复《平等报》，指明《平等报》的任务在于证明资本主义私人所有制已成为不可能，唯一的出路是实行资本的集体占有，即生产资料公有制。如果《平等报》能够把共产主义学说灌输到无产阶级中去，不论何种方式和什么事情，只要能发动群众，就是完成了一项艰巨的革命任务。③拉法格在收到盖得邮寄的报纸后，对《平等报》的再次出版表示祝贺。他认为第二次出版的《平等报》既是理论性报纸，又是一家坚定的战斗机关报。它向资产阶级报刊和克列孟梭和激进派开火，敢于同法国的沙文主义对阵，认为只要生存一年之久，工人党的阵地就能够站稳脚跟。同时，他认为"集体主义"的用语对于传播共产主义思想没有好处，还值得推敲，在比利时人们把它看作是"共产主义"的蹩脚的同义词，主张用"共产主义"一词来代替"集体主义"一词。在拉法格看来，共产主义有它的历史流变和演变过程，并且在这个世纪初有沙尔·傅立叶（Charles Fourier）、罗伯特·欧文（Robert Owen）等空想社会主义者为代表；1847年，马克思恩格斯合作的《共产党宣言》是19世纪最为卓越的经典文献。拉法格还建议用第一国际的名言"工人阶级的解放应当是工人阶级自己的事情"来取代《平等报》"自由、团结和正义"的刊头口号。拉法格的这些建议对于引导《平等报》的

---

① 中共中央马克思恩格斯列宁斯大林著作编译局国际共运史研究室编：《拉法格文选》（上卷），人民出版社1985年版，第281页。
② 《马克思恩格斯全集》第35卷，人民出版社1971年版，第111页。
③ 参见［法］埃米尔·鲍提若里、克洛德·维拉尔《法国工人党的诞生》，杭州大学历史系法国史研究室、杭州大学政治系国际问题研究室译，中国人民大学出版社1986年版，第54页。

办报方向有重要的意义。

从19世纪70年代开始，法国的社会主义报刊和激进派报刊掀起了呼吁赦免被判刑的巴黎公社社员运动，要求释放一直被囚禁在监狱的布朗基。议会中资产阶级多数派通过决议取消布朗基的议员资格，引起了公众的极大愤怒。拉法格在1879年的《回忆奥古斯特·布朗基》中回顾了两人的相识经历，回击了资产阶级对布朗基的诽谤，将布朗基称作"1848年以前革命家中的唯一的阶级斗争旗手"。他坚信布朗基进入议会后将代表被剥削者的利益，使统治阶级胆战心惊。①

迫于舆论的压力，政府最终释放了布朗基，布朗基的出狱受到了群众的热烈欢迎。拉法格在给布朗基的慰问信中写道："1848年以前，当人们还沉湎于早期共产主义者的乌托邦梦想的时候，您就光荣地宣告了阶级斗争。今天，斗争达到了白热化的程度，您再次出来充当我们的旗手。在资产阶级挑选您作为我们这个世纪的替罪羊时，他们知道得很清楚他们正在干什么。"② 拉法格高度赞扬布朗基的革命气节，并邀请他到伦敦休养一段时间，以便逐渐适应自由的空气，不要理会那些想使他立即卷入政治斗争中去的人。他在信末写道："始终以极大的关切注视着您的全部政治经历的马克思希望有幸同您认识。"③ 拉法格对布朗基的评价从侧面也反映了马克思的意见。④

---

① 参见中共中央马克思恩格斯列宁斯大林著作编译局国际共运史研究室编《国际共运史研究资料》第12辑，人民出版社1984年版，第214页。

② [法]亚·泽瓦埃斯：《布朗基和马克思——保尔·拉法格的一封未发表的信》，转引自李兴耕《拉法格传》，人民出版社1987年版，第70页。

③ [法]亚·泽瓦埃斯：《布朗基和马克思——保尔·拉法格的一封未发表的信》，转引自李兴耕《拉法格传》，人民出版社1987年版，第71页。

④ 事实上，马克思没有当面见过布朗基，但他比较尊重布朗基，并对他印象深刻。马克思将他视为"法国平等派的灵魂"，革命共产主义在与各种乌托邦及其折中的斗争中的领袖。（参见[英]伯尔基《马克思主义的起源》，伍庆、王文扬译，华东师范大学出版社2007年版，第108页。）

三 坚决捍卫《哈佛尔纲领》

《平等报》复出后,盖得在上面重新发表了他在圣珀拉惹狱中编写的《法国革命社会主义者的纲领和宣言》,并提议将它作为党的纲领。虽然它论证了实现生产资料公有制的必要性,但其中包括"正义"、"天赋人权"等小资产阶级的色彩,决定了它还不是一个马克思主义纲领。盖得的提议遭到了贝·马隆(Benoît Malon)①的反对。他吹嘘自己熟读马克思、恩格斯、卡尔·格律恩(Karl Grün)等人的著作,精通科学社会主义学说,自荐起草纲领导言,让拉法格撰写纲领的农业部分。实际上,马隆的主张只不过是折中主义的变种。

随着1881年法国大选的逼近,为让更多工人候选人进入议会,扩大工人党的影响力,盖得专门前往伦敦,寻求马克思恩格斯的帮助,他们在恩格斯的寓所内共同讨论了党的纲领问题。马克思在1880年11月给左尔格的信中曾说:"盖得来到了伦敦,在这里和我们(我、恩格斯和拉法格)一起为即将到来的普选起草一个工人竞选纲领。"② 1881年10月25日,恩格斯在给伯恩施坦的信中,也再次回顾起盖得、拉法格和他们共同起草法国工人党纲领草案的过程。不得不提的一段小插曲是,当时,保·布鲁斯(Paul Brousse)也在伦敦。盖得为避免与其引起一场他自己也不懂的无政府主义论调的无聊争论,坚持不让布鲁斯参会。布鲁斯对此耿耿于怀,从此逐渐拉拢起反对盖得的小集团。

---

① 马隆(1841—1893),1865年加入第一国际,巴黎公社时期的公社委员,隶属于蒲鲁东主义少数派。公社失败后,他流亡瑞士,成为巴枯宁无政府主义的支持者,还受到杜林主义的影响。拉法格曾说:"事实上,马隆本人属于赫希伯格、伯恩施坦以及卡尔·欧根·杜林(Karl Eugen Dühring)的其他门徒那一学派,那个学派是在苏黎世开始修正马克思主义的。"(中共中央马克思恩格斯列宁斯大林著作编译局国际共运史研究室编:《拉法格文选》(上卷),人民出版社1985年版,第208页。)马隆宣扬的"完整的社会主义",试图将马克思主义和蒲鲁东主义、拉萨尔主义、真正的社会主义和新康德主义调和起来。

② 《马克思恩格斯全集》第34卷,人民出版社1972年版,第451页。

1880年11月,哈佛尔代表大会通过了党的纲领——《哈佛尔纲领》,它是盖得和拉法格在马克思和恩格斯的指导下完成的,马克思还亲自向盖得口授了导言部分,它用简洁的语言说明:生产者只有占有生产资料时才能真正获得自由;生产者占有生产资料只有个体占有或集体占有两种方式;工业进步日益排斥个体占有的方式,而资本主义的发展又为集体占有创造了物质和精神的双重条件;只有当无产阶级组织成为自由独立的政党时才能实现集体占有;为此必须使用一切无产阶级拥有的可能的手段,包括由欺骗工具转变为解放工具的普选权。导言明确提出党在经济斗争方面的目标是把一切生产资料归还给社会,恢复全部生产资料的集体所有制。该导言明确了党的奋斗目标及方式方法,它主张无产阶级要将合法斗争和非法的革命活动辩证结合起来,并根据法国和西欧国家的情况,提出利用普选权的观点,强调将议会内的合法斗争和议会外的革命活动结合起来。这样,导言就同形形色色的改良主义和无政府主义划清了界限。恩格斯称赞这个导言"是具有充分说服力的杰作,寥寥数语就可以对群众说得一清二楚,这样的杰作是我少见的,措辞这样精练,真使我自己也感到惊叹"[①]。

最低纲领部分提出了一些当前要实行的政治和经济方面的措施,包括:废除限制出版、集会和结社自由的法令,废除工人手册和宗教预算,以普遍武装人民代替常备军;实行八小时工作制,严禁雇用14岁以下的童工,男女同工同酬等。在探讨纲领中的经济措施时,盖得硬要把工资最低额的谬论列入纲领,并拒绝修改,这实际上是拉萨尔主义提倡的铁的工资规律的变种。另外,在纲领的实践部分,提出将资产阶级国家中的"国有企业"转让给工人阶级,这是一种不切实际的幻想,会分散工人阶级对资本主义制度进行革命斗争的力量,这种观点仍未摆脱路易·勃朗(Louis Blanc)错误主张的窠臼。尽管纲领中含有一些错误的提法,但哈佛尔纲领基本上

[①] 《马克思恩格斯选集》第4卷,人民出版社2012年版,第544页。

还是一个马克思主义的纲领。马克思对此说道:"这个很精练的文件在序言中用短短的几行说明了共产主义的目的,而在经济部分中只包括了真正从工人运动本身直接产生出来的要求。这是把法国工人从空话的云雾中拉回现实的土地上来的一个强有力的步骤,因此,它引起了法国一切以'制造云雾'为生的骗子手的强烈反对。"① 为了科学阐释哈佛尔纲领,拉法格在1880年5—6月潜心撰写了《法国工人党宣言》②,马克思亲自审阅了全部手稿,并做了修改和批注。但由于马隆等人的阻挠,该著作当时未能发表。

1880年6月,题名为《社会主义劳动者竞选纲领》的纲领草案发表在《平等报》上,这引发了工人内部的激烈论争。拉法格将草案寄给马隆后,马隆回信称赞纲领的导言部分写得很好,表示接受和认同,还提出了小的修改建议,但是他话锋一转,很快转变了态度。他在1880年7月《社会主义评论》上歪曲草案内容,鼓吹在资本主义社会里进行和平改良,发动"不流血的革命"。可见,马隆是口头上赞成但实际上反对纲领的革命内容,准备提出新的纲领,完全抛弃最低纲领。

1880年11月,法国工人党在哈佛尔召开第四次全国代表大会,以巴伯雷为代表的合作社主义者拒绝承认集体主义者的代表资格,导致大会的分裂,使两大对垒的派别分别在富兰克林大厅和诗人联盟大厅开会,集体主义者宣布自己召开的大会是真正的社会主义工人全国代表大会。哈佛尔代表大会经过激烈的论争,最终通过了党的纲领,其中也包括马隆和布鲁斯的拥护者提出的两条补充条款:

---

① 《马克思恩格斯全集》第34卷,人民出版社1972年版,第451页。
② 该手稿的第1部分《工业财产的发展》阐释了《资本论》第1卷第24章《资本主义积累的历史趋势》最后1节的内容,有些地方接近于马克思当时未发表的经济学手稿内容,后来以"资本主义生产"为标题刊登在1881年的《平等报》上。第3部分《金融财产的发展》考察了资产阶级社会中信贷业务的发展,分析了股份公司的发展史,接近于《资本论》第3卷第5篇的内容,个别段落发表在1895年出版的《财产的起源和进化》一书中。

一是严禁国家和市镇出售地产；二是市政机关必须要成立专门基金在属于市镇所有的土地上建立住房、仓库等，按照成本租给居民。这两个条款带有明显的市政主义色彩。马隆和布鲁斯还妄图使纲领变为临时纲领，提出一个要求各个选区制定一个单独的更确切的纲领的提案，为以后公开抛弃哈佛尔纲领做好前缀。大会还通过一项决议，对无政府主义者做了让步，强调如果工人党在 1881 年市镇和议会选举中失败，就将是工人党参加竞选斗争的"最后一次试验"，以后只进行革命斗争。

哈佛尔纲领的通过可以说是马克思主义在法国工人运动中取得的一次重要胜利，可能派的拉比斯基埃尔（Labischiel）还形象地将哈佛尔纲领比作一把剑，认为哈佛尔代表大会"一口吞进了共产主义纲领的剑，一直吞到剑柄"①。作为法国无产阶级第一个马克思主义纲领，哈佛尔纲领确实像一把剑在法国无产阶级政党和形形色色的小资产阶级流派之间划了一条明确的界限。为此，马克思也说到，自从哈佛尔代表大会通过了纲领后，法国才出现了"第一次真正的工人运动。在此以前，那里只有一些宗派"②。

四 严厉批判可能派的错误主张

哈佛尔代表大会后，拉法格和盖得为首的革命派与马隆和布鲁斯为首的可能派之间的斗争日益激烈。由于盖得此前拒绝布鲁斯一块前往伦敦和马克思、恩格斯和拉法格一块讨论党的纲领，布鲁斯一直耿耿于怀，抓住一切机会报复盖得。恩格斯曾说："布鲁斯大概是一个我所见过的最平庸的糊涂虫。在无政府主义中他把无政府状态，即反对政治活动和反对选举抛弃掉了，但把所有其他的词句，特别是策略，都保留下来。"③ 马隆、布鲁斯及其追随者们重点攻击

---

① 中共中央马克思恩格斯列宁斯大林著作编译局国际共运史研究室编：《拉法格文选》（上卷），人民出版社 1985 年版，第 287 页。
② 《马克思恩格斯全集》第 34 卷，人民出版社 1972 年版，第 451 页。
③ 《马克思恩格斯全集》第 35 卷，人民出版社 1971 年版，第 222 页。

哈佛尔纲领的导言部分，反对把它作为全党的统一纲领，主张各地方组织可以制定自己的竞选纲领；反对党的集中领导，主张建立松散的政党，各地方组织实行自治，鼓吹联邦制的建党原则；反对无产阶级通过暴力革命夺取政权，主张在不变革资本主义制度的前提下实行逐步的和平改良，灌输所谓的市政社会主义和"公用事业"论。此外，他们还对拉法格和盖得进行人身攻击，诽谤他们是马克思的传声器，在党内搞独裁，污蔑哈佛尔纲领是在泰晤士河大雾中炮制出来的"私人纲领"等，还想法设法将拉法格他们排挤出党的领导岗位。

1881年兰斯代表大会由于受到布鲁斯派的控制，通过一项决议，赋予各地方联合会自主制定竞选纲领的权力。大会之后，可能派得寸进尺，进一步修改党的基本纲领。1881年11月，布鲁斯在《再论社会主义的团结》一文中，主张放弃纲领中规定的党的最终目的，为各种小资产阶级学说的涌入敞开大门，实质上是放弃社会主义革命斗争，满足于某些细小的局部和平改良。

1881年底，可能派的代表人物之一茹尔·弗朗斯瓦·亚力山大·若夫兰（Jules-Francois-Alexandre Joffrin）在发表的竞选演说中，制造出一个不同于哈佛尔纲领的竞选纲领。他抛弃了工人党纲领中的导言部分，提出一些含混不清的要求，肆意阉割纲领的无产阶级性质。可能派利用这一形势，强行批准将若夫兰的竞选纲领推向全党。面对这种攻势，拉法格和盖得等人对可能派进行了坚决反击，捍卫党的马克思主义纲领。拉法格在1881年给布鲁斯的信中，认为双方分歧的根源在于对运动抱有不同的观点。[①] 同时，针对布鲁斯等人对拉法格要树立盖得在党内独裁地位的污蔑，拉法格反驳道："党既不应体现在盖得身上，也不应在马隆身上。我力争的是工人阶级

[①] 参见［法］埃米尔·鲍提若里、克洛德·维拉尔《法国工人党的诞生》，杭州大学历史系法国史研究室、杭州大学政治系国际问题研究室译，中国人民大学出版社1986年版，第115页。

专政，而不是个人的专政。"① 他很欣赏盖得的斗争精神，认为领袖不是制造出来的，而是来源于革命实践斗争，他说："难道能够制造出一个马拉？"② 这实际上揭露了布鲁斯和马隆想做党的领袖的别有用心。

1881年12月，《平等报》以"工人党机关报"为副题第三次出版，每一期几乎都会刊登拉法格的文章。在拉法格看来，如果第一次出版的《平等报》批判了合作社主义，第二次批判了无政府主义，那么第三次出版的《平等报》批判的就是可能主义。③ 据统计，在近一年的时间里，拉法格在《平等报》上共发表将近70篇文章。④

其一，在《德国的社会党》中，拉法格宣扬了《共产党宣言》的核心主题，包括无产阶级专政的思想，批判了可能派市政社会主义的谬论，指明它实质上只不过是无政府主义和资产阶级激进主义的混杂物。

其二，在《工人党的目的》中，拉法格认为党内存在革命派和可能派两个派别，两者间的斗争不可避免。可能派主张通过和平改良实现无产阶级的解放，革命派则主张通过革命暴力使无产阶级获

---

① 参见［法］埃米尔·鲍提若里、克洛德·维拉尔《法国工人党的诞生》，杭州大学历史系法国史研究室、杭州大学政治系国际问题研究室译，中国人民大学出版社1986年版，第114页。

② 参见［法］埃米尔·鲍提若里、克洛德·维拉尔《法国工人党的诞生》，杭州大学历史系法国史研究室、杭州大学政治系国际问题研究室译，中国人民大学出版社1986年版，第166页。

③ 中共中央马克思恩格斯列宁斯大林著作编译局国际共运史研究室编：《拉法格文选》（上卷），人民出版社1985年版，第115页。

④ 这些文章根据内容的不同可以划分为三类：一类是研究科学社会主义基本原理的文章，如《德国的社会党》《工人党的哲学基础》《资本主义剩余价值》《正义和非正义》《工资问题和商品价格》《工人党和工资问题》《资本主义生产》等；一类是批判可能派的文章，如《自治》《可能主义》《工人党的纲领》《工人党的目的》《共产主义和公用事业》等；还有一类文章涉猎领域广泛，包含历史性题材（如《弗朗德勒的阶级斗争》）、批判蒲鲁东主义和资产阶级经济学家学说的（如《蒲鲁东和罢工》）以及驳斥教皇和宣传无神论的文章（如《庇护九世上天堂去》）。

得解放。可能派以共产主义者自居，正在制造一种温和的、彬彬有礼的、对资产阶级无害的共产主义。为了同这种假共产主义划清界限，拉法格以哈佛尔纲领导言为依据，强调工人党的奋斗目标是"从政治上和经济上剥夺资本家阶级，把从资产者那里夺取过来的生产资料交给集体或国家占有。手段是革命暴力"。

其三，拉法格在《自治》的系列文章中，批判了可能派鼓吹的各联合会实行自治的谬说。他认为工人党的成员和组织应该团结统一起来，有组织地和敌人斗争。

其四，在《工人党的纲领》中分析了革命派和可能派的分歧焦点。1882年1月，法国工人党中部联合会联盟会议召开，可能派利用下流手段将《平等报》编辑部及盖得的党小组开除出中部联合会联盟，还对拉法格进行人身攻击，拉法格立即驳斥了可能派的无耻谎言。他认为，可能派是妄图却不敢否认工人党纲领中的科学的集体主义导言，就用关于自治和权威主义的资产阶级无谓争论来伪装自己，想把工人阶级的旗帜交给资产阶级，把维护集体主义决议的党员赶出中部联合会联盟，而工人党纲领导言则是检验党代表、使工人党区别于资产阶级政党的试金石。

1882年9月，法国工人党在圣艾蒂安召开第六次全国代表大会。大会伊始，可能派和盖得派双方就程序问题展开了激烈争论，然后可能派又将讨论话题转入"党内纪律"问题，他们在控制的全国委员会起草报告中，试图将违反党纪的罪名强加到拉法格和盖得头上，以便将他们开除党籍。为此，拉法格和盖得派代表退出会场，到罗阿讷单独召开大会。拉法格早已预料到圣艾蒂安代表大会上可能派的阴谋，在大会召开的前一周和盖得一同前往里昂、罗昂、蒙吕松、贝兹内、圣夏蒙等地发表演讲，向工人揭露事实的真相。拉法格在给恩格斯的信中曾说："所经之地，我们都做了工作，使各小组对于我们预料会发生的分裂作好准备。在罗昂，我们采取了一切措施，如有必要，就举行对抗性代表大会。"①

拉法格和盖得派在与可能派决裂之后，发表了一个公告，向工人群众说明他们退出圣艾蒂安代表大会是为了捍卫马赛代表大会和哈佛尔代表大会制定的纲领。公告宣布号召那些不愿受工人机会主义蒙蔽并且与之同流合污的人加入拯救党的事业行列。罗昂代表大会宣布维护哈佛尔纲领，通过党的章程，规定党的名称是"工人党"，目标是剥夺资本主义的资产阶级，实现生产资料社会化。相比之下，圣艾蒂安大会则抛弃了哈佛尔纲领，通过了若夫兰的蒙马特尔竞选纲领作为新纲领，将《平等报》及其拥护者开除出党，把党的名称改为"法国社会主义工人联合会"。从此，出现了盖得派的工人党和可能派的法国社会主义工人联合会两党对峙的局面。马克思恩格斯认为盖得派和可能派的决裂是好事，两者之间的争论完全是原则性的，应当把斗争作为无产阶级对资产阶级的阶级斗争来进行，不能像可能派的机会主义者那样，只要能获得选票和支持者，就可以牺牲运动的阶级性和纲领，不管不顾。而马隆和布鲁斯正是后一种做法的代表，牺牲了运动的无产阶级阶级性，造成了分裂。② 马克思恩格斯强调："看来大国的任何工人政党，只有在内部斗争中才能发展起来，这是符合一般辩证发展规律的。"③

拉法格在批判可能派的斗争中，坚决地捍卫了马克思主义基本原则，但是有时急躁冒进，缺乏灵活性，不善于按时出击，犯了策略上的错误。

第一，不善于利用时机。比如，可能派暗中造谣中伤，却不公开摊牌。拉法格和盖得却点名道姓地驳斥，给人一种盖得派率先发动这场争论的错觉，这就容易被可能派利用这一点指责他们搞分裂活动，违犯党纪等。恩格斯对此说道："由于急躁，把只要他们能够

---

① [法]爱·鲍提若里：《恩格斯与保尔·拉法格、劳拉·拉法格通信集》第 1 卷，北京第二外国语学院法语专业 73 级师生合译，人民出版社 1979 年版，第 162 页。
② 参见《马克思恩格斯全集》第 35 卷，人民出版社 1971 年版，第 380 页。
③ 参见《马克思恩格斯全集》第 35 卷，人民出版社 1971 年版，第 370 页。

克制和善于等待就可以利用的大好形势给弄糟了。他们象小学生（以拉法格为首）一样陷入了马龙和布鲁斯为他们设下的圈套。"①

第二，论战中有时表现出教条主义癖症和醉心于空谈。出于对学生的爱护，马克思在给恩格斯的信中曾批评拉法格总是增加新的不必要的事端，"预言说得太多了"②。恩格斯也批评法国朋友们（拉法格等人）过分热心、有小组习气，喜欢夸夸其谈。③ 马克思恩格斯认为拉法格等犯错误的原因"多半是由于无知和想'走得尽可能远'的幼稚愿望造成的"④。

第三，依然留有无政府主义的残余影响。1882年11月，拉法格在《平等报》上发表文章为里昂的被政府查封的无政府主义报纸《革命旗帜报》辩护，他想要证明该报纸仅仅是抄袭了他的话，只是在时机不成熟的条件下准备把它付诸实践而已。马克思认为，这是巴枯宁主义在拉法格身上的表现。他气愤地说道："拉法格是巴枯宁的最后一个学生。"⑤

拉法格听从了两位革命导师的批评意见，在实践中改正。1882年11月和12月，他在第四次出版的《平等报》上相继发表《中了魔的部》《我们的候选人》，尖刻地批评了前财政部长莱昂·萨伊（Léon Say）的肮脏活动。马克思恩格斯评价很高。恩格斯在给劳拉的信中说："自从保尔克服了学者先知的那种教条主义，并开始机智俏皮地写文章以来，最近他的文章写得好多了。"⑥ 马克思也特别喜欢拉法格的文章，他说："最近一个时期以来，保尔写出了自己最好的作品，既幽默又泼辣，既扎实又生动，而在这以前往往出现一些

---

① 参见《马克思恩格斯全集》第35卷，人民出版社1971年版，第34页。
② 参见《马克思恩格斯全集》第35卷，人民出版社1971年版，第38—39页。
③ 参见《马克思恩格斯全集》第35卷，人民出版社1971年版，第216页。
④ 参见《马克思恩格斯全集》第35卷，人民出版社1971年版，第319页。
⑤ 参见《马克思恩格斯全集》第35卷，人民出版社1971年版，第106页。
⑥ 参见《马克思恩格斯全集》第35卷，人民出版社1971年版，第408页。

极端革命的词句,使我看了生气,因为我始终把它们看作'夸夸其谈'。"①

1882年6月,马克思因支气管炎和胸膜炎复发,到巴黎的燕妮·龙格(Jenny Longuet)家休养。在此期间,拉法格、盖得和加布里埃尔·杰维尔(Gabriel Deville)等人经常同他交流,汇报法国工人运动的状况,马克思还提出忠告建议。1883年1月11日,燕妮去世,拉法格夫妇和爱琳娜·马克思(Eleanor Marx)一起承担起了抚养燕妮孩子的重任。令人心痛的是,3月14日马克思因为肺水肿在自己的住宅里与世长辞。拉法格接到噩耗后,从巴黎赶往伦敦,参加了在海格特公墓举行的马克思的葬礼。从1865年拉法格和马克思在伦敦的初次见面到马克思逝世,已有18年之久。正是在马克思的影响下,拉法格逐渐成长为一位坚强的无产阶级革命家。对拉法格来说,马克思不仅是和蔼可亲的岳父,而且也是指点迷津的导师和推心置腹的朋友。拉法格将继续沿着马克思指引的道路,为完成革命事业而贡献自己的力量。

可以说,在第二次侨居伦敦的十年,拉法格在马克思和恩格斯两位导师的指导下,更加牢固地确立了自己的共产主义世界观,提升了自己的马克思主义理论水准,并将这一理论与实际斗争相结合,为法国工人党的思想和组织建设做出重要贡献。

第三节 成熟发展时期(1883—1901)

如前文所述,1872—1882年是拉法格马克思主义观的形成确立时期,那么1883—1901年则是他的马克思主义观的成熟发展时期,即"上坡阶段"。通过培养革命宣传骨干和同别国社会主义者建立联系等革命实践活动,促进无产阶级的国际团结,进一步加深了他对

---

① 《马克思恩格斯全集》第35卷,人民出版社1971年版,第406页。

马克思主义的感悟。

一 举办系列讲座的"巴黎明灯"

1883年11月21日,拉法格从圣珀拉惹监狱出狱后,马上投入了党的组织和宣传工作。盖得派在同可能派分裂后,虽然人数减少,但更具有战斗力了。1884年初,拉法格曾高兴地告诉恩格斯:"我们的宣传工作进展顺利,尤其是在外省。我们已有两家报纸——《劳动者》和《保卫劳动者》……这些地方报纸的存在将证明我们的党是生气勃勃的,正如反报刊法施行以前德国党的报纸证明德国党力量强大一样。"①

1884年1月23日,为了培养党的理论宣传骨干,工人党的"社会主义图书俱乐部"开办了系列讲座,向工人群众讲解马克思主义基本学说。拉法格负责讲授哲学部分,题目为"卡尔·马克思的经济唯物主义",包括唯心史观和唯物主义、自然环境的达尔文理论、人为环境的阶级斗争理论。

拉法格在演讲开篇时就指出,他要讲的主题的经济环境对人和社会的影响。在拉法格的眼中,"从马克思学派的唯物主义者的观点来看,人是两种环境的产物:宇宙的或自然的环境和经济的或人为的环境的产物"②。他在这里所说的"经济的或人为的环境"寓指社会经济形态。他认为,人类自从脱离了原始共产主义后,穿梭了奴隶制、农奴制和雇佣劳动制三种不同的经济环境,区分了人类社会发展的不同阶段。拉法格强调,用达尔文的生存竞争理论不能解释人类社会发展,因为人类和动植物的生活条件不同。人类社会经济的第一种经济形态是共同生产、共同占有的原始共产主义,只有当财产的原始公有制形式开始瓦解和社会日益分裂为各个对立的阶级

---

① [法]爱·鲍提若里:《恩格斯与保尔·拉法格、劳拉·拉法格通信集》第1卷,北京第二外国语学院法语专业73级师生合译,人民出版社1979年版,第236页。
② [法]拉法格:《唯心史观和唯物史观》,王子野译,生活·读书·新知三联书店1965年版,第39页。

时，才会发生人类社会内部的争斗。拉法格在揭示国家起源时，认为国家也就是"施行精神强制和肉体强制的机构，统治阶级需要用它来保持自己的统治和把劳动群众控制在现存的生产方式所需要的从属的（奴隶制的、农奴制的、雇佣劳动的）条件之下"①。当社会分裂为对立阶级的时候，国家的存在必不可少，只有当生产资料私有制转变为公有制时，阶级才会被消灭。

很显然，拉法格在自己的演讲稿中有些用语确实不够准确，比如，他把马克思的唯物史观称为"经济唯物主义"，这很容易被人误读为否认上层建筑作用的庸俗唯物主义，但关于上层建筑对经济基础的影响拉法格自己也很清楚。他关于人为环境和自然环境的说法也有不妥之处，容易引起质疑和歧义。拉法格还经常把自己的演讲稿寄给恩格斯审阅把关，恩格斯读了之后比较满意，嘱咐拉法格要注意和留心一些理论上的问题。他曾告诉劳拉："如果说我对他要求严格，那只是因为我认为这对他有好处，因为不时地给予一些严肃批评，他就会有显著的进步；他最近的一些表现确实证明他大有进展。只要他更加注意一些理论上的问题（主要是对一些细节），那他就会成为巴黎这个光明之城的一盏明灯。"② 恩格斯这段语重心长的话语表达了对拉法格的殷切期望和谆谆教导，事实也证明了拉法格没有辜负恩格斯的期望，孜孜不倦地钻研理论学说，努力在工人群众中传播马克思主义，使自己真正地成为巴黎的一盏"明灯"。总的来看，拉法格的演讲也对马克思主义基本理论在工人群众中的普及起了不可小觑的推动作用。

二 加强同他国社会主义者联系

拉法格在担负党的组织和宣传工作期间，同德、俄、英、美等

---

① ［法］拉法格：《唯心史观和唯物史观》，王子野译，生活·读书·新知三联书店1965年版，第77页。
② 《马克思恩格斯全集》第36卷，人民出版社1974年版，第117—118页。

国家的社会主义者也建立了十分紧密的联系。

其一，支持德国刊物。1883年德国社会民主党阐发理论的代表性刊物《新时代》自创刊之日起，拉法格就成为了该刊物的撰稿人，发表了一系列经典篇章。19世纪80年代，拉法格在《新时代》上先后发表了《法国的小地产》《被出卖的胃口》《美国的小麦及其生产和贸易》《美国的小麦贸易》《母权制》《体力劳动和脑力劳动无产阶级》等文章。

其二，与俄国思想家联络。经马克思的介绍，拉法格还和俄国民粹派思想家、经济学家尼古拉·弗兰策维奇·丹尼尔逊（Никола Францевич Даниэльсон）取得了联系。① 马克思在1881年2月19日给丹尼尔逊的信中将拉法格的文章《法国土地所有制的变动》手稿随信附上，寄给了丹尼尔逊，询问他是否能帮助拉法格成为圣彼得堡《祖国纪事》或《言语》两本杂志的撰稿人，使其有"安身之地"。拉法格的这篇文章后来被译成俄文发表在《基础》月刊1882年第3—4期和第6期上。紧接着，1883年6月和7月，《祖国纪事》杂志又发表了拉法格《美国西北部的小麦生产》，1888年，《北方通报》刊发了他的《作为进步因素的机器》一文。此外，应普列汉诺夫的请求，拉法格阐明自己关于布朗热鼓动的意见，他为俄国第一个马克思主义团体"劳动解放社"1888年出版的《社会民主党人》文集撰写了《议会制和布朗热主义》一文，他指出资产阶级议会制的把戏是将议员分成两个相互竞争的党派，彼此轮番上阵，交替掠夺人民和为资产者谋福利。拉法格主张无产阶级在夺取政权后必须

---

① 1883年马克思逝世后，因为丹尼尔逊不知道恩格斯的地址，无法直接写信给他，还专门就《资本论》第2卷校样的事宜致信拉法格，请遗著处理人按照马克思的遗愿将校样寄给他，以便尽早出版第2卷的俄译本。（参见［法］爱·鲍提若里《恩格斯与保尔·拉法格、劳拉·拉法格通信集》第1卷，北京第二外国语学院法语专业73级师生合译，人民出版社1979年版，第337页。）然而，将《资本论》这样博大精深的著作翻译为任何一种外语，难度之大都可想而知。从现存史料看，第1卷俄译本的翻译工作，也是辗转经手多名译者方才完工。在马克思的指导下，丹尼尔逊翻译的算是比较理想的俄文译本。

实行专政，他在该文的注释中说道："一旦欧洲和美洲的无产阶级掌握了国家，它必须组织革命政权，并且用专政的手段管理社会，直到资产阶级作为一个阶级被消灭为止，也就是直到完成生产资料（银行、铁路、工厂、矿场、制造厂等等）的国有化为止。"① 令人遗憾的是，拉法格在剖析资产阶级议会制的阶级实质时，没有指出议会制较专制制度的进步性。所以，普列汉诺夫在为拉法格这篇文章所加的注释中，认为根据俄国的国情，有必要争取实行议会制，他说："保尔·拉法格用社会主义观点批判议会制是完全正确的。但是同专制制相比，议会制是社会发展中的一大进步。"②

其三，在英国刊物刊登系列文章。1884年4月，英国社会主义月刊《今日》也发表了拉法格《法国的农民所有制》一文，《正义报》刊载了该篇文章的推介，将拉法格称呼为研究法国农民问题的最大权威。同时，《进步》杂志也发表了拉法格的《社会主义和达尔文主义》。恩格斯在1883年12月1日给劳拉的信中表示，阅读了这篇文章后很满意，认为它击中了不止一处要害。③

其四，同列宁建立了联系。1905年11月，列宁领导了俄国的资产阶级民主革命，12月莫斯科武装起义失败后，列宁仍坚持国内的革命斗争，他于1907年12月开始了长达十多年的流亡生活，流亡至西欧的慕尼黑、伦敦、巴黎、布鲁塞尔、柏林、维也纳、伯尔尼、苏黎世等地，在条件极端恶劣的条件下仍坚持写作，回应俄国社会主义革命问题。当时正侨居在巴黎的列宁对法国社会党党内领导人的机会主义倾向进行了严厉批判，但他非常尊重和重视拉法格的意见，把他看作久经考验的无产阶级革命战士。1909年夏天，列宁通过法国的沙尔·拉波波特（Charles Rappoport）的引荐和拉法格取得

---

① 中共中央马克思恩格斯列宁斯大林著作编译局国际共运史研究室编：《拉法格文选》（上卷），人民出版社1985年版，第266页。
② 中共中央马克思恩格斯列宁斯大林著作编译局国际共运史研究室编：《拉法格文选》（上卷），人民出版社1985年版，第264页。
③ 参见《马克思恩格斯全集》第36卷，人民出版社1974年版，第77页。

联系,发生了思想"交集"。① 他和娜杰日达·康斯坦丁诺夫娜·克鲁普斯卡娅(Надежда Константиновна Крупуская)一同前往德腊韦拜访拉法格夫妇,克鲁普斯卡娅后来在回忆录中写道:"拉法格夫妇非常殷勤地招待我们。弗拉基米尔对拉法格谈起了自己的哲学著作;劳拉引我到花园去散步。"②

三 同德莫连进行学术论辩

19世纪90年代初,法国工人党力量不断壮大。从数量上看,在1890年有103个基层组织,到1891年126个,到1892年167个,再到1893年242个。随着基层力量的壮大,党员人数也大大增加,从1890年的6000名党员增加到1893年的一万名左右,这其中还不包括工会会员和合作社社员。从地域上看,法国工人党原先集中在北方纺织工业城市、中部和沿地中海南部,到90年代初辐射至法国东南部和西南部的几省。总体来看,法国工人党的力量仍然主要集中于工业中心城市,农村地区还呈现出空心化的薄弱性。

为了进一步扩大工人党的影响,争取更大的群众基础,拉法格在报刊上发表文章,在议会讲坛和公共集会上发表演讲,与资产阶级学者、基督教神父、民主主义者、教权派分子等进行论战交锋,他以思维清晰的逻辑和出色的口才赢得胜利。其中,最具代表性的是1892年5月21日,拉法格和埃德蒙·德莫连(Edmond Demolius)进行的一场关于赞成还是反对共产主义的学术论辩。刚当选为议员的拉法格,在法国工人党党内和理论界的影响力越来越大,享有很高的声誉。埃德蒙·德莫连则是社会主义工人运动的敌人,"反社会

---

① 有史料认为,列宁和拉法格第一次见面是在1895年5—6月,地点位于巴黎郊区勒—佩勒的拉法格住所。期间,列宁还向拉法格介绍了俄国社会民主党在工人中间的宣传工作概况。(参见[苏]尤·马尔托夫《一个社会民主党人的笔记》,转引自李兴耕《拉法格传》,人民出版社1987年版,第235页。)

② 《回忆列宁》第1卷,上海外国语学院列宁著作翻译研究室译,人民出版社1982年版,第431—432页。

主义联盟"的创建人。所以，两者的辩论吸引了众多听众。当时巴黎地理学会大厅被挤得水泄不通。众多资产阶级的院士、教授、神父和律师等大人物都来为德莫连加油助威。拉法格只能给自己的社会主义者朋友们送了50张入场券，但是他镇静自若，充满了必胜的信心。

在拉法格看来，他与德莫连的辩论，实质上是关于社会发展的两种对立观点的分歧。德莫连认为，社会的发展将导致个人主义；科学共产主义者则坚信，经济现象的发展必然带来共产主义的重建，导致生产资料的社会化，最终使一切消费资料变成公共财产。

首先，阐明资本主义必然灭亡的历史趋势。拉法格说到，社会主义者的敌人责难他们宣传凶杀和抢劫，这种宣传与他们的理论是水火不容、完全相悖的。科学共产主义者并非敌人眼中的乌托邦主义者和梦想家，与资产阶级慈善家和政治家不同，他们不相信靠宗教中的上帝救世主或世俗道德的宣传能够改造人，而认为为了使人变好，应该改变人们生活的环境。他们正是基于通过分析经济现象、研究社会环境，追溯现象的起源、发展，考察它们对家庭和政治制度的影响，科学共产主义者才最终得出相应结论，确信由于机器大工业的发展，资本主义雇佣劳动制度这种最后和最坏的形式必然要走向灭亡。拉法格深刻剖析了资本主义生产方式中资本家之间的经济战争，揭露了生产资料社会化和私人占有不可调和的矛盾，论证了资本主义在自己发展过程中为共产主义准备了物质和精神前提。但是工人阶级和被剥削者们不能消极地等待共产主义的自动到来，需要他们自觉的和有组织的斗争。

其次，揭露资本主义道德文明的虚伪性。拉法格指出，追求暴利、不劳而获、贪得无厌构成了资本主义社会中占优势的情欲，经济竞争在人的灵魂里只发展了钩心斗角、尔虞我诈、弄虚作假、利己主义的能力。资本家阶级奉行的法则是，只要我能发财，让社会、国家、人类破灭吧！——这就是资本主义的口号。① 这就如在1789年法国大革命期间，资产阶级曾以捍卫人权和反对非正义的战士自居，将实现自由、平等、博爱的口号写进宪法，甚至是在监狱的墙上，但是在任何地方从未实现过，这三大字眼也成为资产阶级扯谎的三个主要形式。

拉法格发表演说后，德莫连并没有提出反驳，只是对资产阶级个人主义理论大加推崇，对共产主义进行诋毁。他急急忙忙地模仿赫伯特·斯宾塞（Herbert Spencer）的范例，将共产主义和官僚主义管理（fonctionnarisme）混为一谈。他污蔑共产主义比什么都坏，它会使人们冷漠无情，妨碍人的个性发展，导致人的能力衰退。德莫连将共产主义比喻为草，认为它是游牧部落的社会组织，不需要人的劳动就能自动生长。共产主义是社会构造的低级形式，只适合亚洲高原的野蛮部落，相反，个人主义才是先进民族固有的高级社会形式。

第一，阐明国家和官吏消亡的条件。拉法格反驳道："国家是特权阶级的压迫和压榨的力量，国家政权的夺取常常保证某一阶级的社会统治权。"② 资产阶级掌握国家政权后，它就成为资本主义社会里的统治阶级和特权阶级，它不仅损害劳动阶级，而且该阶级的每个成员也在互相争斗，如工厂主反对工厂主，商人反对商人。共产主义社会中则没有特权阶级，只有劳动者，他们平等地享有权利和履行义务。由于在共产主义社会里没有对立的利益，成员的利益是共同的，不是互相矛盾的，就不需要政权，也不需要官吏来保护私人利益了。相反，在资本主义社会里却到处充斥着官吏，即使消灭了国家，人们也不能躲避这个让人害怕的稻草人。只有共产主义者才能真正消灭官吏，只有当工业企业由个人财产转变为全社会的财

---

① 参见中共中央马克思恩格斯列宁斯大林著作编译局国际共运史研究室编《拉法格文选》（上卷），人民出版社1985年版，第372—373页。
② 中共中央马克思恩格斯列宁斯大林著作编译局国际共运史研究室编：《拉法格文选》（上卷），人民出版社1985年版，第383页。

产时，才会不再需要那些为了特权阶级利益而监督工人工作的官吏。

第二，驳斥德莫连关于共产主义让人冷酷无情、麻痹精力、缺乏主动性的论调。拉法格指出，正是资本主义社会里的情况恰恰如此，因为现时代工人非常清楚地知道，他们的劳动成果不属于他们，他们领取的只是采取工资形式的一小部分，大部分都落入了资本家的腰包中，被无偿占有。在共产主义社会中工人群众将知道，所有产品减掉维持社会所必要的之外，其余都是他的财产，每个人都有可能自由地享受共同劳动生产出来的财富，成为社会自由的成员，随心所欲地迁移或停留在任何地点和经常变换生产活动的方式，很快地学会某种手艺。资本主义工业企业里的工人只能被束缚在工厂里，因为他们一旦离开，只能面临失业和饥饿。资本主义社会压制人的自由个性的发展；只有在共产主义社会里，人们才能全面充分、不受阻碍地发展自己的个性，才能自由地从北方旅行到南方，从纺织厂转到耕地或任何其他职业。而德莫连口中的"精神教育"对工人阶级只能是空话，因为工人在担负了十多个小时的过度苦役劳动后，脑子已被大工业毁坏了，根本没有精力去听教授演讲，他们想要睡觉。拉法格最后指出："假如你真心想要发展人的个性，那么最低限度按照逻辑应当要求消灭资本主义的财产，因为它压抑着人们。"[①]

拉法格的这篇演讲后来以《共产主义和经济进化》为题目印成小册子出版，被翻译成多国文字，广为流传，中文版的题目为《赞成共产主义和反对共产主义》。但是这篇演讲中的一些用语容易让人产生歧义。比如，他常常使用资本主义社会中"共产主义的生产方式和交换方式与个人主义的占有方式之间的二律背反和反题"这样的表述方式，其实这里的共产主义生产方式是指只是由于劳动分工而产生的集体的资本主义生产。这就如他在1887年《革命的次日》

[①] 中共中央马克思恩格斯列宁斯大林著作编译局国际共运史研究室编：《拉法格文选》（上卷），人民出版社1985年版，第388页。

中提出的观点一样，拉法格说："当共产主义的工业企业由个人之手转为全社会的财产，那时人民将把它交给工会。"① 这种观点是不准确的，说明拉法格对社会主义国家在无产阶级取得政权后领导经济建设中的作用认识不够清楚。

第四节　深入探索时期（1902—1911）

虽然拉法格晚年在一些重要问题上与长期同他并肩战斗的革命者盖得有一些理论分歧②，并在最后几年过着深居简出的生活，在公共场合也很少发表演说和撰写文章，但他并没有因此放弃反对各式各样的机会主义和改良主义的斗争，在一些问题上继续沿着马克思主义的原则做出了探索性成果。

一　参与创建工人国际法国支部

19世纪末20世纪初，法国国内阶级斗争日益尖锐，亚力山大·米勒兰（Alexandre Millerand）入阁后采取的改良措施也没有给工人群众带来实际的福祉，1900年，让-雅克·卢梭（Jean-Jacques Rousseau）内阁对马提尼克和索恩河畔夏龙的罢工工人进行了血腥镇压，使工人们彻底认清了反动政府的面目和米勒兰活动的实质。1902年6月，卢梭内阁倒台后，资产阶级激进党人孔勃组阁。20世纪最初五年，法国国内罢工人数达到90万以上。由于法国无产阶级在社会主义运动长期分裂和党派林立中深受其害，为了维护工人阶

---

① 中共中央马克思恩格斯列宁斯大林著作编译局国际共运史研究室编：《拉法格文选》（上卷），人民出版社1985年版，第386页。

② 第一次世界大战爆发的前几年，法国社会党内的盖得派力量薄弱，逐渐消失，并与饶勒斯融为一体。盖得片面夸大议会斗争。1910年他在报刊上向选民宣扬，如果法国无产者把赞成票投给自己的阶级，革命在当晚就可以完成，并声称他和饶勒斯之间没有原则分歧和相反立场，只有无关紧要的细节差异。

级的自身利益和基本权利，法国社会主义者迫切感到联合起来、追求团结，建立工人阶级统一组织，逐渐汇聚成争取社会主义运动统一的强大的群众运动。

1904年8月，第二国际在阿姆斯特丹召开第六次代表大会，革命派和机会主义派在探讨"社会党策略的国际准则"议程时发生了激烈的认知分歧。大会最终通过了盖得提出的一项决议，严厉痛斥了修正主义。决议开篇写道："代表大会坚决谴责那种旨在改变我们以阶级斗争为基础的策略，企图用一种迎合现存制度的修正主义政策代替通过反对资产阶级的革命斗争来夺取政权的政策。"① 该决议比1900年巴黎国际代表大会通过的考茨基决议前进了一大步，沉重打击了伯恩施坦主义和米勒兰主义。阿姆斯特丹代表大会还专门通过了一项"党的统一"的决议，它明确宣布：为了巩固工人阶级在反对资本主义的斗争中工人阶级的力量，每个国家必须建立一个统一的、独一无二的社会党，以便同资产阶级党派相抗衡。因此，所有的社会主义活动家和社会主义团体的义务，就是根据历次国际代表大会制定的原则并从维护国际无产阶级的利益出发，努力促进社会党的统一，他们在国际无产阶级面前，要对分裂活动的惨痛后果负责。②

参加阿姆斯特丹代表大会的法国社会党代表回国后，积极倡导贯彻党的统一的决议。对此，1904年法兰西社会党执行委员会发表声明，号召执行代表大会的决议，拉法格作为执行委员会委员在此声明上也签了字。1905年4月，巴黎召开了法国社会主义统一代表大会，拉法格和其他代表一块出席了这次大会，一致通过了统一委员会起草的《统一宪章》，它公开宣布："社会党是一个阶级政党，它的宗旨是实现生产资料和交换资料的社会化，就是说，通过从政

---

① 参见［苏］伊·布拉斯拉夫斯基编《第一国际第二国际历史资料：第二国际》，中国人民大学编译室译，生活·读书·新知三联书店1964年版，第99页。
② 参见［苏］伊·布拉斯拉夫斯基编《第一国际第二国际历史资料：第二国际》，中国人民大学编译室译，生活·读书·新知三联书店1964年版，第129—130页。

治上和经济上把无产阶级组织起来,将资本主义社会改造成集体主义或共产主义社会。社会党虽然致力于实现工人阶级要求的各项直接改良,但就其宗旨、理想和使用的手段来说,它不是一个改良党,而是一个阶级斗争的党,一个革命党。"①

该宪章规定,社会党议员应该组成党团,接受党的中央机关监督,反对军事拨款、殖民掠夺、秘密基金和整个预算。大会通过党的章程,规定党的名称是社会党;党以下列原则为基础:"劳动者的国际协调和国际行动;从政治上和经济上把无产阶级组织成为阶级政党,以便夺取政权并实行生产资料和交换资料的社会化,即把资本主义社会改造成集体主义或共产主义社会"②;党的中央领导机关由各联合会代表、议会社会主义党团的集体代表团、常务委员会组成;允许在报纸和杂志上完全自由地讨论所有理论和方法问题,但在实践中,所有的社会主义报刊必须遵守和履行党的中央领导机关解释的全国代表大会和国际代表大会决议。所以,新的党在组织架构形态上与原先的法兰西社会党差别不大。拉法格和盖得、瓦扬等人当选为党的常务委员会委员一直担任此职务到去世。

综合来看,法国社会党的统一对国内社会主义运动的发展起到了"催化剂"作用,社会党党员的人数从 1905 年 4 月的 34000 人左右上升至 1906 年 10 月的 43462 人,短短半年时间,由 59 个联合会增加至 66 个联合会。在 1906 年的议会选举中,法国社会党所获选票和席位都有了新的上涨,这表明了法国社会主义运动在横向切面的影响日益广泛。但毋庸置疑的事实是,法国社会党内并没有真正达到思想和理论上的统一,党内仍然是派别林立,马克思主义革命

---

① [法] 亚历山大·泽瓦埃斯:《一八七一年后的法国社会主义》,中共中央马克思恩格斯列宁斯大林著作编译局国际共运史研究室译,生活·读书·新知三联书店 1983 年版,第 200 页。

② [法] 亚历山大·泽瓦埃斯:《一八七一年后的法国社会主义》,中共中央马克思恩格斯列宁斯大林著作编译局国际共运史研究室译,生活·读书·新知三联书店 1983 年版,第 200—202 页。

派、改良主义派和无政府工团主义派之间在很多问题上依旧未达成共识，矛盾尖锐，正是在这种党派之间相互掣肘的领导权真空状态下，以饶勒斯为代表的改良主义派逐步掌握了党的实际领导权。

二 反对改良主义和无政府主义两条战线的并行

米勒兰入阁后实行的改良措施只是哄骗群众，并没有给工人带来什么实际利益。为争取社会主义运动的统一，维护工人阶级的利益和权利，反对共同的敌人，1905年法国社会党重新实现统一，这对法国社会主义运动发展起了积极的作用。但是在统一的法国社会党内并没有真正达到思想和理论上的统一，党内仍然是派别林立，马克思主义革命派、改良主义派等在很多问题上依旧分歧不断。

第一，谴责改良主义，但不拒绝所有改良。当选为党的常务委员会委员的拉法格，在之后历次党的代表大会上都继续谴责改良主义者的"市政改革"和"和平长入社会主义"的幻想，强调无产阶级革命和武装暴力夺取政权的必然性。如在1908年10月图卢兹代表大会上，饶勒斯宣称：社会主义等于改良，无产阶级在夺取政权之前，可以通过各种工会和合作社组织逐步实现集体主义并学会社会主义管理，经过不断改良，推动集体所有制逐步渗透到个体所有制中去，直到最终取代。拉法格强调自己从事了四十年的社会主义宣传，始终未改变革命道路的信念，他对饶勒斯这种夸大资产阶级议会作用的改良主义做了有力批判。他说："议会制只是资产阶级的适宜的统治形式，这种形式使资本主义资产阶级能够掌握国家的预算手段以及军事、司法和政治方面的权力。社会主义者不是议会派，而是反议会派，他们要推翻议会制政府——这个骗人的、乱七八糟的制度。"[①] 拉法格关于议会和民主问题的阐释，表明了他对于资本主义议会制和民主的态度较为激进。

[①] 中共中央马克思恩格斯列宁斯大林著作编译局国际共运史研究室编：《拉法格文选》（下卷），人民出版社1985年版，第355页。

拉法格强调，马克思主义者对资产阶级议会制的批评与无政府主义者倡导的观点完全不同。有些人认为，派代表进入议会是为了夺取政权和削弱资本主义国家的镇压力量，拉法格则不同意这种观点，他提出："派代表进入议会……是为了同它进行斗争，给我党增加一个新的斗争场所。"[①] 他明确了对改良的态度，一致谴责无政府主义理论把改良看作是为了延长当下社会的存在而做的修补，认为改良不是医治百病的灵丹妙药，即使是对工人最有利的改良也无法使它在资本主义制度中的生活变得可以忍受。这不等于社会主义者拒绝一切改良，相反"我们希望实现一切改良，甚至纯属资产阶级的改良，例如征收所得税、购买西方公司所经营的铁路"[②]。他揭露了资产阶级激进派在改良问题上的虚伪面具，要求他们履行许下的改良诺言。社会主义者不能把希望寄托在改良上，而是主张只要不从根本上铲除资本主义制度，就无法限制资本的统治权。他还强调，在资本主义社会没有"工人的权利"，如同在农奴制和奴隶社会没有农奴和奴隶的权利一样，虽然有过利于农奴和奴隶的改良，但从未损害过奴隶主和封建主的权利，他们只是做了一些无关紧要的让步。[③]

此外，拉法格在1910年7月巴黎大会发言中，驳斥了机会主义多数派夸大合作社在资本主义制度下的意义的腔调。在1911年圣康坦代表大会上，他坚决反对机会主义者鼓吹的所谓"市政社会主义"，讽刺仅仅通过公共事业就能实现社会主义的观点。直到去世的前几周，拉法格还向法国社会党中央委员会提交了一篇论述物价飞

---

① 中共中央马克思恩格斯列宁斯大林著作编译局国际共运史研究室编：《拉法格文选》（下卷），人民出版社1985年版，第356页。

② 中共中央马克思恩格斯列宁斯大林著作编译局国际共运史研究室编：《拉法格文选》（下卷），人民出版社1985年版，第357—358页。

③ 参见《法国社会党（工人国际法国支部）第三次全国代表大会会议记录（1908年10月15—18日）图卢兹》，见晏荣主编《国际共产主义运动历史文献》第28卷，中央编译出版社2018年版，第62—67页。

涨的文章，在文中一以贯之地将《共产党宣言》规定的实现生产资料公有化作为斗争目标。

第二，对无产阶级地位、特点和历史使命的考察。拉法格长期参加工人运动实践，对无产阶级有清醒认识，在考察无产阶级反对资产阶级斗争史后，对无产阶级的地位和作用有了更深的认识。他认为，无产阶级所处的地位和境遇使它非常欢迎共产主义思想，能够组织起来进行经济和政治斗争。在1900年《社会主义和知识分子》的报告中，进一步提出无产阶级是由脑力劳动者和体力劳动者组成的，前者在资本主义社会中的社会地位随着生产力的提高越来越重要；要把优秀的脑力劳动者吸收到社会主义方面，从而使其和体力劳动的无产阶级一块担负起使资本主义转变为共产主义的伟大使命。这些关于知识分子的论述，无疑具有积极的意义。

同时，在他看来，无产阶级承担使命的道路就是用暴力革命夺取国家政权。但是在夺取政权后，还不能马上实现共产主义，必须存在一个过渡时期。在过渡期中，无产阶级巩固国家政权的任务是：组织必要措施保卫革命政权；尽快满足群众各方面需求；奠定社会主义制度的基础。只有完成这些任务，无产阶级政党才能避免重蹈巴黎公社的覆辙，取得革命胜利。此外，拉法格还强调，无产阶级走向社会主义的道路和方式可以各不相同，它是一种动态的实践过程，并非固定的静态模式。拉法格的这些论述，都丰富了科学社会主义的基本内容。

三 宣传辩证唯物主义反映论

1909年，体现拉法格自身主要哲学思想的《卡尔·马克思的经济决定论》[①] 一书出版付梓。拉法格在该著作中集中阐述了辩证唯

[①] 该书主要包含了原先刊登在《新时代》杂志和其他刊物上的《马克思的历史方法》《抽象思想的起源》《正义思想的起源》《善的思想的产生》《灵魂观念的起源和发展》和《上帝的信仰》六篇哲学论文。该书译本的书名为《思想起源论》。（参见［法］保尔·拉法格《思想起源论》，王子野译，生活·读书·新知三联书店1963年版。）

物主义反映论，批判唯心主义先验论。在梅林看来，拉法格"没有沾染死去的康德的幽灵的影响"，"他的论文是细针密缕的活针"①。在拉法格的著述中，经济决定论是与唯物史观、历史唯物主义和经济唯物主义在同等意义上使用的。他在本书开篇就引证了马克思在《〈政治经济学批判〉序言》中的经典表述："物质生活的生产方式制约着整个社会生活、政治生活和精神生活的过程。"② 也就是说，马克思主义唯物史观构成了整个理论的出发点。

首先，阐明实践中贯穿唯物史观的重要意义。马克思在1859年《〈政治经济学批判〉序言》中提出一种新的解释历史的方法，即历史唯物主义基本原理。资产阶级历史学家和哲学家，由于阶级偏见和智力的局限性，他们担心这个共产主义学说会毁掉他们的清白和失掉资产阶级的仁慈，对这个方法不加理睬。在他们眼中，这种方法是"魔鬼的发明"，因为正是这种方法促推了马克思去发现阶级斗争的理论。一些社会主义者中的机会主义者，作为"资产阶级概念的俘虏"，因为害怕得出将资产阶级的概念弄混乱的结论，在使用这种方法时也犹豫不前。拉法格说："他们不在实验中去运用马克思的方法，不是在试验之后再进行判断，他们宁愿去争论这个方法的价值'本身'，并且从它里面挑剔无数的缺点。"③ 就如公元前5世纪，留基伯（Leucippus）和学生德谟克利特（Demokritos）使用原子的概念去解释物质和精神的构造，但是哲学家们不是在实验中去验证原子学说，而是去争论原子概念本身。直到18世纪末，约翰·道尔顿（John Dalton）利用德谟克利特的理论解释化学的结合。拉法格指出："只有经过实践之后提出的批判，才不是空洞的而是有效的，因为实践经验比一切经过深思的论断更能指出工具的不完善和如何

---

① ［法］拉法格：《思想起源论》，王子野译，生活·读书·新知三联书店1963年版，第3页。
② 《马克思恩格斯选集》第2卷，人民出版社2012年版，第2页。
③ ［法］拉法格：《思想起源论》，王子野译，生活·读书·新知三联书店1963年版，第5页。

加以改进。"① 在马克思唯物史观的帮助下，可以在历史事件的混沌状态中确立某种秩序。马克思的方法也并非完美无缺，一成不变。它是对客观世界规律的反映，必须在实践中运用和发展。

其次，揭示历史发展的真正动力。自然神论哲学断言上帝是历史的唯一创造者和最高主宰，上帝如同机械师，为了自身的娱乐构造宇宙，支配人的命运，它除了关心祖国、宗教和政治之外，不再关心其他任何事情；唯心主义哲学认为"永恒原理"决定历史发展，却又不屑去研究思想的起源，不知道思想从何而来，只是满足于从思想进化的认识上去获取历史规律；黑格尔宣称思想创造世界和历史，然后又复归于本身。拉法格在驳斥了这些谬论之后，指出："进步、正义、自由、祖国等等思想也和数学上的公理一样不是存在于经验的领域之外；它们不是在经验之前就存在了，而是跟随经验才有的；它们不产生历史事件，它们本身是社会现象的结果。"② 意大利近代哲学家维科（Giambattista Vico，1668—1744）认为，一切民族不论自身的种族起源和地理环境如何，都将走同一的历史道路，即每一个民族的历史是另一个达到更高发展阶段的民族的历史的重复，一切民族的历史不论野蛮、半开化或粗野，总要通过一个理想的永久的历史，达到文明。③ 维科还强调"神意"决定人的三种

---

① 中共中央马克思恩格斯列宁斯大林著作编译局国际共运史研究室编：《拉法格文选》（下卷），人民出版社1985年版，第295页。

② ［法］拉法格：《思想起源论》，王子野译，生活·读书·新知三联书店1963年版，第13页。

③ 1877年11月，马克思在给俄国《祖国纪事》杂志编辑部的信中考察人类社会有机体的发展规律时，认为俄国民粹家尼古拉·康斯坦丁诺维奇·米海洛夫斯基（Николай Константинович Михайловский）歪曲《资本论》中的基本思想，试图将马克思关于"西欧资本主义起源的历史概述彻底变成一般发展道路的历史哲学理论"歪曲为"一切民族，不管它们所处的历史环境如何，都注定要走这条道路"，那将会给他带来"过多的侮辱"，因为社会发展一般规律在各国和各民族不同历史环境下有不同的表现形式。在俄国的现实条件下，使用一般历史哲学理论这把万能钥匙是达不到目的的（参见《马克思恩格斯选集》第3卷，人民出版社2012年版，第727—730页）。笔者以为，此处维科和米海洛夫斯基的观点如出一辙。

"恶德"是历史发展的动力，在拉法格看来，这种观点是站不住脚的，人在体力、智力、道德等方面都要受到生活环境的影响。要想探寻历史运动的根本原因，就必须到物质生活的生产方式中去寻找。正如革命导师恩格斯在《社会主义从空想到科学的发展》中所言："一切社会变迁和政治变革的终极原因，不应当到人们的头脑中，到人们对永恒的真理和正义的日益增进的认识中去寻找，而应当到生产方式和交换方式的变更中去寻找；不应当到有关时代的哲学中去寻找，而应当到有关时代的经济中去寻找。"①

再次，梳理和回顾了唯物主义和唯心主义围绕抽象思想起源问题的斗争史。拉法格痛斥了各式各样的唯心主义观点，批判了唯心主义先验论的荒谬，并追溯了抽象思想的形成过程，涉及了哲学中思维和存在关系的基本问题。拉法格认为，抽象思想起源的唯物主义学说肇始于希腊思想家之间的讨论，后来被英国17世纪和法国18世纪的哲学家们采纳，资产阶级获得胜利后又从哲学问题的范围内被一笔勾销。从古希腊的柏拉图（Plato）认为真善美是先天不变的，到斯多葛派的芝诺（Zeno）主张感觉必须经过智力的加工才能变成概念，直到17和18世纪即将爆发资产阶级革命时，英法两国重现思想起源的争论。德尼·狄德罗（Denis Diderot）和百科全书派强调，没有先天的概念，自然界的实物随着时间的推移在"光板"世界的上面烙下印记。托马斯·霍布斯（Thomas Hobbes）、约翰·洛克（John Locke）等人认为，人的大脑起初只是一块白板，思想产生于感觉，在后天中才被印刻上去，假如某个事物没有首先在感觉里出现，就不可能在理性中存在。与此相反，戈特弗里德·威廉·莱布尼茨（Gottfried Wilhelm Leibniz）认为思想和概念是与生俱来的，认识不是对外界事物的反映，也不需要借助感官，而是以隐蔽的形式固有的存在于理性中。这就好比雕刻师在大理石上雕刻神像，神像早就"天赋"似的镶嵌在大理石纹路中了，雕刻师只需稍加雕琢，

---

① 《马克思恩格斯选集》第3卷，人民出版社2012年版，第797—798页。

刨去多余的纹路，神像便显露出来。随着英法资产阶级革命胜利后，霍布斯等人的哲学被抛弃，资产阶级竭力鼓吹庸俗的唯灵论和所谓"永恒的真理"，将资产阶级社会神圣化，看作是一种建立在善和正义的原则之上的完善的社会秩序。

拉法格指出，思维是外界环境作用于人脑的产物。由于人类思想的延续性和继承性，"文明人的脑子是经过许多世纪耕作过和经过几千代播下概念和思想种子的一块田地"①。例如：欧洲语言和野蛮人语言中没有表示硬、圆、热等抽象概念的词汇，不说硬而说像石头，不说圆而说像月亮，大拇指、食指和一只手分别代表不同的数字，经过无数代人的脑力劳动最终形成抽象的数学符号，拉法格强调语言、数字的演变发展证明了抽象概念不是自发产生的，有一个具体到抽象的曲折过程，是人类在几千年实践活动中逐渐积攒经验的结果，并在复杂的社会实践中不断发展。比如，罗马人最初使用鹅卵石——Cal-culi 来计算，由此催生了现代语言中的计算一词 Cal-cul；拉丁语中的 Calculum ponere 和 Subd-ucere Calculum 分别代表在增加或拿掉石子时的加和减。同时，罗马数字也是模仿手的形状演化而来的，原始民族刚开始借助手指头和脚指头进行计算，随着财富的增多，不得不开始记数或计算。当计算数值达到成百上千时，就逐渐地不再求助于人体器官，最终从具体事物中抽象出数的符号。

最后，拉法格运用马克思主义观点研究了伦理学问题，探讨了"正义"、"善"等道德观念的产生与发展，以尖锐辛辣的笔锋摧毁着资产阶级道德，向各种"形而上学的蠢人"和资产阶级的半神半仙猛烈开炮。他在1880年就发出号召："我们要向资本主义的道德和社会理论发动攻击。让我们的批判摧垮资产阶级的成见，使我们

---

① [法]拉法格：《思想起源论》，王子野译，生活·读书·新知三联书店1963年版，第54页。

的革命行动把资产阶级所有制彻底推翻。"① 拉法格关于道德的观点主要包含以下几点：

一是道德观念受一定经济关系的制约，拉法格说："道德，像其余的人类活动的现象一样，服从于马克思所规定的经济决定的法则：'物质生活的生产方式一般地决定社会的、政治的和精神的生活过程。'"②

二是道德不是固定不变的，随着人类物质生活条件的变化而变化。从原始社会里"以眼还眼，以牙还牙"报复思想的正义要求，到私有财产出现后，以家畜和财产代替抵偿伤害；从古代把勇敢看作是美德，懦弱是恶德，到阶级社会中英雄理想的解体，资产阶级统治者把自己称作"善"的美德，善的观念的产生和演变也同社会经济条件密切联系。

三是资产阶级倡导的美德是自私自利、弄虚作假，"人不为己，天诛地灭"的道德准则成为维护资产阶级统治的工具。

四是未来共产主义社会，私有制基础上的各类道德观念将被消灭。他说："共产主义革命在废除私有财产和给予'一切人以同样的东西'时将解放人类和恢复平等精神。这时，从私有财产产生时起就折磨着人的脑筋的正义的观念，好像曾经困惑过可怜的文明人的最可怕的恶梦一样，也就要消失了。"③

此外，拉法格在考察灵魂、天堂、地狱及上帝观念的起源时，还阐明了宗教产生的社会经济根源。他认为，野蛮人为了解释做梦与梦醒时自己和现实中有两种不同行为的现象而发明了灵魂；死者

---

① 参见［法］克洛德·维拉尔《保尔·拉法格和他对资产阶级社会的批判》，公直译，转引自中共中央马克思恩格斯列宁斯大林著作编译局国际共运史研究室编《国际共运史研究资料》第 5 辑，人民出版社 1982 年版，第 168 页。

② ［法］拉法格：《思想起源论》，王子野译，生活·读书·新知三联书店 1963 年版，第 118 页。

③ ［法］拉法格：《思想起源论》，王子野译，生活·读书·新知三联书店 1963 年版，第 96 页。

生前因犯罪遭受酷刑的场所，形成了地狱的思想；天堂观念是为解脱死者的灵魂而想象出来的，之后成为对幸福生活继续的一种憧憬。它们开始是用来创造神的观念，后来被唯灵论哲学家和基督教宗教用来创造灵魂不朽和世外天堂的观念。值得关注的是，拉法格还提出了资本家信仰上帝的根源在于，他们觉得自己发财或破产的原因属于不可知的领域，把命运的盛衰归之于运气或偶然，这就促使他们像野蛮人一样承认上帝的存在。与资产阶级相反，机器的生产方式则造成了无产阶级不信宗教，因为他们知道，即使从早祈祷到晚，天父也不会赐予面包，还是要靠自己的劳动挣得生活必需品的工资；假如不去工作，不论天上地下有多少神明和慈善家，还是要饿死，只有雇佣劳动者自己才是自己的神明。①

不可否认，拉法格的一些表述不够确切。他认为报复思想是先天就有的人的本性，预测正义思想在共产主义社会将要消失的观点也缺乏根据；他虽然正确说明了资产阶级信仰宗教的原因，却忽略了资产阶级中的某些人反对无神论，把问题绝对化了。但是，拉法格的道德观是符合唯物史观的。可以说，他对抽象思想起源的论述，是对恩格斯关于资产阶级道德、宗教研究的续篇。他的《卡尔·马克思的经济决定论》出版后，被译成多国文字广为流传，对传播和宣传马克思主义的辩证唯物主义和历史唯物主义起了积极作用。梅林曾在书评中提到："拉法格应用历史唯物主义的方法来研究那些经过非常严格地选择的历史问题，其文体的简洁明确是人所不及的"，"它们全部都属于那些有永久意义的马克思主义的文献之列"。②

四 严厉批判不可知论

恩格斯曾在1886年《路德维希·费尔巴哈和德国古典哲学的终

---

① ［法］拉法格：《思想起源论》，王子野译，生活·读书·新知三联书店1963年版，第217页。

② ［法］拉法格：《思想起源论》，王子野译，生活·读书·新知三联书店1963年版，第1、4页。

结》中曾将全部哲学,特别是近代哲学的重大基本问题归结为思维和存在的关系问题,包含两个方面:一是什么是本原的,精神抑或自然界?哲学家们根据不同的回答划分为唯物主义和唯心主义两大对立阵营;二是我们关于周围世界的思想和世界本身的关系怎样?我们的思维能否认识现实世界?我们关于现实世界的表象和概念能否正确地反映现实?对这一问题的不同回答划分为可知论和不可知论。主观唯心主义者和不可知论者否认人们认识外部世界的可能性,认为人们不能认识物质实体和自在之物,因为物体对人们来说是未知的和不可知的。

如果说拉法格在《卡尔·马克思的经济决定论》一书中主要探讨思维和存在关系问题的第一个方面,那么他在1910年的《认识问题》中则力图用唯物主义观点回答问题的第二个方面。在梅林看来,这篇马克思主义哲学经典著作是拉法格"最后的、最成熟的作品之一"。①

主观唯心主义者和不可知论者都坚持否认人们认识外部世界的可能性,认为人类不能认识物质实体和自在之物,在他们眼中,物体对我们来说都是未知的和不可知的。拉法格则深刻批判了这种论调,认真探究了这种不可知论的产生根源和正确认识外部世界的方法。

第一,揭示新康德主义不可知论产生的思想根源。在拉法格看来,不可知论与宗教有紧密的血缘关系,中世纪时一些神学家曾经宣布不可知论是神学的根据。如16世纪法国天主教牧师夏龙(Charron)认为,怀疑论为宗教信仰做了重要准备。他还指出,不可知论与资产阶级世界观紧密相连。古希腊的天才诡辩论者普罗塔哥拉(Protagoras)提倡的"人是万物的尺度"名言概括了资产阶级哲学的全部内容,因为资产阶级总是按照自己的利益和感情去衡量一切。拉法格认为,一些哲学家无法解释感官不能提供准确信息的

---

① 转引自李兴耕《拉法格传》,人民出版社1987年版,第229页。

原因，就怀疑人们对外部世界认识的可靠性，这是同科技落后紧密相联的。如月亮离地平线越高变得越远；站在船上看到两岸的山丘都在移动；浸入水中的船桨好像被折断了；看上去富有立体感的画面用手摸不出来；等等。另外，同一事物会给不同的人带来不同的感觉，如有的气味让某人觉得香，别人却觉得难闻；有人觉得蜂蜜是甜的，有人却觉得是苦的。

　　唯心主义集大成者黑格尔认为，如果人们认识了某个事物的全部特性，也就认识了自在之物，如果人的感官感受到了事物是在他的自身之外存在的这一事实，也就抓住了康德的不可知的自在之物。恩格斯从经济学角度批判了黑格尔的观点，他在解答康德的这种怀疑时曾认为，由于康德时代的人们关于自然界知识的残缺，导致其去猜想事物背后隐藏着一个神秘的"自在之物"。但随着科学的进步，这些不可理解的事物被逐一地理解和分析，甚至制造出来，所以我们不能认为我们能够制造的东西是不可认识的。拉法格还强调不可知论与资产阶级怀疑本性有密切联系，他说："怀疑是同资产阶级一起产生的，并且在资产阶级哲学中固定下来。……不可战胜的怀疑继续在哲学思想领域里盛行。这是不可避免的，因为怀疑是资产阶级分子的精神特点之一，后者生活在商业和工业的成就很难预料、繁荣的继续得不到保证的状况下。"① 这段话指明了在工商业成就不定、繁荣未知的情况下，资产阶级无法掌握自己的命运，因此，他们也就怀疑一切。

　　第二，分析获得对外部世界较为准确认识的方式和途径。在拉法格看来，新康德主义不可知论的根本错误在于，把人认识客观事物的手段和能力仅局限于感官。在幼年时期，感觉是我们认识外部事物的唯一手段。但是，我们仅仅通过感官来获得对外部世界的认识是不完整的，必须借助"非生物的感受性"，即各种仪器设备，才

---

① 中共中央马克思恩格斯列宁斯大林著作编译局国际共运史研究室编：《拉法格文选》（下卷），人民出版社1985年版，第373页。

能获取对外部世界更为全面准确的认识。例如，利用水银柱测量温度，用石芯试纸检验液体酸度，用金属锉屑管检测无线电报的电磁波，拿布氏硬度测试机和普基钻测定不同钢铁的硬度，等等。拉法格写道："当康德和新康德派认为我们只是通过感官来认识事物时，他们就犯了一个大错误。因为提供科学认识要素的不是人的不可靠的和因人而异的感觉，而是天然物的可靠的并且始终如一的感觉。"[1] 他认为，用天然物的感受性代替人体感官的感觉，使人们能够通过温度计上的水银柱上标注的度数认识温度，通过每秒钟的震动次数辨别声音，使用冰点测定器分析牛奶的凝固程度测定奶中的掺水量，等等，这样就把对人而言的质变成对物而言的量，这种转变使各种自然现象之间确立了一种数字上的联系，改变了认识的性质。所以人不再是衡量万物的尺度，客体成为衡量客体的尺度。由此，"资产阶级主观主义哲学的出发点即主观的原则被客观的原则所代替"[2]。

然而，人类的感官及代替工具和研究手段并不完善，所以人类感官所能认识的事物又总是不全面的、非常有限的，只会显示事物有限的性质。但随着科学实验的发展和敏感性的增强，人类对事物的认识会不断拓展，这也决定了人们认识的发展是无穷尽的。一言以蔽之，拉法格对不可知论的批判和对认识论的阐释，基本上符合辩证唯物主义原理。当然，作为革命家的拉法格，他不是为了研究康德而研究康德，其目的在于反对伯恩施坦用新康德主义作为"补充"和"感染"马克思主义理论的工具。

综合来看，拉法格对不可知论的驳斥和对认识论问题的剖析基本上符合辩证唯物主义原理，但他的一些提法依然犯了不够确切的错误。比如，他将通过感官获得的认识和通过科学工具获得的认识

---

[1] 中共中央马克思恩格斯列宁斯大林著作编译局国际共运史研究室编：《拉法格文选》（下卷），人民出版社1985年版，第378页。

[2] 中共中央马克思恩格斯列宁斯大林著作编译局国际共运史研究室编：《拉法格文选》（下卷），人民出版社1985年版，第380页。

对立起来，主张前者是主观的、不可靠的，后者是客观的、可靠的，这种观点必然厚此薄彼，导致否定人的感性认识的客观性。事实上，两者所得到的认识都具有客观真理性，不存在根本对立的鸿沟。拉法格在说明人对事物的认识局限性时，没有指明客观世界本身处在不断的发展变化之中。他在论述实践是检验真理的标准这个命题时，援引了法国数学家兼大物理学家昂利·彭加勒（Henri Poincaré）的观点：经验是真理的唯一源泉，容易引起歧义。因为彭加勒的说法含有主观唯心主义的色彩。俄国无产阶级革命领袖列宁曾在《唯物主义和经验批判主义》一书中对彭加勒否认自然界的客观实在性和客观规律性而误入一条不可知论的道路做了批判。[①]

---

① 参见《列宁选集》第 2 卷，人民出版社 2012 年版，第 126—127 页。

第 三 章

本体论：拉法格关于"什么是马克思主义"的探讨

从广义上说，本体论是指研究一切实在的最终本性，一般用来阐述事物的本然状况或性质。"什么是马克思主义"的问题，主要追问和回答马克思主义的本质与特征、结构与功能等问题，属于哲学层面以"是"为核心的本体论范畴。立足本体论层面，拉法格从马克思主义的具体定义、历史方法、根本立场和理论基石等多个视角，对"什么是马克思主义"做出了系统回答，明确了马克思主义的内在规定性。

然而，自马克思恩格斯19世纪中叶创立马克思主义之初，关于"什么是马克思主义"的争执，到今天一直没有停止过。半个多世纪以来，从西方到东方，对于什么是马克思主义，各个学派的观点可以说是争论不休，莫衷一是，甚至相互对立。"究竟什么是马克思主义"变成一个被弄得混乱不堪的问题。西方有些学者认为：马克思主义对不同的人意味着不同的东西，从而是一个支撑着异质追求者的不连续的运动。也有人强调：马克思主义思潮中涌现的每一个新的代表人物，从不同程度上说，都是一个马克思主义者。[1] 他们用西

---

[1] 参见陈先达《马克思主义信仰十讲》，人民出版社2018年版，第35—36页。

方解释学的观点来解读马克思主义，认为马克思和恩格斯的著作只是流于文字形式的文本，对此如何解释取决于阅读者的理解习惯。这样，他们把马克思主义打扮成可以任意剪裁的布料，在手术台上随便肢解马克思主义。

乔治·卢卡奇（György Lukács）在《什么是正统的马克思主义》一文中指出，辩证法是衡量是不是马克思主义的标准，只要是坚持辩证法，就算改变了马克思的结论和原理，也是坚持正统的马克思主义。在美国学者宾克莱（L. J. Binkley）看来，马克思主义是一种价值学说，能否坚持马克思的道德理想决定是否坚持马克思主义。[①] 美国社会学家赖特·米尔斯（Charles Wright Mills）认为，人们根据马克思在不同发展阶段所写的书籍、小册子、书信和论文对他的著述所做出的说明，任何一种都不能代表真正的马克思。人们对马克思没有一个统一的认识。[②] 西方某些学者甚至认为，有多少个研究者，就有多少个马克思。美国的海尔布隆纳（Robert L. Heilbroner）在《马克思主义：赞成和反对》一书中强调存在一种客观的马克思主义。[③] 德国共产党马克思主义理论家、西方马克思主义创始人之一卡尔·科尔施（Karl Korsch）在《我为什么是马克思主义者》一文中把马克思主义的本质归结为四点：一是马克思主义的全部原理，包括那些表面上带有普遍性的原理，都具有特殊性；二是马克思主义是批判的，不是实证的；三是马克思主义的主题不是肯定现在状态的资本主义社会，而是分崩离析和腐朽衰亡的资本主义社会；四是马克思主义的主要目的在于积极地改造现存

---

① 参见［美］L. J. 宾克莱《理想的冲突——西方社会中变化着的价值观念》，马元德等译，商务印书馆1983年版，第106页。
② 参见［美］米尔斯《马克思主义者》，商务印书馆1965年版，第39页。
③ 参见［美］罗伯特·L. 海尔布隆纳《马克思主义：赞成与反对》，马林梅译，东方出版社2016年版，第4页。

的世界，而不是观赏现存的世界。① 科尔施认为，按照以上几点认识马克思主义并将它运用于实践的人才是马克思主义者。还有学者认为，"马克思主义——被理解为卡尔·马克思和弗里德里希·恩格斯的思想"②。

我国著名的马克思主义理论家高放曾将马克思主义的定义简明地概括为它是人的解放学，马克思主义的定义主要包含三个要点：一是说清马克思主义是解决什么问题，它不仅仅是为了工人阶级的自由和解放，还有整个社会摆脱剥削；二是指明马克思主义是一门科学，它有一套严密的逻辑体系，揭示自然界、人类社会和思维的发展规律，为被压迫的无产阶级群众提供认识和改造世界的立场、观点、方法；三是指明这门科学的创始人是谁，即"马克思主义"的叫法要让人们明白这一科学思想体系的开创者是马克思和恩格斯。③ 陈先达教授认为，可以从缔造者和内容两个角度来定义什么是马克思主义，不能仅仅从它的创始人角度下定义，马克思主义是马克思创立的，但不专属于马克思。所以，马克思主义是由马克思恩格斯创立的，为后继者发展的，以反对资本主义、建设共产主义为最终目标的科学理论体系。④ 而关于马克思主义的定义，拉法格则有着自己的话语体系，"什么是马克思主义"和"如何对待马克思主义"以及"马克思主义的历史命运"三个命题，共同构成了拉法格马克思主义观鲜明的三元层次结构。

---

① 参见［德］卡尔·科尔施《我为什么是马克思主义者》，周裕昶译，转引自《马列主义研究资料》第3辑，人民出版社1983年版，第246页。
② ［美］伯特尔·奥尔曼：《辩证法的舞蹈——马克思方法的步骤》，田世锭、何霜梅译，高等教育出版社2006年版，第1页。
③ 参见高放《马克思主义与社会主义新论》，黑龙江人民出版社2012年版，第50—51页。
④ 参见陈先达《马克思和马克思主义》，中国人民大学出版社2016年版，第32—33页。

第一节　马克思主义是马克思恩格斯"共同的脑力劳动"

在拉法格的现有著作中，流传最广、影响最深的无疑是他的两篇回忆马克思和恩格斯的文章。它们被译成多国文字、广泛印传，是了解马克思恩格斯生平活动和思想轨迹的珍贵文献史料，国内外出版发行的马克思恩格斯传记几乎都援引拉法格文章中的语句。① 虽然拉法格在回忆录中没有明确提及"马克思主义"一词，但是通过他的记述，我们可以从缔造者的角度探测出，在拉法格眼中，马克思是首创者，恩格斯做出了不可或缺的重要贡献，所以该学说是马克思和恩格斯两人共同创立的。拉法格曾形象地比喻恩格斯与马克思是"两个身体，一个大脑"。

唯其如此，正如 2000 多年前柏拉图最好的门生和继承者亚里士

---

① 国外学者的相关论著可参见：[法]奥古斯特·科尔纽《马克思恩格斯传》，刘磊等译，生活·读书·新知三联书店 1963 年版；[德]弗兰茨·梅林《马克思传》，樊集译，人民出版社 1965 年版；[苏] E. A. 斯捷潘诺娃《马克思传略》，关益、李荫寰译，中国社会科学出版社 1982 年版；[苏]列·阿·列昂节夫《恩格斯在马克思主义政治经济学形成和发展方面的作用》，方钢、志成译，中国人民大学出版社 1982 年版；[苏]列·伊利切夫等《弗里德里希·恩格斯》，人民出版社 1984 年版；[德]曼·克利姆《恩格斯文献传记》，中央编译局译，湖南人民出版社 1986 年版；[德]海因里希·格姆科夫等《马克思传》，易廷镇、候焕良译，人民出版社 2000 年版；[德]海因里希·格姆科夫等《恩格斯传》，易廷镇、候焕良译，人民出版社 2000 年版；[苏]瓦·奇金《马克思的自白》，蔡兴文等译，中央编译出版社 2011 年版；[美]乔纳森·斯珀伯《卡尔·马克思：一个 19 世纪的人》，邓峰译，中信出版社 2014 年版；等等。国内学者的相关论著可参见：李季《马克思传》，神州国光社 1949 年版；顾锦屏等《马克思的伟大一生》，北京出版社 1983 年版；张光明《马克思传》，中共中央党校出版社 1998 年版；王锐生、黎德化《读懂马克思》，四川人民出版社 2001 年版；张新《读懂恩格斯》，四川人民出版社 2001 年版；陈林《恩格斯传》，人民日报出版社 2010 年版；萧灼基《恩格斯传》，中国社会科学出版社 2013 年版；等等。各种引用拉法格回忆文章的传记著作不胜枚举，此处不再一一罗列。

多德在追悼会上评价其恩师柏拉图，拉法格也顺理成章地成为了深情追忆马克思和恩格斯的一生、全面评价他们的伟大贡献、对两位导师"盖棺论定"的合适人选。拉法格作为马克思恩格斯的学生和战友，与两位导师保持了长期的密切联系。他从1865年与马克思在巴黎的初次相遇起，聆听导师教诲，完成各项任务，他既是马克思的女婿，又是马克思学说的捍卫者。从1867年在曼彻斯特与恩格斯的初次会面到恩格斯1895年去世，他在革命斗争、理论写作和经济来源方面都得到了恩格斯的耐心指导和慷慨资助。所以，拉法格关于两位导师的回忆，记录了大量耳濡目染的事实，资料翔实，内容丰富。在拉法格的记述中，马克思恩格斯以理论为旗帜，以笔杆为刀枪。拉法格的回忆重现了两人学者与革命家高度统一的双面形象。①

一 马克思是马克思主义的首要创立者

单从"马克思主义"的名称来看，马克思是马克思主义学说的首要缔造者在情理之中。拉法格也是这么看待的。

首先，展现作为"学者"形象的马克思，他铸造和首创了马克思主义学说。

拉法格致敬导师严谨的治学态度和认真的科学作风。他认为马克思研究人类社会的政治经济发展不抱任何成见，撰写理论著作的确定目标是要传播研究成果，给一直徘徊在空想迷雾中的社会主义运动奠定科学基础。拉法格说，当他们第一次在梅特兰公园路马克

---

① 有学者认为，我国国内学术界的课堂、论文、著作和论坛上，马克思越来越被塑造为一位纯粹的学者形象，其革命家的身份却正在被淡忘，"学者"马克思遮蔽了"革命家"马克思。事实上，马克思不同于历史上诸多学者型思想家的特质，他的学术著述的目的和意图，不是单纯为了研究而研究，马克思的一生不仅仅是思想的一生，更是战斗的一生。他毕生留下的卷帙浩繁的著述的目的是推翻资本主义制度及其国家机器，实现无产阶级和全人类的自由解放（参见王广《马克思身份的危机：学者形象对革命家身份的遮蔽》，《马克思主义研究》2015年第11期）。

思的书斋里见面的时候，书柜和桌子上堆满了书籍、报纸和文件，"面前出现的并不是一位不屈不挠和无与伦比的社会主义鼓动家，而是一个学者"①。他称呼马克思为"社会主义思想的大师"，描述了两位导师为制定科学共产主义理论进行的深入的研究工作，重现了马克思写作《资本论》的场景。拉法格说到，马克思"所引证的任何一件事实或任何一个数字都是得到最有威信的权威人士的证实的。他从不满足于间接得来的材料，总要找原著寻根究底，不管这样做有多麻烦"②。即便是为了验证一个不重要的事实，马克思也要专门到大英博物馆跑一趟，不敢有一点疏忽，他的论证一直是建立在经受住严格考核基础之上的，养成了参考原始资料的习惯，以至马克思认为自己在《资本论》中引证了大量无名作家的话也是责任所在。马克思从来不满足自己的著作，事后总是反复修改打磨，总是觉得文字的叙述没有达到思想的高度。

从《资本论》的初始计划到完成初稿，几经修改，第 1 卷完成后又做了文字上的修改，然后送去出版。为了达到叙述明白、文字简练、通俗易懂，马克思经常数次修改自己的文稿。拉法格在回忆录中说道："他决不出版一本没有经过他仔细加工和认真琢磨过的作品。他不能忍受把未完成的东西公之大众的这种思想。要把他没有作最后校正的手稿拿给别人看，对他是最痛苦的事情。"③ 拉法格认为，恩格斯通常为马克思的过分严谨烦恼，因为马克思为了一句话，不经过十种不同方法的证明，他是不会轻易提出来和交付印刷的。④马克思宁愿将自己的手稿烧掉，也不愿把半生不熟的作品遗留于身

---

① ［法］保尔·拉法格等：《回忆马克思恩格斯》，马集译，人民出版社 1973 年版，第 3 页。

② ［法］保尔·拉法格等：《回忆马克思恩格斯》，马集译，人民出版社 1973 年版，第 11 页。

③ ［法］保尔·拉法格等：《回忆马克思恩格斯》，马集译，人民出版社 1973 年版，第 12 页。

④ 参见中共中央马克思恩格斯列宁斯大林著作编译局《摩尔和将军——回忆马克思恩格斯》，人民出版社 1982 年版，第 121 页。

后。为了完成《资本论》中关于英国劳工法的二十多页的文章,他在不列颠博物馆的图书馆里几乎查找翻遍了英国与苏格兰调查委员会和工厂视察报告的蓝皮书,从头至尾地通读并在页边空白做了铅笔记号,穷尽了所有资料。

马克思的头脑用各种历史、自然科学事实和哲学理论武装起来,无论任何问题都能从他那里得到最详尽的回答,并含有概括性的哲学见解,"他的头脑就象在军港里升火待发的一艘军舰,准备一接到通知就开向任何思想的海洋"①。此外,马克思还喜欢研究诗歌和阅读小说,对演算数学情有独钟,这都构成了马克思主义学说中的重要组成部分。在拉法格的记述中,恩格斯对他说到,资本主义生产方式机构和发展规律迟早会被人发现和阐释,但这项工作需要极长的时间,不是一蹴而就,需要一点一滴才能完成。这项任务只有马克思一个人能够发掘一切经济范畴的辩证发展规律,将其发展动因和制约动因的背后因素联系起来,建立起一座完整的政治经济学理论大厦。这座经济科学大厦的各个子系统相互支撑、相辅相成。

其次,展现作为"革命家"身份的马克思,他为马克思主义理论注入了革命因子。

拉法格强调,马克思的主张是,如果一个有学问的人不愿意自己堕落,就应当积极参加社会活动,不应该长年累月地把自己关在书斋或实验室里,如一条藏在乳酪里的蛆虫一样,逃避同时代人的政治斗争和社会斗争。当马克思从激进的民主主义者转变为共产主义者的时候,先前的伙伴就将他视为仇敌,攻击他、侮辱和诽谤他,企图用沉默抵制他的个人著作。拉法格以马克思的《路易·波拿巴的雾月十八日》为例,认为这部著作证明了1848年所有的历史学家和争论家中,只有马克思一人了解1851年12月2日波拿巴政变的原因和结果。但是它和《哲学的贫困》一样,无人注意。后来第一

---

① [法]保尔·拉法格等:《回忆马克思恩格斯》,马集译,人民出版社1973年版,第9页。

国际的成立和《资本论》第 1 卷的出版打破了将近 15 年的沉默。1871 年巴黎公社失败后，马克思的名字举世皆知，他被公认为"科学社会主义的伟大的理论家和最初的国际工人运动的组织者"①。《资本论》也成为各国社会主义者的教科书，所有的工人报纸都在宣传他的学说，被印成传单鼓励工人运动。《资本论》几乎在欧洲各个国家都有译本，每当马克思学说的敌人企图驳倒他的原理的时候，欧美各国的马克思主义者就会立刻找到使他们哑口无言的回答。可以说，《资本论》已经成为"工人阶级的圣经"。

综上所述，在拉法格看来，马克思是马克思主义的首要创造者。

二 博学的恩格斯对马克思主义做出了突出贡献

正如列宁当年所说，不钻研和阅读恩格斯的全部著作，就不可能真正地理解马克思主义，更不可能完整、系统地阐述马克思主义。② 拉法格认为恩格斯非常忠实于科学研究工作，他在回忆录中对恩格斯在马克思主义中的贡献作了论述。

第一，拉法格称赞恩格斯的博学为马克思主义学说添砖加瓦。拉法格指出，恩格斯绝不轻易在资产阶级熟人面前表露自己的学识，马克思将他看作是欧洲最有教养的人，不断称赞恩格斯的博学，他思维敏捷，能毫不费力地从一个题目转到另一个题目。从拉法格的革命回忆录中，我们能了解到恩格斯语言功底深厚，他对欧洲各国语言都极为谙熟，甚至是某些方言。他精通西班牙文、葡萄牙文、意大利文，能够运用俄文、法文、波兰文写信，他的求知欲只有在彻底掌握了研究对象的时候才能得到满足，正如拉法格所言，恩格斯只有在彻底掌握了研究对象时，他的求知欲才能得到完全满足。他"丝毫不象一个关在书房里的学者，如何能积累那么多的知识！

---

① [法] 保尔·拉法格等：《回忆马克思恩格斯》，马集译，人民出版社 1973 年版，第 19 页。

② 参见《列宁全集》第 26 卷，人民出版社 2017 年版，第 95 页。

他的记忆力在各方面都是那样精准,他的工作速度是非凡的,他的感觉灵敏得惊人,这一切在他身上都溶合在一起了"①。

第二,恩格斯是马克思最亲密的革命战友,1848年欧洲大革命失败后,恩格斯也流亡到伦敦,打算在那里献身于科学研究和政治活动。从那时候到1870年,恩格斯既要从事商业职务,为公司起草与国外来往的信函,出入商业交易所,又要在城郊的房子里接待那些学术和政治上的朋友,将全部精力用来完成双重任务,还有一些芬尼亚社社员②将他的家当作避难所,躲避警察的追捕。他很关心芬尼亚社运动,搜集了一些关于英国统治爱尔兰的历史文献。可以说,拉法格在回忆录中重新再现了恩格斯的学者风范和革命精神。

基于此,笔者在此以拉法格阐明恩格斯在政治经济学方面的贡献为例。1867年8月16日,马克思在看完《资本论》第1卷校样后致信恩格斯并表示感激,强调第1卷的完成得力于恩格斯,没有恩格斯的牺牲,这样三卷的大部头著作,他一人无法完成。1883年3月15日马克思逝世后,恩格斯在晚年遵照马克思的遗愿,把主要精力放在整理出版《资本论》第二、第三卷上。拉法格认为,马克思的著作有恩格斯主持出版实为幸事,因为恐怕欧洲再也找不到第二个人能胜任这一重任。恩格斯整理并陆续发表了马克思遗留的手稿的各个部分,这既能满足朋友,又能满足敌人迫切等待的心情,又让广大读者屏息翘望。③ 恩格斯对马克思主义政治经济学的重要贡献不仅使《资本论》以本真面貌公之于世,还在于对资本主义经济中的相关思想进行了增补和发展。拉法格指出,只有恩格斯一人能够

---

① 〔法〕保尔·拉法格等:《回忆马克思恩格斯》,马集译,人民出版社1973年版,第30页。

② 他们是19世纪50—70年代的爱尔兰小资产阶级革命者,曾为爱尔兰民族独立而斗争。

③ 参见〔法〕爱·鲍提若里《恩格斯与保尔·拉法格、劳拉·拉法格通信集》第1卷,北京第二外国语学院法语专业73级师生合译,人民出版社1979年版,第285页。

整理马克思的手稿和出版他的遗作。恩格斯曾花费 10 多年的时间研究各种科学的一般哲学,并对一切科学的最新成就和前沿动态写下了概论,但是为了集中精力从事《资本论》最后两卷的出版事宜,他暂停了自己手里的工作。[①] 因此,从拉法格的回忆中可以看出,恩格斯对马克思主义的贡献功不可没。

三 马克思主义是"两个身体,一个大脑"的思想结晶

在拉法格看来,当人们回忆马克思的时候,就难免会想起恩格斯,当我们回忆恩格斯的时候,就不得不同时想起马克思,后世必将他们相提并论。可以说,两个人的生活联系得非常紧密,简直就是密不可分。虽然他们彼此相连,但各自又都有鲜明而突出的个性,彼此不仅在外貌,而且在性格、气质、思想和感情等方面有所不同。

据拉法格回忆,马克思和恩格斯的初次见面始于 1842 年 11 月底恩格斯拜访《莱茵报》。自从德国严苛的书报检查制度封闭了《莱茵报》以后,马克思结婚迁居至巴黎,1844 年 9 月,恩格斯前往巴黎和马克思共度了几日。恩格斯在所写的马克思传记一文中曾提起,两个人的彼此通信合作是从《德法年鉴》开始的,从此也就开始了共同的活动,这种合作一直持续到马克思逝世。1845 年,普鲁士政府将马克思驱逐出境,马克思从法国搬到布鲁塞尔。不久,恩格斯也搬到这里。随着 1848 年革命运动的高涨,《莱茵报》再次复刊,恩格斯和马克思就共同成为编辑部成员,当马克思外出时,恩格斯就代理他的一些领导事务。拉法格说道:"恩格斯和马克思习惯于两个人共同工作。"[②]

1848 年欧洲革命失败后,无产阶级革命斗争处于低潮。马克思

[①] 参见[法]保尔·拉法格等《回忆马克思恩格斯》,马集译,人民出版社 1973 年版,第 27 页。

[②] [法]保尔·拉法格等:《回忆马克思恩格斯》,马集译,人民出版社 1973 年版,第 25 页。

和恩格斯也不得不分手，分别前往伦敦和曼彻斯特。但是两人在"思想上的共同生活"并未终止。二十年中，他们频繁通信，彼此交换关于政局事件的意见和科学研究成果。恩格斯一有机会就离开曼彻斯特搬到伦敦，到马克思家里去，一块到汉普斯泰特散步，他们经常在马克思的工作室里，沿着对角线来回踱步，接连谈上几个小时。以阿尔比教派问题为例，两者为此争论了数天。马克思当时研究了中世纪犹太教和基督教财政学家，为达成一致意见，他们见面后都仔细地思索争论的问题。拉法格强调："对他们来说，任何对他们的思想和著作的批评都不及他们彼此交换意见那样意义重大。"①

在拉法格看来，除了马克思恩格斯"共同的脑力劳动"，他们彼此间深切的关怀也加深了两人的亲密度。所以，无论是学问还是金钱，他们所有的一切都不分彼此。比如，当马克思准备给《纽约每日论坛报》撰写通讯稿时，恩格斯就协助他翻译为英文，甚至还代为写作；当恩格斯撰写《反杜林论》时，马克思放下手中的工作来编写经济部分，恩格斯部分地采用了这些材料。

四 给马克思主义下定义的反讽："不轻易炮制任何定义"

1884年10月，法国的《经济学家杂志》刊登了三封来信，莫里斯·布洛克（Maurice Block）则在其中的一封信中，污蔑马克思的全部论据是以不确切和不可靠的定义为基础，在这种假定的理论基础之上，马克思的理论学说就会像纸牌屋一样轰然倒塌。拉法格在1884年回击布洛克对马克思《资本论》的攻击时说道："马克思是形形色色的先验论概念的死敌；说实在的，在他的书中没有任何定义；他把炮制定义的工作留给常识问答和小学课本的

---

① ［法］保尔·拉法格等：《回忆马克思恩格斯》，马集译，人民出版社1973年版，第26页。

作者们去完成。"① 拉法格在此是以反讽②的口吻回击布洛克等人的围攻。拉法格在文中多次提到"马克思"、"恩格斯"、"马克思主义"、"马克思的思想"、"社会主义"、"共产主义"等人物名字和理论术语，虽然他在诸多著作中没有给马克思主义下明确定义和提供详细界说，但在论著中蕴含了其从不同的视角对马克思主义的定义展开的解读。

正如有学者指出的那样：什么是马克思主义的问题实际包含了什么是马克思主义者的问题，搞懂了什么是马克思主义，也就懂得了什么是马克思主义者。什么是马克思主义问题的解答为回答怎样成为马克思主义者提供了理论基础。③ 关于拉法格对马克思主义内涵的解读，在笔者看来，可以划分为以下三种论说。

第一，"产生条件论"。拉法格认为，马克思主义是一定社会历史阶段的产物。他在《进化——革命》中作了深入的分析："不管共产主义思想家多么伟大，不管他们的乌托邦多么令人神往，也不管劳苦大众的革命毅力多么巨大，共产主义仍然是没有实现的理想，因为还不曾具备能够使之实现的经济前提。但是现在已经具备了这种前提，这是由于资产阶级统治的结果，至少就生产资料来说是如此。"④ 拉法格在这里说明了以托马斯·莫尔（St. Thomas More）、沙尔·傅立叶、罗伯特·欧文等人为代表的空想主义者不能实现共产主义理想的原因在于还不具备经济前提。拉法格在《财产的起源和进化》中，强调共产主义不仅仅存在于渴望和平和幸福的思想家的

---

① 中共中央马克思恩格斯列宁斯大林著作编译局国际共运史研究室编：《拉法格文选》（上卷），人民出版社1985年版，第197页。

② 反讽（irony）是一种书写和话语策略，拉法格可以算是一位将反讽技术运用到炉火纯青的理论家。在他的各种对话和论战中，慢慢引导论敌，让其在不知不觉中走向自己的反面，构建对话者的悖论，最终让论敌拜服和接受自己的观点。

③ 参见冯景源《唯物史观的形成和发展史纲要》，中央编译出版社2014年版，序言第3页。

④ 中共中央马克思恩格斯列宁斯大林著作编译局国际共运史研究室编：《拉法格文选》（上卷），人民出版社1985年版，第33页。

幻想中，它还出现于经济的现实中；它在工业和农业中把我们包围起来，它以自己独有的风俗和制度把我们紧紧抱住；它启迪和陶冶人们的思想，激励无产阶级群众争取自身自由。正如拉法格所说："共产主义以隐蔽的形式存在于经济生活的深处，只等在劫难逃的革命的时刻一到，便要出现于社会舞台。"① 在这里，拉法格明确表示，马克思主义学说生发于特定的社会历史条件中。

第二，"实践斗争论"。拉法格在论述马克思主义的特征方面时，特别注重马克思主义的实践性特征，并且他本人也在实践中践行了马克思主义的实践品格。拉法格认为，马克思主义不可能以康德主义哲学和黑格尔哲学做基础，因为"不论是康德的学说，还是黑格尔哲学，都是唯心主义的变种，马克思主义和马克思主义哲学是在同它们的斗争中产生和发展的"②。正是在和错误思潮的比较和斗争中，才更加凸显了马克思主义的科学性。拉法格承继了恩格斯的实践性观点，认为实践行动推翻了不可知论关于"自在之物"不可认识的各种诡辩论。拉法格还多次强调，马克思主义实质是阶级斗争的理论。1866年秋，拉法格在《左翼报》上发表的《社会斗争》一文中，以推崇和赞美的口吻谈到"学者—革命家马克思"，并且详细地摘录了马克思的一些经典篇章，尤其是《哲学的贫困》一文。为了阐明马克思的阶级斗争学说，拉法格还在附录中以法国史为例，论证了"人类历史是一部阶级斗争的历史"这一马克思主义学说的正确性。

第三，"阶级论"。拉法格以资产阶级对待马克思主义的态度为例揭示了马克思主义的党性和阶级性。他说："尽管只有借助马克思主义才能解决那些理论和实践上令人迷惑不解的问题，但是资产阶级学者和哲学家们甚至不想了解马克思主义理论，因为马克思主义

---

① 中共中央马克思恩格斯列宁斯大林著作编译局国际共运史研究室编：《拉法格文选》（下卷），人民出版社1985年版，第149页。
② 转引自［苏］哈·尼·莫姆江《拉法格与马克思主义哲学》，张大翔等译，国际文化出版公司1987年版，第93页。

的理论是在无产阶级营垒中产生并且反映了它的根本利益。"① 从拉法格的这段话可以看出,马克思主义理论代表着无产阶级的根本利益。19世纪七八十年代,随着马克思主义在法国的传播越来越广,帮助工人驱散了头脑中的混乱思想,对工人运动起了重要的指导作用。拉法格在很多场合向工人群众推选马克思主义的政治效应和社会功能,并作了深入的阐述。他在《法国的阶级斗争》(1894)一文中说道:"马克思和恩格斯是唯一的社会主义理论家。"② 1848年以前他们在欧洲大陆时就懂得并强调无产阶级的政治行动的必要性和罢工的重要性,认为罢工可以改善工人的工资待遇,保卫工人的生存,使他们免受剥削者的压榨。拉法格认为正是在马克思主义的感染和指导下,无产阶级才懂得如何用正确的手段与资产阶级斗争。而在此前,以傅立叶、克劳德·昂利·圣西门(Claude-Henri de Rouvroy)等人为代表的空想主义家和各个社会主义流派的领袖们,忽视工人的政治本能和物质利益,他们对无产阶级在改造社会问题上不抱任何期望。在他们眼中,普通工人阶级是群盲,资本家是他们的牧人,他们将幻想诉诸一切社会阶层的有产者。

第四,"方法论"。拉法格将马克思主义看成是一种辩证方法,他说:"不论是研究自然现象,还是社会现象,可以使用的科学方法只有一种,即辩证的方法,这是'最高的思维形式'。"③ 拉法格还在《驳对卡尔·马克思的批评》(1896)中进一步说道:"马克思是领导无产阶级群众的社会主义运动的公认的理论家。他的学说,按照资产阶级的头面人物的说法,是'深奥难懂的、没有用处的和模

---

① 转引自[苏]哈·尼·莫姆江《拉法格与马克思主义哲学》,张大翔等译,国际文化出版公司1987年版,第80页。
② 中共中央马克思恩格斯列宁斯大林著作编译局国际共运史研究室编:《拉法格文选》(下卷),人民出版社1985年版,第5页。
③ 转引自[苏]哈·尼·莫姆江《拉法格与马克思主义哲学》,张大翔等译,国际文化出版公司1987年版,第91页。

糊不清的',但却很奇怪地得到了工人的理解和承认。"① 正是由于马克思主义是一种科学的世界观和方法论,才被工人越来越接受和认可,把他当作无产阶级革命行动的"指南针"。在拉法格眼中,马克思主义是无产阶级认识世界和改造世界的精神武器,它把无产阶级当作自己的物质武器,是无产阶级争取自身解放和实现全人类自由的科学学说。

第二节 马克思主义的历史方法是"交给社会主义者的新的工具"

拉法格把历史唯物主义看作马克思主义的基本方法,将马克思主义的历史方法定义成"经济决定论",他强调这种方法的优势在于通过分析经济现象来揭示人类历史发展规律的客观必然性。直白地说,这种方法的根本特征,就是把马克思的唯物史观植根于人文主义的土壤中,在剖析人类历史、人类创造活动中揭示人类历史的规律,反对把马克思主义解释为落入俗套的自然唯物主义。

由于历史主义方法的确立,拉法格对历史唯物主义的理论叙述也有了不同于革命导师马克思恩格斯的新特点:首先,拉法格的"经济决定论"把社会看作是经济基础与上层建筑的有机统一体,更具有典型性。他从经济的视角解析资本主义社会的历史演进,阐明资本主义作为一个经济社会的可能性。从这个角度看,拉法格的"经济决定论"是以人与环境(自然环境和人为环境)的关系为基本框架,将民族文化和世界文化看作经济系统的不同样式,以经济系统的历史演进阐述经济基础与上层建筑之间的互动关系,呈现出现代经济形态的基础及其历史前景,论证人类历史的必然性。这种

---

① 中共中央马克思恩格斯列宁斯大林著作编译局国际共运史研究室编:《拉法格文选》(下卷),人民出版社 1985 年版,第 152 页。

论述理路有着鲜明的有机统一的特点，而不同于马克思恩格斯把研究的重心聚焦于分析经济基础与上层建筑的结构上。此外，拉法格等第二国际的马克思主义者从历史主义的方法论出发，开展了唯物史观史、家庭婚姻史、文学史、宗教史、伦理学的研究，极大地"拉伸"和"扩充"了历史唯物主义的研究视域。

笔者在此展开对拉法格"经济唯物主义"抑或"历史唯物主义"的争论考察。第二国际的大多数思想家将马克思主义的基础归结为历史唯物主义，他们所理解的历史唯物主义尽管存在一定的实证倾向，但并非等同于"经济决定论"。他们的著作中有时直接以"唯物主义历史观"、"历史唯物主义"、"经济唯物主义"、"经济社会学"等术语冠名，用来指称马克思的全部理论，被当作历史唯物主义的同义词来使用，而区别于"青年派"的"经济决定论"。事实上，为避免思想混淆和引起误解，第二国际阵营中的多数思想家很少使用"经济唯物主义"的概念。

但是，拉法格在《卡尔·马克思的经济唯物主义》（1883）、《宗教和资本》（1887）、《唯心史观和唯物史观》（1895）、《马克思的唯物主义和康德的唯心主义》（1900）、《卡尔·马克思的经济决定论》（1909）等文章中多次将马克思的历史观称为"经济唯物主义"，这就导致了历史唯物主义和经济决定论称谓上的混乱。尽管他对唯物史观的理解并非庸俗的"经济决定论"，但这种提法客观上为攻击唯物史观的人提供了口实和可乘之机，难免会产生歧义，遭人质疑。① 有学者认为，拉法格等人对唯物史观的丰富内容理解得不够深入，不能够真正理解马克思的历史辩证法，呈现出忽视马克思关

---

① 国内一些学者认为拉法格直接将历史唯物主义方法解释为庸俗的经济决定论，持这样观点的人不在少数。（参见陈爱萍《第二国际马克思主义哲学：时代、问题与批判》，中国社会科学出版社 2017 年版，第 134—135 页；余其铨《恩格斯哲学与现时代——评"新马克思主义"对恩格斯的责难》，广西师范大学出版社 1998 年版，第 5 页；仰海峰《推进马克思主义哲学的当代发展》，《哲学动态》2019 年第 1 期等。）

于人的学说的倾向，强调唯物史观否认对人的研究。① 还有论者认为，拉法格等第二国际理论家深受实证主义的影响，搁置了恩格斯对历史唯物主义的阐释和发展，把它曲解为"经济决定论"。但是，拉法格等人也不能算严格意义上的经济决定论者，他的看法与狭隘的经济决定论存在不同。② 还有国外学者认为，拉法格在法国传播了一种高度简化的、连马克思自己也经常批评的经济决定论。③

鉴于此，笔者认为有必要对"经济唯物主义"、"历史唯物主义"等术语的"前世"和"今生"进行系统耙梳。

一 "经济唯物主义"的思想源流考察

经济唯物主义在马克思主义经典作家那里通常以各种被批判的形态和版本出现，它在很长一段时间里被赋予"机械"、"庸俗"等内涵而为后人所诟病。为此，我们应该首先厘清经济唯物主义的概念由来和核心内涵。

19世纪90年代，德国莱比锡大学、当时颇有名气的哲学家和社会学家保尔·巴尔特竭力歪曲和攻击马克思的唯物史观，他将制造的历史发展的唯物主义理论即当时流行的经济唯物主义硬塞给马克思，指责马克思自相矛盾。这种理论以简单化和绝对化思维方式将经济因素作为唯一因素来理解历史，一时流传很广，影响很深。就连马克思最亲近的人、法国工人运动活动家拉法格撰写的《马克思的经济唯物主义》一书，也将历史唯物主义称为"经济决定论"，片面夸大经济对政治的单方面的决定作用。马克思主义经典作家们纷纷对经济唯物主义做了剖析和驳斥。

首先，马克思恩格斯在《德意志意识形态》《共产党宣言》《反

---

① 参见韩庆祥《马克思的人学理论》，河南人民出版社2011年版，第307页。
② 参见沈江平《经济决定论的历史唯物主义评判》，《中国社会科学》2020年第7期。
③ 参见［爱尔兰］理查德·柯尔内《20世纪大陆哲学》，鲍建竹等译，中国人民大学出版社2016年版，第259页。

杜林论》《费尔巴哈论》《资本论》中都有关于阶级斗争和上层建筑作用的相关论述，但在当时历史唯心主义独霸统治地位，主要任务是把唯心主义从它的最后避难所——历史领域中清除出去的时代背景下，不得不花重墨强调经济基础的作用，所以关于阶级斗争和上层建筑作用的论述强调得略显"疲软"，但是由于缺少强有力的说明和解释，就为巴尔特等人提供了口实，将唯物史观曲解为经济唯物主义。恩格斯晚年在做"自我检讨"时说道："青年们有时过分看重经济方面，还有一部分是马克思和我应当负责的。我们在反驳我们的论敌时，常常不得不强调被他们否认的主要原则，并且不是始终都有时间、地点和机会来给其他参与相互作用的因素以应有的重视。"[①] 所以恩格斯在对历史唯物主义的努力澄清中，试图把被经济唯物主义歪曲了的唯物史观矫正过来，体现他们并没有忽略阶级斗争和政治上层建筑反作用的重要性。

其次，列宁在《什么是"人民之友"以及他们如何攻击社会民主党人？》一书中，对俄国民粹派的米海洛夫斯基攻击马克思主义唯物史观进行了坚决回击，批判了民粹派的主观社会学，实际上也从侧面对经济唯物主义进行了回击。[②] 米海洛夫斯基认为，唯物史观过分注重社会生活的经济方面，没有兼顾到社会生活的其他方面。在列宁看来，唯物史观并不只是强调社会生活的经济方面而不照顾社会生活的全部总和，相反，马克思是最早强调不仅要分析社会生活的经济方面而且必须要分析社会生活各个方面这个问题的社会主义者。例如，《资本论》正是以经济关系为骨骼，但又不以这个骨骼为满足，不以一般意义上的经济理论为限，随时随地探究与生产关系相适应的上层建筑，使骨骼显得有血有肉。

经济的最终决定作用是放置于社会整体结构中的地位来把控的，而不是说社会中的一切复杂现象都可以从经济发展中找到答案。恩

[①] 《马克思恩格斯选集》第4卷，人民出版社2012年版，第606页。
[②] 参见《列宁选集》第1卷，人民出版社2012年版，第1—11页。

格斯曾一语中的地指出："要从经济上说明每一个德意志小邦的过去和现在的存在，或者要从经济上说明那种把苏台德山脉至陶努斯山脉所形成的地理划分扩大成为贯穿全德意志的真正裂痕的高地德语音变的起源，那么，很难不闹出笑话来。"① 社会发展是多种因素交互作用的结果，而不是单一的经济因素起作用。历史唯物主义是在多种因素中抓主要起决定作用的经济因素，与历史唯物主义平行的还包括自然唯物主义、经济唯物主义、实践唯物主义、庸俗唯物主义等，而经济唯物主义则是处于历史唯物主义的对立面，主张经济原因是唯一性因素。

可以说，"经济决定论"是一个含混不清且内容多变的概念，它可以用来表示"唯经济决定论"，成为不少理论家手中用来反对历史唯物主义的工具。② 一些学者将历史唯物主义的原罪归咎于"经济决定论"的罪名，一口咬定历史唯物主义就是"经济决定论"，而没有对是非曲直加以分析。事实上，马克思在当年《〈政治经济学批判〉序言》中对历史唯物主义原理的概括具有时间性，因为当时面临的主要任务是驳倒传统历史唯心主义的原则，他重点关注的是生产力决定生产关系、经济基础决定上层建筑以及矛盾推动社会形态的演变规律，至于反作用并不是考察的重点。对此，恩格斯在晚年也做了总结和反思。所以，关于"经济决定论"的争论也不是什么新问题，马克思恩格斯逝世后，一些马克思主义者没有区分历史唯物主义和唯经济决定论的边界，将历史唯物主义说成是经济决定论。

二 "历史唯物主义"概念的身世由来与演变发展

一般来看，我们通常在哲学教材或专业论文中所说的历史唯物主义基本原理，包括社会存在决定社会意识、经济基础决定上层建

---

① 参见《马克思恩格斯选集》第4卷，人民出版社2012年版，第605页。
② 参见本刊记者《谈谈历史唯物主义的方法论问题——访中国人民大学一级教授陈先达》，《马克思主义研究》2014年第6期。

筑、人民群众是历史的创造者、阶级斗争与无产阶级专政等具体原理。因此，我们可以说，历史唯物主义是探讨关于在各种社会综合因素中经济因素起决定作用的理论，而非简单的经济决定一切的学说。那么历史唯物主义因何而生？它的命运又是如何？

回顾以前的唯心主义历史学者创造的各式各样的历史观，都具有不可克服的致命缺点，如与唯物史观相平行的唯心史观、自然史观、英雄史观、偶然史观等，它们都只是抓住历史发展中的某一方面加以放大，由于其先天的偏颇和弱点，他们都失败了。只有马克思借助于经过改造的黑格尔唯心主义辩证法，成功地将唯物主义推广、应用于社会和历史领域，正确揭示了历史发展的规律。正如列宁所强调的那样，首先，以往的历史理论，至多是考察了人们历史活动的思想动机，而没有考究物质生产及其社会关系的根源；其次，过去的历史理论恰恰没有说明人民群众的活动，只有历史唯物主义才第一次使我们能以自然史的精确性去考察群众生活的社会条件以及这些条件的变更。① 恩格斯在首次表述历史唯物主义定义的时候，明确指出历史唯物主义追寻的是"一切重要历史事件的终极原因和伟大动力"②，即从过去时的历史事件中探求经济根源和政治原因。

需要说明的是，人们在马克思主义发展史上普遍公认，马克思恩格斯关于他们创立的历史唯物主义的首次经典表述见于1845—1846年两人合著的《德意志意识形态》，标志着历史唯物主义的降生。③ 而一

---

① 参见《列宁选集》第2卷，人民出版社2012年版，第425页。
② 《马克思恩格斯选集》第3卷，人民出版社2012年版，第760页。
③ 绝大多数学者都认为《德意志意识形态》标志着唯物史观的创立（参见赵家祥等《历史唯物主义教程》，北京大学出版社1999年版，第40页；陶富源《唯物史观在当代》，安徽师范大学出版社2016年版，第3页；王虎学《历史唯物主义的"名"与"实"》，《哲学研究》2012年第3期；等等），但也有一些学者过分夸大了马克思主义哲学创立以前18世纪法国唯物主义者、古典政治经济学、空想主义者以及复辟时期法国历史学家和黑格尔、费尔巴哈等人在社会历史观方面的积极成果，认为唯物史观在马克思主义之前就已存在（参见徐殿久《马克思主义以前没有唯物史观吗？》，《学习与探索》1981年第1期）。相较之下，笔者更赞同前一种观点。

些国外学者却持相反意见，如英国学者特瑞尔·卡弗（Terrell Carver）却明确反对这一文本代表着历史唯物主义的创立。张一兵教授曾在《马克思历史辩证法的主体向度》中区分了广义历史唯物主义和狭义历史唯物主义①，在他看来，广义历史唯物主义就是社会历史的"一定的"历史境遇，即生产力和生产关系发展到一定阶段和一定水平。② 人们在变革外部世界的实践活动中，物质生活资料的生产和再生产是全部社会存在和发展的基础，这一确认是广义历史唯物主义的基本原则。后来马克思在1846年给安年科夫的信中所说的具体历史性，以及《1857—1858年经济学手稿》中关于狭义的历史唯物主义的探讨，都可以看作是对历史唯物主义的深化。马克思曾在1859年的《〈政治经济学批判〉序言》中明确指出，自己研究政治经济学和批判资本主义生产方式的科学方法就是历史唯物主义。

众所周知，历史唯物主义虽然是马克思一生中的两个重大发现之一，但是他从未专门写过历史唯物主义方面的论著。他关于历史唯物主义的阐述多是散见于各个时期针对不同问题的探讨中，尤其是政治经济学论著中。

我们知道，马克思在1859年《〈政治经济学批判〉序言》中关于历史唯物主义的集中和核心的观点是："物质生活的生产方式制约着整个社会生活、政治生活和精神生活的过程。"③ 关于历史唯物主义的起源问题，我国不少学者都认为它源于马克思1845年春写的《关于费尔巴哈的提纲》，主要依据是恩格斯在《路德维希·费尔巴哈和德国古典哲学的终结》1888年的序言中称赞它是"包含着新世

---

① 有学者不赞成这种区分，认为这种区分方法存在不当之处。（参见赵家祥《完整准确地理解马克思及其唯物史观——对"广义历史唯物主义"和"狭义历史唯物主义"区分的质疑》，《北京行政学院学报》2018年第3期。)

② 张一兵：《马克思历史辩证法的主体向度》，武汉大学出版社2010年版，第171页。

③ 《马克思恩格斯选集》第2卷，人民出版社2012年版，第2页。

界观的天才萌芽的第一个文件"①。另外，恩格斯在1893年2月7日给俄国社会主义者弗拉基米尔·雅柯夫列维奇·施穆伊洛夫（Владимир Яковлевич Шмуйлов）的回信中提及这一问题时明确说道："关于历史唯物主义的起源，在我看来，您在我的《费尔巴哈》（《路德维希·费尔巴哈和德国古典哲学的终结》）中就可以找到足够的东西——马克思的附录其实就是它的起源！其次，在《宣言》的序言（1892年柏林新版）和《揭露共产党人案件》的引言中也可以找到。"②

许多学者都注意到恩格斯关于马克思的《提纲》其实就是历史唯物主义起源的说法，但鲜有论者对这种说法进行深入的分析和阐释。有学者则通过通读原著，找到了恩格斯意指的包含在《费尔巴哈》、《宣言》（1892年柏林新版）序言③和《揭露共产党人案件》之中并且与历史唯物主义起源直接相关的论述，认为《提纲》中的第四、六、七条中虽然没有明确提出"社会存在"、"社会意识"这样的专业术语，但出现在这三条中的"世俗基础"、"宗教感情"等可以看作对应术语的萌芽。这三条中强调的一个主要思想可视为"人们的社会存在决定人们的意识"这一历史唯物主义基本原理的萌芽。④

列宁曾说："马克思的历史唯物主义是科学思想中的最大成果。过去在历史观和政治观方面占支配地位的那种混乱和随意性，被一种极其完整严密的科学理论所代替。"⑤ 囿于对列宁该句名言的狭隘认识，人们往往认为历史唯物主义是马克思或恩格斯首先提出来的。

---

① 《马克思恩格斯选集》第4卷，人民出版社2012年版，第219页。
② 《马克思恩格斯选集》第4卷，人民出版社2012年版，第637页。
③ 事实上，恩格斯在这里所说的"《宣言》1892年柏林新版"并不存在。通过查阅核实原著文献，我们可以推断，他在这里所说的《宣言》版本应该是第四个德文本，即1890年德文版序言。
④ 参见段忠桥《重释历史唯物主义》，江苏人民出版社2009年版，第369—377页。
⑤ 《列宁全集》第23卷，人民出版社2017年版，第45页。

其实，历史唯物主义既跟马克思无直接联系，也不是恩格斯的首创，而是恩格斯从"德国青年著作家"手中接过来的一个套语。

19世纪八九十年代，德国青年运动中盛行肆意构造一个完整"体系"的不良风气和传统，他们很少有人认真收集材料，下一番真功夫钻研，又急于构造体系，就如恩格斯1890年8月5日给康拉德·施米特的信中所说，虽然唯物史观有很多朋友，但这些朋友却把它当作不研究历史的借口，许多青年著作家认为只要把唯物主义这个套语当作标签贴到事物上去，问题就自然解决了。这些人只是用历史唯物主义的套语将自己贫瘠的知识快速构成体系，又可以不花精力，自以为很了不起。所以，历史唯物主义是在这种背景下以套语形态生成的。①

历史唯物主义从现实到思想的研究进路，蕴含于马克思恩格斯的一系列著作中，如《共产党宣言》《1848年至1850年的法兰西阶级斗争》《路易·波拿巴的雾月十八日》，恩格斯的《英国工人阶级状况》《德国的革命和反革命》、列宁的《国家与革命》等都是历史唯物主义的经典代表作。

马克思恩格斯逝世后，第二国际阵营的马克思主义学者对阐释历史唯物主义方面做了不小的贡献，取得了一系列成果，如拉布里奥拉的《唯物史观论丛》、普列汉诺夫的《论一元论历史观的发展》②、考茨基的《唯物主义历史观》、梅林的《论历史唯物主义》、拉法格的《唯心史观和唯物史观》《财产及其起源》等。但是也存在一些被大家共识的问题：一是它们对历史唯物主义的阐释与马克思恩格斯经典作家的论述有出入，存在诸多不一致；二是没能重现一个概念清晰、系统完整、逻辑严谨的历史唯物主义理论体系。

---

① 参见张奎良《恩格斯与历史唯物主义》，《哲学动态》2012年第11期。
② 普列汉诺夫反对术语的滥用，他认为术语的混乱会严重歪曲唯物史观，"'经济唯物主义'这一名字是非常不恰当的。马克思从来没有自称为经济唯物主义者"。（参见《普列汉诺夫哲学著作选集》第1卷，生活·读书·新知三联书店1959年版，第768页。）

第三章 本体论：拉法格关于"什么是马克思主义"的探讨

进一步来看，经济决定论也对一些西方学者产生了很大影响。当代西方学者中把马克思的历史观即历史唯物主义阐释为经济决定论的也不在少数。比如，英国哲学家伯特兰·阿瑟·威廉·罗素（Bertrand Arthur William Russell）就称历史唯物主义为"经济史观"，认为马克思的历史哲学过分强调经济的决定作用，忽视英雄、民族、科学等其他因素的决定作用；在英国学者卡尔·波普尔（Karl Popper）看来，马克思把历史舞台上的演员看作是被无法抗拒的经济路线牵动着的木偶[1]，因此，他把马克思恩格斯的历史唯物主义称为"经济主义"。波普尔既肯定历史唯物主义的历史价值，又认为马克思将社会历史的发展寄托在物质生产资料的发展等社会经济条件上是完全错误的，政治、宗教和科学思想等这些非经济因素才是决定社会发展的力量；英国的柯林武德（Robin George Collingwood）同样认为，马克思与黑格尔一样，都是从社会的某个视域来探究社会历史发展的决定性因素，不同的是黑格尔选择了政治，而马克思选择了经济因素。[2] 一些西方马克思主义者，例如，尤尔根·哈贝马斯（Jürgen Habermas）、路易·皮埃尔·阿尔都塞（Louis Pierre Althusser）、威廉姆·肖（William H. Shaw）和保罗·罗默（Paul M. Romer）等人也未能摆脱"经济决定论"的思维窠臼和思想烙印。如哈贝马斯的一些论述则隐喻了对历史唯物主义的经济决定论性质的指认[3]；阿尔都塞则号召用"多元决定论"弥补"经济决定论"的缺陷[4]；等等。这种解读不仅歪曲了历史唯物主义的本真面貌，而且给实践带来了危害。以上学者徘徊于经济决定论和尝试重新解读之

---

[1] 参见［英］波普尔《开放社会及其敌人》，郑一鸣等译，中国社会科学出版社1999年版，第168页。

[2] 参见［英］柯林武德《历史的观念》，何兆武、张文杰译，商务印书馆2017年版，第184页。

[3] 参见［德］尤尔根·哈贝马斯《重建历史唯物主义》，郭官义译，社会科学文献出版社2000年版，第4页。

[4] 参见［加］艾伦·伍德《民主反对资本主义——重建历史唯物主义》，吕薇洲等译，重庆出版社2007年版，第4—5页。

间，也为后来者留下了研究的空间和未解之谜。

综上所述，历史唯物主义从西方到东方，从国外到国内，呈现出不同的解读范式，历史唯物主义的前途可谓险象环生，命运多舛。

三 拉法格眼中的"经济唯物主义"真相还原

自从历史唯物主义诞生以来，就和经济唯物主义纠缠在一起，两者相对相生，对它们做出明确区分是一项艰巨的任务。

有学者认为，强调经济因素在社会生活中的决定作用本来就是唯物主义，经济唯物主义有重复之嫌，人们往往把经济唯物主义等同于偏执的经济决定论，或者将其仅仅理解为单纯经济领域的唯物主义。[1] 西方马克思主义者则一致主张，拉法格等第二国际理论家把马克思主义教条化和庸俗化，把马克思主义误读为"经济决定论"，抹杀他们宣传马克思主义的卓越贡献，认为第二国际马克思主义阶段是马克思主义理论发展史上的衰落阶段。[2]

在拉法格看来，历史唯物主义的发现为真正科学的社会学、意识观念和真正的历史哲学提供了事实证据，这种历史哲学摆脱了唯心主义、形而上学和先验论的束缚，摆脱了肆意捏造历史的企图。拉法格说道："经济决定论，这是马克思交给社会主义者的新的工具，以便靠它的帮助在历史事件的混沌状态中确立某种秩序。"[3] 由于阶级偏见和智力的局限性，历史学家和哲学家们不能对这些事实进行分类和解释，社会主义者则独占了这个工具，但是社会主义者在使用这个工具前，希望它是完美无缺的，能够成为解决一切历史问题的钥匙，他们可能会为此争论不休，写出来一篇又一篇关于历史唯物主义的论文和书籍，但在思想的问题上没有丝毫进步。和第

---

[1] 参见周宏《试论拉法格的意识形态理论》，《南京社会科学》2006年第4期。
[2] 参见［德］卡尔·柯尔施《马克思主义和哲学》，王南湜、荣新海译，重庆出版社1989年版，第13页。
[3] 中共中央马克思恩格斯列宁斯大林著作编译局国际共运史研究室编：《拉法格文选》（下卷），人民出版社1985年版，第296页。

二国际其他理论家一样，拉法格把历史唯物主义看作解释历史过程、社会发展的理论，看成是剖析历史、构建历史事实联系，揭示历史进化原因的方法。

马克思恩格斯一系列唯物史观的著作，是在总结法国阶级斗争历史经验的基础上完成的，但由于当时蒲鲁东主义和其他空想社会主义在法国还有较大的市场，阻碍马克思主义的传播，拉法格则率先打开了传播唯物史观的局面。1866年秋季，拉法格在《塞纳左岸报》发表的《社会斗争》一文，向读者介绍了马克思的为人和思想观点。可以说，他是把唯物史观介绍给法国读者的第一个法国人。[①] 他在掌握大量历史资料和结合法国阶级斗争实际材料的基础上，探讨了生产方式变革推动社会变革的过程，进一步阐发了唯物史观的基本原理。事实上，他所说的经济决定论并不是通常意义上的极端、狭隘的唯经济决定论，证据有二，这主要蕴含在他的诸多著作中。

1. 证据一：拉法格和饶勒斯在1895年的论战中阐述了社会存在决定社会意识的原理

拉法格说在马克思以前不存在科学的历史观，神学历史观、人道主义历史观等占据统治地位。历史学家们无法解释一些神秘的现象，只能求助上帝，一切民族都曾经认为上帝支配他们的历史，把人世间社会生活中的一切秩序看成是神灵的安排，由天命决定。马克思则把上帝从历史中驱除出去，才使后人用共产主义思想家的唯物主义方法创造了科学的历史观。饶勒斯却以为文明人掌握的正义和博爱等观念早在野蛮人的头脑中就已存在，历史不过是道德观念和外界不断发生矛盾冲突的系列，并且最终总是正义的观念获胜。他把观念的发展当成历史前进的永恒动力，是复活天赋观念的翻版。

在拉法格看来，道德观念不是人天生就有的，不是从天上掉下来的，而是继承了祖先经过世世代代延续下来的观念，乍看起来似乎是先天的，实际上来源于祖先经验。后世在继承这些观念时，从

---

① 参见叶汝贤《唯物史观发展史》，吉林人民出版社1985年版，第277页。

一定经济地位和利益出发，归根到底也是受经济关系的制约，所以是经济的必然性而不是正义观念推动人类前进。拉法格还以奴隶制历史和共产主义理想为例验证自己的论点，他认为当生产发展时，人们的劳动产品除了可以维持自己的生存还有剩余供别人夺取时，才会产生奴隶制。① 当生产工具继续发展、奴隶制演变为剥削人的形式时，它就会归于消亡。② 拉法格在这里认为，生产工具的演变和发展决定了社会经济形态的变化，历史就是建立在生产工具基础上社会经济形态合乎规律的更替。同时，拉法格强调共产主义理想也不是人脑自发的产物，而是从现实的深处产生，是经济世界的反映。饶勒斯否认经济关系的决定作用，必然导致否定历史发展的谬论。在他眼中，与社会环境发生矛盾的博爱和正义概念促进了人类发展，假如事情真是如此的话，就不会有历史的进化，"因为人永远不会走出原始共产主义的阶段，在这阶段上不存在而且也不能存在正义的概念，而且在这阶段上博爱的感情比在任何其他的社会环境更能自由表现出来"③。

2. 证据二：拉法格在《卡尔·马克思的经济决定论》一书中解决社会历史观难题时，通过具体探讨意识和思想的起源，进一步阐述了社会存在对社会意识的决定作用

拉法格在文中以马克思在《〈政治经济学批判〉序言》中的经典表述为开篇，运用大量历史材料，论证了道德、法律、宗教、艺术起源于经济关系，还特别论证了正义、善、灵魂和神的观念起源于社会经济关系。

其一，他认为进步、正义、自由、祖国等思想本身是社会现象

---

① 参见中共中央马克思恩格斯列宁斯大林著作编译局国际共运史研究室编《拉法格文选》（下卷），人民出版社 1985 年版，第 64 页。
② 参见中共中央马克思恩格斯列宁斯大林著作编译局国际共运史研究室编《拉法格文选》（下卷），人民出版社 1985 年版，第 66 页。
③ 中共中央马克思恩格斯列宁斯大林著作编译局国际共运史研究室编：《拉法格文选》（下卷），人民出版社 1985 年版，第 59 页。

的产物,"社会现象在发展中创造、改变和消灭它们。正因为思想是在社会环境中产生出来的,所以才成为积极的力量。历史的任务之一就是要揭发是什么社会原因产生思想并给予思想以影响某一时代的人类智慧的力量"①。拉法格在此揭示了思想起源的社会原因,从而进一步巩固了唯物史观的理论阵地。

其二,分析生活环境对人的影响。拉法格指出:"无可争论地,人所生活的环境,不管他意识到与否,总会给他以深刻的影响,或在肉体方面,或在智力方面,或在道德方面。"② 拉法格将环境划分为自然环境和社会环境。自然环境指气候、土地、森林、河流及地理位置等自然条件;社会环境是打上人的活动烙印、逐渐形成和发展的"综合体","从历史时期的开端起,人为的环境便由经济的、社会的、法律的和政治的关系,习惯,风俗,风尚和道德观点,常识和社会舆论,宗教,文学,艺术,哲学,科学,生产方式和交换方式等等以及生活于其中的人们所组成"③。拉法格认为两种环境都对人和社会产生影响,但自然环境进化极为缓慢,社会环境进化则是一天比一天加速。

其三,强调生产方式的决定作用。影响历史发展的动因错综复杂,不能做简单化理解,但在社会环境中有一种最不稳定、经常在数量和质量上发生变化、最能动摇整个建筑部分的因素,即马克思所说的生产方式。拉法格指出:"当人们想发现历史运动的基本原因时,就必须到物质生活的生产方式中去寻找,如马克思所说,物质生活的生产方式一般地规定社会生活、政治生活和精神生活的过程。"④ 但拉

---

① [法]拉法格:《思想起源论》,王子野译,生活·读书·新知三联书店1963年版,第13页。
② [法]拉法格:《思想起源论》,王子野译,生活·读书·新知三联书店1963年版,第27页。
③ [法]拉法格:《思想起源论》,王子野译,生活·读书·新知三联书店1963年版,第30—31页。
④ [法]拉法格:《思想起源论》,王子野译,生活·读书·新知三联书店1963年版,第36页。

法格认为生产方式并不是在人类历史的任何阶段都起主要作用，他发挥了恩格斯的相关论述，强调生产方式在野蛮人时代起着次要的作用，随着人们把自然引进生产范围认识的逐渐提高，才获得优势和不断增长的意义。这个降服自然力的过程在史前即人们把石头当作武器和工具，改造自然满足自己需要时，生产方式就已开始在历史中起决定作用。

其四，既强调社会规律的客观性，又重视人的活动的意义。拉法格认为，马克思的经济唯物主义使人摆脱了唯灵论者的宿命论，它号召工人起来研究压迫他的经济力量，可以控制它们，工作机器会使他们从苦难中解放出来，给人以自由享受的休闲时间。[①] 拉法格强调工人阶级能认识社会规律和经济力量，控制它们为自己服务，坚信马克思主义一旦被工人群众掌握，就会变成一股改造世界的革命洪流。此外，拉法格以唯物史观为指导，结合历史和社会生活现象进行深入研究，在唯物史观发展史上取得了除革命导师以外的第一批成果，编撰了关于犯罪学、伦理学、宗教、社会主义史等问题的系列著作；他在与资产阶级学者、机会主义分子和无政府主义的论战中，捍卫了马克思主义阶级、国家观和无产阶级专政理论；他在革命斗争中寄希望于无产阶级，把无产阶级看作历史唯物主义的心脏，历史唯物主义则是无产阶级实现历史使命的思想武器。

总的来看，拉法格坚持和发展了马克思恩格斯唯物史观的基本观点，当然，他在阐述和论证这一原理过程中确实存在不可忽视的缺点和错误。例如，他经常将马克思的唯物史观说成"经济唯物主义"，似乎是把经济动因当作历史发展的唯一和终极因素；他对人对于自然和社会的能动作用理解还不够到位，他认为这种作用是极其有限的，作为无意识的人的活动不能影响历史发展的必然进程，他

[①] 参见［法］拉法格《唯心史观和唯物史观》，王子野译，生活·读书·新知三联书店1965年版，第50页。

经常引用"谋事在人，成事在天"①这个谚语；他没有从本质上区分人的环境和动物的环境，认为"人也和驯化了的植物和家畜一样受着两种环境的作用"②，人不是为自己创造社会环境的唯一动物，蜜蜂、蚂蚁、海狸等动物也为自己创造社会环境，蚂蚁的智力发展到罕见的高度水平归结于它所创造的社会环境的防护和教育作用，等等。

诚然，拉法格的经济决定论并不等同于那种传统的唯经济决定论。他通常主张从经济因素出发去努力探寻思想背后的东西，他又反对运用经济范畴去直接阐释纷繁庞杂的历史现象。例如，他在分析意识形态问题时，既强调意识形态是社会经济因素的结果，又强调意识形态依赖于自然环境，进而强调思想具有能够影响经济和社会发展的反作用。不得不说，拉法格对马克思唯物史观的理解存在一定偏差，他甚至认为唯物史观抹杀了思想观念的作用，这表明他对辩证法还缺乏足够的认识。尽管对专业术语有类似表达上的错误，但不能据此否认拉法格在唯物史观问题上的基本思想是正确的，紧紧抓住几句表达不准确的语言而否定其基本思想，容易走入以偏概全的死胡同，不是实事求是的态度。

第三节 以劳动群众为中心是马克思主义的根本立场

在拉法格看来，马克思主义同任何一种思想体系一样，有着自己明确而鲜明的立场，它的理论立场是为无产阶级代言。马克思主

---

① 参见中共中央马克思恩格斯列宁斯大林著作编译局国际共运史研究室编《拉法格文选》（上卷），人民出版社1985年版，第29页；[法]拉法格《唯心史观和唯物史观》，王子野译，生活·读书·新知三联书店1965年版，第15页。

② [法]拉法格：《思想起源论》，王子野译，生活·读书·新知三联书店1963年版，第30页。

义始终坚持以劳动群众为中心的立场，而拉法格为无产阶级代言的情结也正是在此。作为法国阶级群众中主要力量的工人阶级和农民群众，他始终关注他们的生存境况。他为无产阶级著述立言，为农民群众争取利益。在马克思恩格斯的思想视域中，农民和土地等问题从未缺席，一直都是他们思想学说中关注的焦点。在此，笔者选取工人阶级的物质利益和农民的土地问题这两个主题，来考察拉法格对这些问题的思索，以此呈现出他对马克思主义根本立场的承继关系。

一 "革命唯物主义者要为无产阶级物质利益服务"

马克思认为，人们"创造历史"的前提是必须能够生活，但为了生活，首先就需要一些吃喝住穿之类的东西。① 可见，物质生活资料的生产实践活动是历史活动的前提。拉法格在多个场合也都主张为无产阶级的物质利益服务。

比如，他在《工人政党和资本主义国家》（1880）中辛辣讽刺了一些玩弄革命词汇的无能之辈，说他们过于脱离现实世界，完全无视无产阶级的迫切物质需求，这些假革命者迫使人们忘掉自己的革命传统，压制自身的物质本能，克制一切最迫切的要求，被这些愚蠢的革命者臆想出来的迂腐理论迷惑。在拉法格看来，作为在无产阶级旗帜下前进的革命唯物主义者战士，"要为无产阶级的物质利益服务，而不是为了给它灌输或多或少是糊涂的或反动的观点和偏见"②。

拉法格还提醒工人党党员要在讲坛上听取无产阶级的诉求并进行革命鼓动，努力实现人民的物质需求，而不是脱离实际地空谈什么政权、自由等，要利用国家的力量减轻工人负担。

---

① 参见《马克思恩格斯选集》第1卷，人民出版社2012年版，第158页。
② 中共中央马克思恩格斯列宁斯大林著作编译局国际共运史研究室编：《拉法格文选》（上卷），人民出版社1985年版，第61页。

他在 1880 年《阶级斗争》中分析，从 1825 年起，每十年就要爆发一次工业危机，使拼命干活的工人陷入可怕的饥饿之中。工人阶级沦为资产阶级无能的受害者，肩负社会劳动的重担，也承受着巨大不幸。工人们每天在工业监狱中从事令人厌倦的、侮辱性的劳动，却无法保证最低限度的生活资料，周期性经济危机带来的可怕失业，使他们连微薄的工资都挣不到。以前的生产形式，如农奴制、奴隶制等至少在某种程度上还可以保证人们的生活资料，但资本主义剥削只有在备受折磨的生产者除工资外得不到任何生活资料的情况下才会充分扩大，资本主义剥削打着正义、平等的旗号，把刚解放出来的生产者又弄得如此贫困和受尽屈辱。拉法格还摘取了维勒姆（Willem）博士于 1835 年《社会主义评论》杂志中的工人极端贫困的生活状况调查报告。拉法格指出，再也没有什么比大工业中工人的生活更悲惨的了，资产阶级监狱里的生活比起工人的生活反而成了黄金国里的生活。①

拉法格在 1901 年的《论抵制》一文中提出，当资产阶级利用工人罢工来抵制它们商业对手的海上贸易时感觉心安理得，可当工人们为争取自己的生存权斗争时，却就是犯罪，遭到屠杀。拉法格还在 1903 年分析美国托拉斯时强调，托拉斯体系没有给雇佣工人带来什么好处，奴隶社会的奴隶主起码还会怜惜奴隶和牛马，但工厂主对随时可以雇到的工人则漠不关心。一旦不需要工人劳动时，就一脚把他们踢开，听任他们到处流浪饿死。托拉斯体系引起的集中使资本主义统治套在工人身上的枷锁更加沉重。②

综上来看，农民群众和工人阶级的生存状况一直是拉法格关注的焦点，构成了他剖析和批判资本主义制度的事实证据。

---

① 参见中共中央马克思恩格斯列宁斯大林著作编译局国际共运史研究室编《拉法格文选》（上卷），人民出版社 1985 年版，第 49 页。

② 参见中共中央马克思恩格斯列宁斯大林著作编译局国际共运史研究室编《拉法格文选》（下卷），人民出版社 1985 年版，第 289 页。

二 农民与土地问题的思索

马克思恩格斯早在《共产党宣言》中就认识到，无产阶级要取得革命胜利，就必须把不断分化和破产的小农吸纳到自己方面来。经过 1848 年革命的洗礼，他们更加坚信农民是无产阶级的天然同盟军。但从小农人口为主的法国来看，拉法格在协助法国工人党制定土地纲领和关照农民利益时，他的思想主张还未上升到实现工农联盟、建立统一战线的高度。

1789 年法国大革命后，法国存在大量的小土地占有者①，法国土地问题导致了农业人口的攀升。这些小农既分散又贫困，无法抵挡土地兼并。据 1884 年一次农村人口统计资料显示，当时 4950 万公顷耕地分配给 834.6 万个所有者，其中 509.1 万个农民合计占地 257.4 万顷，即每人平均占地 0.5 公顷。换句话说，占全部土地所有者人口一半以上的 500 万农民占法国可耕种土地的 1/23，而 29200 个大土地所有者却占有了可耕种土地的 1/4，即 1250 万公顷。而在法国大革命后的 100 年间，土地不断被集中于农业资本家手中，土地集约化经营和地价的上涨又加速了土地集中的趋势，再加上农业专业化竞争和对农村捐税的掠夺，使靠一小块土地勉强糊口的农民陷入破产灭亡的窘境。19 世纪 90 年代初期，法国农村中靠出卖劳动力为生的农业工人达 250 万，拥有 1—5 公顷土地的小农人口有 730 万。法国农业人口占总人口的比例一直居高不下。1876 年农业人口占全国人口的 67.6%，以后各年虽逐年下降，但到 1911 年仍占 55.9%。②

19 世纪末，法国工人党领导的工人运动不断高涨，组织力量日

---

① 1789 年的法国大革命废除了封建贵族和僧侣的土地所有制，将地产收归国有，其中一部分地产或无偿分配，或低价出售和转租给原来的农民，这就催生了大量的小土地占有者。

② 参见殷叙彝等《第二国际研究》，中央编译出版社 1998 年版，第 369—370 页。

趋壮大，党领导下的工会组织和工会会员数量都不断增加。但是仅仅依靠工人阶级的选票和力量还不能使党成为执政党，必须建立统一战线，形成坚固的工农联盟，使广大农民进入革命队伍中，逐渐成为主要依靠力量。如何制定科学合理的土地政策，从而争取农民加入革命运动的行列，支持无产阶级政党夺取政权，成为拉法格等法国马克思主义者面临的一项重要任务。正如拉法格在 1893 年 10 月 10 日给恩格斯的信中所言："争取农村，这是社会主义者的重要目标。"① 马克思也曾指出："应当首先从城市走向农村，应当成为农村中的一股力量。"② 遗憾的是，第二国际在争取农民这方面的工作还很薄弱，在 9 次代表大会中只有两次简略涉及农民问题。③ 当时第二国际成员也不同程度地在农村或党的代表大会上进行社会主义宣传鼓动，讨论制定土地纲领。

1894 年恩格斯发表的《法德农民问题》表明了农民与土地问题的态度，为法国土地问题的解决提供了借鉴和参考。资产阶级政客认为，土地共有的理论必然会在"反集体主义的农民脑壳"上碰得粉碎，农民任何时候都不会容忍土地共有，因为农民对自己的小块土地的眷恋之情非常强烈，排挤了其他一切激情。但是资产阶级政客们对三十年来农村发生的变化缺乏认识，忽略了地产正在加速集聚在少数人手中的事实。大量的小农只占有一小块土地，不足以维持自己的生计，为了生存，他们不得不将自己的劳动力出卖给大土地所有者。铁路和金融资本对农业关系起了革命性作用。铁路的修建将农产品运往外地市场，将农民运进远离家乡的城市，不再过与世隔绝的生活；金融资本则将农民世代积累下来的金钱集中到掠夺者的手里。

1892 年 5 月，法国工人党在市镇选举中的胜利坚定了党的领导

---

① ［法］爱·鲍提若里：《恩格斯与保尔·拉法格、劳拉·拉法格通信集》第 3 卷，冯汉津等译，人民出版社 1981 年版，第 290 页。
② 《马克思恩格斯选集》第 4 卷，人民出版社 2012 年版，第 356 页。
③ 分别是 1893 年的苏黎世代表大会和 1896 年的伦敦代表大会。

人制定一个争取农村土地纲领的决心。对此,法国工人党全国委员会制定了一个关于农村各阶层状况的详细调查提纲,涵盖了财产关系、经营方式、使用机器的数量、工资、劳动时间和小农生活状况等 26 项指标,分发给全国各农业地区的社会主义团体和农村积极分子,在综合各地答复和农民要求的基础上拟定党的土地纲领。1892 年 9 月 24—27 日,法国工人党在马赛召开第十次全国代表大会,拉法格在会上作了关于土地问题的报告。大会在征求了农民的意见后再通过决议,经过热烈讨论,最后一致通过了党的第一个土地纲领,即马赛纲领。它分别面向农业工人、小农、佃农和分成制佃农①,提出了一系列有利于维护这三类农民切身利益的措施,共计 11 条纲领。

马赛代表大会闭幕以后,工人党在农村广泛宣传社会主义理论,土地纲领的制定在几个月后的议会竞选中,也给社会主义候选人带来了很大帮助。工人党在 1893 年 8 月 20 日和 9 月 3 日的议会第一轮选举中就获得了 250752 张选票,这是与农民的支持密不可分的,拉法格在选举后发表的文章中对城市居民和越来越多的农民群众加入到社会主义队伍中来表达了兴奋的心情。但是,法国工人党领导人被胜利冲昏了头脑,为了一时的成就和争取更多的农民选票,他们竭力"想把纲领弄得更加适合于农民的口味"②。1894 年 9 月 14—16 日在南特召开法国工人党第十二次全国代表大会,讨论关于修改马赛土地纲领的问题。拉法格在会上所作的《农民所有制和经济发展》的报告中,阐述了社会主义政党在夺取政权前和夺取政权后对待农

---

① 为农业工人提出的措施有:规定最低工资额,设立农业劳资纠纷仲裁委员会,向大地产征收特别所得税,为残废者和老年人设立农业退休基金;为小农提出的要求有:市镇在国家资助下购置农业机器免费交给小农使用,建立农业劳动者协作社,免征 5000 法郎以下的地产转移税,修改地籍册,免费教授农艺学,建立农业试验田;为佃农和分成制佃农提出的措施有:建立仲裁委员会以削减地租,在他们退佃时补偿他们提高土地价值的费用。

② 《马克思恩格斯选集》第 4 卷,人民出版社 2012 年版,第 360 页。

民的态度和立场。大会通过了经过增补的土地纲领,即南特纲领。在马赛纲领的基础上补充了两点:一是增加了绪论;二是具体内容由 11 条增加为 18 条。

法国工人党从忽略农民问题到制定土地纲领,提出了一系列利于小农的要求,有助于团结农民,本身是一种进步。但是,他们并没有把农民看作无产阶级的同盟军,只是醉心于议会选举中获取更多的农民选票,这就迁就了小农的私有心理,实质上是对富农的剥削意图作了让步。这也就决定了恩格斯对工人党制定的这两个土地纲领持不同态度。

首先,他基本肯定马赛土地纲领,认为它是从典型的小农经济国家产生的,它为三类农民提出的措施并不过分,值得重视,并对该土地纲领扩大了工人党的影响表示高兴。在肯定的同时,恩格斯也对拉法格说:"你们这些昔日的不妥协的革命者,现在却有点比德国人更倾向于机会主义。"①

其次,恩格斯在获悉南特纲领后,持严厉批判的态度。他在给劳拉的信中指明其中的错误:"南特土地纲领的绪论部分宣称,社会主义者应该支持和保护农民的以至使用雇佣劳动的农场主和佃农的所有制,——这一点超出了法国以外的人们所能容忍的极限。"② 然而,德国社会民主党的改良主义者格奥尔格·亨利希·冯·福尔马尔(Georg Heinrich von Vollmar)却散布谣言说,恩格斯支持南特纲领,其用心是为他们鼓吹的"小农经济稳固论"的机会主义观点寻找支撑。

鉴于此种污蔑,恩格斯写信给《前进报》编辑部,批判福尔马尔在土地问题上的错误言论,澄清事实的真相,还专门在《新时代》杂志上写了《法德农民问题》,批判纲领绪论和新增条款中的错误观点。他在与拉法格的通信中说道:"你们让机会主义牵着

---

① 《马克思恩格斯全集》第 39 卷,人民出版社 1974 年版,第 282 页。
② 《马克思恩格斯全集》第 39 卷,人民出版社 1974 年版,第 286 页。

走得太远了。"① 恩格斯认为纲领中的一些提法"不仅直接违反法国的纲领，而且直接违反社会主义的基本原则"②。当然，他没有把拉法格、盖得和福尔马尔那样的机会主义分子混为一谈，恩格斯指出："我必须说明我相信南特纲领的起草者们实质上跟我抱有同样的观点。他们极有见识，决不会不了解，现在分为小块的土地也必定要转归公共占有。他们自己也承认，小块土地所有制是注定要消灭的。由拉法格起草的全国委员会在南特代表大会上的报告，也完全确认了这一观点……南特纲领在措辞上的矛盾百出本身就已表明：它的起草者们实际上所说的并不是他们所想要说的。"③ 恩格斯希望下届代表大会能对这个纲领进行审查更正。但遗憾的是，包括拉法格在内的法国工人党领导并未接受恩格斯的批评，没有"彻底修改"南特纲领关于土地问题上的错误观点，只是重新强调土地集体所有制，为自己在理论与实践方面的脱节作辩护。

后来，拉法格在1909年4月圣艾蒂安代表大会上关于土地问题的发言，认为法国是一个农村居民占有很大比重和小所有者仍大量存在的国家，社会党必须采取措施将农民争取到社会主义方面来，必须找到使农民立即对社会主义宣传发生兴趣的办法，必须拟定一系列非常明确清楚和容易理解的要求。在拉法格眼中，这样可以使三种类型的农村居民——农业工人、小所有者和佃农的利益得到满足，但他仍然没有对农民做出科学的阶级划分。直到一战前，法国工人党以及后来各派合并成立的法国社会党在农业问题上还是在马赛纲领和南特纲领的框子内徘徊，没有实质性进展。不得不说，拉法格未提出一个既符合法国农村实际又体现科学社会主义基本原则的土地纲领。

---

① 《马克思恩格斯全集》第39卷，人民出版社1974年版，第308页。
② 《马克思恩格斯选集》第4卷，人民出版社2012年版，第365页。
③ 《马克思恩格斯选集》第4卷，人民出版社2012年版，第373页。

第四节　无产阶级斗争学说是马克思主义的基石

列宁在《国家与革命》中明确说过，马克思学说中的主要之点是阶级斗争。人们时常这样说并这样写。但这是不正确的。……因为阶级斗争学说不是由马克思而是早在马克思以前就由资产阶级创立了，资产阶级一般可以接受这种观点。所以，谁要是仅仅承认阶级斗争，那他还不是马克思主义者，他还没有超出资产阶级思想和资产阶级政治的范围。……只有承认阶级斗争和无产阶级专政的人，才是马克思主义者。这是识别和区分马克思主义者同平庸的小资产者（以及大资产者）的试金石，并以此检验他们是否真正理解和承认马克思主义。[①] 同样，拉法格在著述中也坚持认为，阶级斗争学说和无产阶级专政是马克思主义的核心所在。早在1866年，拉法格在撰写的《社会斗争》一文中就向法国读者介绍了马克思主义阶级斗争学说，这是他第一篇用马克思主义的观点写成的文章，也表明此时的拉法格已经站在马克思主义立场上来分析社会现实问题了。

一　马克思主义的核心是阶级斗争学说

马克思在《共产党宣言》中提出，迄今为止，一切社会的历史都是阶级斗争的历史。[②] 拉法格以此为蓝本，分析了资本主义社会中两大阶级的经济起源、自身特征、对立成因，揭示了阶级斗争的必然性。同时，他结合本土实际，阐明了法国阶级斗争的新阶段。

首先，他在1880年《阶级斗争》中认为，工人阶级是19世纪法国唯一的革命的阶级，是对资本主义私有制这一社会的整个宗教、

[①] 参见《列宁选集》第3卷，人民出版社2012年版，第139页。
[②] 参见《马克思恩格斯选集》第1卷，人民出版社2012年版，第400页。

法律和政治的上层建筑的基础有新的认识而登上历史舞台的唯一的阶级。

拉法格明确指出:"人类的历史只能是阶级斗争的历史。"① 工业资产阶级从十三十四世纪开始缓慢地发展起来,并在 18 世纪推翻阻碍它发展的封建贵族;从 18 世纪末迅速发展起来的无产阶级在 19 世纪要炸毁资本主义社会形式。在拉法格看来,资产阶级不仅改造了占统治地位的社会条件,而且还在资本主义社会内部孕育了一支强制结束资产阶级地位的无产阶级大军。资本主义社会化大生产将整个社会划分为两个相互对立的阶级:寄生虫的私有者阶级和被剥削的生产者阶级。由于资本主义生产的无政府状态,资本家阶级只能侵吞生产资料,导致工人群众的赤贫。拉法格认为,这种毫无保障的贫困生活迟早会逼得无产阶级成为社会中最革命的阶级,只有以生产资料集体所有制取代资本主义私有制才能改善这种状况。

按照拉法格的看法,无产阶级的斗争形式经历了从早期的罢工经济斗争到后来的政治行动,工人阶级逐渐脱离了幼稚时期走向成熟。工人阶级只有组织成为政党,才能真正代表工人群众的利益,而政治斗争被看成是组织工人阶级准备进行社会革命的最好手段。拉法格指出,法国无产阶级现在是一个组织程度比上世纪资产阶级还要好的阶级,无产阶级在本世纪要完成的社会革命是使生产资料国有化,这个革命和资产阶级在 18 世纪进行的革命一样伟大。② 如果什么也不做只是消极地等待,或者最后才做出行动,那是完不成这个革命的。拉法格最后号召革命社会党人应当在这一安定和相对自由的时期发动和组织工人阶级,使他们领悟"剥夺剥夺者"的思想,并通过日常斗争、市政斗争、立法斗争来推动工人进行本世纪的伟大革命。他信心满满地说道:"这个革命一定会消灭阶级统治,

---

① 中共中央马克思恩格斯列宁斯大林著作编译局国际共运史研究室编:《拉法格文选》(上卷),人民出版社 1985 年版,第 46 页。

② 资产阶级在 18 世纪进行的社会革命,就是推翻阻碍资本主义生产力发展的封建贵族和特权等级制。

也一定会消灭社会对抗。"①

其次，拉法格在 1894 年《法国的阶级斗争》一文中，结合法国实际具体分析了法国阶级斗争的新阶段。

拉法格认为，从 1830 年起，法国的政治恶斗不过是争权夺利的各个资本家阶级集团之间的"家庭纠纷"，现在则演变为无产阶级和资本家阶级之间的斗争。从前彼此敌对的贵族和资产阶级化干戈为玉帛，结成同盟共同剥削工人阶级。自 1830 年起，政权始终掌握在资本家阶级一个阶级手中，一直到 1871 年第三共和国时期情况都是如此。政治斗争一直都是同一个阶级中的不同派别之间的权力斗争。封建贵族已经灭亡，无产阶级还处于形成状态。1848 年的六月起义和 1871 年的巴黎公社是被压迫阶级的猛烈反抗，但是他们的行动是盲目的，没有明确目标，还未意识到自己的历史作用。到了 1848 年以前的社会主义阶段，空想社会主义只能给那些被机械大生产挤垮的手工业者精神上的满足，使那些资产阶级堕落分子的贪欲如愿以偿。

1848 年以前，工人群众中信奉社会主义学说的人并不多，资本家阶级也没有理由感到恐惧。自从工人阶级登上政治斗争舞台，遵循事实逻辑进行活动，他们就不自觉地遵从了马克思恩格斯在《共产党宣言》中的战斗口号："到处都支持一切反对现存的社会制度和政治制度的革命运动。"② 无产阶级的行动使资本家陶醉于甜蜜幻想：工人们会永远把有产者看成是自己的"天然"领袖，为资产阶级的利益鞍前马后。可以说，1871 年巴黎公社表明，每一个资本主义社会内部隐蔽地存在着阶级斗争。③ 正在发生的经济事件教育工人们意识到自身的阶级利益，推动他们作为一个阶级组织成为政党，

---

① 中共中央马克思恩格斯列宁斯大林著作编译局国际共运史研究室编：《拉法格文选》（上卷），人民出版社 1985 年版，第 51—52 页。

② 《马克思恩格斯选集》第 1 卷，人民出版社 2012 年版，第 435 页。

③ 参见中共中央马克思恩格斯列宁斯大林著作编译局国际共运史研究室编《拉法格文选》（下卷），人民出版社 1985 年版，第 11—12 页。

不学无术的资产阶级政治家却认为，工人阶级组织成为政党的工作永远不会成为活生生的现实，只会是空中楼阁。

哈雷代表大会召开后，法国报纸伪造了一些报道，针对这些莫名其妙的发言，拉法格在 1890 年 10 月 16 日给恩格斯的信中指出，如果一味地"迁就到否认阶级斗争和对马克思的某些倾向持保留态度，那就走得太远了"①。

由此看来，拉法格并非偏爱阶级斗争，而是将其看作历史规律，把它看作消灭阶级的实现路径。如果从历史唯物主义中删除"阶级"和"阶级斗争"等关键词，不仅无法认识历史和现实，而且会使无产阶级的解放成为空谈。这样，我们也就理解了为什么拉法格对否认阶级斗争的言论如此"不可容忍"。以上拉法格的种种阐述表明，拉法格的一系列主张始终以阶级斗争为圆心，他把马克思主义基本原则与法国社会主义革命实际相结合，铺设了马克思主义观的基石。

二 无产阶级夺取政权之后去往何处和国家观之问

从 1885 年 8 月 29 日起，拉法格在法国工人党的机关报《社会主义者报》上陆续发表系列文章，涉及多种问题，内容包含广泛，他无情地痛斥法兰西第三共和国的资产阶级统治集团的政策，阐明法国的农业危机、财政状况等。1887 年拉法格发表《革命的次日》，探讨了无产阶级在夺取政权后面临的主要任务、实行的措施、国家机器的问题以及向共产主义过渡等问题。

1. 拉法格对革命政权建立后的任务做出了思考

首先，拉法格将无产阶级革命胜利后的时间称为"革命的次日"，指明了无产阶级面临的三大任务：一是组织革命政权和采取各种措施保护好这个政权；二是尽快满足人民的迫切需求；三是进行制度变革，推翻资本主义制度和奠定社会主义制度的基础。拉法格

---

① 参见［法］爱·鲍提若里《恩格斯与保尔·拉法格、劳拉·拉法格通信集》第 2 卷，广州外语学院法语教研室译，人民出版社 1981 年版，第 445 页。

非常注重革命胜利后按照军事方式将工人武装组织起来，坚决镇压一切反革命分子的破坏活动。关于选举权的问题，他主张在革命后的一段时期内剥夺所有原先资本家的选举权，只有革命政权彻底稳固后，才能实行真正的普选权。对于这个观点，俄国布尔什维克领导人列宁也多次表示，要根据具体的时间、地点和条件来决定无产阶级夺取革命政权后要不要剥夺资本家的选举权。俄国布尔什维克在十月革命后剥夺了所有原先资本家的选举权，这是由当时俄国的具体情况决定的，而不是在任何形势和条件下都可以这样做。

其次，拉法格认为革命政权应该采取措施，满足工人群众最迫切的需要，把工人们吸引到社会主义方面。他主张革命后第一天革命政权颁布的第一个法令就是将资本主义私有财产变为国有财产。他列举了几条实行的措施：一是颁布法令，宣布所有房屋都是国家财产，对住房进行登记，把游手好闲的富人阶层赶出豪华私宅，让工人们搬进去；二是将大商店收归国有，成立专门的街道委员会负责分发食物；三是在各街区成立共产主义大食堂，向群众无偿提供可以果腹的食品，按粮食分配，和菜农签订协议，使生产者和消费者免除中间的盘剥；四是采取各种利于农民的措施，将他们争取到社会主义革命方面来，比如取消各种抵押贷款、债务和租税等，向农民提供优质的化肥和种子等。

拉法格认为他提出的这些措施可以巩固政权，会得到广大工人群众的积极支持。但他提出的某些制度措施过于具体，有的还带有空想社会主义的印记（如创建大的共产主义食堂的设想）[1]，就如恩格斯在《反杜林论》中分析的那样，由于不成熟的资本主义生产状况和阶级状况，头脑中产生出来解决问题的办法，发明出来的一套新的完善的社会制度，这种制度"它越是制定得详尽周密，就越是

---

[1] 类似于空想社会主义者卡贝设想的关于在美洲创立伊加利亚共产主义移民区中的食堂，恩格斯在1890年《共产党宣言》德文版中所加的注释认为，这是一种乌托邦幻想。

要陷入纯粹的幻想"①。但总的来说,他的构想还是同马克思主义基本原则相一致的。

2. 论证打碎旧的资产阶级国家机器必要性问题上的见解

拉法格认为,建立革命政权后,国家及其所有的机关,包括邮局、警察、官吏、军队等都将被废除。他说:"国家是为了替资本家利益服务以及镇压和奴役无产阶级群众而精巧地建造成的机器。"建立革命政权就"必须破坏资产阶级机器,完全依靠按社会主义方式组织起来的无产阶级群众并奠定新制度的最初基础"②。革命政权不应当使国家继续成为电信局、邮局和棉纺厂的主人、工厂的厂长等,应当使工人自己做自己的厂长、老板和主人。他认为,应该将选举厂长、工程师和车间主任的权利交给工人群众,在他们相互之间分配经营所得收入。工人不再领取工资收入,而是平均地分配和享有社会财富,"在革命的次日,革命政权所代表的民族把劳动工具交给生产者支配;一些专门委员会负责确定各企业承担的职责范围,也就是对向企业提供的效劳的报酬数额,对折旧、修理和改善设备所作的扣除的数额,并确定为了使社会全体成员都得到粮食、住房和衣服,必须向社会基金提交的数额"③。由于革命的最终目的不是使道德、正义、自由以及其他愚弄人类的无稽之谈获胜,而是使工人的工作量尽可能少一些,在智力、体力和才能等方面能够更加自由地施展和享受。要达到这个目的,就必须改善机械设备,在社会成员之间实行合理分工,使社会生产和需要相适应。

但是,拉法格的一些提法还不够确切。如他正确强调必须发挥工人在生产中的主体作用,却反对无产阶级国家对生产的任何干预,这明显是一种无政府主义残余思想的表现;他将电信局、邮局和军

---

① 《马克思恩格斯选集》第 3 卷,人民出版社 2012 年版,第 645 页。
② 中共中央马克思恩格斯列宁斯大林著作编译局国际共运史研究室编:《拉法格文选》(上卷),人民出版社 1985 年版,第 259 页。
③ 中共中央马克思恩格斯列宁斯大林著作编译局国际共运史研究室编:《拉法格文选》(上卷),人民出版社 1985 年版,第 260 页。

队、警察等并列混同，主张无产阶级取得革命政权后不加区分地通通废除，这种观点是不妥帖的，背离了他想表达的将邮局和电信局等交给工人直接管理的意思。

3. 关于共产主义阶段问题的阐述

拉法格认为，进入共产主义社会后，享受和劳动都是公共的和自由的，但"在实现这种共产主义社会之前，必须经历一个过渡时期，在这一时期里，还不得不保存货币形式的工资，并且根据向社会提供的效劳以及所作的努力确定工资额"①。拉法格坚决摒弃那种实现社会主义只有一种静态模式的观点，主张各国无产阶级要结合本国的具体实际采取不同的道路走向社会主义。他说："十分可能的是，社会主义者提出的各种不同改造方式将根据各种条件不同地配合起来。"②

尽管拉法格在《革命的次日》中表述的观点有不足之处，但他基本上坚持了革命的马克思主义立场，标志着拉法格的思想观点进入了成熟的阶段。

---

① 中共中央马克思恩格斯列宁斯大林著作编译局国际共运史研究室编：《拉法格文选》（上卷），人民出版社1985年版，第261页。

② 中共中央马克思恩格斯列宁斯大林著作编译局国际共运史研究室编：《拉法格文选》（上卷），人民出版社1985年版，第261页。

第 四 章

实践论：拉法格关于"怎样对待马克思主义"的解读

实践论是关于主体对客体有意识的对象性活动的理论，包括实践的条件、过程、效能、规律等。"如何对待马克思主义"重点阐释实践中人们对待马克思主义的态度、行动和方法等，涉及马克思主义的发展，属于实践论范畴。

拉法格站在爆发法国资产阶级革命的"心脏地带"，在全球化双重视野中既是爱国者又是国际主义者，到英国、法国、西班牙等欧洲各国近距离地去体验和感知马克思主义。拉法格有目的、有组织地阅读、钻研、翻译、介绍和传播马克思主义理论，构成了他介绍传播马克思主义的显著特点；在与各种非马克思主义思潮作斗争的过程中，逐渐认识、学习、接受和掌握了马克思主义，更加坚定了自身的马克思主义信仰；在传播和发展马克思主义的过程中，聚焦于解决如何对待马克思主义。从实践论视角审视出发，拉法格从"知"、"信"、"行"三个层次依次递进和逐步发展的环节解读怎样对待马克思主义的问题。对此，拉法格有着自己专属的实践活动和理论著述。值得注意的是，1895年1月10日，拉法格对让·饶勒斯于1894年12月在巴黎的集体主义者学生小组所组织的集会上，关于唯心史观和唯物史观的问题所做的演讲的回答论战中说道："正象你们所见，饶勒斯和我们马克思主义者之间的争论归结为关于观念的起源和形成的争论。"① 在这里，拉法格将自己也放入了马克思主义者的阵营中。

第一节　认真学习和宣传马克思主义

和一般的大学生不一样，拉法格不是那种依靠教员用勺子喂知识的"书呆子"。他一方面积极参加当时的革命运动，另一方面进行深入的理论研究。以拉法格为代表的早期法国社会党人，对马克思主义理论的学习研读，是以马克思主义为指导，服务于改造法国和世界的社会革命实践，实现救国救民的历史使命和社会责任担当，是早期马克思主义法国化的探索者和实践者。先进的知识分子群体通过对马克思主义理论读物的学习研读，推动了组织内部团结和自身价值观的凝聚，并承担起马克思主义宣传家的职责。

一　刻苦学习马克思主义理论读物

拉法格求知欲强烈，思想活跃，主动接受进步思潮，通过认真研读马克思主义学说，储备了深厚的理论功底，构筑了其奔向马克思主义者的"入口"。他的人生观、世界观和价值观也发生了转折和变化，开始转变为马克思主义者。拉法格在1885年3月27日致信恩格斯交流关于维科的语言学见解，为了探索经济现象和法理观念之间的联系，他强调目前图书馆暂停开放，等它一开放，就去查阅原始民间语言的词典，看看是否像希腊文那样。② 按照劳拉的描述，

---

① 中共中央马克思恩格斯列宁斯大林著作编译局国际共运史研究室编：《拉法格文选》（下卷），人民出版社1985年版，第53页。

② 参见［法］爱·鲍提若里《恩格斯与保尔·拉法格、劳拉·拉法格通信集》第1卷，北京第二外国语学院法语专业73级师生合译，人民出版社1979年版，第352页。

拉法格不仅用笔、用嘴，有时还用拳头为党工作，他每天去国立图书馆，为几家刊物写文章。

1. 熟读导师马克思恩格斯的著作

马克思主义经典文本是学习马克思主义的理论元典，阅读原著是掌握马克思主义的重要途径，只有在经典作家的原始思想语境中才能"原汁原味"地理解它。拉法格对导师著作的研读可谓如饥似渴。他在1884年6月11日给恩格斯的信中，表示"急于拜读"恩格斯关于探讨家庭、私有制和国家起源的著作。他在读了恩格斯在《新时代》杂志上发表的马克思的《哥达纲领批判》一文后，认为"文章妙极了"。1890年12月19日，他在给恩格斯的信中曾说，自己在低温天气中围着火炉认真阅读恩格斯的《英国工人阶级状况》，为即将在市政厅开办的劳动史讲习班执教做准备。[①] 在他看来，恩格斯的著作具有使法国人喜欢的天赋，《空想社会主义》一书对于社会主义运动方向具有决定性影响，《费尔巴哈》一书受到广泛阅读和好评，获得很大成功，两本书产生了同样的影响。[②] 1885年7月12日，拉法格在读了恩格斯的《家庭的起源》关于家庭那一章后，才感觉到第一次在迷宫中找到了路径，恩格斯坚定有力的笔触及其阐述使拉法格很受启发，他认为这部著作无疑将在法国特别是在社会主义者团体之外受到欢迎。他在诸多文章中经常熟练引用两位导师的经典语句，信手拈来，旁征博引，也是为自己的论点提供论据和支撑说明。

第一，在一般探讨性文章中引证。

比如，拉法格在1880年《进化——革命》中探讨宗教的本质问题时，援引了恩格斯《反杜林论》关于自然力量与社会力量统治人

[①] 参见［法］爱·鲍提若里《恩格斯与保尔·拉法格、劳拉·拉法格通信集》第2卷，广州外语学院法语教研室译，人民出版社1981年版，第466页。

[②] 参见［法］爱·鲍提若里《恩格斯与保尔·拉法格、劳拉·拉法格通信集》第3卷，冯汉津等译，人民出版社1981年版，第331页。

们的观点和马克思在《资本论》法文版（1872—1875）分析价值形式时关于抽象劳动的论述；拉法格在论证资本家阶级、资本主义生产方式的消失导致公正观念消失中，阐明车床等机械装置动摇旧的经济条件产生的社会关系、宗教和哲学观念时，引证了《资本论》第1卷第2章中的语言。拉法格在概括性地说明土地的进化运动时，还提醒感兴趣的读者参看马克思《资本论》法文版的第140—161页和第314—341页。在拉法格看来，马克思以及恩格斯在《科学中的变革》的三章（即恩格斯后来不久在《社会主义评论》上发表的《社会主义从空想到科学的发展》）中都描绘了生产力辩证发展的图景。

拉法格在分析资本主义国家实质时，引用了恩格斯《反杜林论》中的一段精辟论述："到目前为止在阶级对立中运动着的社会，都需要有国家，即需要一个剥削阶级的组织，以便维护这个社会的外部生产条件，特别是用暴力把被剥削阶级控制在当时的生产方式所决定的那些压迫条件下（奴隶制、农奴制或依附农制、雇佣劳动制）。"[1] 拉法格在1883年《卡尔·马克思的经济唯物主义》中考察历史唯心主义和唯物主义问题时，强调人类社会在三个生产方式各不相同的经济环境中生长发育，即在奴隶制、农奴制和雇佣劳动制中成长，这也创造了人们相互对立的利益并被分为敌对的阶级，所以人类社会的历史是一部构成他们阶级斗争的历史。

拉法格紧接着引用了恩格斯在《社会主义从空想到科学的发展》中的一段话："每一时代的社会经济结构形成现实基础……用人们的存在说明他们的意识，而不是像以往那样用人们的意识说明他们的存在这样一条道路已经找到了。"[2] 拉法格强调尽管资产阶级政党内部有矛盾，但是他们为了镇压被剥削阶级的武装起义而结成临时联盟，在分析统治阶级政党的斗争微弱地反映着内部不停的斗争时，

---

[1] 《马克思恩格斯选集》第3卷，人民出版社2012年版，第668页。
[2] 《马克思恩格斯选集》第3卷，人民出版社2012年版，第796页。

还引用了马克思在《哲学的贫困》第二章的表述；在研究国家和阶级消亡时引证了恩格斯在《社会主义从空想到科学的发展》中的论述。

第二，在与敌人的论战中引证经典语句作为辩驳的武器。

首先，拉法格在与法国经济学家保尔·勒卢阿－博利约（Paul Leroy-Beaulieu）的论战中捍卫马克思的剩余价值理论，转引了马克思在《资本论》中关于资本的概念，并嘲讽博利约对《资本论》读得太不仔细。拉法格在分析剩余价值的形成过程时，还在所作的说明性注释中说道："在这里我只能指出这一学说最基本的东西，读者可参阅马克思的《资本论》或达尔文的卓越的著作。"① 可见拉法格对《资本论》中的内容耳熟能详。

其次，在迎战资产阶级经济学家的围攻时，对于布洛克污蔑马克思认为一小时劳动就值一小时劳动，拉法格指责他大概没有读过马克思所讲的复杂劳动简化为简单劳动的那一页。拉法格在和饶勒斯论战时，认为正义和道德观念随着历史的变化而变化，迎合统治阶级利益和需要的道德概念就会被强加到被压迫阶级身上，他引用《共产党宣言》中的"任何一个时代的统治思想始终都不过是统治阶级的思想"② 来佐证自己的观点，从中可见一斑。

第三，援引马克思的数据调查资料。

利用实证数据资料是马克思阐明思想观点的一个重要特征，拉法格则擅长从经典著作中借用数据论证。他在1880年的《懒惰权》一文中强调，机器资本主义的应用使资产阶级丢掉从事劳动的习惯，雇用一大批人脱离生产性劳动作为奴仆为他们服务，应用了《资本论》中的一组纺织厂和冶金厂工人人数的数字，与现代家奴的人数形成鲜明对比。他在剖析赫伯特·斯宾塞和社会主义时，从数量上

---

① 中共中央马克思恩格斯列宁斯大林著作编译局国际共运史研究室编：《拉法格文选》（上卷），人民出版社1985年版，第186页。

② 《马克思恩格斯选集》第1卷，人民出版社2012年版，第420页。

论述不断增多的家仆阶级时，便引用了马克思在《资本论》中使用的1861年威尔士和英格兰的人口调查资料以及之后的大不列颠统计数字。

另外，拉法格在《财产的起源和进化》中追溯劳动分工的起源时，还参照了马克思《资本论》中所讲的分工起初建立在性别差异之上的观点。在资本主义的金融一节中，拉法格认为1789年法国大革命最革命的行动之一就是把它置于一切政治革命和未来变革之上，他引用了马克思的公债观。① 在马克思看来，公债是原始积累的有力手段之一，如同魔棒一样，它使不参加生产的货币有了生殖能力，进而转化为资本，不需要承担投资工业和高利贷时的风险。拉法格还在《交易所的经济职能》的开头分别引用了马克思《资本论》第1卷关于剩余价值规律同以表面现象为根据的经验是相互矛盾的观点和平均利润率的说法，在《美国托拉斯及其经济、社会和政治意义》开头就引用了马克思的精辟阐述："工业较发达的国家向工业较不发达的国家所显示的，只是后者未来的景象。"②

2. 认真阅读恩格斯转寄的马克思的藏书和遗著

马克思个人拥有丰富的藏书，在他1883年去世后，恩格斯和尼姆（Nîmes）到马克思的住所梅特兰公园整理书籍。在征得马克思的文献遗产自然继承人爱琳娜·马克思同意后，恩格斯将藏书做了分散处理，把这些图书大部分寄给了马克思的孩子们和他的朋友。

恩格斯在1884年2月5日给劳拉的信中，认为藏书中有一些珍贵的法文书或许对拉法格夫妇比对任何人更有用处，包括拉法格需要的什么美国官方出版物，只要他们需要，恩格斯就自己出邮费寄给他们。③ 他还列举了《马布利全集》、亚当·斯密（Adam Smith）

---

① 参见［法］拉法格《财产及其起源》，王子野译，生活·读书·新知三联书店1962年版，第153页。
② 《资本论》第1卷，人民出版社2004年版，第8页。
③ 参见［法］爱·鲍提若里《恩格斯与保尔·拉法格、劳拉·拉法格通信集》第1卷，北京第二外国语学院73级师生合译，人民出版社1979年版，第243页。

的《国民财富的性质和原因的研究》法文本精装版、托马斯·罗伯特·马尔萨斯（Thomas Robert Malthus）的《人口论》《巴黎革命》《1789年革命史》等革命书籍。笔者通过梳理恩格斯与拉法格夫妇的往来通信发现，恩格斯后来寄往巴黎的书中就有属于马克思的以下的藏书：《马布里全集》（A. 施密特（Schmidt）法文版，装订得非常漂亮的版本）、弗朗索瓦·皮埃尔·吉尧姆·基佐（François Pierre Guillaume Guizot）的《法国文明史》和关于法国革命的全部书籍（如卢斯塔罗（Rustaro）的《两个自由的朋友》），等等。

此外，恩格斯还把大部分马克思写作《资本论》第1卷时用过的英国议会资料和外交部文件邮寄给了塞姆·穆尔（Sam Moore），供他翻译使用，给俄国的丹尼尔逊在国外最亲密的朋友彼得·拉弗罗夫（Петр Лавров）邮寄了马克思的俄文书籍，复本藏书寄往苏黎世德国社会民主党档案馆作为党的档案，一些通俗书籍移交给了伦敦工人共产主义教育协会。① 后来，拉法格要求恩格斯给他寄去下面的书：意大利历史学家维科的《新科学浅说》（米歇雷（Michèle）译本）、蒙加雅神父的《法国革命史》《格林通讯集》《政治经济学辞典》、H. S. 迈尼（Meini）的《美洲印第安部落的历史》《拉夫莱的原始繁荣》、莫里斯·布洛克的《统计学》等。恩格斯还在1884年3月31日给劳拉·拉法格寄去"一小捆关于法国革命的书"，其中有卢斯塔罗的《乡下记事》《法国革命中的巴黎监狱》等。

除此之外，拉法格还收到了达尔文的《物种起源》②、雅克·尼古拉·奥古斯坦·梯叶里（Jacques-Nicolas-Augustin Thierry）的《第三等级的历史》、帕凯（Paquet）的《法国的省和市镇制度》、菲利波·米凯莱·邦纳罗蒂（Philippe Michel Buonarroti）的《巴贝夫的

---

① 参见［德］R. 黑克尔《马克思恩格斯遗著的命运及其编辑简史》，金建译，《马克思主义与现实》2017年第5期。

② 马克思曾多次重读达尔文的《物种起源》。笔者以为，拉法格在读了恩格斯邮寄的马克思的该本藏书后萌发了思想火花，或许对他批判达尔文进化论社会主义者产生了深远影响。

密谋》等书籍。在读了马克思的这些藏书后，拉法格相继撰写了一些优秀的马克思主义理论著作，是对马克思思想的续篇，成为拉法格思想中"马克思因素"的文献依据，藏书背后折射的马克思的马克思主义观的胎记和脉络深深影响了他。

3. 验证马克思主义经典著作中的理论内涵

马克思主义的敌人来犯时，拉法格会以经典著作的学术积累为武器与之论辩。19世纪六七十年代，在1859年达尔文的《物种起源》出版后，用社会进化论"格义"唯物史观是当时大西洋两岸都非常流行的一种路数。1860年，马克思在首次阅读《物种起源》后致信恩格斯，认为该书包含了支持他们观点的自然历史基础。① 不过，马克思在1862年重读《物种起源》后态度发生明显转折，他反对将进化论从自然界直接挪用到社会，批评达尔文把自然选择直接搬到了英国社会问题的分析上去。马克思说道："值得注意的是，达尔文在动植物界中重新认识了他自己的英国社会及其分工、竞争、开辟新市场、'发明'以及马尔萨斯的'生存斗争'。"②

然而，当时的英国却冒出了一股热潮，以赫伯特·斯宾塞（Herbert Spencer）等哲学家为代表，他们主张用查尔斯·罗伯特·达尔文（Charles Robert Darwin）、让·巴蒂斯特·拉马克（Jean-Baptiste Lamarck）关于自然界生存竞争中适者生存的理论解释社会发展。斯宾塞认为："文明并不是人为的，而是天性的一部分；它和一个胎儿的成长或一朵鲜花的开放是完全一样的。人类曾经经历和仍在经历的各种改变，都源起于作为整个有机的天地万物之基础的一项规律。"③ 半吊子哲学家斯宾塞成为达尔文理论的鼓吹者，发表反社会主义的论断，劝导人们放弃改善社会制度、消除不公和贫困的

---

① 参见《马克思恩格斯全集》第30卷，人民出版社1975年版，第131页。
② 《马克思恩格斯全集》第30卷，人民出版社1975年版，第252页。
③ ［英］赫伯特·斯宾塞：《社会静力学》，张雄武译，商务印书馆1996年版，第27—28页。

愿望。由于对社会发展提供了符合进步论预期和资本主义野蛮扩张逻辑的"科学"解释，社会进化论一经提出就在大西洋两岸受到广泛推崇，甚至连部分第二国际理论家也受到影响。例如，德国马克思主义社会学家亨利希·库诺（Heinrich Cunow）说："按照马克思的发展理论，政治革命和社会革命也都属于进化。这些也是进化的行动，然而是一种加速了的强有力的行动，是以大大加快的速度向前突进。"① 在这种背景下，用社会进化论"格义"唯物史观就显得"合情合理"了。②

在拉法格看来，斯宾塞习惯于把研究事物按照表面现象进行分类整理，从不肯下功夫分析事物的内在特性和外部原因，他把研究对象列入进化论的族系，就如同小商小贩式的进化论，正是在众多达尔文主义进化论者中唯一风行的一种进化论。此时，拉法格提醒读者，不要将马克思和恩格斯的经济唯物主义看成是近年来那些德、英、法的达尔文主义者所大力倡导的将自然科学领域的理论庸俗地应用于社会科学的做法之一。他认为当环境论从 1832 年进入"寂静期"时，马克思就在 1847 年发表的《哲学的贫困》法文本中表述了自己阶级斗争的学说，次年，马克思和恩格斯在合著的《共产党宣言》中叙述了社会变革受制于经济环境变革的理论。

按照拉法格的观点，当达尔文主义者自以为是机灵鬼似的把生存竞争搬到社会科学中去时，只是把借用来的东西交还回去，复述经济学家的学说。他们没有料到他们建立在生活竞争事实上的物种起源新理论只不过是对马克思经济唯物主义的验证，因为正是马克思教导说，宗教和哲学的体系植根于经济土壤中。③ 拉法格认为，声

---

① ［德］亨利希·库诺：《马克思的历史、社会和国家学说：马克思的社会学的基本要点》，袁志英译，上海译文出版社 2006 年版，第 665 页。

② 参见张亮《西方"马克思学"研究方法的历史演替及其当代走向》，《山东社会科学》2018 年第 1 期。

③ 参见中共中央马克思恩格斯列宁斯大林著作编译局国际共运史研究室编《拉法格文选》（上卷），人民出版社 1985 年版，第 165 页。

名狼藉的生存竞争论并不能解释许多自然科学现象，也不能解释人类社会的发展。比如，狮子的铁爪和狐狸的狡猾是捕猎手段，这些劳动工具成为他们身体的组成部分，相反，人类制造的武器则可以同他们的脑子分开而物质化在书里、机械发明和化学发现中，因为人和动植物相比是生活在另一种条件之下，他们的不同习惯和本能归根结底是由不同的周围环境和生存条件造成的。所以达尔文主义者硬把适者生存学说拉进社会科学就遭到了惨败，他们对社会科学的了解就如同樵夫对植物学的了解一样贫乏。

二 积极译介马克思主义著作

尽管马克思恩格斯和法国社会主义者保持紧密联系，但马克思主义真正传入法国却是姗姗来迟。19世纪四五十年代到70年代之间，马克思和恩格斯的著作在当时的法国几乎还无人知晓，马克思主义学说的影响力更是微乎其微，还没有什么思想市场。[①] 个中缘由，一是由于蒲鲁东工团主义的社会主义对法国有着深刻而持久的影响，二是由于随着1848年革命和1871年革命失败后随之而来的残酷镇压。当时，法文出版的经典著作十分有限，如《哲学的贫困》这部著作于1847年在巴黎出版，几乎没有留下任何痕迹，并早已脱销，到1896年才重版；《资本论》第1卷虽然在1872—1875年发表，也只是接触到很小一部分知识分子。当时马克思和恩格斯的好几部代表性著作均未翻译过来，所以马克思主义理论还鲜为人知，甚至连工人党的领导人也是如此。直到1895年，《资本论》第1卷、《社会主义从空想到科学的发展》、《路易·波拿巴的雾月十八日》、《共产党宣言》、《家庭、私有制和国家的起源》这几部书才与法国读者见面。

---

① 笔者认为，19世纪中后期，根据马克思主义经典著作用某国文字印刷发行的份数，在一定程度上，不仅可以相当准确地判断该国工人运动的状况，而且也可以从侧面反映出该国大工业发展的程度。

马克思恩格斯期待法国群众能够从法文中读到正宗、原装的马克思主义，从而完整、准确地理解和感悟马克思主义。马克思主义学说在法国工人群众和知识分子中的介绍和传播，主要是通过拉法格等人对马克思主义理论的自身阅读、接受和意义重建等实践活动来完成的，他和劳拉所翻译、介绍的马克思主义理论读物成为法国国内民众赖以获取马克思主义理论的重要载体和来源。拉法格立足现实需要、历史使命和自身学术积累，在译介马克思主义经典著作方面的努力，可谓意义非凡，是重要的推动者。它们既是帮助读者了解马克思恩格斯及其生平事业的最佳入门书，满足了法国读者的渴望和需求，也是他体认和宣传马克思主义理论的有效载体。

1869年初，拉法格积极参加了布朗基派主办的政治周报《文艺复兴》的筹备工作，并为该报纸撰写了两篇文章，一篇批判蒲鲁东主义，另一篇简明扼要地介绍了《共产党宣言》的基本原理。拉法格还成为了布朗基和马克思两者的中间人。一方面，他曾受布朗基的委托邀请马克思担任该报的编辑，马克思回信对出版计划表示赞赏。另一方面，他向布朗基推荐马克思的《哲学的贫困》，布朗基在读完之后，非常欣赏马克思对蒲鲁东的批判。在此期间，拉法格还为左派共和党人机关报《马赛曲报》撰稿，在布朗基派的周报《自由思想》上发表了《圣经的矛盾》《家庭纠纷》等一系列文章，写了对乔治·桑（George Sand）的剧本和阿尔图尔·兰克（Artur Rang）反对波拿巴主义的《阴谋史》一书的书评，还撰写了一组关于批判蒲鲁东在《论革命中和教会中的正义》一书中歧视妇女的文章。

拉法格还在巴黎协助马克思寻找写作《资本论》所需的各种资料文献，寄给马克思各种书籍、报刊。例如，拉法格曾把韦莫雷尔编著的《1848年的活动家》一书寄给马克思，马克思在这本书上作了很多批注和勾画的笔记。

19世纪60年代末，马克思主义在法国的传播影响力范围还很有限，为了让更多的人了解马克思主义学说，拉法格夫妇致力于将马克思恩格斯的著作翻译成法文出版发行。1867年8月，拉法格和劳拉在伦敦一起将马克思的《资本论》第1卷序言的一部分译成法文，并于10月发表在巴黎《法兰西信使报》上。1869年，两人又将马克思恩格斯合著的经典文献《共产党宣言》译成法文，但由于当时严格的书报检查制度，未能出版。

19世纪图书出版的交流圈或关系网，可谓险象环生，作者与出版商的关系是一对复杂的关系。一部专著从初审、签订出版合同、排版，到校对润色、邮寄清样、正式付梓、装订、邮寄样书，再到出版后的发行宣传、撰写书评和线下经销等一系列环节，都需要出版商进行协调把控。1871年12月，拉法格处于西班牙的流亡时期，在圣塞瓦斯田和法国进步出版商莫里斯·拉沙特尔（Maurice Lachatre）[1]商谈了《资本论》法文版的出版事情。拉沙特尔同意出版《资本论》法文版，并从一开始就制定了从翻译到复印的整套工作流程，他还同马克思就《资本论》的文字表述、引文翻译、书籍装帧、广告宣传等重要问题耐心交换过意见，建议马克思谨慎行事，待悄无声息地打开销路后，再对外提供宣传和征集书评。由于第一版需耗资六七千法郎，开始需4000法郎，拉法格接受了条件后，替马克思预付了2000法郎。接着拉法格把商谈结果告诉了恩格斯，在信中把拉沙特尔称为"稀有的鸟"，因为当时出版《资本论》需要承担很大风险。后来马克思与出版商签订《资本论》法文版出书合同时，协议规定，《资本论》法文版将分册出版，由约·鲁瓦[2]负责翻译。

另外，在拉法格的协助下，梅萨还节选《共产党宣言》《哲学

---

[1] 莫里斯·拉沙特尔是一位进步出版商，曾经因为出版过欧仁·苏的著作和一些反教权主义的书籍，遭受迫害，不得不长期侨居在国外。（参见［苏］A. B. 乌罗耶娃《不朽的著作》，李光林译，山东人民出版社1992年版，第141—147页。）

[2] 约瑟夫·鲁瓦（Joseph Roy, 1830—1916）曾经是费尔巴哈著作的法文译者，并得到费尔巴哈的赞扬。马克思经过再三考虑，确定他为《资本论》第1卷法译本的译者。在马克思看来，第1章开头部分译得很好，但之后的译文质量较差。为此，马克思要做大量的译文改写工作，导致屡屡延误向印刷厂寄送修订稿。

的贫困》《资本论》等重要经典文本中的部分章节译成西班牙文，刊载在《解放报》上，有利于清除蒲鲁东主义等小资产阶级思想在西班牙的传染。例如，巴黎公社失败后，拉法格流亡西班牙期间，促成了马克思《哲学的贫困》在西班牙的翻译和出版。他在西班牙给恩格斯的信中认为，蒲鲁东的《贫困的哲学》在西班牙造成了严重危害，这本书被公认为具有社会主义色彩。所幸的是，拉法格已经拿到了解毒剂，打算让西班牙人服下这一剂良药。经过与梅萨商洽，拉法格让他负责翻译和出版《哲学的贫困》。在他看来，这本书产生的效果无疑将会为《资本论》的出版铺平道路。[①] 同时，拉法格建议恩格斯或马克思写一篇该书的导言，谈谈批判蒲鲁东的缘由，这将具有重要历史意义，能使西班牙文版本更加完美。

1872—1875 年，《资本论》法文版在巴黎公社失败两年后以 9 辑 44 分册（印张）的形式相继在法国发行，为法国工人运动带来了深刻的影响。起初，政府是严禁它的出版，但后来没有干涉。在政府看来，法国人不会从德国人的这种玄学中学到什么东西，出版者做的纯粹是亏本的买卖。拉法格认为"这部著作悄悄地传播着，而且使所有的人感到惊奇的是，终于有一天人们听到了法国社会主义者用马克思的名字来宣誓，把自己称作马克思主义者"[②]。1876 年底，法国社会主义者加·杰维尔在给马克思的信中，请求马克思同意出版《资本论》第 1 卷的简述版本，以便加速在法国工人群众中更加广泛地传播马克思的学说。当时，在巴黎拉丁区有一个由杰维尔等年轻知识分子和之前的第一国际会员组成的社会主义小组，经常在咖啡馆聚会，他们在德国社会民主党人卡尔·希尔施（Carl Hirsch）的影响和帮助下，认真学习《资本论》和马克思恩格斯的其他

---

① 参见［法］爱·鲍提若里《恩格斯与保尔·拉法格、劳拉·拉法格通信集》第 1 卷，北京第二外国语学院法语专业 73 级师生合译，人民出版社 1979 年版，第 31—32 页。

② 中共中央马克思恩格斯列宁斯大林著作编译局国际共运史研究室编：《拉法格文选》（下卷），人民出版社 1985 年版，第 154 页。

著作。

拉法格了解到一般的法国读者啃不动像《反杜林论》这样艰深复杂的论战性著作。1880年初，他便请求恩格斯将《反杜林论》的三章（"引论"第一章"概论"、第三编第一章"历史"和第二章"理论"）改编为一篇独立的著作，由拉法格译成法文，以《空想社会主义和科学社会主义》为篇名发表在马隆主编的《社会主义评论》杂志1880年第3—5期上。后来在巴黎还出版了单行本小册子，1883年出版德文单行本时，书名改为《社会主义从空想到科学的发展》，并附有恩格斯所写的序言。拉法格和恩格斯一同着手翻译，去掉复杂的结构，对难懂的地方作了解释。就如恩格斯所说："这本书在许多优秀的法国人的头脑中引起了真正的革命。"[①] 拉法格认为，自从马克思的著作法文版在法国陆续出版后，马克思的名字传遍各地，哪怕是连他的著作一个字都没读过的人，对于他的学识、他那"钢铁般的"逻辑也崇拜之至。[②]

原生态的马克思主义经典著作由多种语言构成，其中，马克思恩格斯经常使用的基本语言是德文、法文和英文。把马列著作译成他国语言，既要忠于原文思想，又要用规范化的语言把原著准确地译介过来，确实很难，并非简单的文字搬家，而是一项严肃的科学工作。面对这项艰辛的思想劳动，劳拉则积极协助拉法格翻译马克思和恩格斯的著作，在法国广泛宣传马克思主义活动。恩格斯曾认为《共产党宣言》[③] 是所有文献中最不好翻译的一部文献，1885年8月29日至11月7日，前身是工人党机关报，后来是法国社会党机关报的《社会主义者报》连载了劳拉翻译的《共产党宣言》法文版

---

① 《马克思恩格斯全集》第35卷，人民出版社1971年版，第343页。
② 参见［法］爱·鲍提若里《恩格斯与保尔·拉法格、劳拉·拉法格通信集》第1卷，北京第二外国语学院法语专业73级师生合译，人民出版社1979年版，第249页。
③ 1847年12月至1848年1月底，马克思恩格斯用德文完成了《共产党宣言》，1848年2月底，《共产党宣言》首个德文单行本在伦敦出版发行，一问世便被译成欧洲多种文字。

译本。恩格斯1885年10月13日写信表扬劳拉翻译得恰到好处,十分出色,认为这本小册子是"可以引为骄傲并能给读者提供原著概念的第一个法文本"①,他还称赞劳拉译完《共产党宣言》以后,无论搞什么都像儿戏一样了,鼓励她继续从事马克思主义经典著作的翻译工作,这会对法国工人运动有很大好处。

同时,劳拉还协助恩格斯校对和审核恩格斯译成法文的《论蒲鲁东》,并作了润色。1891年,劳拉校订了由腊威(Ravi)翻译的恩格斯《家庭、私有制和国家的起源》的法文版本。此外,她还将马克思的《政治经济学批判》、恩格斯的《路德维希·费尔巴哈和德国古典哲学的终结》《德国的革命和反革命》《论早期基督教的历史》等经典著作译成法文,还翻译了《神圣家族》这部著作,对宣传共产主义学说做出了重要贡献。她在给恩格斯的信中说道:"您是知道的,只要是个马克思主义者,是个恩格斯主义者,就能青春长在。"② 这表明了劳拉宽阔的革命胸怀和担当的使命职责。

诚如英国学者佩里·安德森(Perry Anderson)所指出的那样,第二国际理论家整理、翻译和出版马克思著作的主要目的,在于从理论上"将这些对他们来说仍然非常新颖而很接近的遗产加以系统化和说明"③。奥地利马克思主义者尤利乌斯·布劳恩塔尔(Julius Braunthal)曾有一段论述:"马克思主义是社会主义的主导思想。第二国际的绝大多数党在纲领上都拥护马克思主义,它们的原则声明都以马克思的思想体系,他的历史哲学观、经济学理论、阶级斗争理论、国家学说和革命理论为依据。"④ 不可置疑,单就拉法格夫妇

---

① [法]爱·鲍提若里:《恩格斯与保尔·拉法格、劳拉·拉法格通信集》第1卷,北京第二外国语学院法语专业73级师生合译,人民出版社1979年版,第405页。
② [法]爱·鲍提若里:《恩格斯与保尔·拉法格、劳拉·拉法格通信集》第3卷,冯汉津等译,人民出版社1981年版,第218页。
③ [英]佩里·安德森:《西方马克思主义探讨》,高铦等译,人民出版社1981年版,第13—14页。
④ [奥]尤利乌斯·布劳恩塔尔:《国际史》第1卷,杨寿国等译,上海译文出版社1985年版,第231页。

所做的这些理论工作来看，对当时扩大马克思主义在法国的影响力和推动工人运动革命实践，都有重要意义。正是在他们的努力下，马克思主义逐渐在法国成为指导社会主义革命、占主导优势的思想学说。

三 "已经制定的理论现在需要宣传鼓动家来传播"

美国的传播学集大成者韦尔伯·施拉姆（Wilbur Schramm）认为，传播学通过揭示一般信息传播的本质和规律，从而可以更正确地指导包括宣传活动在内的一切传播活动。传播学研究传播过程，主要包含传者、媒介、受者、传播内容、传播效果等几个元素。传播学研究的重点是人与人之间信息传播的过程、手段、媒介，传递速度与效度，目的与控制，也包括如何凭借传播的作用而建立一定的关系。[①] 马克思主义的传播和宣传是决定马克思主义影响力方面不可忽视的因素。拉法格作为马克思主义理论的继承者和接班人，重要责任之一就是向工人和农民等群体讲解、宣传和传播马克思主义，用马克思主义去教育广大人民群众。拉法格在1884年4月24日给恩格斯的信中表示，由于恩格斯的《科学社会主义》小册子在法国起了很大的作用，而英国社会主义者掌握马克思和恩格斯的学说的时间不长，所以应当想方设法出版这个小册子的英译本。拉法格强调，目前的重要任务是找到肯投身到斗争中去的人，让他们逐渐成长起来，要打铁才能成为铁匠，"您和马克思已经制定了理论，现在需要的是宣传鼓动家来传播它"[②]。

作为路径转向的积极倡导者和参与者，拉法格善于利用报纸杂志、学习小组、大会演讲、讲座报告等多种形式，开展共产主义理论宣传工作，开辟了一条由英国向法国及由法国向西班牙、葡萄牙、

[①] 参见［美］威尔伯·施拉姆、威廉·波特《传播学概论》，陈亮等译，新华出版社1984年版，第2—5页。

[②] ［法］爱·鲍提若里：《恩格斯与保尔·拉法格、劳拉·拉法格通信集》第1卷，北京第二外国语学院法语专业73级师生合译，人民出版社1979年版，第273页。

瑞士传播马克思主义的欧洲路径，使法国群众的学习内容、方式、目标、思维观念等发生变化，为传播和发展马克思主义做出了巨大贡献，在马克思主义法国化传播史上有重要地位。我国早期民主革命家瞿秋白把拉法格称作"马克思主义最热烈的宣传者"①。正是由于拉法格的著述和宣传活动，来普及马克思主义的某些主要观点和论断，才使马克思的名字和学说被越来越多的法国人知晓，促推了马克思主义在法国工人中的广泛传播，列宁称赞他为"马克思主义思想的最有才能的、最渊博的传播者之一"②。拉法格通过分析宣传现象，揭示宣传规律，进而指导自己的马克思主义传播活动，深化和丰富传播的内容。

第一，发表文章。早在1866年7月，拉法格就在《左岸》报上发表了《社会斗争》一文，第一次提及马克思的名字，对马克思的生平和学说作了介绍，并援引了《哲学的贫困》和其他著作中的大段原文，结合1848年革命经验探讨了无产阶级和资产阶级两大对立阶级之间的斗争，认为阶级斗争是历史运动的条件之一。这也构成了在法国宣传马克思主义学说的开端。自1880年期间担任《平等报》编辑以来，拉法格就写了许多宣传马克思主义的理论文章，对蒲鲁东主义、合作社主义及形形色色的无政府主义和改良主义进行了无情痛斥。拉法格认为，《平等报》的再出版完成了第一次的工作，使社会主义宣传具有科学性。③ 第二次出版的《平等报》和稍后的《社会主义评论》为在法国传播卡尔·马克思的经济和历史理论起了决定性推动作用。恩格斯还曾经把他在德国出版的《反杜林

---

① 《瞿秋白文集》（文学编）第4卷，人民文学出版社1986年版，第127页。
② 《列宁全集》第20卷，人民出版社2017年版，第386页。
③ 拉法格在此处所加的脚注中，认为在关于财产问题的决议中还可以看到，集体主义者的头脑中还有浓厚的蒲鲁东主义思想。他们要求以正义和平等的名义实现社会转变，而不是将这种转变看作资本主义经济生产的必然结果；这种转变是不能通过关于永恒正义和天然平等的宣言，只能通过对经济现象的考察加以推进实现。因此，第一次的《平等报》的集体主义者更多的是受到感情而非受经济科学的引导，关于财产的文章也印证了这一点。

论》一书中的著名篇章以《空想社会主义和科学社会主义》为题发表在《社会主义评论》上。马克思在评论《平等报》时说道："恰恰是《平等报》（主要是由于盖得转到我们这边和我的女婿拉法格的努力）第一次成了真正的'法国的'工人报纸。"① 另外，法国工人党成立以后，需要一个科学的纲领奠定理论基础，为肃清蒲鲁东主义对工人群众的影响，拉法格和盖得合作在《平等报》上重新发表了《哲学的贫困》部分章节，并刊载了马克思的《关于〈哲学的贫困〉》一文，剖析蒲鲁东主义的实质。

第二，创办报刊。拉法格所处的第二国际时期是马克思主义理论报刊兴旺成长时期，理论报刊成为传播马克思主义的重要阵地。《国防报》《平等报》《左岸报》等都成为了无产阶级政党重要的思想喉舌。在恩格斯看来，无产阶级"借助新闻出版自由、集会权和结社权可以为自己争得普选权，而借助直接的普选权，再加上上面所说的宣传鼓动手段，就可以争得其余的一切"②。拉法格在给恩格斯的信中也提出了办报原则：要办好报纸就必须严肃认真，不能靠剪刀浆糊胡乱拼凑。③ 他强调革命派要办自己的日报，揭露那些藏在爱国主义漂亮话后面的阴谋，扭转舆论方向。拉法格和盖得为了把日报维持下去，还经常与放债人商谈借款事宜，与银行进行交涉，以取得报纸的行政管理费用赞助。④

1870年，法兰西第三共和国成立后，为把工人阶级力量组织起来，拉法格不顾父亲的阻拦，在波尔多创办了《国防报》，他使用各种笔名为报纸撰稿。他曾运用恩格斯为《派尔—麦尔新闻》所写的

---

① 《马克思恩格斯全集》第34卷，人民出版社1972年版，第450页。
② 《马克思恩格斯全集》第21卷，人民出版社2003年版，第113页。
③ 参见［法］爱·鲍提若里《恩格斯与保尔·拉法格、劳拉·拉法格通信集》第2卷，广州外语学院法语教研室译，人民出版社1981年版，第378—379页。
④ 苛刻的新闻检查经常使拉法格已经排好版的文章被撤销，这使他一筹莫展。加上纸商说话不算数，答应的托词经常临时变卦，致使缺乏纸张，导致他们主办的刊物付出使预算亏空的巨额费用，入不敷出，一些刊物只好停刊。

《战争短评》，用历史唯物主义的观点分析了普法战争中的诸多事件。他在《国防报》上揭露了当局政府的卖国行径，宣传通过革命方式继续战争，并提出一些措施：没收波拿巴主义议员个人全部财产；废除间接税；国家负责赡养为共和国战斗的人员的亲属；保证国民自卫军的工人工资。

19 世纪 70 年代，拉法格在西班牙流亡时期，还在《解放报》上发表一系列文章，不断宣传科学社会主义学说。如在《圣西门的寓言》一文中，阐明了无产阶级夺取政权、剥削资产阶级的必要性。他在《劳动组织》一文中，说明了生产资料公有制代替私有制是历史发展的必然趋势，无产阶级夺取政权后，应致力于发展大工业，用机器大生产代替手工劳动，提高生产效率，缩短工人劳动时间。在《首要必需品》中批判蒲鲁东主义，认为大工业只有掌握在无产阶级手中，才能满足群众对必需品的需求。在《资产阶级万应灵药》一组文章中，指出合作社的两面性，认为合作社本身并不能消灭剥削，无产阶级只有夺取政权，实现生产资料公有化才能达到这个目的。此外，拉法格还撰写了《资产阶级王国》《西班牙的集体主义》《共和派的纲领和国际的纲领》等文章，痛斥了资产阶级共和派散布的维护资本主义制度的谬论和无政府主义。拉法格的宣传活动都推动了国际工人协会在西班牙的影响力。

对此，恩格斯在给劳拉的信中高度赞扬拉法格在西班牙时期的宣传活动，认为拉法格在《解放报》上发表的这些文章"在西班牙人盛行空谈的荒漠中，给人以清新之感"[1]，"第一次把真正的科学奉献给西班牙人"[2]。值得注意的是，1872 年 8 月，拉法格夫妇由西班牙途经葡萄牙前往荷兰参加 9 月在海牙召开的国际工人协会第五次代表大会，他们在葡萄牙逗留期间还同里斯本的社会主义者建立了联系。拉法格还在里斯本的《社会思想报》上发表了《工人的团

---

[1] 《马克思恩格斯全集》第 33 卷，人民出版社 1973 年版，第 427 页。
[2] 《马克思恩格斯全集》第 33 卷，人民出版社 1973 年版，第 427 页。

结》（1872）一文，① 积极宣传科学社会主义学说，受到了当地工人们的热烈欢迎。

1880年5月，马克思和恩格斯、盖得和拉法格一起为普选起草了一个工人竞选纲领，即《法国工人党纲领导言（草案）》，积极指导法国工人运动。该纲领的开篇就说："生产者阶级的解放是不分性别和种族的全人类的解放。"② 马克思1880年11月5日写给左尔格的信中，认为这个纲领是一个精练的文件，"在导言中用短短的几行说明了共产主义的目的，而在经济部分中只包括了真正从工人运动本身自发产生出来的要求"③。马克思赞扬拉法格等人创办的《平等报》"第一次成了真正意义上的'法国'的工人报纸"，因为《平等报》积极传播和宣扬这个阐明共产主义目的的纲领主张，影响很大，"连《社会主义评论》的马隆——虽然还带有同他的折中主义本性分不开的不彻底性——也不得不声称自己信仰现代科学社会主义，即德国的社会主义（我们过去是仇敌，因为他原来是同盟的创始人之一）"④。同年7月，法国工人党中部联合会以多数票通过了纲领草案，但是由于工人党思想状况混乱，深受无政府主义毒害，南部和东部联合会拒绝接受这个纲领，未达成一致意见。

为了让这部纲领能在工人党全国代表大会上通过，拉法格和盖得等战友到全国进行宣传工作，深入工人群体中，讲解纲领草案的内容。拉法格在《平等报》上还发表了《阶级斗争》《工人政党和资本主义国家》等文章，宣传马克思主义基本理论，并批判了无政府主义在国家问题上的谬说。他认为，在无政府主义者看来，国家就是恶魔，他们唯恐躲之不及，但是无产阶级不应该害怕这个恶魔。⑤ 国家

---

① 参见［法］爱·鲍提若里《恩格斯与保尔·拉法格、劳拉·拉法格通信集》第1卷，北京第二外国语学院法语专业师生合译，人民出版社1979年版，第99页。
② 《马克思恩格斯文集》第3卷，人民出版社2009年版，第568页。
③ 《马克思恩格斯文集》第10卷，人民出版社2009年版，第453页。
④ 《马克思恩格斯文集》第10卷，人民出版社2009年版，第452页。
⑤ 参见中共中央马克思恩格斯列宁斯大林著作编译局国际共运史研究室编《拉法格文选》（上卷），人民出版社1985年版，第61页。

实质上是阶级统治的工具，资本主义阶段对应的是资产阶级的统治，革命阶段对应的是无产阶级专政。资产阶级不会自动地退出历史舞台，必须用暴力手段把资本主义国家攻下来，把它的牙齿全部拔下来，把它的爪子砍下来。① 拉法格还指出，无政府主义是蒲鲁东个人主义的基础，是资本主义社会的基础，是对集体主义和共产主义的否定，无政府主义者就是资产者。② 他号召工人不要受无政府主义的蛊惑。拉法格和盖得等人的宣传工作取得了显著成果，很多地方组织表示支持纲领草案。此外，拉法格等人主办的《社会主义者报》还开辟专栏，专门讲解国外社会主义运动史，先后介绍了马克思、恩格斯、彼得·拉甫罗维奇·拉甫罗夫（Петр Лаврович Лавров）、爱德华·艾威林（Edward Aveling）、倍倍尔、李卜克内西等人的传记。

第三，举办理论讲座，重视对工人骨干的理论学习和培养。讲坛的声音最容易被人听到，知识分子在宣传马克思主义的过程中，通过集会讲坛、学习讲座等，介绍和诠释马克思主义，从而扩大了马克思主义的影响力。根据美国著名文学理论家与批评家爱德华·沃第尔·萨义德（Edward Waefie Said）的说法："知识分子显然是要在最能被听到的地方发表自己的意见，而且要能影响正在进行的实际过程。"③ 理论讲座学习班应该是教育效果较好、效率较高的一种途径。它将学习者集中在某个场所，通过教育者向学习者面授内容，以及双方之间的互动讨论，从而达到教育的目的，真实的"在场"性具有得天独厚的优势，可以用语言进行传播，用情感进行交流。1884 年 5 月开始，拉法格和法国工人党的杰维尔，利用周末在

---

① 参见中共中央马克思恩格斯列宁斯大林著作编译局国际共运史研究室编《拉法格文选》（上卷），人民出版社 1985 年版，第 64 页。

② 参见中共中央马克思恩格斯列宁斯大林著作编译局国际共运史研究室编《拉法格文选》（上卷），人民出版社 1985 年版，第 64 页。

③ ［美］爱德华·W. 萨义德：《知识分子论》，单德兴译，生活·读书·新知三联书店 2016 年版，第 85 页。

巴黎开办工人理论讲座，宣传马克思主义学说。拉法格负责讲解唯物主义历史观，并事先把讲稿寄给恩格斯审阅把关，获得了恩格斯的赞扬。他在讲座中批判了五颜六色的历史唯心主义，号召工人阶级骨干等到革命时机成熟，要拿起武器暴动，夺取国家政权，这是被压迫的、革命的阶级自身解放所必需的条件。"被压迫的阶级……应当掌握国家机器，按照自己斗争的需要改造它并且把它的全部力量转向对付敌对阶级。"① 拉法格实际上捍卫了马克思主义关于无产阶级革命和无产阶级专政的理论。

  第四，深入村庄基层。拉法格深知，对马克思主义的研究和宣传不能仅仅停留于空谈主义的"笔墨运动"，如果只是站在工厂和农村的外边说话，就不会真正了解劳动者的疾苦，就无异于隔靴搔痒。要想争取农民阶级，就必须走向农村，接近农民。19世纪80年代末，以拉法格为首的法国工人党的领导人开始意识到将农民争取到社会主义方面来的重要意义。当时，法国国内马克思主义宣传工作的状况是"宣传工作在城市里总算组织起来了，不管组织得好坏，而在农村则有待于创建"②。事实上，社会主义者在城市进行宣传活动，并不妨碍他们向农村派出一些某种意义上的前哨。他们最初向农村传播社会主义信息的尝试都是谨小慎微的，面对着新的群众成分，不了解农民的习俗、交谈方式以及迫切需求和思维方式，担心向农民讲授在工人那里受到热烈欢迎的理论而把农民吓跑。显然，社会主义者必须要经受一段时间的考验，交一些"学费"。与保守派的预判相反，农民恰恰要求宣传家讲解社会主义，并且聚精会神地听他们讲解，抱怨他们长期将城市居民中的宣传工作放在首位而忽视了农村。同时，拉法格努力使授课方式通俗易懂，从而使农民容易接受，向农民灌输一些浅显的道理。他凭借资本家剥夺农民的事

---

  ① ［法］拉法格：《唯心史观和唯物史观》，王子野译，生活·读书·新知三联书店1965年版，第77页。
  ② ［法］爱·鲍提若里：《恩格斯与保尔·拉法格、劳拉·拉法格通信集》第3卷，冯汉津等译，人民出版社1981年版，第290—291页。

实来启发农民的阶级觉悟,从而对农民进行思想启蒙教育。1885年、1889年和1891年,拉法格曾先后到阿利埃、歇尔和马恩省的一些以小农占优势的村庄宣传社会主义思想,受到了当地民众的热烈欢迎。他在《法国的阶级斗争》(1894)一文中曾描述了自己在农村进行宣传活动的经历:"我访问过一些森林深处的偏僻村镇,从最近的火车站下车还要坐上四五个小时的马车才能到达那里。许多村镇还从来没有举行过民众集会。居民只能到教堂里去听神父的布道。因此,人们常常把我叫做'布道者'……在上述两次宣传旅行之后,我还到其他省的农村地区作过宣传。"① 拉法格越来越坚信,社会主义必将征服农村的预言是正确的,由于农民的不满情绪、地产的缩减、几乎断绝的收入、许下的空头诺言,这都为社会主义的传播提供了现成的土壤。

第五,在支持罢工斗争中进行实际的宣传工作。在罢工问题上,现代社会主义者采取了与1848年以前的反对罢工的社会主义者完全不同的立场。他们积极支持罢工,因为罢工是经济领域阶级斗争的必然表现。社会主义者议员们利用自己的议员特权为罢工者服务,发生罢工时他们轮流前往罢工地区,任何一次比较重要的罢工都受到了他们的干预,拉法格等人当选为议员后以先行者为榜样,支持罢工。

1891年,法国工人准备以罢工示威庆祝五一劳动节,工人党就派遣拉法格到北部毛纺中心弗尔米城进行宣传和组织工作。从2月起,工人党全国委员会就委派拉法格到下塞纳、下卢瓦尔、加来等省份的一些工业中心城市进行宣传活动。拉法格到富尔米、阿努阿等地举行的集会中发表演说,受到当地群众的热烈欢迎。拉法格在给恩格斯的信中提到了五一劳动节之前的宣传活动:"三个星期以来,我过的是流浪的犹太人生活,从一个城市到另一个城市,到处

---

① 中共中央马克思恩格斯列宁斯大林著作编译局国际共运史研究室编:《拉法格文选》(下卷),人民出版社1985年版,第31页。

奔波，演讲一个半到两个小时，参加小组会还不算在内。在小组会上我也不得不讲同样长的话。凌晨两点钟才睡下来，而七、八点钟人家就又来唤我了。"① 在同年的"富尔米事件"中，直到法院做出判决后的入狱之前，拉法格还和盖得一起到法国北部做了一次宣传旅行，他们到维涅伊、富尔米、利尔、鲁贝等城市多次做集会演讲，会场每次都挤满群众，他们通过决议谴责法院的不合理判决。1891年10月拉法格当选为议员后，他还在议会之外进行了大量的宣传鼓动工作。仅从11月到12月短短一个多月的时间里，他就走访了18个城市，作了23场报告，恩格斯在1892年3月5日给左尔格的信中说道："在法国，事情进行得很顺利。拉法格用自己的议员津贴和免费火车票正在作利尔到土鲁斯的全国旅行和演说，成绩很大。"② 从宣传效果上看，富尔米原本是一个小城，在拉法格和雷纳尔（Rénal）到那儿巡回演讲之前，那里的人们还没有听说过社会主义，而今社会主义已经赢得了整个地区。

从传播效度看，随着社会主义者取得的初步胜利，工人党逐渐掌握了理论宣传的话语权，他们剪掉了资产阶级政客的舌头，可以自由地接触以前只听资产阶级政客声音的工人群众。这也增强了社会主义者的勇气，提高了他们的宣传热情，丝毫不因受到惩处而减弱。拉法格在村子里的礼堂发表演说，经常被挤得水泄不通。当他谴责机会主义派和激进派，讲解农业社会主义、土地兼并等问题时，人们不断为他鼓掌。农民们疑心重重，害怕不相识的人，但却愿意见拉法格并听他讲话。1894年《法国的阶级斗争》一文中呈现了当时的宣传场景："成百上千的富有口才而缺乏金钱的宣传家走遍全国各地，深入城镇和乡村，根据自己的力量和理解讲解社会主义学说。他们到处受到热烈的欢迎，因为所有地方的经济和政治情况都为接

---

① ［法］爱·鲍提若里：《恩格斯与保尔·拉法格、劳拉·拉法格通信集》第3卷，冯汉津等译，人民出版社1981年版，第45页。
② 《马克思恩格斯全集》第38卷，人民出版社1972年版，第290页。

受社会主义学说创造了基础。"① 宣传的任务是只需要把在数十万人头脑中模糊不清的思想说出来并用明白的、并非总是科学的和学院式的方式表达出来就行了。1884 年,拉法格在圣奥梅尔、鲁贝和利尔的几个地方小组调研后,看到马克思的学说(尽管被理解得不完整,断章取义,甚至可能被歪曲)在这些工业大城市上空回荡感到兴奋,令人欣慰。

从受众来看,马克思主义的传播由城市工人向农村居民辐射和扩散。失去生产资料的工人群众、破产的小资产阶级、贫困的农村居民和知识分子等构成了受众群体的阶级基础。在拉法格等社会主义政党成员的不懈努力和积极宣传下,他们逐渐将工人阶级中的优秀分子吸纳进来,社会主义者形成了一股不可阻挡的洪流,连马克思主义的敌人也不得不承认马克思和恩格斯科学社会主义理论的科学价值,而以前他们则污蔑这个理论是异邦的、德意志的晦涩难懂和难以捉摸的理论。社会主义在法国成为一种时髦,因为时髦是法兰西民族生活中的重要因素,所以人人都称自己为社会主义者。甚至敌人也开始对社会主义的态度转变为有所保留的赞叹,认为在大量错误和幻想的思想垃圾下面埋藏着一些应当加以挖掘和实现的真理。不但工业城市的工人越来越多地加入社会主义者的队伍,乡村民众也越来越多地接受社会主义思想。

第二节 "很好地应用马克思的历史法则"

法国著名的马克思主义历史学家克洛德·维拉尔(Claude Vilar)说:"普及宣传马克思主义如同一切基础教育一样,要求简明扼要,

---

① 中共中央马克思恩格斯列宁斯大林著作编译局国际共运史研究室编:《拉法格文选》(下卷),人民出版社 1985 年版,第 16 页。

要求用图解形式,尤其是因为马克思主义是一种崭新的和极其复杂的理论。"① 除了拉法格以外,盖得派等社会主义者都不是马克思主义理论家,也不是真正的马克思主义者。因为他们只记住了马克思和恩格斯的重要结论,远甚于记住思想方法,"他们运用马克思主义,好像使用一部杰出的革命药典,有的甚至好像使用一部灵丹妙药集,而不是用马克思主义作为分析19世纪末法国经济、社会和政治特点的方法"②。

令人遗憾的是,盖得派等人没有把理论和实践相结合的观点当作认识的源泉和标准,而是把一些甚至和法国现实相背离的万能公式贴到法国现实上去,这种教条主义的方法也阻碍了盖得派去解决时局中的复杂问题,无法提出用辩证和综合的方法解决问题的答案。拉法格并非单纯地简单复述马克思主义原理,而是在革命实践中努力试图将马克思主义的基本观点和方法运用到社会科学的各个领域,分析现实中的重要现象,可以算是始终如一地努力运用马克思的思想方法和分析方法,创造性地来解决政治、哲学、宗教、语言、美学、伦理等意识形态问题的唯一理论家,为了革命宣传工作忘我写作、笔耕不辍。列宁屡次指出拉法格的著作是把马克思主义理论问题大众化党性文献的典范。③ 事实上,拉法格攻读马克思主义著作,既不是为了消遣,也不是为了卖弄学问,而是为了向马克思和恩格斯两位导师请教,从他们那里寻找分析和解决各个领域问题的钥匙。将普遍性原理与具体实践相结合,灵活运用马克思主义,是拉法格的一贯风格。

---

① [法]克洛德·维拉尔:《法国社会主义简史》,曹松豪译,中共中央党校出版社1992年版,第51页。

② [法]克洛德·维拉尔:《法国社会主义简史》,曹松豪译,中共中央党校出版社1992年版,第51页。

③ 参见[苏]敦尼克、约夫楚克等《哲学史》第3卷(下册),何清新译,生活·读书·新知三联书店1963年版,第534页。

一　唯物辩证法在文艺领域的运用

把文学评论当作阶级斗争的武器，将马克思主义原理在文学领域进行系统研究和具体分析，既是拉法格承担的时代任务，也是一种实践创举。拉法格作为杰出的马克思主义文学评论家之一，他将唯物辩证法运用于文艺研究领域，对维克多·雨果（Victor Hugo）、埃米尔·左拉（Émile Zola）、奥诺雷·德·巴尔扎克（Honoré de Balzac）等作家的作品进行了评述和剖析，产生了《萨弗》（1886）、《雨果传说》（1888）、《法国舞台上的达尔文主义》（1890）、《左拉的〈金钱〉》（1891）、《浪漫主义的根源》（1896）等一批马克思主义文学评论作品。

资本主义社会建立在资本主义生产关系基础之上，资本主义生产关系的核心就是资本家阶级对工人阶级剩余价值的无偿掠夺，这必然导致无产阶级和资产阶级之间的矛盾斗争，最终导致资本主义社会的灭亡和工人阶级的解放。而文学只要如实地描写和反映这种资本主义社会的现实，本身就是对资本主义社会的打击和无产阶级解放事业的支持。正如恩格斯在1888年4月初给玛格丽特·哈克奈斯（Margaret Harkness）的信中所强调的那样，社会主义作家应该表现出"战斗无产阶级"为最终争取自身的解放而进行的战斗性。[①]

马克思主义学术研究要求党性和科学性两种元素的统一，从而使拉法格的许多文学评论文章具有锋利的战斗性，这些学术研究活动和著作构成了拉法格革命实践不可分割的一部分，也是为他的理论工作和革命行动密切配合和服务的。我国著名的无产阶级革命家和文学家瞿秋白在他的《拉法格和他的文艺批评》中指出："拉法格有许多著作和研究，对于马克思主义的文艺学是很宝贵的。他的理论和实际行动是密切联系的，他的文艺批评大半都是很具体的，

---

① 参见《马克思恩格斯选集》第4卷，人民出版社2012年版，第591页。

他的确把文艺批评当作阶级斗争的武器,而最主要的是他的精神。"① 拉法格强调将文学研究和基础结合起来,试图通过文学对于文艺现象同样有那种阶级的不调和研究解析一定历史时期的社会阶级关系。虽然他的文学著述不算丰富,但标志着文学评论上的革命,带动了法国文学研究的新方向。我国著名的法国文学翻译家罗大冈认为:"拉法格是将历史唯物主义应用到法国文学研究上去的第一人。"②

首先,关于雨果(Victor Hugo)的"两副面孔"研究。

1885年6月1日,巴黎三十万群众为法国刚刚去世的著名作家雨果举行规模宏大的葬礼,资产阶级报纸连篇累牍地刊登文章,颂扬雨果是"人类良心的最出色的代表"、"宇宙间最大的思想家",雨果的逝世无异于天上星辰的陨落。

此时,正在圣珀拉惹监狱蹲班房的拉法格并不赞同这种看法,鉴于关于雨果的公众生活还尚未有人研究和批评,为了弥补这一遗漏,拉法格决定发掘埋没在谎言和夸张之下的真相,"将如此古怪地不为人所知的雨果的真实性格,大白于天下"③,他根据1869年起收集掌握的大量资料,对雨果的一生进行了研究和评析,撰写了《雨果传说》,揭露了雨果"最真实的头衔"的另一面。拉法格以嘲讽的笔锋描述了雨果一生政治立场的转变过程,批判他是一个见风使舵的投机家和唯利是图的伪君子。他在1830年之前是激烈的保王党和狂热的天主教徒,1830年七月革命后又转到共和党行列中了。当他看到路易·菲利普(Louis Philippe)的王位坐稳了,他又表示拥护君主立宪制,立刻宣称:"我们必须'共和国的实际',和'帝

---

① 《瞿秋白文集》第2卷,人民文学出版社1953年版,第1111—1125页。
② [法]拉法格:《拉法格文论集》,罗大冈译,人民文学出版社1979年版,第290页。
③ [法]拉法格:《拉法格文论集》,罗大冈译,人民文学出版社1979年版,第55页。

政'的名义。"① 这句话的意思是说，他将要接受帝政的恩赐，同时他在内心仍然是共和分子。

1848年革命后，雨果这位最大的江湖骗子一分钟也不迟误，他又摇身变成共和派。拉法格认为，从表面上看雨果是反复无常和善变的，因为他曾经接连的是波拿巴分子、合法王室拥护者奥尔良宗室拥护者以及共和分子。但是在认真分析研究一番之后，实际情况是哪怕政治制度迅速到令人头晕的变换，"在任何制度之下，雨果从未改变过他的行径；历届政府的上台或垮台，他都不管，他一直追求着的唯一目标是他的个人利益，他一直是'雨果主义者'"②。他是一切既存秩序之友，从未参加反对任何政府的密谋，一定等到政府垮台的次日他才会宣布抛弃这个政府。雨果积蓄了五百万法郎的巨额财产，临终前在遗嘱中写道"遗赠五万法郎给巴黎的穷人"，但没有在遗嘱上签名。拉法格认为，仅就雨果的文学才干还不足以让他获得充满信任的钦佩，他的行动甚于文章使他博得资产阶级的高度重视，"即使在最微小的行动中，雨果始终是个资产者"③。他是法国资产阶级的热情、本能和思想最完整最出色的代表。

拉法格的这篇笔战文章，是在法国资产阶级和无产阶级斗争日趋激烈的情况下完成的，法国各资产阶级党派力图把雨果打扮成欺骗劳动群众的工具，并以此作为使统治阶级内部互相争夺的各派联合起来的旗帜。拉法格想通过对雨果的批判在意识形态领域粉碎资产阶级虚伪的桂冠，动摇资产阶级在文化领域上的权威。但是，他对雨果的评价带有主观片面性。雨果是法国浪漫主义文学代表作家，思想较为复杂，他身上既有资产阶级的烙印，又有对封建专制残暴

---

① [法]拉法格：《拉法格文论集》，罗大冈译，人民文学出版社1979年版，第75页。

② [法]拉法格：《拉法格文论集》，罗大冈译，人民文学出版社1979年版，第76页。

③ [法]拉法格：《拉法格文论集》，罗大冈译，人民文学出版社1979年版，第106页。

统治的不满和对被压迫的劳苦大众的深切同情。他曾强烈谴责帝国主义的殖民掠夺政策。他的很多著作也有深刻的艺术性，呈现出资产阶级人道主义精神，他的长篇小说《巴黎圣母院》《悲惨世界》等有广泛的社会影响，被公认为世界文学的瑰宝，受到法国和各国人民的喜爱。拉法格对雨果的全面否定，这种态度显然是武断的，表明他在运用阶级斗争观点分析问题时，还存在简单化的倾向。

其次，关于埃米尔·左拉（Émile Zola）作品的评述。

1891 年，拉法格在《新时代》杂志上发表了《左拉的〈金钱〉》，高度评价小说中对资本主义社会的深刻剖析。他说："在描写和分析现代巨人般的经济机体，以及它们对人类性格和命运的影响时，给小说开辟了一条新的道路，这是一种大胆的事业；作了这样的尝试，已经足够使左拉成为一个革新者，并且使他在当代文学中获得优选的位置和与众不同的地位。"① 拉法格认为，小说《金钱》在艺术手法方面有独到之处，因为要想把交易所的人们的生意经描写得很有趣味是很困难的，但左拉却成功地将眼前吃力不讨好的材料戏剧化，它在情节的陈述、布局的巧妙、人物性格的突出等方面都是一部杰出的著作。

同时，拉法格还批判了左拉在创作方法上的某些自然主义倾向，尽管左拉的观察方法有一些缺点和错误，"他的那些小说仍然是我们这时代最重要的文学大事。它们获得巨大成功是应当的"②。拉法格还重视《左拉的〈金钱〉》中分析的交易所投机活动的情况，为他后来的《交易所的经济职能》中对交易所的作用从理论上分析提供了若干补充材料。同前面的《雨果传说》相比，《左拉的〈金钱〉》在历史唯物主义和文学评论的结合上显得更为成熟了。

再次，拉法格在《萨弗》和《法国舞台上的达尔文主义》两篇

---

① ［法］拉法格：《拉法格文论集》，罗大冈译，人民文学出版社 1979 年版，第 132—133 页。
② ［法］拉法格：《拉法格文论集》，罗大冈译，人民文学出版社 1979 年版，第 140 页。

文章中批评法国作家阿尔丰斯·都德（Alphonse Daudet）的小说《萨弗》和剧本《生存竞争》。

在拉法格看来，都德为迎合资产阶级的需要而烹调出适合他们胃口的文学美羹，按照资产阶级的口味和智力奉献给他们一部描写内心活动的作品，他把一个被上层社会的混账人们腐化了的、供人取乐的卖淫妇刻画成资产者的理想情妇，还提倡把姘居作为婚姻的补充。资产阶级鼓励这种伤风败俗的文学形式，因为它可以催眠平民的思想，使他们无暇顾及对于自己真正阶级利益的研究。都德对达尔文主义一无所知，但却把资产阶级社会中弱肉强食的丛林法则归罪于达尔文的生存竞争理论。拉法格写道："都德之流看不见不可避免地造成竞争及其后果的是我们的社会关系，而不是某些学说。人与人之间互相交锋的无情的经济斗争并不是达尔文的一套学说的后果，他的学说不过是把现代的竞争的规律应用到动植物生活上去而已。"① 拉法格在揭露了资产者的伪善面目以后概括地说："资产者的灵魂中最高贵的热情之一，就是想用最低的代价来酬谢给他帮忙的人。"② 在爱情观上，"贵族阶级的男人还能够忘却个人利益；资产者是自私到这种程度的动物，他甚至不能设想人们可以期待他采取一个和他的利益相反的行动"③。同时，拉法格对都德作品中的一些积极因素，如他对资产阶级生活和自私自利心肠的嘲讽、对劳动大众的同情等，没有给予应有的肯定，这也是其中的一个缺点。

最后，揭示浪漫主义的实质。

由于《浪漫主义的根源》一文涉猎资料广泛、数量之大，拉法格写道："在这篇批评文章中，我不得不探本穷源，手里拿着笔，去

---

① ［法］拉法格：《拉法格文论集》，罗大冈译，人民文学出版社1979年版，第116页。
② ［法］拉法格：《拉法格文论集》，罗大冈译，人民文学出版社1979年版，第6页。
③ ［法］拉法格：《拉法格文论集》，罗大冈译，人民文学出版社1979年版，第7页。

翻阅从共和三年到共和十二年的出版物（小说、诗歌、剧本、哲学著作、期刊、报纸）。"① 在资料翔实、引证繁博的基础上，拉法格在该文中研究了浪漫主义流派的缘起、发展及其实质。拉法格指出，一部杰作不是一朵如轻纱一般的玫瑰花，创作作品的作家是不能从周围世界逃走而与世隔绝，不能不受周围环境的影响，他们会不由自主地回溯过往或冲向未来。文学艺术作为社会意识的一种表现形式具有阶级性，以"为艺术而艺术"为原则的浪漫主义文学实质上是一种阶级文学。拉法格说："浪漫主义，尽管有'为艺术而艺术'这样的原则，却从来没有放弃对政治斗争与社会斗争的关注；浪漫主义始终明目张胆地拥护篡夺了大革命成果的资产阶级。"② 只要资产阶级还有一天害怕封建贵族卷土重来，浪漫主义者就会始终紧跟自由的史学家，挖掘中世纪历史上的阴暗，反衬当下的快乐；等到无产者形成与资产阶级相敌对的无产阶级时，浪漫主义者又会立刻撇开历史小说，抛弃封建时代的憎恶，对付当下的事件。

此外，拉法格对自己的文学评论作了介绍："如果不在思想上体验那些欢迎夏多布里盎的初期浪漫主义作品的男男女女的情感和狂热，如果不追究那些男女在何种社会气氛中活动，就不能解释他们为什么那样热烈地接受这些作品。在这样的考虑之下，文学评论不再是枯燥乏味的舞文弄墨，不再骂人或捧人、分发作文奖状或对于'善'本身——这是'真'的光辉——加以诠释，而是关于历史唯物主义批评的一种研究：分析者在故纸堆中所寻求的不是文章风格的美，而是文章作者和读者的激动的情感。"③ 这表明了拉法格的文学评论绝不是简单贴标签、喊口号的教条主义文学评论。但是，拉

---

① ［法］拉法格：《拉法格文论集》，罗大冈译，人民文学出版社1979年版，第168页。
② ［法］拉法格：《拉法格文论集》，罗大冈译，人民文学出版社1979年版，第207页。
③ ［法］拉法格：《拉法格文论集》，罗大冈译，人民文学出版社1979年版，第168页。

法格没有分清以雨果为代表的积极浪漫主义和以弗朗索瓦－勒内·德·夏多布里盎（Francois-René de Chateaubriand）为代表的初期反动浪漫主义。后者代表了资产阶级和没落贵族的思想情绪，不同于雨果等人的浪漫主义。拉法格一概而论、对雨果全盘否定，做出了偏狭的理解和评价，这显然是不妥当的。

二 "语言观"的三维镜像

众所周知，法语语音优美，语法结构严谨，词义准确，形式丰富，表述规范，有较强的科学性和逻辑性，具有浓厚的民族特色，是法兰西民族文化传统和法国人思维方式的生动展现。[①] 法语清楚明晰，既没有学究气，也不故作风雅，它与拉丁语、希腊语、英语或德语相比毫不逊色，其最独特和与众不同的地方在于简洁。法国哲学史上，从勒内·笛卡尔（René Descartes）到布莱士·帕斯卡（Blaise Pascal）到让－雅克·卢梭（Jean-Jacques Rousseau）等人，他们都擅长巧妙地重新组合常用法语词汇，使这些词汇焕发出新的含义，进而传达深邃细腻的思想，大大增强了法语的柔韧性和力度。

早在法国大革命初期，法语语言就发生了显著的变化。由于人们的憧憬和热情，总是和"复兴"、"进步"等观念相联系的词语在含义上有所扩展。"革命"、"贵族"、"旧制度"、"封建制"等词语具备了时代的感情色彩，"民族"、"祖国"等词语则一直保持着崇高的价值。受大众群体言谈话语的影响，虚拟式未完成时和简单过去时的用法呈衰减趋势。革命家们在演讲中字字斟酌，通常运用转喻、类比、暗喻等修辞方法，反过来推动了民众遵守语言的规范。1794年，国民公会通过决议规定今后政府文件和公证文书一律使用标准法语起草，私人文件也须用法语起草，方可归档。这种措施对于限制方言俚语的地域扩散影响有助推作用。虽然语言的发展具有

[①] 参见时波、张泽乾主编《当代法国文化》，国际文化出版公司1989年版，第2页。

连续性，但是作为法兰西民族语言的法语普及仍有待提高。作为优秀的革命家，拉法格以语言为思想利器，对语言也颇有研究。

1888年，拉法格在《新时代》杂志第51期，发表《革命前后的法国语言》一文，对语言做了独到的研究，受到了恩格斯的好评。南斯拉夫著名哲学家普雷德腊格·弗兰尼茨基（Predrag Vranicki）认为，拉法格"留下了第一部马克思主义的语言学著作"①。可以说，这一著作对于研究语言史或文学史都有重要的启发。1895年1月，拉法格在对饶勒斯的演讲所作的回答中谈及语言和革命的问题时，也指出了一个同探讨有关的现象，阐明了抽象概念从具体概念中的产生过程。他认为那些在我们今天有抽象意义的词，最初在它们的创造者野蛮人的头脑中只有具体的意义。例如："nomos"在希腊语中具备法律的抽象含义之前只作住宅和牧场解释；法语"droit"在意指合乎正义的东西之前，最初只是用来表示不弯不曲的东西。②

1. 语言的本质特征

按照拉法格的理解，语言的实质具备以下几种特征。

首先，语言是一种处于不断变化之中的社会现象。拉法格说："一种语言和一个活的机体相似，有生，有长，也有死灭。"③语言经过一系列的演化和革命，吸收和扬弃了很多单词、词组和语法形式。一种语言的单词如同动植物的细胞一样有自己鲜活的生命，它们的语音和拼法也不断地变化。归根结底，语言的变化不应该到头脑中去寻找，应该到社会环境的变化中去寻找根源，两者是双向互动关系。拉法格认为，语言之所以总是处于一种经常的改变和活动，是因为它是人类社会最富有自发性和特征的产物，"语言反映人的变

---

① ［南］普雷德腊格·弗兰尼茨基：《马克思主义史》第1卷，李嘉恩等译，人民出版社1986年版，第294—295页。

② ［法］拉法格：《唯心史观和唯物史观》，王子野译，生活·读书·新知三联书店1965年版，第2页。

③ ［法］拉法格：《拉法格文论集》，罗大冈译，人民文学出版社1979年版，第211页。

化以及人在发展中所依存的环境的变化所发生的影响。人们生活方式的变化,例如从田野生活过渡到城市生活,以及政治生活上的大事件,都在语言上留下印记"①。比如,希腊语 nomos 这个词的最初语义是草原、牧场,接着作居留、住处和分配等解释,最后演化为习惯、风俗和法律的含义。"Momos 这个词的不同意义表明一个游牧民族经历了不同的阶段,而变为定居的,农业的民族,并且得到了法律这个概念,法律无非是习惯和风俗的规章化。"② 意大利哲学家维科指出,任何文明语言中的词都保留着原始人林莽生活的痕迹,比如,希腊词 goné 的意思是儿童、种籽、土地的果实、兽类的崽子;sperma 的意思是种族、颗粒、种籽;希腊语中用公牛 bous 构成的词为数很多;法语中的很多词语都是以希腊语为根源延伸出一定数量的这类词,如 bouvier(牧牛人)、bouvard(小公牛、锤子)、bouillon(浆汤)、bousculer(挤挤嚷嚷)、bouse(牛粪)、bouffer(吃牛肉)等。

其次,语言是人们的社会产物。文学是语言的艺术表达,语言是文学的表现工具,就如画师手中使用的彩色颜料。文学的发展和语言的演变息息相关,文学家用时代的语言进行创作,才能体现时代的精神面貌。每一个伟大的历史时代,人民群众的火热生活和革命斗争都给语言的发展演变积累了大量的素材,创造了条件,有才能的语言学家和艺术大师在这个基础上铸造新的词汇,给广大读者留下了记忆深刻、震撼心灵的作品。马克思在《资本论》第 1 卷中说:"正像语言一样,是人们的社会产物。"③ 马克思恩格斯在两人合著的《德意志意识形态》中讲道:"语言和意识具有同样长久的历史;语言是一种实践的、既为别人存在因而也为我自身而存在的、

---

① [法]拉法格:《拉法格文论集》,罗大冈译,人民文学出版社 1979 年版,第 212 页。
② [法]拉法格:《拉法格文论集》,罗大冈译,人民文学出版社 1979 年版,第 212 页。
③ 《马克思恩格斯文集》第 5 卷,人民出版社 2009 年版,第 91 页。

现实的意识。语言也和意识一样，只是由于需要，由于和他人交往的迫切需要才产生的。"① 他们还指出："语言是思想的直接现实……无论思想或语言都不能独自组成特殊的王国，它们只是现实生活的表现。"② 斯大林（Stalin）指出，语言"是千百年来社会历史和各种基础历史的全部进程所产生的"③，"它是若干时代的产物，在这些时代中，它形成起来、丰富起来、发展起来、精炼起来"④。

最后，家常用语和成语性词组映射出语言和周围生活现象之间的联系。从政治环境层面看，拉法格着重考察1789年法国资产阶级革命前后法国语言的革新变化及其影响。拉法格认为语言的改造和资产阶级的演变是同步进行的，他写道："要寻找语言现象的理由，有必要认识和了解社会和政治的现象，语言现象无非是社会和政治现象的结果。"⑤ 从社会环境层面看，拉法格强调，一种语言不能和社会环境隔离，正如一种植物不能生长于它的气候环境之外。他举例说，在牛油蜡烛引导照明方式的时代，诗人们经常借助蜡烛来作高贵的比喻，如"眼睛像一对明烛似的闪闪发亮"、"双目奕奕有神者，人谓之目光如烛"。但自从齿轮灯、油脂酸灯烛和煤气灯进入照明时代视野后，一些家常用语，如"节省蜡烛头"、"把戏不值得耗费一支蜡烛"、"蜡烛上烧伤"等就逐渐消失了。即是说，一些家常用语和方言经过一定时间和条件的变化，又会生出新的用语。但一般的语言学家往往忽略环境的作用，到梵文中去寻找词的或神话故事的根源，而梵文对于语法家来说就如头骨学对于人类学家一样，是打开一切神秘之门的钥匙。

---

① 《马克思恩格斯选集》第1卷，人民出版社2012年版，第161页。
② 《马克思恩格斯全集》第3卷，人民出版社1960年版，第525页。
③ 《斯大林选集》（下卷），人民出版社1979年版，第503页。
④ 《斯大林选集》（下卷），人民出版社1979年版，第504页。
⑤ ［法］拉法格：《拉法格文论集》，罗大冈译，人民文学出版社1979年版，第243页。

2. 语言是否存在"阶级性"

拉法格在《革命前后的法国语言》这本小册子中有时使用"贵族语言"和"资产阶级语言"的说法，马尔学派则援引拉法格的话，歪曲拉法格的论点，企图证明他承认语言的阶级性，似乎要否认全民的民族语言的必要性。这也生发了语言是否存在阶级性的难题，引起了广泛的争论和分歧。

斯大林驳斥了马尔学派的说法，努力澄清语言的阶级性问题，认为这是不符合历史事实的。在斯大林看来，"语言作为人们在社会中交际的工具……对各个阶级是一视同仁的"①。语言被创造出来不是仅仅为了满足某个阶级的需要，不是服务一个阶级而损害另一个阶级，而是一视同仁地为整个社会和各个阶级服务，所以，语言是社会统一的、全民的语言，对社会全体成员是共同的。通过研读上下文可以看出，拉法格在使用"贵族语言"和"资产阶级语言"的说法时，指的是贵族和资产阶级的习惯用语和行话，而不是阶级语言。他的关注点不是语言和习惯语的区别，他把方言有时称作"人造语"或"习惯语"。贵族阶级有自己的风俗习惯和思想，他们在言行举止、穿衣打扮、日常仪节、饮食方式和专用语言等方面和别的国民不一样，犹如一道壁垒屹立在四周，使他们和别的阶级相互隔离。拉法格说道："使贵族显得与众不同的这种人为的语言，并不是和实行伏拉普克语以前，莱布尼兹发明的国际语一样，完全是杜撰的，它是从资产者和手工匠、城市和乡村所说的通俗语言中提炼出来的。"②拉法格认为这种骈肢的现象已经在拉丁语中发生过，导致其分裂为贵族语和平民语两种语言。但他从来没有否认全民的民族语言的存在和其必要性，他完全懂得"贵族语言"、其他方言和习惯语是从属和依附于全民语言的。结合英国封建主在几百年中说法

---

① 《斯大林选集》（下卷），人民出版社 1979 年版，第 507 页。
② ［法］拉法格：《拉法格文论集》，罗大冈译，人民文学出版社 1979 年版，第 220—221 页。

语和俄国贵族有一个时期在宫廷里说法语的风尚，斯大林提出两点论据，并阐明了"语言具有阶级性"观点的两个错误：

其一，有人将语言和上层建筑混为一谈，认为上层建筑的阶级性决定了语言的阶级性，但实际上两者是两个不同的概念；其二，有人将无产阶级和资产阶级之间的对立及阶级斗争，看作两大敌对阶级之间斩断了一切联系导致了社会的完全分裂。既然没有了统一的社会，只有阶级，那么就不需要社会统一的、全民的、民族的语言，留下的只能是阶级和"阶级语言"，每个"阶级语言"都会有单独的"阶级的"语法——"无产阶级的"语法和"资产阶级的"语法。斯大林还强调，在俄国曾有这样的马克思主义者，认为十月革命后保留下来的铁路是"资产阶级的"铁路，利用这样的铁路是不体面的，要把它挖掉重新建造"无产阶级的"铁路。显然，这种关于社会、阶级和语言的无政府主义观点，是违背马克思主义的。

事实上，只要资本主义还继续存在，无产者和资产者就会是一个资本主义社会中的两个部分，就会发生经济联系。资产者离开雇佣工人就无法发财，无产者不受雇于资本家就不能生存。中断一切经济联系就等于中断一切生产，导致社会和阶级灭亡，然而没有哪个阶级甘愿自己灭亡。无论阶级斗争如何尖锐和残酷，也不会引起社会分裂，只有对语言的本质一窍不通的人才会持有"阶级的"语言、"阶级的"语法之类的荒谬观点。

斯大林综合概括认为，语言作为交际的工具自始至终对社会是统一的，对社会的一切成员是共同的；方言和习惯语是全民语言的支派，它们的存在并不否定全民语言的存在；语言有阶级性是非马克思主义的错误公式。但是拉法格把习惯语和行话称为"贵族语言"、"资产阶级语言"是不够确切的。①

3. "语言革命"与"革命语言"之分

"语言革命"指的是语言在形式、发音、构词等方面发生的变

---

① 参见《斯大林选集》（下卷），人民出版社1979年版，第514页。

革,"革命"在这一术语中扮演的是动词的角色;"革命语言"则意指富有战斗性的口号、词语等,"革命"一词在这里是前缀形容词。两者有本质区别。

拉法格在《革命前后的法国语言》这一著作中曾提到,法国在1789年和1794年之间突然完成了语言革命。① 1950年,斯大林在《马克思主义和语言学》② 一书中对此提出批评,认为这种观点是错误的,因为那个时候在法国还没有任何语言革命,更谈不上什么突然的语言革命。但是,通过考量上下文,拉法格所说的语言革命主要是指单词、语句和短语方面的变化,而不是基本词汇和语法结构的彻底革新。但拉法格是承认语言的相对稳定性的,他写道:"涌现于一七八九与一七九四年之间的语言并不是新的。"③

在拉法格看来,法国资产阶级革命只是推翻了贵族语言的统治地位,同时也将资产者口头所说的、曾经在文学作品中使用过的语言,重新带到表面上来。其实这种转变在1789年以前就已经初露端倪,革命声势赫然地加速了这种转变。斯大林指出,语言具有强大的稳固性和排斥被同化的巨大抵抗力,如巴尔干各族人民的语言词汇在吸收了不少土耳其词语之后,产生了"聚合"和"分离"效应,但最后还是坚持和生存了下来,究其根源就在于这些语言的语法结构和基本词汇基本上保存并延续了下来。

可以说,不能把语言结构和基本词汇看作是某一时代的产物,

---

① [法]拉法格:《拉法格文论集》,罗大冈译,人民文学出版社1979年版,第260页。

② 1950年5—7月,苏联《真理报》组织了语言学问题的大讨论,定期出版讨论专刊,目的是"通过批评和自我批评来克服语言学发展中的停滞现象,确定这门科学进一步发展的方向"。这次讨论引起了苏联语言学界和知识界的热烈反响。在讨论期间,斯大林针对一些青年向他提出的语言问题撰写了《论语言学中的马克思主义》,在答复一些来信后又写了《论语言学的几个问题》和《答同志们》。后来,这些著作以《马克思主义和语言学问题》为书名由真理报出版发行了单行本。

③ [法]拉法格:《拉法格文论集》,罗大冈译,人民文学出版社1979年版,第281页。

而是许多时代的产物。语言的发展不是通过消灭现存语言和创造新的语言的方法,而是基于扩大和改进现存语言的内核要素来实现的。语言从一种旧质过渡到另一种新质,不是经过废除旧的、创造新的、一下子爆发式的破旧立新,而是经过以新词去充实现有词汇之方法、新质要素的逐渐成长和旧质要素的逐渐灭亡来实现的。马克思主义是不承认在语言中有突然的爆发,有现存语言的突然死亡和新语言的突然创造的。斯大林认为,法国资产阶级革命时期的法语词汇只是增加了一些新词语,消失了一些陈旧的词语,有些词的含义改变了,仅此而已,但这也丝毫不能改变语言的命运。法语的语法结构和基本词汇没有消失,也没有发生重大改变,保存下来直到现在。

所以,拉法格并不承认语言在发展中的爆发突变,也不认为语言的发展是通过旧语言的突然死亡和新语言的突然创造而实现的。他在《革命前后的法国语言》中主要阐明反映在语言的演变现象上的资产阶级思想意识的演变和形成,因此在文中不得不花笔墨突出语言受阶级斗争影响的一面。即便如此,拉法格阐述的语言演变部分也是限于字词(mots)、短语(expressions)以及语型(tournures),他所列举的大量实例几乎以单词为主,不论是贵族的习惯语还是资产阶级的习惯语,增减的主要是字和词,并没有彻底改变民族语言的基本词汇和语法构造。但是,拉法格关于"突然完成了语言革命"的观点表述容易引起歧义。

三 蒲鲁东主义到马克思主义宗教观的转向

拉法格作为无神论的积极宣传者,从 19 世纪 60 年代到 20 世纪初,他运用马克思主义的观点撰写了大量文章,对宗教迷信进行了无情批判,揭露了宗教在阶级斗争中的作用。他以文学、历史、语言、人类学等方面的史料为依据,揭示了各种宗教观念的起源和发展。

19 世纪 60 年代中期,拉法格还未与蒲鲁东主义分道扬镳,他认为宗教是一切祸害的根源,只有消灭宗教奴役才能消灭社会压迫,上帝是祸根，向上帝宣战才能推动社会进步，进而将斗争重心聚焦于反宗教斗争。但他没有认识到，宗教只不过是物质生活在人们头脑中的虚幻的反映，只有通过无产阶级革命消灭人们生活在其中的资本主义生产方式和政治制度，实现共产主义，宗教才能消亡。1866年7月，拉法格在《左岸》报上发表的文章中指出，法国的革命青年在自己的旗帜上写上"无神论、革命、社会主义"，他们不愿意承认任何教条，不想要任何上帝，主张把位置让给理性、科学和正义。虽然带有无政府主义色彩，但折射出对宗教和教会不妥协的立场。随着拉法格从蒲鲁东主义到马克思主义的转向，他的无神论思想有了科学的理论基础，注入了战斗性的因子。

1886年，拉法格在《社会主义者报》上发表了《资本的宗教》，痛斥了资本主义剥削制度，揭示了宗教在资本主义制度中的作用，阐明了宗教和资本的关系。随着无产阶级革命运动的蓬勃发展引起了资产阶级统治集团的恐慌，资本主义世界的大亨在日益增长的革命事件面前表现出无理性恐惧，因为这些事件有可能把整个"尘世生活"的剥削世界吹散成粉末。由于旧式宗教作为欺骗被剥削者的面目逐渐被揭穿，作用日渐衰落，资产阶级力图对宗教进行"修补"和"挽救"，用"资本的宗教"来代替旧的宗教。资本被奉为真正的上帝，看作是吃人的上帝，资本无孔不入；资本家是上帝挑中的选民，他们利用残酷手段对劳动者进行无情压榨和剥削。资本家雇用一大群工人替自己干活，他们则用自己的肠胃和下身劳动，大吃大喝，过着荒淫无度的生活。资本家们既不动手也不动脑，"他有一批象牲畜一般的男女替他耕地、炼铁、织布。他手下有一批经理和工头替他管理车间，有一批学者替他思考问题。资本家只从事拉屎撒尿的劳动，他把吃喝到肚子里的东西变成粪肥"[1]。资本家是世界的主宰和法律，可以随心所欲地将世界上的一切占为己有，积累利

---

[1] 中共中央马克思恩格斯列宁斯大林著作编译局国际共运史研究室编：《拉法格文选》（上卷），人民出版社1985年版，第234页。

润是他们最大的快乐和神圣使命。拉法格认为，当共产主义取代资本主义时，资本的宗教才会消亡，退出历史舞台。他说："当共产主义成为社会的指导原则时，资本——这位主宰过去和现在的上帝——的统治便告结束。资本不再统治世界，它将服从于它所憎恨的劳动者；人不再拜倒在他用自己的双手和大脑创造出来的东西面前，他将从此站立起来，以主人翁的身份看待周围的大自然。"①

19世纪80年代末到90年代初，拉法格在《新时代》杂志陆续发表了《关于亚当和夏娃的神话》《割礼，它的社会的和宗教的意义》《关于贞洁的受孕的神话》《关于普洛米修士的神话》等系列文章，通过研究比较神话学和人类学，揭示了宗教仪式产生和宗教观念的社会原因。拉法格主张，对圣经故事存在两种立场：信徒承认它们是真实的，自由者则否认它们。我们时代的哲学家们既不迷信它们的神秘，也不嘲笑它们的荒诞不经，而是努力去发现它们神秘的外壳所掩盖的某些积极的因素。神话不是骗子的谎言，也不是肆意想象的产物，它们是人类思想的朴素和自发的形式之一。拉法格以此出发去探明难猜的神话迷宫，研究圣经中关于上帝造人的故事。

其一，拉法格认为，《创世纪》中的第一章和第五章没有提及女人的存在，亚当（Adam）和他的后裔都是雌雄合体的"男人兼女人"。这种说法实际上反映了路易斯·亨利·摩尔根（Lewis Henry Morgan）在自己著作中的观点，即处于低级发展阶段的野蛮人在部落内部通婚，他们的成员无须到族外寻找妻子和丈夫，原始部落男女成员的生活条件必然导致同一族群的成员之间发生性交，他们一块打猎、吃睡和战斗。《创世纪》第二、三、四章，关于亚当和夏娃（Eve）的神话则是在晚期时代形成的。关于耶和华（Jehovah）上帝用亚当的肋骨造成他的妻子夏娃的说法只有在父权制的家庭产生和妻子移居到丈夫家中的时候才能形成，这时妻子和丈夫在出身、人

---

① 中共中央马克思恩格斯列宁斯大林著作编译局国际共运史研究室编：《拉法格文选》（上卷），人民出版社1985年版，第243页。

格上是不平等的，丈夫对妻子握有生杀予夺之权，妻子从属于丈夫。拉法格认为，《创世纪》第二、三、四章讲的是另外一个时期的事件，和其他两章不属于同一时期。从神话描写的那个时期，耶和华上帝就达到了较高的物质和精神阶段，他们拥有栽种树木的伊甸园，养殖家畜和引河灌溉，并将同时代的野蛮人引到园里做奴隶。拉法格指出，亚当和夏娃偷吃伊甸园生命树禁果的故事，来源于人类社会发展低级阶段的禁忌，识别善恶之树被看作禁忌，后来禁忌成了一些人的特权。生命树上结出的滋味鲜美的果子，专为耶和华上帝享用，吃了果子就等于破坏了上帝的特权，把自己提高到和他们一样高的地位了。所以，这个故事实际上是为了论证人和人之间的不平等。

其二，考察割礼的起源及其社会意义和宗教意义。拉法格认为宗教仪式在不同的阶级和民族中有不同的性质。一些野蛮部落中割礼是青年人加入战士行列时举行的一种仪式；在其他的野蛮部落中它则是一种宗教仪式，是为保全自己的性命而把身体的一部分作为牺牲献给残酷凶恶的神灵的供品。所以，割礼"是人与神之间的联盟根深蒂固的标志"[①]。拉法格引证希罗多德来证明割礼早在埃及人中间就存在了，但用卫生学的观点来说明割礼是一种寻常的现象是站不住脚的。拉法格这个比较神话学研究纲要的价值在于，它体现了对这种半开化、失去任何意义的割礼的反宗教的尖锐性。拉法格还在《关于贞洁的受孕的神话》中追溯了圣经中耶稣（Jesus）母亲"贞洁受孕"神话的起源，他认为这是最古老的神话之一，形成于母权制解体时代，"即当男人为了妇女的财产和在母权制家庭中的统治地位而力图迫使妇女服从于自己并为此目的而争夺妇女在生育行为中的重要作用的时代。可是妇女为了报复对她的权利和对她的职务的侵害行为因而断定说她在没有男人协作之下也能怀孕"[②]。

---

① ［法］拉法格：《宗教和资本》，王子野译，生活·读书·新知三联书店1963年版，第36页。

② ［法］拉法格：《宗教和资本》，王子野译，生活·读书·新知三联书店1963年版，第44页。

其三，神话传说是了解原始初民的社会思想观念和社会认识形式的直接的思想材料。众人皆知，神话传说是亘古人们认识自然现象、社会生活和自身幻想的精神产品，反映了古代人民对自然力的斗争和对理想的追求，它是一种精神寄托，进而世代流传下来。在拉法格看来，"神话既不是骗子的谎话，也不是无谓的想像的产物，它们不如说是人类思想的朴素的和自发的形式之一。只有当我们猜中了这些神话对于原始人和它们在许多世纪以来丧失掉了的那种意义的时候，我们才理解人类的童年"①。神话传说实际上承担着口头式的保存着关于远古人们生活回忆的职责，它是人类早期的一种世界观，是人的社会生活的投影，它们与古代文化遗址相互印证，共同构成了我们研究史前人类社会自我认识形式所不可或缺的资料来源。通过对神话传说的分析，可以从中揭示和构想当时人们认识社会的基本特征的谜底。

综上可见，拉法格努力运用辩证唯物主义的观点来分析一些宗教观念和宗教仪式的社会经济根源，阐明一些神话的个别因素，他利用自己的博学多识和历史唯物主义方法去破解复杂难猜的远古神话，并以无产阶级革命者的热情对资本主义制度和金融工业寡头对劳动者残酷剥削的极端恶劣的景象作了讽刺性抨击。拉法格的这些文章对法国和国际工人运动史产生了相当大的影响，当然也有缺点和错误。如他在《关于普洛米修士的神话》中犯了反历史唯物主义的错误，将资产阶级社会特有的社会关系和社会范畴搬到在它之前的社会形态中去；一些想法只是假设，缺乏根据，有待进一步验证。他在号召工人阶级争取自身解放的斗争中批判宗教迷信的同时，却否认宗教在某些工人群体中还有一定影响的事实，列宁曾说："被剥削阶级由于没有力量同剥削者进行斗争，必然会产生对死后的幸福生活的憧憬，正如野蛮人由于没有力量同大自然搏斗而产生对上帝、

---

① ［法］拉法格：《宗教和资本》，王子野译，生活・读书・新知三联书店1963年版，第2页。

魔鬼、奇迹等的信仰一样。"① 可见，宗教在被剥削阶级中的传播有深刻的社会经济根源。恩格斯在读完《关于亚当和夏娃的神话》后认为拉法格的文章写得很俏皮，他说："此文固然有一定的道理，但您在阐述时似乎说得过分了，特别是在历数挪亚的历代祖先时。尽管对挪亚的后裔来说十分清楚，这是历数部落。"②

第三节　坚决捍卫马克思主义的原则

作为马克思和恩格斯精神遗产的继承者，拉法格既要在与敌人的论战中守护导师著作的科学价值，又要回击错误思潮，对资本主义世界出现的新的经济现象进行解读。

19世纪八九十年代，马克思主义内部出现了全面修正和背叛马克思主义的伯恩施坦修正主义派别，拉法格作为第二国际的重要成员对这股逆流及时进行了反击，并在和饶勒斯的唇枪舌剑中捍卫唯物史观。同时，资产阶级官方经济学家们相继展开了对马克思《资本论》的"围剿"。拉法格在《卡尔·马克思的剩余价值理论和保·勒卢阿－博利约的批判》（1884）、《卡尔·马克思的〈资本论〉和布洛克先生的批判》（1884）、《马克思的价值和剩余价值理论同资产阶级经济学家》（1892）、《驳对卡尔·马克思的批评》（1896）等篇章中捍卫了马克思的剩余价值学说，驳斥了资产阶级学家的各种谬论。他还在《交易所的经济职能》（1897）中，揭示了资本主义经济发展中的新现象的实质。拉法格关于剩余价值学说和交易所进行的杰出研究，继承和发展了晚年恩格斯关于现代资本主义的科学论断，取得的珍贵成果丰富了马克思主义经济理论宝库。但有的学者认为，在拉法格的著作中，政治经济学为主题的论述只是在数

---

① 《列宁全集》第12卷，人民出版社2017年版，第131页。
② 《马克思恩格斯全集》第38卷，人民出版社1972年版，第103页。

量上占有主导地位,他在政治经济学方面并没有做出独创性贡献,主要只是普及了马克思政治经济学的基本观点。[①] 对此,需要我们探究事情的始末。

一 捍卫马克思主义哲学基础:驳斥伯恩施坦主义的哲学基础

1895年8月恩格斯去世后,伯恩施坦修正主义"跳出来"公开修正和全面"征讨"马克思主义。修正主义的出现不仅仅是德国的一种特殊现象,它甚至还流传和蔓延到法国、英国、意大利等国,成为一种具有欧洲性的时髦思潮。法国的米勒兰、阿里斯蒂德·白里安(Aristide Briand)等人也都追随伯恩施坦,宣扬修正主义理论。

伯恩施坦在1899年出版的《社会主义的前提和社会民主党的任务》一书中提出了完整的修正主义理论体系。起初,拉法格对伯恩施坦修正主义理论的危害性估计不足。从心理学的角度出发,他在1898年11月27日与普列汉诺夫的通信中认为伯恩施坦事件是一种生理现象,他的堕落是"多年来精神过度疲劳的结果"[②]。这发端于参加卡尔·赫希伯格(Karl Hochberg)[③] 集团,完整的社会主义发明者最有名气的马隆也属于这个行列。俾斯麦迫害时期的斗争和恩格斯的感染曾使伯恩施坦超越了枯燥乏味和令人作呕的慈善社会主义,而自从他生活在僻静的书斋里以后,他又退回到慈善社会主义上面去了。拉法格对伯恩施坦的精神堕落痛心疾首,但并不赞成普列汉

[①] 参见[法]克洛德·维拉尔《保尔·拉法格和他对资产阶级社会的批判》,公直译,转引自中共中央马克思恩格斯列宁斯大林著作编译局译国际共运史研究室编《国际共运史研究资料》第5辑,人民出版社1982年版,第161页。

[②] 转引自中共中央马克思恩格斯列宁斯大林著作编译局译国际共运史研究室编《国际共运史研究资料》第9辑,人民出版社1983年版,第187页。

[③] 卡尔·赫希伯格(1853—1885),德国唯心主义伦理社会主义者、博爱主义者,《社会民主党人报》筹办委员会三人团成员之一,《未来——社会主义评论》杂志编辑。他在文章和书信中都明确反对科学社会主义,同拉萨尔分子妥协,马克思恩格斯指责赫希伯格等人是"小资产阶级的代表",是党内"异己分子"和"冒牌货",他企图用妥协、和解和博爱的空话冲淡和削弱阶级斗争,用改良代替革命。

诺夫批判伯恩施坦的尖锐方式。但是，随着斗争的深入发展，他很快就看清了伯恩施坦主义的面目并与之进行了坚决的斗争，对伯恩施坦主义的哲学基础——新康德主义作了深刻的驳斥。可以说，拉法格是反对伯恩施坦修正主义的第一个法国马克思主义者。

与梅林、普列汉诺夫等人不同，拉法格很少发表直接批判伯恩施坦修正主义的理论文章，而是偏向于在繁忙的政治斗争实践中批判伯恩施坦修正主义的变种——米勒兰主义和饶勒斯机会主义。拉法格在 1899 年 2 月 14 日给普列汉诺夫的信中，称赞他在《新时代》上发表的《唯物主义还是康德主义》等批判伯恩施坦的文章精彩连连，构思巧妙和语言流畅。拉法格认为伯恩施坦的背叛行为促使革命的马克思主义者去研究和关注由于致力于日常斗争而有些过于忽视的理论，他坚信马克思主义的劲敌的挑衅"摧毁不了社会主义的城堡"，修正主义注定要失败。拉法格表示要利用这一机会驳斥三十年来对科学社会主义提出的所有反对意见，因为伯恩施坦的小册子里没有什么新鲜东西，只是一些早被批判过的陈词滥调。① 伯恩施坦主义者企图在"回到康德去"的旗帜下用新康德主义感染和篡改马克思主义的哲学根基。1900 年 2 月，俄国的拉波波特②在《社会主义评论》杂志上发表《马克思的唯物主义和康德的唯心主义》一文，指责德国的知识分子沃克尔曼（Walkerman）博士用康德的唯心主义来修改马克思主义。拉波波特作为坚定的康德派，主张康德和马克思主义毫无关联，无须对马克思主义哲学进行修改，要求用"比黑格尔更神圣、更广泛、更科学的哲学"直接代替马克思主义的唯物主义辩证法。对此，拉法格以《马克思的唯物主义和康德的唯心主义》为同样的题目在《社会主义者报》上发文驳斥拉波波特。

---

① 转引自中共中央马克思恩格斯列宁斯大林著作编译局国际共运史研究室编《国际共运史研究资料》第 9 辑，人民出版社 1983 年版，第 189—190 页。

② 沙尔·拉波波特（1865—1941），生于俄国，1875 年移居巴黎，1883 年参加俄国无产阶级革命，1887 年到瑞士求学，是坚定的康德主义者，是《社会主义评论》的撰稿人之一，后加入法国共产党。

第一，揭露机会主义者复活和信奉康德主义的本质。拉法格指出，19世纪初，法国资产阶级结束了革命性的武装斗争事业后，开始抛弃法国大革命前夕起思想引导作用的伏尔泰主义和自由哲学，被涂上浪漫主义色彩的天主教又过时了。为彻底击败18世纪法国百科全书派的唯物主义，资产阶级输入了德国的康德唯心主义。他在1900年的《马克思的唯物主义和康德的唯心主义》一文中指出："在历史上将被称为资产阶级世纪的19世纪末期，知识分子企图借助康德哲学来粉碎马克思和恩格斯的唯物主义。这个反动的运动开始于德国。"① 以伯恩施坦、赫希伯格以及杜林的其他门徒为代表的那个学派，早在19世纪70年代末"苏黎世三人团"时期就开始修正马克思主义，法国的马隆本人也属于该学派。拉法格预测饶勒斯、约瑟夫·欧仁·符尼埃尔（Joseph Eugène Fournière）等人"用熟了康德的术语以后，也会把康德呈献给我们的"②。

第二，剖析新康德主义不可知论的反动企图。新康德主义者反对康德哲学中的唯物主义因素，极力鼓吹"自在之物"不可知性。拉法格研究了康德和新康德主义之后，对伯恩施坦修正主义理论的哲学基础有了清楚的认识，将否认客观事物可知性的人讥讽为愚蠢的人。拉法格认为，当资产阶级取得推翻封建贵族统治的革命胜利后，哲学思想举起了反动旗帜，企图用康德哲学中使反动派感兴趣的部分消解群众的革命意志，要予以深刻批判。拉法格对康德的"自在之物"和否认客观事物可知性的不可知论进行了深入批判，认为客观世界是可以认识的。哲学家们停留于什么是认识的问题困惑中，化学家们则向前迈进一大步，深入分析物体内部，将其分解为元素，然后再将元素综合组成物体，"从人能够用这些元素制造出东西来供自己使用的那个时候起，正如恩格斯所说的，人就可以认为

---

① 中共中央马克思恩格斯列宁斯大林著作编译局国际共运史研究室编：《拉法格文选》（下卷），人民出版社1985年版，第208页。

② 中共中央马克思恩格斯列宁斯大林著作编译局国际共运史研究室编：《拉法格文选》（下卷），人民出版社1985年版，第208页。

他认识了自在之物"①。从这个角度讲，拉法格捍卫了马克思主义关于物质第一性和精神第二性的唯物主义基本原理。

第三，阐明马克思主义和康德主义、黑格尔主义的本质区别。拉法格认为，拉波波特关于康德和马克思主义毫无关系的看法是对的，黑格尔亦是如此。虽然马克思和恩格斯在青年时代曾属于黑格尔左派，但后来他们批判和吸收了黑格尔主义中的合理成分，就如恩格斯所说的那样，他们归附了18世纪的法国唯物主义。他们将头足倒置的黑格尔辩证法倒过来，把辩证法置于唯物主义基础上。辩证法掌握在他们手中后，促使他们对社会发展和思想发展的认识得出和黑格尔完全不同的观念。在拉法格看来，自然的繁衍生息和思维的产生演变都不是自发的，人类智慧的新创造都与过去紧密相连，都是对传统的承继。黑格尔却认为，观念先于一切而存在，它通过与自身的对立、同对立面的组合无穷无尽地改组和对立下去，进而创造了世界，所以，世界无非是观念的实现。清除掉黑格尔种种变幻莫测的手法，黑格尔主义呈现在我们面前的则是野蛮人的自然神论：至高无上的精神创造了世界，上帝是精神的替身。和黑格尔的观念相似，上帝是世界的创造者。它通过创造世界宣告自己的智慧、力量和公正。但马克思主义者的观点并非如此。拉法格认为，当拉波波特指认马克思强调"存在着观念和实在的同一性"时犯了错误，因为马克思主义者从来不使用这样的形而上学术语。观念如客体一样，也是实在的，它是客体在人脑中的反映，尽管观念和热力、电力、重力相比都具有物质性，但观念和它所反映的客体不可能有同一性，就如热力和产生热力的化合物没有同一性一样。大脑是产生思想观念的有机物，但是只有在感官和客观外界接触时才能产生观念。

由于拉法格把正义、自由、国家以及资本主义意识形态等偶像

---

① 中共中央马克思恩格斯列宁斯大林著作编译局国际共运史研究室编：《拉法格文选》（下卷），人民出版社1985年版，第210页。

讥讽为形而上学和伦理学的蠢话，拉波波特这位康德信徒恼羞成怒。拉法格号召社会主义者不应为康德主义者及其同伙捧场，应该把这些人从小客厅里拉出来，脱去他们的面纱和衣服，叫他们在大庭广众面前赤身裸体，让大家看到他们的干瘪和丑陋。列宁对拉法格的这篇文章给予了很高评价，他认为拉法格是"从左边批判康德。他不是批判康德主义和休谟主义不同的那些方面，而是批判康德和休谟共同的那些方面；不是批判康德承认自在之物，而是批判康德对于自在之物的看法不够唯物"①。

二 捍卫唯物史观：同饶勒斯的论争

唯心史观和唯物史观就好比一对矛盾统一体中的两者，始终存在于哲学的基本问题域。它们如同战争中的"两军对垒"，拉法格对马克思主义哲学中的这个疑难问题进行了深入的阐释。他十分注重宣传唯物主义历史观，对唯心史观进行了深刻批判。1894 年 12 月至 1895 年 1 月，他同法国的让·饶勒斯（Jean Jaures，1859—1914）围绕唯心史观和唯物史观的问题进行了一场激烈辩论。后来，由于社会主义群体的联合和知识分子的休战，拉法格与饶勒斯之间的论战被缩短。

饶勒斯出生于法国一个资产阶级家庭，1881 年毕业于法国顶尖学府巴黎高等师范学校哲学系。1885 年当选为议员，属于资产阶级共和派阵营。1892 年获巴黎大学博士学位。1893 年在遵从法国工人党纲领的基础上参加竞选，当选为议员，作为独立社会主义者加入了社会主义联合党团。他是一位能言善辩、博学多才的辩才②，就算是研究抽象的形而上学原理也饱含热情。他精通德语，熟读马克思恩格斯的著作，接受了一些马克思主义的观点。

---

① 《列宁全集》第 18 卷，人民出版社 2017 年版，第 211 页。
② 在俄国的普列汉诺夫看来，饶勒斯的演说才能是十分肥胖的"演说术"，他用华丽的辞藻装饰自己的演说，其中看不到任何逻辑的结实的肌肉组织，他的演说冗长、松散、滑稽可笑、自吹自擂和夸夸其谈，非常贫乏的内容和冠冕堂皇的形式很不适合。

饶勒斯主张将历史唯心主义和历史唯物主义融合在一起，调和起来，以此解决社会发展动力问题，实质上是宣扬折中主义。马克思主义的唯物史观既不同于"生理的唯物主义"，也不同于"伦理的唯物主义"。在饶勒斯看来，唯心史观和唯物史观这两种看来似乎是互相对立的、彼此不相容的观点，事实上在现代社会的意识中已经几乎调和一致和融合了。① 在饶勒斯看来，当你能够用纯粹经济进化的观点解释一切社会现象的时候，你也能够用人类对生活的最高形式的经常的、不息的企求来解释。② 饶勒斯认为唯心主义和唯物主义可以互相渗透，就如人的大脑的机械运动和意识的自发性互相渗透一样。他既坚持认为，人类的精神、道德和宗教的生活的发展只不过是人的大脑对经济现象的反映，又强调人的大脑中存在一些先天的观念，比如"统一的感觉"、"无私的观念"等。他坚称"历史是一种按照机械的规律发展的现象，但同时又是一种按照理想的规律实现的愿望"③。在他眼中，道德观念是社会进步的动力，社会主义只是正义观念的实现。饶勒斯的这种更胜一筹的折中主义主张，实际上仅仅是唯心主义用来反对历史唯物主义的一块遮羞布，是一种妄图为社会发展的改良主义找到哲学论据的庇护所。它以一种改头换面的形式复活了天赋观念说，与经济决定论调和在一起，以一种蹩脚的伪装形式对思想力量决定历史发展的命题进行老调重弹。

1895 年，拉法格在《唯心史观和唯物史观》中，对让·饶勒斯于 1894 年 12 月在巴黎集体主义者学生小组组织的集会上就这个问题所作的演讲给予了回答。自然神论的解释不能满足科学工作者，在他们的书籍中找不到上帝的名字，他们不求助于上帝的简单假设

---

① 参见［法］拉法格《唯心史观和唯物史观》，王子野译，生活·读书·新知三联书店 1965 年版，第 24—38 页。
② 参见［法］拉法格《唯心史观和唯物史观》，王子野译，生活·读书·新知三联书店 1965 年版，第 32 页。
③ ［法］拉法格：《唯心史观和唯物史观》，王子野译，生活·读书·新知三联书店 1965 年版，第 37 页。

来解释他们所研究的现象,而力图用物质的特性来解释这些现象,学者们都从自己的科学领域中驱逐上帝。由于历史还不是科学,历史学家常常借助上帝找出解释那些他不能给出原因的现象的钥匙。

众所周知,马克思唯物史观的创立是马克思第一次将唯物主义推广到社会历史领域,把唯心主义从它的最后避难所中驱逐出去,宣告了数千年在社会历史领域中一直占据统治地位的唯心史观的破产。拉法格说道:"马克思从上帝的最后的避难所,就是从历史中把上帝驱逐出去。而我们正是用共产主义思想家的唯物主义的方法,能创造出科学的历史。"①

拉法格认为,饶勒斯和马克思主义者之间的争论分歧点可归结于观念的起源和形成的争论,他以大量的事例验证了马克思主义关于社会存在决定社会意识的原理。拉法格强调,各种不同的观念都有物质的和经济的基础,不是先天就有的,也不是人脑自发的产物。他不赞同饶勒斯所说的在野蛮人头脑中就存在博爱和正义观念的说法。拉法格说道:"照饶勒斯所说的无意识地沉睡在野蛮人头脑中的那个正义的概念,只是在私有财产产生之后才钻进人脑中去的。"②他认为,原始社会中并没有正义思想,因为一般意义上,正义思想和非正义思想是同社会财产的存在相联系,只能产生于阶级社会之中。所以,正义思想不可能与社会发生矛盾,成为社会发展的推动力。

此外,博爱思想的本质不会与原始社会制度发生矛盾,不能预先决定它的发展和消亡。拉法格得出结论,认为推动原始社会制度被另一种社会经济形态所取代的力量并非饶勒斯口中的正义或博爱观念,而应该从社会自身的物质基础,从发展的生产力与生产关系之间的矛盾中去寻找这种力量,即经济必然性。拉法格以奴隶制的

---

① 中共中央马克思恩格斯列宁斯大林著作编译局国际共运史研究室编:《拉法格文选》(下卷),人民出版社1985年版,第51页。
② [法]拉法格:《唯心史观和唯物史观》,王子野译,生活·读书·新知三联书店1965年版,第8页。

产生到灭亡史为论据，论证了经济发展是社会进步的根本原因。只有当工农业发展到人们除了用自己的劳动产品能够维持生存外，还有剩余产品可供别人夺取时，才会产生奴隶制；待生产工具发展到使奴隶制成为对人的剥夺的赔本的形式时，就会归于消亡。拉法格由此认为，人们的共产主义理想不是从天上掉下来先天就有的。而是"从现实的深处产生出来的，它是经济世界的反映"①。拉法格宣布："我们不是乌托邦主义者"，"我们是共产主义者，因为我们相信资本主义生产的经济力量必不可免地要把社会引到共产主义"。②当生产资料从懒惰的和无力的资本家阶级手中夺过来成为全民的公共财产时，"和平与幸福就会重临大地，因为社会将征服经济力量，正如它征服自然力一样"③。只有到那时候，人才会实现真正的自由，成为自己的社会命运的主人。

拉法格和饶勒斯的这场论战进一步延伸了 1884 年他在《卡尔·马克思的经济唯物主义》中阐述的一些观点，捍卫了唯物主义历史观。虽然拉法格在争论中秉持的作为出发点的原理是正确的，但是他未自始至终地贯彻到底，给饶勒斯留下了反对的口实和空间。比如他在驳斥饶勒斯关于正义概念的超历史主义观点时，也谈到某种超历史的"博爱感情"，并企图证明这种感情在不同的历史阶段有不同的表现。他在演讲中的一些提法还带有机械唯物论的色彩。比如，拉法格说道："思想归根结底只不过是一种物理—化学的现象。"④他还认为："只有蠢人或罪犯才会希望欧洲战争。破坏工具的发展和

---

① 中共中央马克思恩格斯列宁斯大林著作编译局国际共运史研究室编：《拉法格文选》（下卷），人民出版社 1985 年版，第 70 页。
② 中共中央马克思恩格斯列宁斯大林著作编译局国际共运史研究室编：《拉法格文选》（下卷），人民出版社 1985 年版，第 70 页。
③ 中共中央马克思恩格斯列宁斯大林著作编译局国际共运史研究室编：《拉法格文选》（下卷），人民出版社 1985 年版，第 71 页。
④ 中共中央马克思恩格斯列宁斯大林著作编译局国际共运史研究室编：《拉法格文选》（下卷），人民出版社 1985 年版，第 53 页。

改善以及全民军事化使战争成为不可能的了。"① 自他发表演讲以来的历史却证伪了他关于现代不可能发生欧洲战争的论断。

三 捍卫《资本论》的科学价值：同资产阶级经济学家的论战

19世纪70年代初期，由马克思亲自校正过的《资本论》第1卷法文版出版。马克思认为法文版本的《资本论》在原来的德文版本之外"有独立的科学价值"②。起初，资产阶级经济学家们企图用沉默来抵制这部巨著的影响，但马克思经济学说和科学社会主义理论在法国工人群众中的广泛传播，造成了法国政府和资产阶级经济学界的恐慌。他们一改当初的沉默态度，在报刊上撰文歪曲《资本论》的理论学说，千方百计地诋毁和攻击它。针对这些"讨伐"，拉法格进行了有力的回击，产生了历史上三次围绕《资本论》而与资产阶级经济学家展开的论战。

1. 拉法格和博利约的论战

法国伦理政治科学院院士、法兰西学院政治经济学教授兼《法国经济学家》杂志社社长保尔·勒卢阿－博利约③（Paul Leroy-Beaulieu），在1884年《集体主义——对社会主义的批判性考察》一书中，用近四分之一的篇幅专写对马克思《资本论》的批判，竭力攻击马克思的价值理论和剩余价值学说。博利约污蔑马克思的价值定义是"完全虚构的"，为了驳倒马克思"成堆的诡辩"，必须捣毁他的基地；马克思关于资本就是无偿劳动的观点是错误的，因为工人从自己的工资中还能有所剩余和积蓄。博利约就是力图证明资本家有权占有工人的劳动成果，获取一笔"合法的"报酬，因为资本

---

① 中共中央马克思恩格斯列宁斯大林著作编译局国际共运史研究室编：《拉法格文选》（下卷），人民出版社1985年版，第68页。
② 《资本论》第1卷，人民出版社2004年版，第27页。
③ 勒卢阿－博利约（1843—1916），法国著名经济学家，一生著述甚多，代表作有《现代民族的殖民问题》《政治经济学的理论和实际》《论财富的分配》《论财政学》等，政治观点以保守为主。

家向工人提供了生产资料和劳动工具,利润就是工人付给资本家承担风险的"管理报酬"。他还吹嘘说,马克思的剩余价值理论经受不住检验,像纸牌搭建的房子一样轰然倒塌了,自诩自己的这本专著在法国首次对现代社会主义学说进行了深刻的分析和科学的辩驳。面对资产阶级经济学家的挑衅,拉法格决定立即写作反驳博利约的文章,将初稿寄给恩格斯审阅。鉴于答复的篇幅有限,恩格斯嘱咐拉法格要写得简练,把问题严格限制在博利约对马克思的批判上。他在给拉法格的信中说:"您把经济学上的'政治的和社会的理想'强加给马克思,马克思是会提出抗议的。"[①] 恩格斯建议拉法格从头至尾精读《资本论》,提醒他博利约等人对经济文献很熟悉,不可小觑,事关重大,不容出错,否则全党都要遭受损失。拉法格结合恩格斯详细的修改意见做了详细修改,以《卡尔·马克思的剩余价值理论和保·勒卢阿-博利约的批判》为题,发表在莫利纳里(Molinari)主编的《经济学家杂志》上。拉法格指出,在一些"有教养的"人看来,马克思的《资本论》是"十分抽象、枯燥和难懂的",但是《资本论》却被两个半球的无产阶级接受和理解,从马克思的著作中汲取了思想营养。它被译成俄、法、德、意等多国文字,广为流传,拉法格发表了介绍这本书具体内容的文章。

　　首先,拉法格驳斥资本不受现象的一般规律制约的"资本永恒论",即"资本在史前时期就已经存在"[②] 的观点,论证资本并非万古不变的东西,而是商品生产和贸易发展到一定阶段才会出现的暂时现象。拉法格认为,马克思不是研究静止状态而是研究运动状态的现象,任何现象都不是孤立的、自我产生的、永恒的因素,而是有自身产生、发展和灭亡的过程。每门科学在发展初期习惯于把本学科的研究对象当作是自然发生和自我始终同一的东西,如在伊曼

---

① [法]爱·鲍提若里:《恩格斯与保尔·拉法格、劳拉·拉法格通信集》第1卷,北京第二外国语学院法语专业73级师生合译,人民出版社1979年版,第306页。
② 中共中央马克思恩格斯列宁斯大林著作编译局国际共运史研究室编:《拉法格文选》(上卷),人民出版社1985年版,第184页。

努尔·康德（Immanuel Kant）和皮埃尔-西蒙·拉普拉斯（Pierre-Simon Laplace）以前，地球和天体被看作是静止不动的；在拉马克、圣伊雷尔（Saint Irell）和达尔文以前，动植物被看作是不变的；在黑格尔（G. W. F. Hegel）、马克思和恩格斯以前，正义、自由和道德原则被定格为不可变动的原则；在格奥尔格·路德维希·毛勒（Georg Ludwig Maurer）考察以前，很多哲学家和经济学家认为土地私有制在史前时期就已经存在，是永恒的、不可改变的制度，实际上不过是土地所有制演化中的一个阶段而已。博利约还强调野蛮人的石斧和鲁滨逊（Robinson）的手推车正如小农织布的织布机一样，都是资本。

拉法格认为，这些劳动产品只不过是劳动工具、生产资料。他以农民的织布机为例，强调只有当它们成为剥削雇佣劳动和生产剩余价值的手段时，才会成为资本。正如恩格斯所言：革命前的小农为家庭织布供自己使用的织布机不是资本；甚至农民将织出的布匹卖给商人时，织布机也还不是资本，但是，"只要使用一个雇佣工人为商人织商品布，并赚取生产费用和布匹出售价格之间的差额，那末，这个织布机就变成了资本"①。即是说，某种工具最初仅仅是生产资料，只是从一定时候起才成为生产剩余价值的资本，从而表明了劳动工具所具有的资本形式并非天生从史前时期就已存在并将存在到世界末日的必然的社会形式，相反，这种形式如同奴隶制、家庭生产和土地私有制等等一样，只不过是生产和交换手段发展到一定程度的暂时形式。②

其次，强调剩余价值的创造主体是活劳动而非死劳动。博利约坚称，资本家为工人提供了提高劳动生产率的机器和遮风挡雨的建筑物等固定资本的服务，从而创造了剩余价值，所以剩余价值就理

---

① ［法］爱·鲍提若里：《恩格斯与保尔·拉法格、劳拉·拉法格通信集》第1卷，北京第二外国语学院法语专业73级师生合译，人民出版社1979年版，第303页。

② 中共中央马克思恩格斯列宁斯大林著作编译局国际共运史研究室编：《拉法格文选》（上卷），人民出版社1985年版，第185页。

所应当归资本家所有。令博利约自相矛盾的是，他并不认为自己关于机器和建筑物能够创造剩余价值的观点有多大意义，他又去寻找剩余价值的其他源泉，认为利润不再是机器和建筑物的合法之子，它是资本家、经理、发明家以及承担风险的产物，是照管企业和管理事物的奖励，剩余价值应该奖励给资本的创造者。但是，他又急忙放弃了这种感到"危险的论点"，提出工艺利润的因素在于企业主的计谋和发明使生产成本低于平均成本。博利约兜了个大圈子也没解决问题，又回到了原来的出发点上。

马克思用确凿的事实证明了，只要资本主义占有方式存在，剩余价值就要属于劳动力购买者，而不属于雇佣工人；只有当生产资料褪掉资本的形式，成为社会财产时，脑力劳动和体力劳动才会从生产率的增长中获得好处。博利约的种种论调只不过是囿于关于公正、效用和自由的崇高理想，为资本家剥削工人辩解，充当资本主义制度的辩护士罢了。拉法格认为鞭子是提高奴隶劳动生产效率的工具，但是它只不过从人类劳动中吸取剩余价值，也像机器和建筑物一样，并不创造剩余价值；汽灯本身不会发光，它是从一定量的煤油中吸取了光，光度比普通煤油灯亮。所以，是雇佣工人的活劳动创造了剩余价值，而厂房、设备、原料等死劳动只能再生产自身的价值。拉法格嘲讽道，尽管博利约自诩摧毁了马克思的剩余价值理论，但是社会主义的敌人在读了他的《集体主义》一书后，会痛苦地发现，马克思的剩余价值理论仍旧难以驳倒。在劳拉看来，这位"暂时披着权威外衣"的人物甚至都没有读过《资本论》，更谈不上彻底理解了，连十分之一的可能性都没有，最终造就他成为了"一位陈词滥调大王"。

2. 拉法格迎战布洛克

拉法格的文章发表后，又遭到法国另一位资产阶级经济学家莫里斯·布洛克（Maurice Block）的攻击。布洛克发表了《卡尔·马克思的〈资本论〉——关于一个反批评》，硬说马克思是虚构定义和先验论原则，攻击剩余价值学说。为了揭露这种荒谬，迫使他们

"闭上鸟嘴",拉法格写了《卡尔·马克思的〈资本论〉和布洛克先生的批评》一文进行回击。恩格斯称赞拉法格的文章,他说:"保尔对布洛克的答辩,不仅文笔非常好,而且内容也非常好。各人有各人的学习方法,如果他在斗争中学习政治经济学,只要是学了,那也很好。"① 拉法格认为马克思不但没有虚构定义和先验论原则,还反对五颜六色的先验论,"他把炮制定义的工作留给常识问答和小学课本的作者们去完成"②。马克思是从商品、货币和商品流通等现实的经济现象中,得出雇佣工人的劳动创造剩余价值的结论,因此,资产阶级经济学家们对马克思的歪曲是站不住脚的。而布洛克却嘲笑所有经济学家都把资本规定为属于某个人某一集体所有的生产资料的总和。

拉法格认为,实际上,经济学家对资本一词的含义具有争议,并未达成一致看法。③ "资本"一词从经济学意义上来讲,它可能出现于古代奴隶制度的瓦解时期,后来随着野蛮人的入侵,资产阶级和工商业的兴起,才能够再度出现。所以,只有当生产资料事实上不是由它的所有者使用的时候,它才会成为资本。布洛克却认为,马克思的剩余价值理论的基础支撑无非是个假定,没有任何现实的东西。事实上,马克思假定资本主义企业生产中的工人,不仅创造了同维持他本人的生命所必需的那一部分商品的价值同等的价值,还在这以外创造了资本家用于储备的新价值,虽然这种假定在以前

---

① [法]爱·鲍提若里:《恩格斯与保尔·拉法格、劳拉·拉法格通信集》第1卷,北京第二外国语学院法语专业73级师生合译,人民出版社1979年版,第317—318页。

② 中共中央马克思恩格斯列宁斯大林著作编译局国际共运史研究室编:《拉法格文选》(上卷),人民出版社1985年版,第197页。

③ 拉法格从词源学考证的角度,先后对约翰·拉姆赛·麦克库洛赫(John Ramsay Macculloch)、让·巴·萨伊、佩莱格里诺·鲁伊治·罗西(Pellegrino Luigi Rossi)、布洛克、马克思、拉库内·德·圣帕拉耶(La Courne de Saint Palaille)、埃米尔·李特列(Émile Littré)、米拉波(Mirabeau)等人,以及里什莱辞典、特雷乌辞典、狄德罗百科全书、韦氏大辞典等著作中关于资本的含义做了梳理。

的经济学家那里出现过,但是马克思并没有满足于这种假定,而是把商品和劳动分成两个部分:交换价值和使用价值。新价值按照权利属于劳动力购买者,因为资本家已经按照劳动力的生产费用价格进行了支付。

马克思借助辩证法的艺术阐明了众人皆知的事实:资本家渴望用少工资维持长工作日和更多的剩余价值。马克思的剩余价值理论击破了关于工人懒惰和不守纪律的满嘴仁义道德的胡说八道的真相,其实这些东西在不从事劳动但十分富有的富人阶层那里倒是常有所闻。马克思发现和探寻社会运动的原因,在批判现存旧世界中发现新世界,指出了要使资本主义世界得以分娩,必须实行剖腹产。在马克思看来,19世纪的社会秩序在腹中孕育着新的世界,"资本主义社会本身的发展为生产的集体占有方式创造了物质的和精神的因素"①。正如法国工人党纲领所言,如果人们精神因素准备好了,那么物质世界因素也就准备好了,因为人无非就是一种合力。拉法格强调:"政治经济学如果不能象天文学解释和预见涨落潮那样来解释和预见无产阶级群众的运动,证明这种运动的必然性,那么它就差不多成了集邮一类的无害的事业。"②

3. 拉法格同帕雷托的论战

继和法国两位经济学家论战后,拉法格和意大利资产阶级经济学家维尔弗雷多·帕雷托(Vilfredo Pareto)又进行了一场论战。事情的起因是巴黎吉约曼出版社在出版拉法格编的《资本论》第1卷法文本时,给它加上了意大利经济学家帕雷托写的一篇"批评性"导言。帕雷托指责马克思的著作缺乏逻辑,用感情代替论证。他认为,资本是由于节制消费而创造出来的;资本家完成了形成资本和

---

① 中共中央马克思恩格斯列宁斯大林著作编译局国际共运史研究室编:《拉法格文选》(上卷),人民出版社1985年版,第207页。
② 中共中央马克思恩格斯列宁斯大林著作编译局国际共运史研究室编:《拉法格文选》(上卷),人民出版社1985年版,第208页。

储蓄资本的双重职能；商品价值取决于效用的极限程度。对此，拉法格在 1896 年 12 月的《驳对卡尔·马克思的批评》一文中给予了回应。拉法格指出，"《资本论》的意义是无法估量的。如同上一世纪卢梭的《社会契约论》一样，《资本论》在我们世纪将成为一部对历史事件发生最强大影响的著作。这部著作结束了幻想的时代，清除了工人头脑中的混乱思想"①。

首先，帕雷托拒绝给资本下定义，而把资本的概念扩及到一切经济财富，这就导致他将野蛮人的弓和鲁滨逊的劳动工具看作是资本。帕雷托竭力证明，资本自古以来就有，并将永远存在下去，同上帝一样永恒。事实上，野蛮人的弓和鲁滨逊的劳动工具不是资本，而各种工厂和大地产成为真正意义上资本的秘密在于，它们是剥削雇佣工人劳动的手段。马克思通过对商品、商品生产和商品流通的分析，确定了资本的性质，揭露了资本地地道道的寄生性质和工人的保存和创造作用，而资本家唯一感兴趣的是利息率，为提高利息率疯狂地用儿童、妇女和男人的健康和生命作为代价。

其次，帕雷托认为效用不是商品固有的属性，但效用决定了商品的交换价值，交换价值是为了得到商品而必须付出的努力。他说道，别人想用一桶水换他的手表，他不傻，不会干这种买卖。但当他要渴死的时候，只好干傻事，拿手表去换水，因为水对他有不可缺少的效用。他用"得到"代替了"生产"、"制造"这些词，因为这些词会让人想起劳动，而"得到"只会让人想起交换。博利约还针锋相对地证明资本家在生产中的效用，论证资本家有权得到地租、利润和利息等。

最后，驳斥政治经济学规律永恒不变的论调。野蛮人曾持有世界是按照上帝的旨意创造出来的观念，但规律是没有肯定的存在，它是理性的构成物。断言政治经济学规律和天文学规律一样很少变

---

① 中共中央马克思恩格斯列宁斯大林著作编译局国际共运史研究室编：《拉法格文选》（下卷），人民出版社 1985 年版，第 152—153 页。

化，就等于断定经济现象的发展和宇宙世界的发展一样缓慢和不明显；宣布经济规律和物理规律、化学规律一样不变，就等于说经济现象和物质的物理或化学属性一样不变，即是说，生产方式自史前时代以来就没有变化，这是一种肯定的谬误。因为经济世界和自然界的根本不同之处在于：经济现象是不断变化发展的。比如，劳动工具从最初的木头、石块发展到后来的青铜、钢、铁；从手工业者的手中摆脱出来加入到由水或电推动的巨大机体中。

此外，经济现象的变化决定了经济规律也要经常变化。从手工业的教条法规，到手工业法律成为工场手工业发展的障碍，到宣布贸易自由和放任竞争，再到用关税避免生产过剩，维护地产利益的经济学家，起初是颂扬自由贸易，后来开始颂扬保护关税主义的功绩。拉法格认为"不同的时代有不同的需要，就有不同的经济理论"[①]。不是社会主义者而是经济现象力图推翻资产阶级政治经济学"永恒的"但已过时的规律。自由和竞争作为自由贸易三位一体中的两个伟大的神，会将破产的商人和工业家从有限的生产和交换领域内赶出来，只留下一些巨头，形成无比巨大的垄断，使任何竞争成为了不可能。

帕雷托对工业、商业、土地和金融巨头代表自私地利用国家权力和国库进行道义上的谴责毫无意义，就像一个孩子因为不给他月亮而令人讨厌地哭闹一样。当饥荒破坏城市时，是因为粮食歉收的结果，但当失业蔓延成风时，商店里却货物满盈，一片丰收；丰收本来对手工业时代的农民来说是欢乐幸福的源泉，但是在现代农民中由于找不到销路而散布着悲观失望的情绪；在北美各州发现储量丰富的新的银矿，却导致银价跌落，银币贬值，整个世界面临货币危机，资产阶级政治经济学的优秀人物们却丝毫想不出消除危机的办法。假仁假义的经济学家劝诫人们逆来顺受这种盲目的经济力量

---

① 中共中央马克思恩格斯列宁斯大林著作编译局国际共运史研究室编：《拉法格文选》（下卷），人民出版社 1985 年版，第 172 页。

降到他们头上的可怕灾难,社会主义者则拒绝接受这种基督教式的宿命论,认为人类过去能征服并驯服曾把人当作玩物的自然界力量,现在也能驯服自己创造出的未来社会的力量。马克思通过分析资本主义生产现象的起源、发展,指明它们必然导致的终点——共产主义。

此外,拉法格在1892年的《马克思的价值和剩余价值理论同资产阶级经济学家》中认为马克思的经济理论并非凭空杜撰,而是同他在经济科学中的前辈的理论有紧密关系。拉法格说:"就分析和概括的能力和深度来说,没有一个经济学家能同马克思相比,但是马克思也从来没有想过要自己臆造出一门全新的科学;相反,他从研究所有国家和所有时代的经济科学开始,尽量引用那些为他铺平道路的著作家的意见。"[①] 被官方经济学家们称为马克思的胡言乱语和左道邪说的思想,在马克思建立起科学社会主义理论之前,在经济科学中就已经被世人公知了。就如马克思和恩格斯在《德意志意识形态》中首次对唯物史观的经典表述所说:"第一次自觉地把一切自发形成的前提看做是前人的创造"[②],"周围的感性世界决不是某种开天辟地以来就直接存在的、始终如一的东西,而是工业和社会状况的产物,是历史的产物,是世世代代活动的结果,其中每一代都立足于前一代所奠定的基础上,继续发展前一代的工业和交往"[③]。马克思在1846年12月28日给帕维尔·瓦西里耶维奇·安年科夫(Павел Васильевич Анненков)的信中说,"任何生产力都是一种既得的力量,是以往的活动的产物……后来的每一代人都得到前一代人已经取得的生产力并当做原料来为自己新的生产服务"[④],是在继承前人思想材料的基础上前进。

拉法格强调,18世纪的经济学家关于价值的源泉问题形成了两

[①] 中共中央马克思恩格斯列宁斯大林著作编译局国际共运史研究室编:《拉法格文选》(上卷),人民出版社1985年版,第389页。
[②] 《马克思恩格斯选集》第1卷,人民出版社2012年版,第202页。
[③] 《马克思恩格斯选集》第1卷,人民出版社2012年版,第155页。
[④] 《马克思恩格斯选集》第4卷,人民出版社2012年版,第409页。

种对立意见：以里维埃尔（Rivière）、路易·塞巴斯蒂安·迈尔西埃（Louis Sébastien Mercier）为代表的重农主义者主张土地是价值的最初和唯一源泉，以亚当·斯密（Adam Smith）、大卫·李嘉图（David Ricardo）、德斯蒂·德·特拉西（Destutt de Tracy）、本·富兰克林（Benjamin Franklin）、让·巴蒂斯特·萨伊（Jean-Baptiste Say）为代表的庸俗经济学则认为劳动才是真正的源泉。拉法格在价值实体和剩余价值问题上引证了斯密、李嘉图和萨伊的观点，认为庸俗经济学家们绞尽脑汁，苦思冥想如何将资本家剥夺剩余价值的行径合法化。资本家不参加任何劳动，但有权分得劳动产品的最大部分。他还考察了人类劳动、资本和自然力这三种源泉中的每一种源泉在创造剩余价值中所占的份额，认为要么必须否定资产阶级经济学家，要么必须接受马克思和恩格斯的科学社会主义理论，深刻地阐释了批判和继承的关系。

总之，拉法格在和博利约等人的论战中，有力驳斥了资产阶级经济学家对马克思经济学说的种种攻击，捍卫了科学社会主义基本原则，为马克思主义在法国的传播做出了不可磨灭的贡献。但同时我们也应看到，由于拉法格对经济思想史和马克思经济思想史缺乏深入的理解，在没有搞懂德国资产阶级政治经济学庸俗化根本原因的情况下，就对斯密和李嘉图古典政治经济学对马克思经济思想的影响，即两者之间的关系问题做出了片面的解读，进而对德国庸俗经济学家的理解存在偏误。另外，拉法格对斯密和李嘉图学说的论述和引述都是马克思已经"论述和引用过的"。所以，在恩格斯看来，拉法格"引证斯密的那一处并不是最好的，他另有一些地方比这更为接近真理"[①]。

四 平均利润率问题的详细阐述：价值理论的深入研究

在受到官方经济学家的攻击之后，马克思又遭受了慈善社会主

---

① 《马克思恩格斯全集》第38卷，人民出版社1972年版，第46页。

义者和年轻经济学家的围攻。他们宣称马克思的价值理论不正确，弗雷德里克·哈里逊（Frederick Harrison）[1] 和其他一些名气较小的人提出的经济唯物主义没有任何历史意义。自以为天才地发现了某些已经由马克思发现的理论。1895年2月，意大利庸俗经济学家阿基尔·洛里亚（Achille Loria）在《卡尔·马克思的遗著》中自作聪明地认为《资本论》第3卷中直接抛弃了价值理论。洛里亚断言，马克思为了逃避自己的无能，必然会决定放弃《资本论》后两卷以圆满地结束自己的经济学著作。这种谬论得到了一些意大利经济学家的支持与附和。为此，拉法格在1894年10月和11月，分别发表《略驳对马克思的价值理论的批评》和《拉法格的回答》两篇文章，彻底反驳洛里亚等人所谓"价值是必要的虚构"、马克思生产价格理论叛离了劳动价值理论等之类的荒唐谬说。1897年2月，拉法格又在《新时代》杂志上发表了《交易所的经济职能》一文，对马克思的平均利润率问题作了详细的阐述。他在1898年2月给普列汉诺夫的信中表明了撰写该篇文章的初衷，拉法格说，"我不去同这些怪人争论，而是用《交易所的经济职能》作了回答"，他在文中指明了"资本家之间如何按照自己的资本比例分配从工人阶级那里榨取的利润（像马克思所说的那样），和利润怎样同雇佣工人的剩余劳动相一致：自命不凡的价值规律反对者没有一个人回答得了"[2]。

首先，拉法格认为，交易所有价证券的价格不断涨落运动乍一看似乎无规律可循，甚至好像在风卷起的风沙中各个沙粒相互碰撞的情景一样，引起这些变动的资本家不按规则行事，他们的行为只受利润欲望的支配。但是，正如沙粒虽然发生不规则的碰撞运动而在跌落时仍要遵从重力规律一样，交易所经纪人不论愿意与否，都得按照马克思揭示的价值规律办事，提高或降低证券价格，以经济

---

[1] 弗雷德里克·哈里逊（1831—1923），英国法学家、历史学家，资产阶级激进派和实证论者代表。

[2] 转引自中共中央马克思恩格斯列宁斯大林著作编译局国际共运史研究室编《国际共运史研究资料》第9辑，人民出版社1983年版，第188页。

必然性指引自己的道路。拉法格研究了交易所中各种有价证券（包括国债券、城市债券、信用机构和产业公司的债券等）的平均价格和平均股息率的变动情况，指出一切证券都是紧密联系、互相影响的。在他看来，信用可靠的投资证券稳定可靠，但股息率最低，如巴黎市债券、法国铁路债券、农业信贷债券等，六家法国铁路公司股票和一些提供必需担保的企业，如法兰西银行、苏伊士运河等股票也属于此类投资证券；不可靠的投资证券如信用机构、矿山企业和产业企业等股票，利息较高，风险大。拉法格以古巴债券、西班牙债券和土耳其债券为例，强调此类股票价格与营业状况紧密相关，出现繁荣苗头资本就会蜂拥而至，一旦情况不妙资本就会迅速逃离。这就导致了资本靠着一些金融报刊和政治性的刊物中的消息来判明营业情况和商品信息，交易所也使工商业的传统习惯发生了革命性变革。受到利息诱饵引诱的大众并没有发现，他们自己的钱生出了利息，他们是在吃自己的资本。拉法格以德兰士瓦金矿崩溃危机为分析样板，认为市场繁荣时期，资本家会从信用可靠的投资中抽掉一部分资本投到别的证券上；在危机时期资本会小心翼翼地出逃，抛出信用不可靠的证券，寻求避难所，买进国债券等，"数量很大的国家债券、城市债券、信用机构和产业公司的证券，就象互相汇合的运河一样，大量的资本在这些渠道里流通着，力求达到一个平均利息率"[①]。由于受到意外因素的干扰，这种利息率不是绝对静止不变的，但是它在受到干扰后能够迅速恢复并尽可能地接近于平均水平。投在证券上的资本就如液体一样具有极大灵活性，这种灵活性只存在于交易所中。"推动大量资本以便使证券资本化，从而使之具有一个同利息率相近的股息率，这就是交易所的经济职能。"[②] 拉法格认为，资本家眼中唯一看到的是利息，至于利息来自何种产业、

---

① 中共中央马克思恩格斯列宁斯大林著作编译局国际共运史研究室编：《拉法格文选》（下卷），人民出版社1985年版，第189页。
② 中共中央马克思恩格斯列宁斯大林著作编译局国际共运史研究室编：《拉法格文选》（下卷），人民出版社1985年版，第191页。

哪个国家,他都漠不关心,他追求的只是利息,只要能得到利息他就会感到满足。在角逐利息时,资本家会毫不犹豫地把自己的资本从酿酒业转移到苏伊士运河或冶金工厂,将法国国债转移到德国、意大利或俄国。

其次,两种交易手段的特征。拉法格认为交易所向资本家提供了现金交易和延期支付交易两种手段,使资本家能以电的速度把他的资本从一个公司转移到另一个公司,从地球的一端转移到另一端,摆脱一切过去的羁绊,不错失任何获利的机会。

其一,交易所中现金买卖业务的特点与商人业务的区别是,进行交易的不是实在的商品和劳动产品,而是从铁路、银行或其他企业得到的利润分成。现金交易的另一个特点是灵活性。如果一个资本家要把他的货币投入地产、工厂或者企业,不通过交易所,就得自己研究,等待一段时间后或许还找不到合适的机会;相反,在交易所中却可以找到想购买的东西,因为同一些股票在不断地买进卖出,仅仅是价格发生涨跌。但现金交易并不能推动全部资本量,不能把已经投入国家债券或大企业中的资本挪作他用。

其二,拉法格将延期支付交易比作无色无香却很茂盛的郁金香。拉法格认为延期支付买卖和日常的商品买卖没有相似之处,用黑格尔的术语来说就是对交换的否定,尽管买者和卖者已经进行了买卖,但实际上什么也没有进行交换。他以某个资本家预见到苏伊士运河股票会涨价为例,认为延期支付交易是"真正的赌博",它将我们带入一个幻境,一切都建立在虚构上,买者没有货币支付,卖者没有东西可卖,买者的资本和卖者的商品都只是抽象的东西。在思辨理性领域里发生的形而上学交易支配了整个交易所,甚至支配了铸币和现实股票之间的现金交易,即唯心主义市场支配着现实市场。所以交易所经纪人头脑里的迷信比任何地方的迷信都根深蒂固。一旦有人猜测某产业公司将提高它们的红利和股息率,投机家们就会哄抢它们的股票,抬高股票价格;当股票资本化只达到提供平均股息率的高度时,又会重新把股票抛出。只要一个政府的政治前景不明朗，那么延期支付的投机家就会使债券价格下跌。"因此，交易所的职能就在于使一切资本的利润率和利息率趋于平均水平，它是这样完成这些职能的，也就是当利息率偏离这一平均水平时，它就提高或降低股票、有价证券的价格。"①

按照拉法格的看法，当某个股份公司的利润高于或低于平均水平时，交易所会通过提高或缩减股票的资本化总额使利润回归到这一水平。所以，马克思指出，同等数量的资本，可以从社会总资本所生产的总剩余价值中分得相等的份额。但是，交易所的资本化对生产也有反作用，尽管股票价格的起伏不会使投入经营的资本有丝毫的增减。为了维持良好行情，企业管理人员会努力降低生产费用，改善企业设备，节约原材料和工资等。因而，交易所的活动最终也会影响资本家之间以股息或利息等名义分配的剩余价值。

此外，除了构成文明国家最大部分社会财富的国家公债等巨额资本外，还有一些处在工业、商业、农业和银行中的资本，虽然它们没有采取股份资本的形式，无法在交易所表现出来，但也会受到交易所的影响，围绕着以交易所证券形式流通的巨额资本决定的平均利润率上下波动。不过，这些行业形态的企业不会长期保持个别的性质，会不断地转化为股份公司，最终被卷进吞噬着一切的激流，新时代天才金融家早在半个世纪前就预见了这种情况。由此，拉法格强调，马克思的说法并不是提出假设和编造虚构的东西。在马克思看来，由两个大陆的工人辛勤劳动创造出来的为资本统治服务的剩余价值是资本家的掠夺物，好比从一个被占领的城市掠夺的战利品一样被收集在一起，在占领者强盗即资本家们之间进行分配，分配的数额和他们为剥夺工人阶级而投入的资本量成比例。

拉法格的观点正确阐述了马克思的平均利润率理论，分析了资本家之间在瓜分剩余价值上的竞争和矛盾，揭示了无产阶级与资产

---

① 中共中央马克思恩格斯列宁斯大林著作编译局国际共运史研究室编：《拉法格文选》（下卷），人民出版社1985年版，第195页。

阶级对立的经济根源。恩格斯晚年在整理《资本论》第3卷时，深入考察了《资本论》第1卷出版后资本主义经济中出现的新现象，特别是对出现的垄断趋势做了大量探索，对马克思关于股份资本和证券交易的思想作了补充，已初步涉及垄断资本主义的一系列本质特征。拉法格在此处的阐述，可以看作是对恩格斯有关论述的一次完善。①

第四节 "在理论和实践方面勾画发展马克思主义的粗略轮廓"

马克思主义的创始人一生都在强调用实践和发展的观点对待科学学说，反对把理论固守为僵死的教条，批评那种不顾实际情况、

---

① 恩格斯编辑《资本论》第3卷手稿时，他在第27章中补充了马克思逝世后垄断组织出现的新趋势和交易所的新变化，立足于新的历史时期对资本主义经济做出科学分析（参见《马克思恩格斯全集》第25卷，人民出版社1974年版，第494—495页）。1895年5月，恩格斯在生命只剩下最后3个月的弥留之际，他在《资本论》第3卷写了一篇增补《交易所》。根据1895年5月21日恩格斯给考茨基的信推断（参见《马克思恩格斯全集》第39卷，人民出版社1974年版，第461页），恩格斯原计划不只是写一个提纲。但是，由于疾病缠身和时间紧迫，他只撰写了一个论述交易所问题的七点纲要，这个扼要的纲要包括了资本主义体系的各个方面，并概括了它的国际联系（参见《马克思恩格斯全集》第25卷，人民出版社1974年版，第1028—1030页）。它表明一个新的经济阶段开始了，即由自由竞争资本主义过渡到垄断资本主义。在列宁之前，拉法格正是按照恩格斯的遗愿和纲要，在几个要点的基础上描述了新的经济阶段的一些基本特征。他在《交易所的经济职能》中透露了一个鲜为人知的细节："我从恩格斯同我妻子在伊斯勃恩特的一次谈话中知道，恩格斯在生命的最后几个月时间里还在研究这个问题并且打算扩充增补内容。尽管由于疾病而身体虚弱，他仍准备把理论表述出来，正如他所说的那样，这个理论以其简单明了的形式会得到一切有头脑的人的赞同。可惜他没有完成这一工作。这就给马克思主义者留下了一个任务，也就是要研究经济现象。"（参见中共中央马克思恩格斯列宁斯大林著作编译局国际共运史研究室编《拉法格文选》（下卷），人民出版社1985年版，第178页）而这个未竟的任务正是由拉法格开始承担起来的，他对交易所的相关经济职能作了有价值的补充（参见孟氧《恩格斯传·经济学篇》，中国人民大学出版社1988年版，第441页）。

只是寻章摘句而照抄照搬他们理论的错误做法。恩格斯在1887年1月27日给威士涅威茨基的信中就以鲜明态度强调:"我们的理论是发展着的理论,而不是必须背得烂熟并机械地加以重复的教条。"①列宁提出,实践性是马克思主义的根本特征,而旧唯物主义的致命缺陷就是"不理解'革命实践活动'的意义"②。马克思主义本身没有结束对真理的探索,而是在永无止境的实践中不断拓宽认识和发展真理的道路。拉法格主张,在理论和实践方面对新的历史现象勾画最明显的影响轮廓,他也正是在分析垄断组织、剖析财产的起源及进化等实践活动和理论著作中这样做的,为发展马克思主义做出了榜样和典范。

一 帝国主义论的独创性分析

透过现象的分析,经过大脑的加工制作,去粗取精、去伪存真、由此及彼、由表及里,可以揭示事物的本质和发展规律,这是由现象深入本质的认识之"路"。列宁在《辩证法的要素》中明确指出:"人对事物、现象、过程等等的认识深化的无限过程,从现象到本质、从不甚深刻的本质到更深刻的本质。"③ 令人遗憾的是,考茨基和卢森堡在同伯恩施坦的斗争中,都只限于用马克思恩格斯著作阐述的思想来驳斥伯恩施坦,未能揭示资本主义经济发展中出现的各种新现象的本质和意义。相反,拉法格则详细分析了垄断组织卡特尔和托拉斯产生的根源和实质,为科学帝国主义理论的形成做出了重要贡献。

拉法格在1897年2月写了《交易所的经济职能》后,在1903年又撰写了《美国托拉斯及其经济、社会和政治意义》一书,他以美国为例,专门研究了美国的垄断资本主义,分析了工业资本和银

---

① 《马克思恩格斯选集》第4卷,人民出版社2012年版,第588页。
② 《列宁专题文集·论马克思主义》,人民出版社2009年版,第10页。
③ 《列宁选集》第2卷,人民出版社2012年版,第412页。

行资本"联姻"的过程。他运用数据统计的实证分析工具，系统、全面地阐述了托拉斯的产生、影响及其与帝国主义的关联性，并详细分析了垄断资本主义时代特征及革命必然性，对资本主义由自由竞争向垄断阶段过渡的本质作了系统性的研究。

谈到帝国主义问题时，人们首先映入脑海的便是列宁的经典篇章《帝国主义是资本主义的最高阶段》。列宁之前或与列宁同时代的思想家中，研究帝国主义问题的不乏其人，拉法格等人也毫无例外，都专门研究过帝国主义问题。总的来看，尽管拉法格等人关于专门论述帝国主义问题的著作，有这样或那样的问题、不足与缺陷。比如，拉法格虽然对工业托拉斯的形成和影响做了详尽的考察，但却没有对作为帝国主义经济基础的金融资本给予应有的重视。[①] 但他对资本主义经济中新现象的分析比普列汉诺夫更为深刻和富有创见。毋庸置疑的是，他是第二国际理论家中首位提出金融资本在现代资本主义中占统治地位的思想，并以资本主义经济最发达的美国为研究样本，第一个系统地探讨现代垄断组织形式——托拉斯问题的思想家。[②] 法国著名历史学家克洛德·维拉尔在评价这部著作时，称赞它"在国际共产主义运动中可算是《帝国主义是资本主义的最高阶段》前的具有独创性的论文"[③]。

首先，拉法格在该书的前言中精辟地说明了托拉斯出现的历史意义。他强调："资本以前所未见的惊人规模大量集中，单是这一现象本身就足以说明资本主义已演进到特殊阶段了。"[④] 这个论断比鲁

[①] 参见庄福龄主编《简明马克思主义史》，人民出版社2004年版，第224页。
[②] 参见姚顺良等《第二国际时期资本主义批判理论的演变》，江苏人民出版社2009年版，第384页。
[③] 中共中央马克思恩格斯列宁斯大林著作编译局国际共运史研究室编：《国际共运史研究资料》第5辑，人民出版社1982年版，第164页。
[④] 中共中央马克思恩格斯列宁斯大林著作编译局国际共运史研究室编：《拉法格文选》（下卷），人民出版社1985年版，第212页。

道夫·希法亭（Rudolf Hilferding）[1] 提出的"帝国主义是资本主义发展的最新阶段"早了 2—7 年。列宁还曾在《帝国主义是资本主义的最高阶段》一书中阐述了帝国主义的"五个基本特征"。[2]

而拉法格早前对帝国主义特征的考察，几乎就已经涉及以上五个方面，虽然分析不够完整，但仍不愧为马克思主义帝国主义学说做出了重大贡献，他比列宁的"帝国主义是资本主义发展的最高阶段"早了近 13 年。拉法格认为，托拉斯用有计划的生产代替了资本主义生产中的无政府状态，既提高了雇佣劳动的生产率，又加速了财富的集中，预示着经济危机到来和革命风暴的爆发。作为一种新的历史现象，托拉斯"对资本主义世界的影响是如此巨大，以致最近四十年来发生的一切经济的、政治的和科学的现象都退居第二位了"[3]。

其次，拉法格运用马克思和恩格斯的理论分析方法，对资本主义垄断阶段的特征作了以下五个方面的科学分析。

其一，生产和资本的高度集中，形成全国乃至国际性的垄断组织。拉法格根据大量的统计资料发现，截至 1903 年 1 月 1 日，美国已有 793 家托拉斯，包括 453 家工业托拉斯和 340 家涉足自来水、煤气、铁路、电话等领域的地方托拉斯。它们拥有的资本总额超过一千亿法郎，但支配这一千亿的金融资本家人数却极少，即 "1% 对 99% 的问题"。比如，以摩根集团为代表的美国五个著名的金融资本家集团控制着本国几家大铁路公司的业务，它们还巧立名目，在各种公司名义的罩护下掌控着各种类型的工商和金融企业。各类托拉

---

[1] 鲁道夫·希法亭（1877—1941）是第二国际及德国社会民主党的著名理论家，"奥地利马克思主义者"代表人物之一。1904 年，针对庞-巴维克从奥地利的边际效用说的观点出发对马克思的经济学说所作的批判，他写了《驳庞-巴维克对马克思的批判》一书进行答辩而名噪一时，成为著名的经济学家。

[2] 参见《列宁选集》第 2 卷，人民出版社 2012 年版，第 651 页。

[3] 中共中央马克思恩格斯列宁斯大林著作编译局国际共运史研究室编：《拉法格文选》（下卷），人民出版社 1985 年版，第 213 页。

斯集团倾向于合为一体,"力图建立一个囊括全国一切生产部门的组织",使"美国全部有组织的生产都置于自己的控制之下"。①

其二,工业资本和银行资本联合,形成金融资本的独占统治。拉法格详尽分析了银行在集中资本方面的重要作用,他说:"今天,金融业已成为强大的吸压泵,它把资本集中起来,再压进工商业各条渠道中去。不断把资本集中起来的银行,只有把这些资本贷给工商业才能有利可图;有时银行也直接参与工商业的活动。"② 拉法格认为,随着经济的发展,工业和银行必然联合起来。一方面,个人积累的资金不能满足建立工矿企业的需要,所以要依靠银行提供必要的资金;另一方面,银行集中了国家公债无法吸收的资金,在小型工业中没有市场,为了赚取利息,它们把资金贷给大型工业公司。如此一来,银行和工业的利益就紧密地联结在一起。

其三,托拉斯不仅统治着国家的经济领域,还深深地影响着人民的政治生活和精神生活。美国的金融资本家建教堂、办大学,将报纸和电讯社视为私有财产。他们拨出巨款用于民主党和共和党的竞选,金钱政治甚嚣尘上。议员、总统和部长沦为傀儡,政客们的贪腐之风在美国大行其道。

其四,一些金融资本家不仅剥削本国,还把触角伸向全世界,将资本输出到他国。20世纪初资本输出大大发展起来,成为资本主义经济发展中的一个新现象。它的出现表明,托拉斯感到国内市场太窄,有利可图的投资场所已经不够,因此要侵入到国外的市场赚取高额利润。拉法格对美国的资本输出这一新现象做了考察,如烟草托拉斯跨过大西洋进入英国、玻璃托拉斯收购比利时的许多玻璃厂、芝加哥造船公司吞并波尔多的远洋轮造船厂等。

其五,金融资本家操纵国家政策,促使政府抛弃传统的友好和

---

① 中共中央马克思恩格斯列宁斯大林著作编译局国际共运史研究室编:《拉法格文选》(下卷),人民出版社1985年版,第229—230页。
② 中共中央马克思恩格斯列宁斯大林著作编译局国际共运史研究室编:《拉法格文选》(下卷),人民出版社1985年版,第269页。

平政策，鼓动政府走向对外殖民掠夺的道路。"资本主义总司令部为了销售其商品以谋取利润，准备象阿梯拉那样用火与剑毁灭世界。"① 托拉斯给人们带来的不是幸福与安宁，而是无休止的战争。虽然拉法格对帝国主义特征的分析不够完整，但几乎涉及了列宁在《帝国主义是资本主义的最高阶段》中关于帝国主义五个基本特征的论述。

最后，在分析了资本主义垄断阶段的特征之后，拉法格进一步论证了社会主义革命的必然性。

第一，托拉斯不仅不能消除经济危机，反而促使了危机的尖锐化。资本家赚取利息的欲望要比任何一个农民祈求上帝恩赐的欲望强烈，不会放过任何微小获利的机会。拉法格指出："尽管托拉斯力图调节生产，使生产资料和产品与需求相适应，他们还是消除不了生产过剩的危机。只要生产的目的是为了利润，造成生产过剩的原因就会存在，而且将继续存在下去。"②

第二，托拉斯组织促使资本主义制度固有的矛盾加剧。"托拉斯体系所引起的集中，使资本主义统治套在工人阶级身上的枷锁变得更沉重了。"③ 托拉斯加强了对工人的压榨，对罢工工人实行残酷镇压，以致工人和资本家之间的斗争达到空前激烈的程度。同时也导致了各个资本家集团之间的冲突和斗争更加尖锐，引发了美国托拉斯组织与其他国家垄断资产阶级矛盾的日益深化。托拉斯体系还沉重地打击了农民，在农村引起骚乱。

第三，托拉斯体系动摇了整个社会的经济基础。拉法格认为，马克思恩格斯关于生产和交换的周期性经济危机将引起社会革命的

---

① 中共中央马克思恩格斯列宁斯大林著作编译局国际共运史研究室编：《拉法格文选》（下卷），人民出版社1985年版，第220页。
② 中共中央马克思恩格斯列宁斯大林著作编译局国际共运史研究室编：《拉法格文选》（下卷），人民出版社1985年版，第273页。
③ 中共中央马克思恩格斯列宁斯大林著作编译局国际共运史研究室编：《拉法格文选》（下卷），人民出版社1985年版，第289页。

预言，很有可能在美国得到应验，而美国资本主义崩溃则会形成摧枯拉朽之势，进而引发整个欧洲资本主义的崩溃。不论是牧师的祷告，还是经济学家的虚构，还是政府当局的欺骗和镇压，任何人都无法阻止社会危机的到来，"这种社会危机将使被剥削者通过猛烈的进攻一举推翻资本主义的寡头统治"①，"托拉斯体系正在从人员和事件上为这一巨变准备条件"②。

总的来看，拉法格对资本主义垄断组织的产生、发展及其经济、社会、政治意义作了系统阐述，对帝国主义的某些特征也进行了解读，但他未能对帝国主义的性质和历史地位做出全面科学的论述。拉法格几次提到帝国主义这个概念，指的都是武力征服的办法，而没有像列宁那样把它理解为资本主义的垄断阶段。但是，拉法格在1903年著书时，法国等欧美资本主义国家还处于帝国主义阶段萌芽期，固有的矛盾还没有像后来那样表现得那么明显，这让他只能就某些征兆做出初步的揭示。③ 拉法格在这个时候就对资本主义垄断阶段作了独到的分析，是他对马克思主义经济学说所做的重要贡献。一言以蔽之，"拉法格1903年发表的《美国托拉斯》无疑丰富了马克思的政治经济学"④。

二 《家庭、私有制和国家的起源》的"续篇"

1895年，拉法格的《财产的起源和进化》一书完成，他用唯物史观基本理论详细分析了财产的起源及其在人类社会各个历史阶段

---

① 中共中央马克思恩格斯列宁斯大林著作编译局国际共运史研究室编：《拉法格文选》（下卷），人民出版社1985年版，第284页。
② 中共中央马克思恩格斯列宁斯大林著作编译局国际共运史研究室编：《拉法格文选》（下卷），人民出版社1985年版，第284页。
③ 参见李兴耕《拉法格传》，人民出版社1987年版，第212—213页。
④ 转引自中共中央马克思恩格斯列宁斯大林著作编译局国际共运史研究室编《国际共运史研究资料》第5辑，人民出版社1982年版，第163页。

的不同形态。① 起初，巴黎出版商德拉格拉夫（Draglav）以反对拉法格的政治观点为理由，拒绝出版该书。后来在拉法格的一再坚持下，他才同意出版，但前提条件是：拉法格的论著必须和资产阶级经济学家伊夫·居奥（Yves Guyot）的反驳文章一起刊印。最终，拉法格的著作和居奥的文章作为一本书，以《财产。起源与发展保尔·拉法格的共产主义提纲。伊夫·居奥的反驳》为名在巴黎出版。恩格斯在1894年7月28日给劳拉的信中向拉法格祝贺从出版商那里"得到的收获"，他在阅读了书稿后，说道："全书文笔漂亮，历史事例非常鲜明，见解正确并有独到之处，而最大的优点是，它不象德国教授写的书那样：正确的见解不是独到的，独到的见解却不正确。"② 同时，恩格斯也对书稿中的个别观点提出意见。拉法格在此书中具体探讨了以下几点。

首先，驳斥资产阶级经济学家的私有财产永恒论。在资产阶级学者看来，私有财产自古就有、永世存在。拉法格批判了这种资产阶级学者的荒谬观点，认为资本是一种历史范畴，并非资本主义社会御用的辩护士所竭力宣扬的那样，资本从世界创造时就存在了。"资本"这个概念从18世纪开始才具备特殊的内涵，因为正是在这个时期资本的财产形式才开始对封建的财产形式在社会上取得优势，并引起了法国革命的发生。商品生产是欧洲政治经济发展的产物，它从12世纪起就开始出现，并由于美洲和回绕好望角而达印度的航路发现，贵金属从新大陆的输入，火药、指南针和印刷术的发明，君士坦丁堡的占领，各国之间的联姻，欧洲大国之间的相对和平等，

---

① 拉法格在读了柯瓦列夫斯基的《家庭及所有制的起源和发展概论》一书后，致信恩格斯交流意见，他认为该书缺乏说服力且混乱不堪，除了几处零星的个人见解外，在史实推论方面没有什么新鲜东西。其中，最大的缺陷不仅在于"法学上的谬误"，还在于作者未能对要研究的题目有一个全面的看法。在笔者看来，这都为拉法格写作《财产的起源和进化》准备了思想材料。（参见［法］爱·鲍提若里《恩格斯与保尔·拉法格、劳拉·拉法格通信集》第2卷，广州外语学院法语教研室译，人民出版社1981年版，第415—420页。）

② 《马克思恩格斯全集》第39卷，人民出版社1974年版，第434页。

都加速了商品生产的发展。这些因素和其他次要因素作为主次因共同促进了私有财产最后形式——资本的发展。资本出现较晚的现象也验证了所有制并非是静止不变的，而是同物质和精神现象一样是处于不断变革发展的，有自己运动的规律，经历着不同形态的演变，总是从低级向高级不断地发展，很少停留在静态的固定形式里，由一种形式衍生出另一种形式。拉法格认为，财产形式划分为共有形式和私有形式。前者内含：（1）古代起源的公有财产，一直是资产阶级和贵族垂涎的对象；（2）现代起源的公有财产，如铁路、邮政、博物馆等由国家以公用事业名义管理的单位。后者则包括个人用品、劳动工具和资本等。财产在演化为资本的形式之前经历了一系列形式，而资本的财产形式注定是要消灭并被新的形式代替。

其次，分析了财产进化的方法论。拉法格认为，所有的人，不论种族、肤色、性别、地域都要经历从生到死的发展阶段，都要经历出芽、发育、成长和衰老的几个时期。人类社会也同样经历着家庭形式、社会的、宗教的和政治的制度以及与其相匹配的风俗和哲学理论。拉法格指出，马克思将政治界和精神界与经济界的现象联系起来，革新了历史概念，并在《资本论》中说道："工业较发达的国家向工业较不发达的国家所显示的，只是后者未来的景象。"[①]只要搞清楚某一民族由蒙昧状态到文明状态的历史，就可把它当作地球上一切民族的历史原型。若不能从某一民族的整个生活中勾勒这个历史，则可以从地球上各民族的历史中选择材料联结在一起构成它。在这种方法下，人类有可能认识自己的童年。

拉法格通过引证大量的事例材料，证明在原始共产主义时期，由于原始人还没有意识到自己的个性，人类不知道私有财产是何物，土地、牲畜等都是部落的公有财产，共同进行渔猎等生产，按照共产主义原则在公共食堂消费，居住在属于全氏族的公共住宅中。随着原始公社制内部日渐形成的新的生产关系以及与之相适应的新的

[①] 《资本论》第 1 卷，人民出版社 2004 年版，第 8 页。

财产形式，开始动摇公有财产的根基，并为私有财产的出现准备了条件。拉法格考察了氏族发展阶段中父权制和母权制在财产形式上的变化，强调在父权制后期，随着劳动生产率的提高，出现了剩余产品和人剥削人的现象。封建财产的出现正是建立在原始公社解体的基础之上，靠蚕食公社财产发展起来。封建制度实质上是一种赤裸裸的契约关系：贵族只有在满足上司和下属的条件后才能享有土地，享有占有农奴劳动产品的权利。拉法格说道："事实证明封建财产是靠欺诈和暴力建立起来的。"① 苏格兰和英格兰的领主就曾利用野蛮的手段完成了对农民土地的侵占。在评析 1789 年法国大革命时，在拉法格看来，资产阶级的政治家和历史家编造了 1789 年革命的神话，打着为了农民利益的幌子，不但没有分给农民土地，还从他们手中夺走了公共财产和剥夺了使用贵族及资产阶级土地的地役权。它欺骗了农民的一切希望，将私有财产及其滥用土地的绝对权力捧上宝座，只能有利于投机家和资产阶级。拉法格认为农民是"逃脱了贵族的锐爪，他们又落入资本家的魔掌之中"②。

再次，详细考察资产阶级的财产形式，剖析金融资本，深刻揭露资本主义制度。拉法格认为，随着资本主义的发展，金融家的势力越来越庞大，他们妄图吞并一切，占有一切。金融家们垄断的巨额财富为他们提供了控制新闻和政府的权力。金融家及傀儡们充斥议会，他们干预国家政策：操纵交易所市价，收买报纸媒体主导社会舆论走向，等等。金融的强大不依附于政权的形式。不论是帝制专制的德意志，还是民主共和的美利坚，它都不受监督地进行金融统治。在法国，从复辟派、奥尔良派到波拿巴派，再到共和派的相继交替，金融统治没有削弱反而加强，任何一个政治革命都不能摧毁这个万恶的统治。虽然在人数、智慧、勇敢精神方面，金融家都

---

① ［法］拉法格：《财产及其起源》，王子野译，生活·读书·新知三联书店 1962 年版，第 89 页。

② ［法］拉法格：《财产及其起源》，王子野译，生活·读书·新知三联书店 1962 年版，第 122 页。

是资产阶级中微不足道的一部分,但是只有当无产阶级掌握了国家政权,剥夺了资本家工厂,没收了国家银行等信贷机构,金融统治才会消灭。在拉法格看来,资本主义工业、商业、农业和金融的发展消灭了私有财产的一些特征,将它从个人性质变为非个人性质的财产,建立"资本主义的集产制",它不同于原始共产主义,却包含共产主义因素。拉法格坚信:"从史前期的简单的和粗糙的共产主义发展起来的人类社会将回到复杂的、科学的共产主义。"① 社会财富的日益集中使剥夺者的人数越来越少,同时又创造、准备和组织了一个完成对剥削者最后剥夺的阶级,即脑力和体力劳动的无产阶级。其实,拉法格在《财产及其起源》的开篇就对资本主义制度展开了控诉。他认为,本来应该使一切生产者享受富裕的成果却使他们变穷,不协调的矛盾、连绵不断的无情内战,在这个和谐的资本主义社会里肆意猖狂,比任何其他社会有过之而无不及。② 因此,人们渴望共产主义社会的到来。

最后,关于共产主义社会特征的描述。拉法格在第8节《共产主义的复归》中认为,人类的进步不是按照直线走的,而是一个渐次扩大的螺旋形。共产主义只有在经济发展到满足人类一切正常的物质和精神需要时才能实现;它必须以阶级的消灭和社会成员一律平等为前提条件,只要劳动分工还存在,它就无法实现。资本没有祖国,哪里有利就投向哪里,它不分种族和地域剥削一切劳动者,它在哪里扎根,哪里就建立起同样的文化、风俗和习惯。它以对暴利的贪欲刺激自己的占有者,以贫困去惩罚工人,点燃工人心中反抗的渴望,这种渴望会穿越海洋和国境把他们联合成为统一的国际的无产阶级,届时这个阶级会组织和行动起来,准备夺取国家政权。所以,共产主义只能是国际范围的,必然会扩大到人类家庭中的一

---

① [法]拉法格:《财产及其起源》,王子野译,生活·读书·新知三联书店1962年版,第163页。
② 参见[法]拉法格《财产及其起源》,王子野译,生活·读书·新知三联书店1962年版,第8、10页。

切成员。拉法格激情满满地说道："国际的共产主义，像母腹之内的婴儿，在现代社会里成长和运动。经济的和政治的事变，其到来的时机是不可逆料的，将打破那隐藏它和束缚它的资本主义外壳，于是它就降生下地并作为一种必然的社会形式确立起来。"① 以前放肆的、盲目的经济力量曾蹂躏人类，犹如狂风之于弱草，给人们带来社会风暴。到了共产主义，人们将战胜自由放纵的经济力量，共产主义不再只是存在于渴望幸福的思想家头脑中的幻想，而是出现于经济现实中，人类的优美高贵的品质将达到完美无缺的境地。"那些注定会看到万象更新的人们将是幸福的，三倍的幸福！"②

拉法格这部著作可算得上是宣传唯物史观的典范之作，所提出的一些观点就如恩格斯所说的那样有独到之处。从研究主题、方法和分析内容上看，可看作是对恩格斯《家庭、私有制和国家的起源》的补充。③ 但是，他在《原始共产主义》一章中，将原始公社过分

---

① ［法］拉法格：《财产及其起源》，王子野译，生活・读书・新知三联书店1962年版，第168页。

② ［法］拉法格：《财产及其起源》，王子野译，生活・读书・新知三联书店1962年版，第169页。

③ 1883年马克思逝世后，恩格斯在整理马克思的手稿时，发现了马克思留下的1880—1881年对美国原始社会史学家摩尔根的《古代社会》一书所作的详细批注、摘要笔记等材料。为实现亡友的遗愿，1884年4—5月，恩格斯以这些材料为基础，结合自己关于古希腊罗马史、古代爱尔兰史、古代德意志史等研究成果和其他文献资料，写成了《家庭、私有制和国家的起源》（以下简称《起源》）一书。他用唯物史观阐述了人类社会早期阶段的历史，考察了氏族组织的结构、特征及家庭的起源和发展，阐明了原始社会瓦解和私有制阶级社会的形成过程，分析了国家的产生、发展和消亡的规律。1890年，恩格斯利用原始社会史的新材料对新版原文作了增补和修订，在写作1891年第四版新版序言期间，同拉法格通信交流关于《起源》增补的事宜，感谢他提供摩尔根《古代社会》的详细介绍，并恳请他帮忙找一本吉罗—特龙1874年版的《家庭的起源》，或到国立图书馆代为查阅一些关于外婚制部落、克兰等问题。为了不出差错，直到把新版序言寄给考茨基刊登之前，恩格斯还请拉法格确认巴霍芬的新发现是否正确。拉法格或许受此情结影响，他在《财产及其起源》中同样也引证了摩尔根、塔西佗等人类学者和历史学家的大量资料，在材料来源上与恩格斯相似。他分析了现代财产的形式、原始共产主义、血族集产制、封建财产和资产阶级的财产等，承继了恩格斯在《起源》中的研究内容和研究主题。

理想化，忽略了当时的公有制是同生产力水平低下相关的；他对1789年法国大革命全盘否定，没有指明其消灭法国封建主义和为资本主义发展廓清道路的进步的历史意义；他将资本主义所有制说成"资本主义集产制"，容易引起争论。但这种不足和错误相对于拉法格的贡献来说毕竟是细枝末节，瑕不掩瑜，这部著作依旧是重要的马克思主义经典文献。

三 "对马克思的伟大学说进行历史的检验"

判断一种学说是否具有科学性，首先要在革命实践中验明"真身"，看它是否符合人类历史和社会发展的规律。马克思主义将实践特征作为理论生长的基础和区别于其他理论的本性。实践的观点是唯物史观首要的基本的观点，也是区分真假马克思主义的试金石和关键所在。马克思主义的实践性，最优先、突出地表现在它与人类实践、无产阶级革命斗争和社会主义建设实践的唇齿相依的关系上。因此，马克思主义不是一种躺在书斋里、纯粹致力于解释世界的学说，而是以现实的人类实践活动为基础，服务于无产阶级改造世界的革命实践理论。

拉法格自身认识到，传统的马克思主义传播以文本考究为主，方式比较温和，很难从根源上解决法国社会现实问题，主张通过无产阶级专政彻底改造法国现实和世界状况。拉法格强调唯物史观是马克思提出的一种新的解释历史的方法，这种方法为他和恩格斯的历史著作奠定了牢固基础，它是"马克思交给社会主义者的新的工具"[1]，可以帮助我们在看似杂乱的历史事件的混沌状态中把握客观世界规律，但这一工具并非完美无缺，必须在实践中加以运用和完善。拉法格的这种看法得到了考茨基和梅林的认同。每每提及马克思历史方法的重要性时，他们都会援引拉法格的这句话。考茨基指

---

[1] 中共中央马克思恩格斯列宁斯大林著作编译局国际共运史研究室编：《拉法格文选》（下卷），人民出版社1985年版，第296页。

出,从拉法格的论述看,在马克思眼中"方法只不过是一种研究工具","他用铭文的体裁表述了这种方法,通过应用检验了它"。① 梅林在为拉法格的书所作的序言中说道:"拉法格完全正确地指出,马克思给我们的历史方法不是表现为带有公理、原理、系论、辅助定理的学说;方法对于马克思只是研究的工具,马克思对于把它运用于实验同时又用简练的文体把它表述出来感到满足。"② 所以,只要是自称马克思学生的人都应该在实践中检验自己的方法。按照拉法格的理解,马克思的方法对社会主义运动极为重要,无产阶级"正是用共产主义思想家的唯物主义的方法,能创造出科学的历史"③。

一些机会主义者作为资产阶级概念的俘虏,害怕得出把资产阶级概念弄混乱的结论,不在实践中运用马克思的方法,也不在试验之后进行判断,而是热衷于争论这个方法本身的价值。他们甚至认为马克思的方法有一系列缺点:"这方法没有充分估计思想和它的影响,它粗暴地凌辱了永久的真理和原则,它没有考虑到个人及其在历史上的作用,它引到经济的宿命论,这种宿命论使人们放弃任何努力,等等。"④ 这就如一个木匠不去用他的锤、锯进行工作,而只对工具的细枝末节吹毛求疵。一些社会主义者就会认为,这些木匠只会唠叨不休,不存在尽善尽美的工具。拉法格说得好,"只有经过实践之后提出的批评才不是空洞的而是有效的,因为实践检验比一切经过深思的论断更能指出工具的不完善和如何加以改进"⑤。"马

---

① [德]卡尔·考茨基:《唯物主义历史观》(第 2 分册),《哲学研究》编辑部编,上海人民出版社 1964 年版,第 11 页。
② [法]拉法格:《思想起源论》,王子野译,生活·读书·新知三联书店 1963 年版,第 2 页。
③ 中共中央马克思恩格斯列宁斯大林著作编译局国际共运史研究室编:《拉法格文选》(下卷),人民出版社 1985 年版,第 51 页。
④ 中共中央马克思恩格斯列宁斯大林著作编译局国际共运史研究室编:《拉法格文选》(下卷),人民出版社 1985 年版,第 295 页。
⑤ 中共中央马克思恩格斯列宁斯大林著作编译局国际共运史研究室编:《拉法格文选》(下卷),人民出版社 1985 年版,第 295 页。

克思不是用公理、定理、系论和辅助定理的理论形式来叙述自己的解释历史的方法；他只把这种方法当作研究的工具，用简练的语言表述这一方法并在实践中加以检验。"① 马克思把他自己的方法说得简明扼要，就是为鼓励我们在实践中不断试验它。所以，对待唯物史观的原则是在实际中不断运用和发展它。只是站在岸上议论游泳是永远学不会游泳的。拉法格不仅阐述了唯物史观的方法论意义，还强调要在实践中去掌握这一方法。

此外，拉法格在多部著作中强调革命实践的重要性。比如，他在1880年《工人政党和资本主义国家》中认为法国工人党的党员都是实干家，而不是信仰宗教的无政府主义者，指望依靠和平的上帝用和谐代替对抗，使竞争让位于和谐是不切实际的幻想。

---

① 中共中央马克思恩格斯列宁斯大林著作编译局国际共运史研究室编：《拉法格文选》（下卷），人民出版社1985年版，第296—297页。

第 五 章

价值论：拉法格关于"马克思主义历史命运"的思考

价值论是关于价值的构成、基础、本质、特征和评价的哲学学说。对马克思主义的意义、作用、生命力和发展前景进行价值评判，属于价值论范畴。拉法格则从价值论的视角出发，对马克思主义的价值、发展规律和生长图景做出了评价。

所谓马克思主义的历史命运，是指马克思主义的现存状态和未来前景。马克思主义在发展史中曾无数次被宣判"破产"、"崩溃"，走进了死胡同，反马克思主义者甚至早就把它的"尸体解剖报告"都写好了。而拉法格在任何时候都不讳言马克思主义发展中遭遇的种种困难和暂时的挫折、停滞甚至倒退。在遭遇社会主义革命暂时失利和革命斗争低潮时期，他都坚信马克思主义没有过时和失效，他不仅是这么说的，也是这么做的。拉法格以身示范，为坚守马克思主义的信仰树立了光辉典范。

第一节 坚定马克思主义必胜的信念

拉法格的一生坎坷多难，充满各种荆棘险阻。由于领导和从事革命活动，他多次被政府逮捕入狱，许多重要的经典著作也是在狱中完成，被通缉驱逐和流亡海外，长达14年之久，先后流亡瑞士、英国、西班牙、葡萄牙等国（如图5-1所示）。他在颠沛流离的生活中还要承受丧子之痛，经济上拮据潦倒，在恩格斯的接济下才勉强糊口。但拉法格依然坚定革命热情，捍卫导师的精神遗产，通过理论研究，坚信社会主义革命事业的到来，恪守马克思主义信仰。

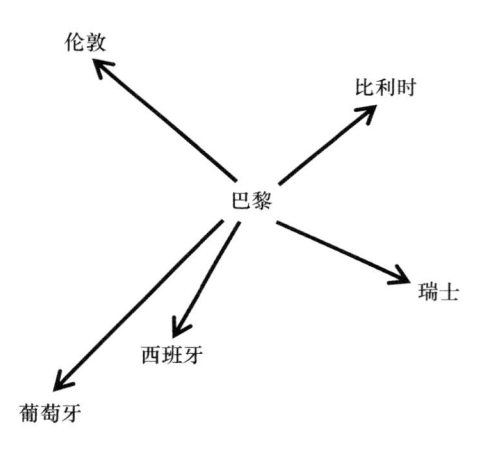

图 5-1

一 "社会主义会重露头角"

拉法格在参加革命实践和进行理论传播活动时，表现出一个无产阶级革命家无私无畏的精神品格。他的一生坎坷崎岖，曾受到政治、经济、思想上的多重迫害和打击，三个孩子也在贫病交加中夭折，劳拉经常疾病缠身，无钱治病，负债累累。反动政府多次通缉迫害拉法格，数次将其投入监狱。但是，他始终充满乐观主义精神，为无产阶级革命事业顽强战斗，不屈不挠、忘我无私，对共产主义理想坚定决心。纵然革命形势变幻莫测，即使在反动派猖狂时期，拉法格也坚信"社会主义运动将比以往任何时候都更加轰轰烈烈继续向前发展"①。

1882 年，罗昂代表大会后，拉法格和盖得及其他工人活动家在里昂、罗昂、蒙吕松等地工人集会上发表演讲，进行宣传鼓动工作。蒙吕松法院的法官却指控拉法格等人犯有鼓动内战、抢劫和凶杀罪，遭到逮捕。拉法格在一次集会上曾主张必须抢劫法兰西银行，然而巴黎公社没有这样做，其实他是在总结公社失败的教训，揭示私有制被公有制代替的必然性。但在庭审中，资产阶级法庭故意歪曲拉法格这句话的意思，认为他们是想侵占一切人的财产，给他扣上唆使抢劫的帽子。拉法格和盖得等人最终被判处半年刑期，在巴黎的圣珀拉惹监狱服刑（1883 年 5 月 21 日—11 月 21 日）。

拉法格和盖得在狱中充满了高度的乐观主义精神，利用一切时间进行工作和学习。劳拉在给恩格斯的信中认为，这两位囚徒毫无怨言②，恩格斯也称赞他们是"英勇的蒙难者"③。两位囚徒在狱中合著了《工人党纲领，它的历史、导言和条款》，对哈佛尔纲领作了细致的解说，拉法格负责撰写导言部分的解说，盖得则负责纲领的历史发展和具体条款。拉法格在导言解说部分，通过分析资本主义生产，证实了私有制必然被公有制代替的历史规律。他主张从政治上剥夺资产者是从经济上剥夺资产者的前提条件。无产阶级通过暴力革命夺取政权后，只能剥夺那些把持生产资料、无偿占有剩余价值的所有者，如大地主、大工厂主、大银行家等，不能剥夺自耕农仅有的小块土地、工木匠的锤子等。另外，还要让他们摆脱高利贷者和商人的盘剥，减轻劳动强度，直到通过通俗的事例讲解使他们明白集体生产较个体生产的优越性。拉法格的这种观点实质上是通

---

① 参见［法］爱·鲍提若里《恩格斯与保尔·拉法格、劳拉·拉法格通信集》第 3 卷，冯汉津等译，人民出版社 1981 年版，第 364 页。
② ［法］爱·鲍提若里：《恩格斯与保尔·拉法格、劳拉·拉法格通信集》第 1 卷，北京第二外国语学院法语专业 73 级师生合译，人民出版社 1979 年版，第 209 页。
③ ［法］爱·鲍提若里：《恩格斯与保尔·拉法格、劳拉·拉法格通信集》第 1 卷，北京第二外国语学院法语专业 73 级师生合译，人民出版社 1979 年版，第 207 页。

过说服教育将小农吸引到集体生产的道路上，对于法国这样一个小农和小手工业者占比很大的国家来说意义非凡。

在拉法格看来，工人党参加竞选并非简单地为了赢得几个参议员的席位，而是为了在竞选期间加强对群众的宣传教育，揭露资产阶级头目的丑恶面貌。工人候选人如果当选为议员，他们可以继续在议会里进行共产主义宣传工作，利用议会讲坛把资产阶级头目逼得走投无路。拉法格还在狱中努力学习德语，劳拉曾在给恩格斯的信中幽默诙谐地说："保尔的德语听起来仍然跟法语相似得惊人。"① 拉法格还在狱中曾试图写一部名叫《巴黎的判决》的小说，但是未能完成。拉法格在1883年给恩格斯的信中，开玩笑似的说道，他和盖得订下了圣珀拉惹监狱里最漂亮的两个房间。恩格斯在1883年12月13日给劳拉的信中提到："我们希望……我渴望看到的那本小说也能接着很快出来。保尔穿上巴尔扎克的拖鞋，这太好了！"②

1885年5月21日，由于拉法格没有缴纳木兰刑事法院判处的罚款，他又一次被捕入狱，被关押在圣珀拉惹监狱两个月，工人们曾自发为他募捐，替他缴纳这笔罚款，但是拉法格宁愿自己坐牢，将募捐的钱交给了党组织。他在狱中忍受了各种折磨，利用一切时间工作和学习，他的独到之作《雨果传说》也正是在狱中完成的。两个月的刑期结束，拉法格出狱后立即投入到议会工作中，他到阿利埃省的各个城市和乡村发动公众集会，发表演讲，就如劳拉所说："他不仅用笔，用嘴，有时还用拳头为'党'工作。"③

1886年的德卡兹维尔矿工罢工中，工人党为捍卫工人的权利斗争，拉法格和盖得等法国工人党的其他领袖坚决声援罢工斗争，被以"乱管闲事"为罪名遭到逮捕。在塞纳省刑事法院对拉法格等人

---

① ［法］爱·鲍提若里：《恩格斯与保尔·拉法格、劳拉·拉法格通信集》第1卷，北京第二外国语学院法语专业73级师生合译，人民出版社1979年版，第212页。

② 《马克思恩格斯全集》第36卷，人民出版社1974年版，第77页。

③ ［法］爱·鲍提若里：《恩格斯与保尔·拉法格、劳拉·拉法格通信集》第1卷，北京第二外国语学院法语专业73级师生合译，人民出版社1979年版，第361页。

进行审讯时，他们在法庭上表现得非常英勇，把法庭变成了宣传社会主义的论坛。劳拉曾描述道："三位社会主义者极其冷静、从容不迫地接连好几个小时发表演说，丝毫也不为自己的行为辩解，而只是为了开导愚昧无知的庭长和陪审官们，阐明科学社会主义学说，响亮地宣布一个新社会制度即将来临。"① 经过5个月的斗争，德卡兹维耳罢工最终以胜利告终。恩格斯在1886年8月18日给倍倍尔的信中则认为德卡兹维耳事件是"具有世界历史意义的事件"②。

1888年拉法格在给恩格斯的信中分析斗争形势时指出，形势明朗，只要有和平就能使资产阶级政党解体，进而使社会主义派赢得全国，对运动从来没有这样足的信心。在法国事情正按照它们的逻辑程序发展。③ 1889年9月社会主义党在国会选举第一轮投票中遭到失败，无人当选。面临"人们不愿理睬社会主义"的尴尬境地，拉法格主张："目前并非一切都完了。我们被打败了，但没有被征服。我们将重新站起来。"④ 从1890年起，法国工人党在组织上不断得到巩固，新的基层党组织不断涌现，党和群众的联系更加紧密，工人党在群众中的威望日益提升。在1890年五一国际劳动节的胜利鼓舞下，拉法格和工人党其他领袖筹备庆祝1891年的劳动节。2月，法国工人党全国委员会和工会联合会全国委员会呼吁全国工人积极参加示威活动，强调实现法定八小时工作日是工人阶级彻底解放的第一步，这完全取决于工人自己。1891年5月1日，富尔米市的工人发生总罢工，军队却向和平示威者开枪射击，酿成了震惊全国的"富尔米惨案"，这在全国各地引起了极大愤怒和不满。法国政府却

---

① ［法］爱·鲍提若里：《恩格斯与保尔·拉法格、劳拉·拉法格通信集》第1卷，北京第二外国语学院法语专业73级师生合译，人民出版社1979年版，第481页。
② 《马克思恩格斯全集》第36卷，人民出版社1975年版，第499页。
③ ［法］爱·鲍提若里《恩格斯与保尔·拉法格、劳拉·拉法格通信集》第2卷，广州外语学院法语教研室译，人民出版社1981年版，第139页。
④ ［法］爱·鲍提若里《恩格斯与保尔·拉法格、劳拉·拉法格通信集》第2卷，广州外语学院法语教研室译，人民出版社1981年版，第342页。

将这次流血事件强加到社会主义者身上,指控他们煽动闹事和枪杀事件。由于拉法格在五一劳动节前夕曾在富尔米进行过宣传活动,也成为当局政府迫害的目标。资本家老板们捏造拉法格的演说,摘引了拉法格宣传鼓动的片段,将无政府主义的论调硬塞到拉法格的嘴里。他被诺尔省刑事法院指控为在公共集会上鼓动杀人,虽然拉法格对强加给自己的那些极其荒唐的蠢话提出抗议①,被证明无罪,但反动法官仍判处拉法格一年徒刑。这个不公正的判决引起了社会舆论的猛烈抨击。

1891年7月30日,因组织和宣传工人罢工,拉法格在"富尔米事件"中再次被逮捕并被判监禁一年。劳拉在1891年8月20日给恩格斯的信中,以乐观的口吻向恩格斯宣告,拉法格已经"一帆风顺"地住进了圣珀拉惹监狱,在监狱里居住成为拉法格莫大的赏心乐事,他目前已经"安居乐业"。拉法格在狱中身体和心境都好极了,每天读书看报。劳拉定期就会把信件、书籍等生活用品的"粮饷"给他送去。凡是拉法格想见的人都能见到,还节省了鞋底皮。②恩格斯在1891年8月17日给劳拉的信中,则坚信拉法格在狱中会保持旺盛的精神;在9月2日给拉法格的信中,引用了但丁·阿利吉耶里(Dante Alighieri)《神曲·地狱篇》第3首歌,他以调侃的方式将拉法格比喻为"又被关到圣珀拉惹夫人神圣的、至尊的拱门内——'进入悲惨之城……走进永劫的人群'"③,并嘱咐和鼓励拉法格在狱中好好消遣,利用这个难得的机会专心致志地写点东西。从劳拉和恩格斯文本中的相关转述证据看,拉法格在狱中保持了高

---

① 恩格斯在1891年5月19日给拉法格的信中认为,拉法格辩驳是对的,因为"在那些具有革命传统的国家里,危险的是每个受社会主义影响的新地区都试图在二十四小时内完成革命。根本没有必要推动他们前进,相反地,应该抑制他们"(参见《马克思恩格斯全集》第38卷,人民出版社1972年版,第99页)。

② [法]爱·鲍提若里《恩格斯与保尔·拉法格、劳拉·拉法格通信集》第3卷,冯汉津等译,人民出版社1981年版,第83—85页。

③ [法]爱·鲍提若里《恩格斯与保尔·拉法格、劳拉·拉法格通信集》第3卷,冯汉津等译,人民出版社1981年版,第86页。

度的乐观主义精神。

二 "深信为之奋斗的事业在不久的将来会取得胜利"

1911年11月25日，拉法格和劳拉以皮下注射氢氰酸的方式结束了生命，在巴黎德腊韦的寓所平静地离世了。拉法格在留下的遗书①中写道："我的身体和精神都还很健康，我不愿忍受无情的垂暮之年接连夺去我的生活乐趣，削弱我的体力和智力，耗尽我的精力，摧折我的意志，使我成为自己和别人的累赘……我怀着无限欢乐的心情离开人世，深信我为之奋斗了四十五年的事业在不久的将来就会取得胜利。共产主义万岁！国际社会主义万岁！"② 拉法格夫妇的逝世引起了资产者的歪曲和攻击，认为他是共产主义理想信念崩塌，对实现共产主义事业渺茫而采取的畏难手段。

但是，仔细研读这封遗书，拉法格的自杀并非像一些资产阶级报刊所散布的那样，是由于对共产主义事业失去信心或精神堕落而引起的。相反，他去世时仍对毕生为之奋斗的无产阶级解放事业充满了必胜的坚定信念。直到自杀的前几周，他还向法国社会党中央委员会提交了一篇关于反对物价飞涨的文章，作为起草有关决议的材料。该文文末指出："正如《共产党宣言》所指出的那样，社会主义者必须参加民众所关心的一切运动，以便把国际社会主义的要求——生产和交换资料公有化提到首位。"③ 这也再一次证明了，拉法格始终将《共产党宣言》所规定的实现生产资料公有化作为自己的奋斗目标。

显然，拉法格通过自杀的手段来结束自己的生命，这种方式未免有些极端，并不可取。克鲁普斯卡娅当年在回忆录中说到，劳拉认为自己的丈夫很快就会证明他的哲学信念是多么真诚，当时列宁

---

① 此封遗书刊登在布尔什维克的《明星报》12月的某一期号上。
② 转引自李兴耕《拉法格传》，人民出版社1987年版，第236页。
③ ［苏］梁赞诺夫：《拉法格选集》第2卷，转引自李兴耕《拉法格传》，人民出版社1987年版，第237页。

夫妇对这句话还感到困惑，直到后来拉法格夫妇去世，才理解了这句话的意思：他们是作为无神论者自杀了，因为年老失去了战斗所必需的力量。① 列宁在听到拉法格夫妇自杀的消息后，说道："一个社会党人不是属于自己的，而是属于党的。如果他还能为工人阶级做哪怕一点点有益的事，哪怕是写一篇文章或一份呼吁书，他就没有权利自杀。"② 其实，拉法格夫妇的死亡也给列宁留下了深刻的印象，他说道："如果不能继续为党工作，应当善于正视现实而象拉法格夫妇那样死去。"③

另外，我们也可以参考当年马克思、恩格斯和列宁对此类问题的看法。众所周知，马克思晚年深受病痛折磨，恩格斯对他的猝然逝世感到悲痛，认为好友的去世对无产阶级是不可估量的损失，另一方面，恩格斯也认为这种结局或许对马克思也是一种安慰，尽管医学可能会让马克思勉强拖延几年，但马克思也不愿意像废人那样苟延残喘、无能为力地活着。恩格斯在1883年3月15日写给左尔格的信中说道："由于自然的必然性而发生的一切事件，不管多么可怕，它们自身都包含着一种安慰。这一次情况也是一样。医术或许还能保证他勉强拖几年，无能为力地活着，不是很快地死去，而是慢慢地死去，以此来证明医术的胜利。但是，这是我们的马克思绝不能忍受的。眼前摆着许多未完成的工作，受着想要完成它们而又不能做到的唐达鲁士式的痛苦，这样活着，对他来说，比安然地死去还要痛苦一千倍。他常常喜欢引用伊壁鸠鲁的话：'死不是死者的不幸，而是生者的不幸。'不能眼看着这个伟大的天才象废人一样勉强活着，去给医学增光，去受他健壮时经常予以痛击的庸人们嘲

---

① 参见《回忆列宁》第1卷，上海外国语学院列宁著作翻译研究室译，人民出版社1982年版，第432页。
② 《回忆列宁》第2卷，上海外国语学院列宁著作翻译研究室译，人民出版社1982年版，第370页。
③ 《回忆列宁》第1卷，上海外国语学院列宁著作翻译研究室译，人民出版社1982年版，第451页。

笑,——不能那样,现在的情况要比那样好一千倍。"①

此外,有学者通过梳理列夫·达维多维奇·托洛茨基(Лев Давидович Троцкий)等当事人的记述和解秘档案文件,发现 1922 年列宁中风之后担心自己会瘫痪失语,无法工作,发生过向斯大林索取氰化钾毒药,以备不时之需的插曲。列宁还在同莉迪娅·亚历山德罗夫娜·福季耶娃(Лидия Александровна Фотиева)的谈话中口授并嘱咐他,如果自己瘫痪扩散到语言,不要忘记提供氰化钾,作为一种人道措施效法拉法格夫妇。不过自列宁第一次提出索要毒药的请求起,事情并不是已经病入膏肓,毫无希望。列宁在病重后仍做了大量的工作,没有停止对社会主义建设事业的思考,从 1922 年 12 月下旬到 1923 年 3 月上旬,病中的列宁口授了一系列书信和文章:《给代表大会的信》《关于赋予国家计划委员会以立法职能》《关于民族或"自治化"问题》《日记摘录》《论合作社》《论我国革命》《我们怎样改组工农检察院》和《宁肯少些,但要好些》,几乎给后人留下了整整一卷书(《列宁全集》第 43 卷),对社会主义做了新的探索,为党的建设留下了宝贵的思想财富。即使在 1923 年 3 月病倒之后,列宁在 1923 年夏秋有一段时间健康情况还有所好转,并且顽强地进行恢复锻炼,学习语言,医生也寄予希望。如果不是党内高层出现了导致列宁情绪波动的刺激言语,逐步康复和出现转机的可能性也是存在的。②

或许拉法格夫妇和马克思、恩格斯、列宁的思路有相似之处,对这些革命家来说,活着的意义就是为了革命和为实现无产阶级的自由解放服务,一旦丧失这种生存价值的可能性,就无法容忍"无能为力地活着"、"慢慢地死去",这就是这些革命家的生命价值观所在。但是,就如德国和国际工人运动著名活动家、马克思主义史

---

① 《马克思恩格斯全集》第 35 卷,人民出版社 1979 年版,第 459—460 页。
② 参见郑异凡《列宁与毒药之谜——一个没有付诸实施的列宁嘱托》,《探索与争鸣》2008 年第 10 期。

学家弗兰茨·梅林在一篇悼念拉法格的文章中所说:"为自由服务是一项严肃的任务,对于无产阶级解放斗争来说更是如此,即使是享有盛誉的老战士,只要他一息尚存,就无权放弃自己的岗位。"① 对于拉法格的自杀,《人民报》在1911年11月28日发表的文章中也深表惋惜,批评他没有认识到他和劳拉的活动对党多么有意义。

1911年12月3日,巴黎约2万名工人为拉法格夫妇举行了葬礼,法国及其他国家的社会主义政党和众多工人组织中的著名活动家出席了仪式,并发表了演说。他们都对拉法格夫妇一生的功绩做了很高的赞扬,对他们的去世表示哀悼。作为俄国社会民主工党的代表,列宁在演说中指出:"拉法格体现了两个时代的结合:一个是法国革命青年同法国工人为了共和制的理想向皇朝发动进攻的时代;一个是法国无产阶级在马克思主义者领导下进行反对整个资产阶级制度的坚定的阶级斗争、为争取社会主义、为同资产阶级进行最后斗争作准备的时代。"② 列宁在1911年拉法格葬礼上发表讲话时还指出,拉法格的著作在19世纪80年代就已经在俄国流传,对俄国社会民主主义的观点的形成有很大推动作用。③

由于受到使用亚洲式野蛮手段的专制政府的压迫和剥夺,列宁还叮嘱俄国社会民主党人要从拉法格和他的朋友们的著作中直接汲取革命斗争经验和革命思想。列宁信心满满地说:"现在我们特别清楚地看到,拉法格毕生捍卫的那个事业的胜利时刻很快就要到来。俄国革命揭开了全亚洲的民主革命的时代,现在有8亿人参加了整个文明世界的民主运动。而在欧洲,愈来愈多的迹象表明,所谓和平的资产阶级议会活动统治的时代即将结束,受到马克思主义思想教育的有组织的无产阶级进行革命战斗的时代就要到来。无产阶级

---

① 转引自李兴耕《拉法格传》,人民出版社1987年版,第237页。
② 《列宁全集》第20卷,人民出版社2017年版,第386页。
③ 参见[法]罗伯尔-让·龙格《我的外曾祖父卡尔·马克思》,李渚青译,新华出版社1982年版,第212页。

一定能推翻资产阶级的统治,建立起共产主义制度。"①

第二节　科学揭示马克思主义的生长规律

马克思主义的特点决定了其每前进一步都十分艰难,在前进的道路上布满了荆棘。我们必须清醒地看到,马克思主义发展的上升和前进的总趋势,不是平坦的、直线的。不能出于善良的意愿,把马克思主义的发展进程描绘成所向披靡、轻取论敌、不知挫折为何物而向着一路凯歌行进。正如列宁在1908年的《马克思主义和修正主义》中所说:"这一学说在其生命的途程中每走一步都得经过战斗。"② 按照列宁的划分,马克思主义同敌对理论的斗争经历了两个阶段:自马克思主义19世纪40年代诞生后,它存在的前50年一直在同其敌对理论进行斗争,马克思恩格斯相继战胜了青年黑格尔派、蒲鲁东主义、真正社会主义、杜林主义、巴枯宁无政府主义等思潮,到19世纪90年代,它成为在工人运动中占绝对地位的思想体系;到了马克思主义创立的第二个50年(即19世纪90年代第二国际时期起),马克思主义遭受的最大挑战是来自马克思主义内部的反马克思主义派别,即伯恩施坦修正主义。③ 参照此种划分,拉法格始终坚持马克思主义基本原则,他在19世纪90年代之前相继反对了蒲鲁东主义、可能派的改良主义、机会主义、合作社主义、巴枯宁主义等思潮,90年代后,他在第二个阶段中在社会主义运动内部,尤其是以反对无政府主义、米勒兰主义即伯恩施坦主义思潮在实践中的泛滥为重点。

---

① 《列宁全集》第20卷,人民出版社2017年版,第387页。
② 《列宁选集》第2卷,人民出版社2012年版,第1页。
③ 参见《列宁全集》第17卷,人民出版社2017年版,第12页。

拉法格在分析马克思主义的历史命运和发展规律时，还将视线观照到中国，并预测了马克思主义在东方的发展前途。拉法格在1880年的《资产阶级的爱国主义和中国人》中认为，以前的革命的资产阶级如兄弟般团结在一起，反对恢复旧制度和剥削工人阶级的封建贵族阶级。当资产阶级打败封建主义、牢牢掌握政权时，又开始向工人煽动和鼓吹沙文主义，将它变成统治的工具，把资产阶级的剥削看成是国际性事业。拉法格指出，各国资产阶级联合起来共同镇压工人阶级，这种资本主义剥削的国际性质必然导致工人阶级的国际主义。法国政治经济学会关于"中国人问题和劳动自由"的辩论反映了一个不争的事实，中国工人靠廉价劳动力和节制个人消费来竞争，满足于微薄的工资，使工资降低，即资产阶级奉行的永恒法则是降低劳动力价格。资产阶级倡导爱国主义的假仁假义，实质是想让劳动多消费少的亚洲人冲击法国工人，好用饥饿来折磨他们。巴黎政治经济学的论辩不过是波拿巴主义或共和主义的、耶稣会的或自由思想的充斥。①

拉法格认为，无产阶级革命既不具有地方性也不是只具有民族性，而是国际性的。只要俄国一爆发革命，风暴将会席卷整个欧洲，到时法国的无产阶级也会愿意同俄国和德国的兄弟们联起手来。②

一 马克思主义走出各种错误思潮的"迷宫"

马克思主义创立之初，法国国内关于马克思主义学说的了解还微乎其微。各种错误的思潮派别盘根错节，牢牢占据思想制高点。马克思主义正是在和这些反动的、错误的思潮和派别的斗争中，不断取得胜利，使其传播范围越来越广，掌握的群众越来越多，在人民群众改造世界的活动中发挥了越来越大的作用。19世纪70年代末

---

① 中共中央马克思恩格斯列宁斯大林著作编译局国际共运史研究室编：《拉法格文选》（上卷），人民出版社1985年版，第59页。

② 中共中央马克思恩格斯列宁斯大林著作编译局国际共运史研究室编：《拉法格文选》（上卷），人民出版社1985年版，第62—63页。

80年代初，拉法格发表了一系列驳斥蒲鲁东主义和可能派的文章，比如《阶级斗争》《工人党与资本主义国家》《进化——革命》《蒲鲁东主义已经过时》《可能主义》《工人党的目的》《法国工人党纲领绪论解说》等篇章。除此之外，他也以自身的革命实践活动见证了马克思主义穿越各种思潮的迷雾，并对各种非马克思主义和反马克思主义思潮进行了回应和批判，为马克思主义在法国立足赢得了文化空间。据笔者梳理，归纳拉法格在一系列著作中的阐述，马克思主义在诞生后的第一个50年，它的"历险"共经历了蒲鲁东主义、巴枯宁主义、可能主义等几个阶段。

首先，脱离蒲鲁东主义的纠缠。蒲鲁东主张建立合作商店和"交换银行"，为小生产者提供无息贷款，帮助工人发展合作社，维护他们的独立地位。他号召用"巧妙的、合法的"办法消除资本主义社会的弊病，反对工人的政治行动。这种思潮对法国工人运动有广泛的影响。拉法格在大学时期深受蒲鲁东主义的影响，但他没有成为彻底的蒲鲁东主义者。他还专门在1880年的《蒲鲁东主义已经过时》一文中，以法国制鞋业为例，告诫丹尼尔（Daniell）不要步昂利·路易·托伦（Henri-Louis Tolain）分子和其他蒲鲁东主义者的后尘，因为他们早在帝制时期就鼓吹生产资料的分散。拉法格则认为这种分散不可能，他们无法阻止生产资料和工人的集中，法国的制鞋业正面临着强有力的集中化趋势。蒲鲁东主义者可以用自由、正义和永恒的真理，以及其他类似的美好东西的名义来反对，但这无法阻挡经济力量的运动走自己的路。① 拉法格不认为，把劳动时间限制在一天三四个小时，通过小小的法米里斯特②或合作社就能解决；相反，只有在国家占有一切已经集中化的大企业的基础上完成社会改组，才能改变无产阶级群众的命运。只用平等、正义、真理

---

① 参见中共中央马克思恩格斯列宁斯大林著作编译局国际共运史研究室编《拉法格文选》（上卷），人民出版社1985年版，第41页。
② 法国空想主义家傅立叶的信徒企图在法国组织的生产消费公社。

和其他美好的人道词句不能实现这个结果，只有合理、适时地组织无产阶级的力量，才能催生某些重大结果。

其次，揭开巴枯宁主义的面纱。巴枯宁的纲领实质是改头换面的反对革命的纲领，它用资产阶级主张的阶级平等对抗马克思主义消灭阶级的观点，提出废除继承权就能废除私有制的机会主义方案。马克思曾指出，各阶级的平等按照字面上的意思，就是资产阶级社会主义者鼓吹的"资本和劳动的协调"，而无产阶级运动的真正秘密不是各阶级的平等，因为这种谬论做不到，相反地是消灭阶级。① 恩格斯在给拉法格的信中指出，第一国际成立后，巴枯宁抓紧在国际内部进行分裂活动，企图篡夺国际领导权。马克思还专门写信给拉法格，提醒他注意，巴枯宁分子前往巴黎从事挑拨巴黎联合会和总委员会关系的阴谋活动。② 拉法格立即把马克思的警告转告给巴黎联合会，使巴枯宁分子的阴谋活动无法得逞。1864年，蒲鲁东主义者托伦和弗里布尔（Fribourg）等人出版了《国际工人协会临时章程》的首个法译本，但其中有很多错误，歪曲了章程的本意。为了揭露巴枯宁主义的反动本质，拉法格结合马克思的要求，利用发行章程新版本的机会，对法文版作了校对。1872年，西班牙的萨加斯塔政府颁布法令，宣布国际为非法组织，下令解散西班牙国际各个支部的活动。面对此种困境，拉法格依然不知疲倦地在工人群众中传播马克思主义。此外，拉法格还同巴枯宁派的代表莫拉哥、吉约姆等人进行了坚决斗争。③

再次，驳斥可能主义的荒谬。可能派是在法国社会党内产生的一个反马克思主义的派别，拉法格等人与其作了坚决斗争。1880年11月哈佛尔代表大会之后，法国工人党内以拉法格和盖得为首的革命派同马隆和布鲁斯为首的可能派之间的斗争日益白热化。可能主

---

① 参见《马克思恩格斯全集》第16卷，人民出版社1972年版，第394页。
② 参见《马克思恩格斯全集》第32卷，人民出版社1974年版，第660页。
③ 笔者在前文第二章第一节中已经做过相关论述，此处不再赘述。

义反对党的民主集中制，主张各地方组织完全自治；反对无产阶级的暴力革命行动，幻想在不触动资本主义制度的前提下实现和平改良；放弃通常以"一无所成"而告终的"一下子全部解决"的方式。他们倡导的这种"可能的政策"的本质在于抛弃实现社会主义的革命斗争，沉醉于局部的细小的改良，通过和平的市政改良实现工人阶级解放。

1881年底，可能派的核心人物若夫兰在竞选演说中肆意阉割《哈佛尔纲领》的无产阶级性质，拉法格等人进行了顽强反击，揭露布鲁斯和马隆想做党的领袖的险恶用心。1881年12月《平等报》第三次复刊，拉法格在每一期几乎都发表文章，花重墨批判可能派的理论主张和实践活动。他为了和可能派的这种温和的假共产主义划清界限，明确阐明了工人党的奋斗目标是：通过革命暴力从政治和经济上剥夺资产者，把夺取过来的生产资料交给集体。在拉法格看来，可能派想要取消但又不敢否定工人党纲领导言的科学性，于是就用自治和权威主义之类的无谓争论伪装自己，而这个导言正是工人党区别于资产阶级政党的试金石。此外，第一国际解散后，可能派力图把建立新的国际的主动权牢牢掌握在自己手里，把自己打扮成法国唯一的工人政党，贬低法国工人党在工人运动中的地位。他们利用各国无产阶级组织渴望建立新国际的心理，建立一个由他们掌控的改良主义国际组织。拉法格、盖得和法国工人党其他领导者在恩格斯的指导下，同倍倍尔等其他社会主义活动家相互配合，粉碎了可能派的狂妄野心，推动了巴黎国际代表大会的顺利召开。

最后，同工联主义的交锋。拉法格等马克思主义者在法国多次和英国工联分子交锋。工联主义迷恋于增加议会席位和提高工资等，主张禁止工人政治活动的改良主义，企图将国际打扮成维护工人眼前利益的工联组织。拉法格则坚持革命路线，努力使工人群众摆脱工联主义的影响。拉法格在西班牙流亡期间，鉴于欧洲严峻的政治形势，为了使国际工人协会总委员会免遭伦敦的法国布朗基主义流亡者和英国工联主义的控制，他和两位导师马克思恩格斯共同支持把总委员会迁往纽约。在探讨建立新的国际的问题上，恩格斯认为英国工联主义者对马克思主义感到恐惧，不愿同他们合作，所以成立新国际的时机还未到来。在争夺建立新国际的主动权时，英国工联主义者还积极支持可能派的主张。此间，德国党的领导者为争取英国工联赞成共同召开国际代表大会，还专门前往伦敦和他们商谈，但未达成一致意见。拉法格分析，在可能派的势力分崩离析之际，他们不会派代表参加国际代表大会，在他看来，目前最紧迫的任务是要把工联引导到社会主义运动中来。① 由于布鲁斯一伙不参加自己的代表大会，革命派将不费吹灰之力就可取得胜利。在此后的利尔代表大会、哈雷代表大会等几次会议中，拉法格助推了马克思主义在大会纲领中的主导地位。

综合来看，拉法格思想视域中的马克思主义，它是在法国穿越了五颜六色的错误思潮的迷障，脱颖而出，逐渐成为了工人运动中占主导地位的思想体系。

二 马克思主义与修正主义的"两军对垒"

19 世纪末 20 世纪初，法国哲学思想和社会学思想的历史，归根结底折射了帝国主义时代前 20 年法国资本主义的一般发展规律。法国和其他资本主义国家一样，唯心主义和唯物主义的争斗也是这一时期资产阶级世界观和无产阶级世界观的斗争。这个时期哲学斗争的特征表现在：资产阶级理论家试图在工人或工人阶级上层中间散播资产阶级世界观。为捍卫马克思主义革命理论在法国的传播，拉法格等法国马克思主义者积极驳斥修正主义的泛滥，识破"修正主义的迷魂阵"。

1. 法国自然科学界中的修正主义

法国自然科学界在此时期也形成了唯物主义和唯心主义两种路

---

① 参见［法］爱·鲍提若里《恩格斯与保尔·拉法格、劳拉·拉法格通信集》第 2 卷，广州外语学院法语教研室译，人民出版社 1981 年版，第 433 页。

线：法国科学家让·弗雷德里克·约里奥 – 居里（Jean Frédéric Joliot-Curie）、保罗·朗之万（Paul Langevin）、阿尔弗雷德·高尔纽（Alfred Gornew）等代表唯物主义路线；物理学家和数学家昂利·彭加勒则是唯心主义哲学的忠实拥护者。即是说，法国自然科学领域中的旧观念正在瓦解，新的理论正处在被创造的萌芽中。19 世纪末，反对马克思主义和社会主义的人急不可待地期望伯恩施坦的小册子法译本的出版，它的问世将引起巨大轰动，它会以"马克思主义完蛋了！"为口号更高声地重复自己的战斗叫器。拉法格在 1899 年 2 月 14 日给普列汉诺夫的信中，认为伯恩施坦主义之流的"耶利哥的羊角摧毁不了社会主义堡垒，而我们却要粉碎他们的羊角"[①]。拉法格等人也会抓住机会驳斥 30 年来对科学社会主义提出的反对意见，坚信伯恩施坦的小册子里没有什么过去没有说过和没有遭到批驳的新鲜东西。

恩格斯晚年在批判德国社会民主党党内的青年派对待马克思主义的教条主义方法和宗派主义态度时，经常引用马克思说过的"我只知道我自己不是马克思主义者"这句话，他在给拉法格的信中批评许多大学生、作家和没落的年轻资产者蜂拥而至党内，这些先生们都在搞所谓的"马克思主义"，其实是 10 年前拉法格在法国就很熟悉的那一种马克思主义。[②]

拉法格在从事革命活动和理论创作时，以图书馆为学习园地和战斗场所，经常钻进图书馆收集和研究大量资料，成为了他不可或缺的得力助手，为战斗准备了有力的武器。为驳倒博利约，拉法格在 1884 年 9 月 18 日给恩格斯的信中曾说，正在搞一份统计：博利约、罗伯特·吉芬（Robert Giffen）、勒维（Lévi）等梦寐以求的证明财富越来越分散，其实是财富越来越集中。拉法格坚信用官方的

---

① 转引自中共中央马克思恩格斯列宁斯大林著作编译局国际共运史研究室编《国际共运史研究资料》第 9 辑，人民出版社 1983 年版，第 190 页。

② 参见《马克思恩格斯选集》第 4 卷，人民出版社 2012 年版，第 603 页。

数字和遗产登记费所提供的数字就可以把他们驳倒。他说:"为了进行这一工作,我必须到财政部图书馆去查阅资料,但这只有在议院复会以后才能办到。"①

2. 谴责米勒兰主义的背叛

1899 年 6 月,法国社会党人米勒兰和镇压巴黎公社的刽子手加利费(Galliffet)一起加入了资产阶级共和党人瓦尔德克-卢梭(Waldeck-Rousseau)的内阁,担任工商业部长。这一事件在法国乃至国际共产主义运动中引起了严重的争论和分歧。米勒兰主义实质是伯恩施坦修正主义在法国的实践和变种,它否定无产阶级政党一般原则的做法给马克思主义带来了严峻的挑战。列宁曾在《马克思主义和修正主义》中指出:"法国的米勒兰主义是在真正全国的广大范围内运用修正主义政治策略的最大尝试。"② 在此背景下,如何看待米勒兰主义的真实面目,怎样理解无产阶级的革命道路和斗争目标,以便充分发挥无产阶级政党的引领作用,是拉法格重点关注的一个实践课题。

米勒兰早年是一位律师,1885 年作为资产阶级激进党人③当选为议员,19 世纪 90 年代初属于社会主义者集团。1891 年拉法格因富尔米事件被捕时,米勒兰还是他的辩护律师。1896 年米勒兰则改变立场,完全否认无产阶级革命和阶级斗争的必要性,片面夸大和平改良的意义。当局政府公布了卢梭内阁名单后,议会中的革命社会主义党和共产主义同盟成员立即宣布退出社会主义联合党团,以示抗议。但法国工人党内部在关于米勒兰入阁问题上没有达成一致意见,在 3 次具有代表性的大会中产生明显歧见。

拉法格则坚决反对米勒兰这种无耻背叛行为,始终坚持马克思

---

① [法]爱·鲍提若里:《恩格斯与保尔·拉法格、劳拉·拉法格通信集》第 1 卷,北京第二外国语学院法语专业 73 级师生合译,人民出版社 1979 年版,第 312 页。
② 《列宁选集》第 2 卷,人民出版社 2012 年版,第 7 页。
③ 激进党人中也有一些为了赶时髦而不得不在自己的激进党头衔上加上社会主义牌号的激进党人。

主义阶级斗争的立场原则。1899年,他和盖得等人起草的致法国工人联合宣言指出,必须同米勒兰、饶勒斯等人倡导的机会主义妥协路线彻底决裂,坚持战斗的无产阶级和社会主义政党的革命的阶级政策。他和盖得签署的召开全国代表大会的呼吁书,进一步批判了饶勒斯为米勒兰行为辩护的说辞,强调如果把米勒兰入阁看作是一种新的行动手段,就等于放弃阶级斗争,把社会主义者变为资产阶级利益的同谋者,即米勒兰入阁对社会主义暗藏着巨大危险,在参加几个月或几年政府后,无产阶级看不到自身地位的变化会转过头来找我们算账,届时社会主义将濒临绝境。

1899年8月,法国工人党第十七次代表大会期间,围绕米勒兰事件,参会代表大会形成了谴责和调和米勒兰主义两种截然不同的态度,大会最终通过一项折中主义的决议。它一方面宣称法国工人党一直主张夺取国家政权就是要从政治上剥夺剥夺者,不论剥夺资本家阶级是以和平还是以暴力的方式进行,这种剥夺只允许占据由选举产生的职位,工人党能够将自己组织成为阶级政党来取得这种职位;另一方面代表大会委托全国委员会寻找合适的时机,研究在不脱离阶级斗争阵地的前提下,是否能占据其他职位。① 这为米勒兰主义留下了相当大的空隙。同时,法国可能派给全国各社会主义组织发出公开信,倡导召开全国代表大会,以实现社会主义的统一。拉法格认识到,如果缺乏统一的纲领、纪律,草率地同米勒兰主义者实行统一,社会主义者将会面临严重危险,引起人们思想和社会党队伍的混乱。他认为统一必须具备两个前提条件,既要制定准确科学的社会主义纲领,又要对党员的社会活动进行监督。他认为在无产阶级和资产阶级之间,不可能存在阶级和平,决不能搞阶级合作,米勒兰参加资产阶级的内阁是败坏社会主义的荣誉和利益,背叛社会主义的基本原则。拉法格尖锐地指出,米勒兰入阁是政治机

---

① 参见中共中央马克思恩格斯列宁斯大林著作编译局国际共运史研究室编《米勒兰事件》,生活·读书·新知三联书店1980年版,第4—5页。

会主义的表现，是党员自私自利的反映，无产阶级要坚决抛弃这种机会主义的政治行动。

1899年12月，法国各社会主义组织巴黎代表大会中，以饶勒斯、福尔马尔、伯恩施坦、阿埃尔（Ael）等为首的内阁主义者之流和以拉法格、盖得、瓦扬等人为代表的反内阁主义者围绕米勒兰事件发生激烈争论。饶勒斯为米勒兰辩护说，入阁是为了拯救危难之中的共和制度，实行有利于工人阶级的和平改良。拉法格等人驳斥了饶勒斯的诡辩，他在发言中指明，资产阶级召唤米勒兰入阁，就是为了利用日益壮大的社会主义力量维护现存的政治制度。[①] 经过激烈争论，大会通过盖得提出的一项提案，宣布阶级斗争不允许任何社会党人参加资产阶级政府，同时也通过了一项妥协性提案，主张如果出现一些特殊情况，党就必须得研究社会党人参加资产阶级政府的问题；又声明党在目前的主要任务是要集中力量去夺取由省市镇和全国选举产生的职位，通过革命完成对资产者的剥夺。虽然大会还通过脆弱的党的统一方案，但内阁主义者和反内阁主义者的争斗导致了组织上的破裂。

1900年9月，第二国际召开巴黎第五次国际代表大会，拉法格在发言中坚决驳斥机会主义者鼓吹的和平长入社会主义以及夸大合作社意义的谬说。他嘲讽到，这些人为了对抗亿万富翁的大军工厂，竟主张把组建制造大炮的生产合作社当成实现社会主义的一种手段。在资产阶级社会中，生产合作社其实和私人企业一样，将资本主义生产法则捧上神坛。大会在探讨"夺取社会权力和资产阶级政府联盟"议程时，围绕米勒兰入阁又展开了辩论。拉法格明确支持盖得立场，反对饶勒斯的论调。大会最终通过了一项考茨基的决议案，它宣称：社会党人参加资产阶级政府是迫不得已采取的暂时性的特殊手段，如果某种紧迫的政治形势要求必须做这种冒险的尝试，那

[①] 中共中央马克思恩格斯列宁斯大林著作编译局国际共运史研究室编：《拉法格文选》（下卷），人民出版社1985年版，第203页。

么这就是一个策略问题，而不是上升为原则问题。

此项决议绕开了谴责米勒兰主义的立场，批评主要是围着米勒兰不依赖于党而推行他的联盟政策绕圈子，党实际上被置于为资产阶级政府服务的地位，没有给党参加决定一般政策的机会，实质上是折中主义①的表现。这个决议的措辞含混不清，模棱两可，可以做各种延伸的解释和臆想，该修正主义政策的后果会使以尽快把现存的资产阶级社会制度变成社会主义社会制度为宗旨的革命政党，变成一个满足于对资产阶级社会改良的政党。对此，意大利社会主义者费里（Ferry）在发表反对意见时指出："我们说不能关上门以后又打开窗户。现在向你们提出的是一些橡皮性的规定。"② 费里在这里将考茨基决议调侃为具有伸缩性的橡皮，同时由于德语中考茨基（Kautsky）的拼写和橡皮（Kautschuk）的拼写相似，所以考茨基决议③被反对者们戏称为"橡皮决议"。

1901 年 11 月，由法国工人党、革命社会主义党、革命共产主义同盟以及一些自治联合会联合成立的"革命社会主义统一组织"在伊芙丽召开代表大会，通过的法兰西社会党组织方案专门强调：法兰西社会党的性质是革命的党，是反对资产阶级国家的党，虽然它

---

① 折中主义是 19 世纪中叶法国哲学界占统治地位的官方哲学，该学派既反对绝对君主制，也反对巩固和扩大法国大革命、把革命进行到底，主张走一条中间道路，力图把各种学派相互冲突的观点中的合理因素结合起来。体现了法国资产阶级折中与调和的精神。

② 中共中央马克思恩格斯列宁斯大林著作编译局国际共运史研究室编：《米勒兰事件》，生活·读书·新知三联书店 1980 年版，第 51 页。

③ 国内学界对考茨基决议的评述众说纷纭、莫衷一是，有一个逐渐转变的过程：长期以来我国学者通常根据列宁经典著作中对考茨基决议的评价进行盖棺定论，大多对其持否定态度，认为考茨基决议表明考茨基向改良主义投降，这种观点影响深远，直到 20 世纪八九十年代，在一些专著和历史教科书中仍有部分研究者执此观点（参见王荣堂等《世界近代史》（下），吉林人民出版社 1981 年版，第 194 页），也有学者试图撰文重新评价考茨基决议（参见陈忠雄《考茨基决议是坚持原则、利于团结的决议》，《国际共运史研究》1988 年第 2 期；杜传康、杨元明《考茨基决议是马克思主义的决议》，《国际共运史研究》1988 年第 2 期）。

有责任争取一切能够改善工人阶级斗争的改良，但在任何情形下都不能参加中央政府，与资产阶级政党建立联盟而为敌对阶级提供任何延长统治的手段。这里的观点暗喻为米勒兰主义敲响了警钟。1902年9月，法兰西社会党正式宣告成立，拉法格、盖得、瓦扬等人被推荐为中央委员会成员。同时，1902年3月，由可能派、独立社会主义者联盟、一些自治联合会及过去的工人党党员组成的改良主义法国社会党在图尔召开代表大会，通过了党的竞选纲领和党章。这样，在法国就形成了两党对峙的局面。

拉法格从理论上阐述了米勒兰入阁的危害，强调资产阶级让米勒兰担任部长，就好比1848年给予路易·勃朗部长席位，是为了"驯服"和"麻痹"社会主义，使其为资本家阶级效力。实行妥协和背离社会主义的政策和社会主义政党的革命政策，这两种策略的矛盾终有一天不可避免地要表现出来。拉法格在批判米勒兰主义的过程中，强调了无产阶级夺取政权，建立无产阶级专政的马克思主义革命原则：社会党不应该和资产阶级分享政权，国家在资产阶级手中不过是维护统治和社会压迫的工具，社会党应从资产阶级手中夺取政权，把它变成谋求解放和进行革命的工具。[①]

第三节　正确看待前进道路上的曲折

拉法格在1894年8月《法国的阶级斗争》一文中说，尽管敌人设置了无数的困难和障碍，在社会主义政党成员不倦地和积极地宣传下，社会主义者形成了一股势不可当的社会潮流，连他们的敌人都不得不承认马克思和恩格斯的社会主义理论的科学价值。[②] 据此来

[①] 中共中央马克思恩格斯列宁斯大林著作编译局国际共运史研究室编：《米勒兰事件》，生活·读书·新知三联书店1980年版，第1—2页。

[②] 参见中共中央马克思恩格斯列宁斯大林著作编译局国际共运史研究室编《拉法格文选》（下卷），人民出版社1985年版，第28页。

看，马克思主义和各种错误思潮的较量，它与工人运动的结合都是一个长期的过程。

一 马克思主义与各种错误思潮的斗争是长期反复的过程

第一国际成立初始，马克思主义在国际工人运动中还没有取得统治地位，各种资产阶级、小资产阶级社会主义派别，如蒲鲁东主义、拉萨尔主义、工联主义，以及巴枯宁主义等反动思潮鱼龙混杂，在不同的国家都有较大的市场。所以，同机会主义流派和错误思潮作斗争，使工人运动摆脱它们的影响，成为国际工人运动面临的一项重要任务。

马克思主义与各种错误、反动的社会思潮开展的是一场封锁与反封锁、抵制与反抵制、干扰与反干扰的斗争，是一个长期、反复的曲折过程。在拉法格看来，他们在法国对马克思主义的宣传一向受到个人与个人之间、小组与小组之间争吵的干扰。众所周知，马克思主义形成后在开始的相当长的一段时间里，并未很快地直接掌握广大的工人群众，没有立即成为在工人运动中取得占主导地位的思想学说，在很大程度上是因为它遭到了资产阶级的围剿封锁和各种反对派的沉默抵制，遭到了各种盘踞在工人组织中的机会主义和修正主义派别的干扰、排斥。[①] 除此之外，阶级敌人还通常搬出爱国主义的武器攻击马克思主义者们，打着幌子肆意诽谤。资产阶级还迫不及待地散布各式各样的谬论，把它们往革命者身上推。对于资产阶级舆论界对马克思主义的这种"征伐"和排斥。拉法格曾在回忆录里说：马克思以激进资产阶级的领袖之一开始自己的社会活动，但是当他的立场表现得比较尖锐时，他就被抛弃了；当他成为社会主义者的时候，先前的同伴就把他视为仇敌，攻击他，把他驱逐出德国，侮辱他和诽谤他，最后又用沉默来反对他本人和他的著作。

---

① 参见许征帆《时代风云变幻中的马克思主义》，中国人民大学出版社1996年版，第265—266页。

他的《路易·波拿巴的雾月十八日》完全无人注意。事实上，这部著作证明在 1848 年所有的历史学家和政论家中只有马克思才熟知 1851 年 12 月 2 日那次政变的原因和结果。但当时却没有一家资产阶级报纸愿意提起这本书中谈论的重大问题。《哲学的贫困》和《政治经济学批判》也同样无人问津。但是，1864 年第一国际的成立和 1867 年《资本论》第 1 卷的出版终于粉碎了持续 15 年的沉默。当 1871 年巴黎公社的壮举震惊全世界，而《资本论》又成为"向资产者（包括土地所有者在内）脑袋发射的最厉害的炮弹"①。拉法格认为，每当马克思学说的敌人企图驳倒他的原理的时候，马克思主义者会立刻找到使他们开不得口的回答。《资本论》作为"工人阶级的圣经"，它是"各国社会主义者的教科书"②。马克思作为科学社会主义的伟大理论家、国际工人运动的组织者和《资本论》的创作者，他的名字变成举世皆知的了。"所有的社会主义者的报纸和工人的报纸都宣传他的学说。"③

可以说，在马克思主义传播和发展过程中，来自机会主义和修正主义的种种责难、攻击和排斥，在马克思主义学说史上屡见不鲜。在历史转折的关头，因机会主义和修正主义对马克思主义的篡改、歪曲和背离而给马克思主义的发展带来的阻力，更加严重。对此，我们应当正视这些历史事实。

二 马克思主义和法国工人运动的结合是不断清除"余毒"的过程

马克思主义诞生之初，并非马上就受到广大工人群众的欢迎，

---

① 马克思在 1867 年 4 月 17 日给约翰·菲力浦·贝克尔的信中的说法。（参见《马克思恩格斯全集》第 31 卷，人民出版社 1972 年版，第 542—543 页。）
② [法] 保尔·拉法格等：《回忆马克思恩格斯》，马集译，人民出版社 1973 年版，第 19 页。
③ [法] 保尔·拉法格等：《回忆马克思恩格斯》，马集译，人民出版社 1973 年版，第 19 页。

顺利实现和工人运动的结合。由于历史、阶级和社会的各种复杂原因，这种结合不可能自发地一次性完成，而是一个长期、反复和多层次行进的曲折过程，会遇到重重障碍。拉法格认为："合并进行得并非一帆风顺，而是经历了激烈斗争，简直可以写入史诗。"①

1848 年之前的法国工人运动，工人阶级中很少有人的思想达到社会主义高度，属于马克思科学意义上的社会主义者更是少数，大多数工人仍然滞留在空谈的迷雾中。马克思为劳苦大众的解放铸造武器，却得不到他们的理解，有时群众甚至跟在那些空谈家、公开的敌人和叛徒后面跑，轻蔑地谴责马克思的学说，把它说成是"妖魔鬼怪"。拉法格强调，1848 年欧洲革命证明了工人阶级还没有意识到自身的阶级利益，没有明确目的和领袖而充当资产阶级共和派的尾巴，听凭资产阶级利用夺取的政权堡垒向无产阶级发动进攻，如乖孩子一样，天真地听临时政府成员路易·勃朗的社会主义说教。②

1848 年以前，社会主义学说的信奉者并不多，没有在工人群众中扎根。拉法格在 1894 年的《法国的阶级斗争》中认为，工人已经有十五年之久没有听说社会主义了，甚至连这个词语的意义也不了解。在他看来，工人阶级还没有建立巩固的组织，他们缺乏明确的社会主义世界观，奋斗目标只是为了建立共和国，近年来被政治鼓动推到前面的少数工人和手工业者也缺乏社会主义信念。③ 这表明把马克思主义从外面灌输到工人运动中去，唤醒被蒙蔽的群众，是一项艰辛的工作。后来，马克思恩格斯经过三四十年的不懈努力，才改变了这种状况，使马克思主义在法国工人运动中占据主导地位。

---

① ［法］爱·鲍提若里：《恩格斯与保尔·拉法格、劳拉·拉法格通信集》第 1 卷，北京第二外国语学院法语专业 73 级师生合译，人民出版社 1979 年版，第 155 页。

② 参见中共中央马克思恩格斯列宁斯大林著作编译局国际共运史研究室编《拉法格文选》（下卷），人民出版社 1985 年版，第 7 页。

③ 参见中共中央马克思恩格斯列宁斯大林著作编译局国际共运史研究室编《拉法格文选》（下卷），人民出版社 1985 年版，第 10—11 页。

同时，由于社会主义者议员们的奋不顾身，对罢工的干预，逐渐树立起和资本主义社会各种权力相互对垒的一种新权力，赋予罢工这一阶级斗争以政治意义。①

19世纪70年代，形而上学的实证论、唯心主义先验论、蒲鲁东主义等对法国工人群众头脑影响还很大，甚至会在他们初步认知和接受马克思主义时造成思想困惑。廓清哲学疑难问题的迷雾，穿越理论的迷障，成为拉法格面临的一项重要实践课题。为了使科学的马克思主义更好地指导工人运动，实现两者的结合，拉法格不断肃清工人运动中实证论和蒲鲁东主义的"余毒"；不可否认，拉法格思想有一定的局限性：比如他将关注点聚焦于唯物主义历史观的一般问题，而未能对其他问题展开系统、深刻的论述，提出的经济唯物主义概念容易引起歧义，等等。但是，"在1914年前的法国社会主义运动中，真正拥护马克思主义的人实在寥寥无几"②，尤其是在很少有人接触并懂得马克思主义哲学的境遇下，就拉法格个人的理论水平和所做的宣传工作而言，他无疑可以算得上当之无愧的杰出的马克思主义战士。

1880年2月，《平等报》连续刊载了拉法格的《进化——革命》，也是拉法格早期成熟的哲学代表作。他基于辩证唯物主义立场，对孔德为代表的实证论③作了批判。

首先，在探讨两者革命关系时，拉法格认为它们是紧密联系、相互转化的。比如，一个鸡蛋在一定的湿度和温度下，经过母鸡或保温箱的孵化，通过一段时间的进化，才会变成一只小鸡，它会啄

---

① 参见［法］爱·鲍提若里《恩格斯与保尔·拉法格、劳拉·拉法格通信集》第3卷，冯汉津等译，人民出版社1981年版，第306页。
② 转引自中国人民大学马列主义发展史研究所编《马克思主义史》第1卷，人民出版社1996年版，第767页。
③ 孔德实证主义哲学的主要目的是要改造或重组社会，保障社会稳定和促进社会发展。他主张用研究自然科学的方法来研究人类社会，解锁人类社会的基本规律，进而创建一门解释人类历史发展和预见人类未来的社会科学。孔德的这种实证哲学受到了19世纪中后期新批判主义和精神论哲学等学派的批判。

破外壳，来到这个世上。小鸡在蛋壳中的进化已经完成，要想继续生存就必须以革命方法啄破蛋壳。所以，进化阶段总是要导致革命，这是促使缓慢发展的新机体转化到新的发展条件所必不可少的。拉法格指出，要研究一切自然和社会现象，可以采取辩证的方法——"思维的最高形式"。

其次，拉法格认为宗教的根源只不过是支配着人们日常生活的外部力量在人的头脑中的一种反映。一旦社会实行平等原则，人们能够支配生产和交换的力量，在宗教中反映出来的最后的异己力量才会消失，宗教也会随之消失，在资本主义制度下法律关系的基础上产生的公正观念也正是如此。因为社会建立了平等，资本家阶级和资本主义交换方式就会消失，由此产生的一切公正观念也会消失。拉法格认为，现代生产力的发展把社会分成大资本家阶级和无产阶级两大新的敌对阶级，国家财富集聚在极个别的资本家手中，从而剥夺了其他资本家对这些生产力的掌控；同时使无产阶级的被剥夺程度日益加重，经济状况更加恶化，从而在无产阶级内部酝酿组织和智力能力，为将来把管理社会的事业掌握在自己手中做准备，因为无产阶级的唯一出路就是要打破资本主义制度的硬壳。[①] 虽然拉法格的文章中还带有机械唯物主义的残余，但它对于清除实证主义、蒲鲁东主义和其他唯心主义对工人的侵蚀有重要的意义。

拉法格还在《蒲鲁东主义已经过时》一文中，揭穿蒲鲁东主义宣扬的"永恒的真理、自由、正义"等口号的虚伪性和迷惑性，认为只有在国家占有一切已经集中化大企业的基础上完全改组社会，无产阶级广大群众的命运地位才能得到根本改善。工人阶级的口号必须和国家口号保持一致，即工人阶级的解放应当是工人阶级自己的事业。他还强调，不能排挤那些出身资产阶级但决心在无产阶级旗帜下斗争的人们，还从来没有缺乏特权阶级代表人物参加的具有

---

① 中共中央马克思恩格斯列宁斯大林著作编译局国际共运史研究室编：《拉法格文选》（上卷），人民出版社 1985 年版，第 29—30 页。

历史意义的运动，这些人背弃了特权阶层，把自己的意志和为争取自身解放而斗争的阶级的意志融合在一起，所以不要推开这样的"叛逆者"。

就如拉法格在1894年8月的《法国的阶级斗争》一文中所言，以前人们为工人提供的社会主义还不能满足并考虑到工人的需要，它以互助论的形式，以蒲鲁东在其无政府主义和反动理论中已经深入阐述过的小业主和手工业者的社会主义的形式出现在工人面前。① 到了后来，拉法格在1890年给恩格斯的信中提到，马克思的名字受到了热烈的欢呼，工人阶级正处在极好的潮流之中。②

19世纪80年代，随着马克思主义的进一步传播，种类繁多的社会主义刊物如雨后春笋般在各国创办崛起，马克思和恩格斯的经典著作也被译成多种文字出版，受到工人群众的热烈欢迎。原先的蒲鲁东主义、布朗基主义、巴枯宁主义、拉萨尔主义等错误思潮在工人运动中的影响力也日渐式微。

此外，1903年拉法格在分析美国托拉斯的经济、社会和政治意义时，还关注了马克思主义和美国工人运动相结合的曲折过程。他指出，国际工人协会和巴黎公社为美国带来了社会主义的种子。然而，起初只有很少一部分上层工人接受了这种新思想，对广大群众而言，这种新思想还仅仅是停留在字面上的东西。因此，美国工会举行的罢工还完全停留在经济斗争阶段。后来，随着托拉斯体系的形成，它给工人的不满情绪火上浇油，产生了明确的性质和方向，给工人明确指出了他们应该努力追求的革命目标。以至于美国政界领袖们在充满不安和绝望情绪的演讲中预测，美国不久就会爆发一场世界上未曾有过的大风暴，由于社会党人在工人中的煽动，工人们很快就会被一种革命精神浸透。社会主义宣传在全国泛滥，很快

---

① 参见中共中央马克思恩格斯列宁斯大林著作编译局国际共运史研究室编《拉法格文选》（下卷），人民出版社1985年版，第11页。

② 参见[法]爱·鲍提若里《恩格斯与保尔·拉法格、劳拉·拉法格通信集》第2卷，广州外语学院法语教研室译，人民出版社1981年版，第450页。

就要在工人阶级中间引起后果。①

三 马克思主义对客观规律的认识是一个螺旋式上升过程

马克思主义对于客观规律的认识并非一帆风顺、一蹴而就，往往要经过一个曲折的螺旋式上升过程。在这个过程中，认识既要受到主体的制约（如实践活动的深度和广度、知识经验的积累程度等因素），又要受到客体的制约（如事物发展的状态、矛盾的暴露程度等因素）。因此，在一定的历史条件下，马克思主义对于客观规律的某些反映，就难免会因为客体方面和主体方面的制约性而出现不确切的错误情形。因此，只有经过实践、认识、再实践、再认识，循环往复，才能使不确切的错误认识不断得到补充和修正。

作为一位马克思主义者，拉法格善于反思自己的观点主张，不断修正自己的错误认识。例如，在暴力还是和平的革命方式问题上，拉法格就经历了一个认识的曲折过程。

法国工人党成立后，一些小资产阶级活动家加入了党，形成了以布鲁斯②和马隆③为首的"可能派"，他们反对党纲提出的无产阶级暴力革命，主张工人的活动应该限制在资本主义制度可能办到的框架之内。对此，恩格斯曾将马隆和布鲁斯两人戏称为"都是在巴枯宁的阴谋学校里培养出来的"④。他们幻想以和平改良的方式过渡，认为工人阶级只要在市政府中占据多数席位，无须通过社会主义革命和无产阶级专政，就可以掀起社会主义革命。当时还在执行

---

① 参见中共中央马克思恩格斯列宁斯大林著作编译局国际共运史研究室编《拉法格文选》（下卷），人民出版社1985年版，第288—291页。

② 保尔·布鲁斯（1844—1912），法国小资产阶级社会主义者代表之一，参加巴黎公社失败后流亡国外追随无政府主义者。19世纪80年代后成为法国右倾机会主义"可能派"的领袖。

③ 贝努瓦·马隆（1841—1893），第一国际成员、巴黎公社委员，巴黎公社失败后流亡到意大利、瑞士等国，追随无政府主义者。19世纪80年代后成为法国右倾机会主义"可能派"的首领。

④ 《马克思恩格斯选集》第4卷，人民出版社2012年版，第549页。

正确的无产阶级路线的"盖得派"与之展开了斗争，1882年以拉法格、盖得为首的少数派退出圣艾蒂安代表大会，在罗昂召开代表大会，保存了"法国工人党"名称。而"可能派"组建"社会革命党"，否定工人党纲领中的革命要求，草拟了一个彻头彻尾的机会主义纲领。这就造成了两党对峙的局面。

暴力镇压和议会民主制是资产阶级维护自己统治的两种方式，资本主义和平发展时期，资产阶级更倾向于议会民主制度。拉法格对这个问题的思考也有一个转变过程。

起初，拉法格坚持认为暴力革命是唯一的革命方式。拉法格认为蒸汽机和机器的发展造成了无产阶级和资产阶级的对立，生产资料集中在个别大资本家手中，生产资料的历史发展要求无产阶级必须建立生产资料集体占有制，推翻资本主义生产制度，正是这个原因，一无所有的工农业无产阶级"在死亡的威逼下，必然要强行突破孕育它的社会外壳——即劳动工具为单个资本家或合伙资本家占有的社会的外壳"[①]。拉法格通过分析资本主义生产方式的顽疾，得出无产阶级革命像天体循环运动一样周期性出现，不可避免的结论："我们共产主义者才确信雇佣劳动制度，奴隶劳动的这种最后的最坏的形式必然要灭亡。"[②]

拉法格强调无产阶级要实现社会主义，必须具备两个前提条件：夺取国家政权和剥夺资本家阶级，而这两个条件只有通过无产阶级革命才能创造。资产阶级不会自动放弃私有财产，会绞尽脑汁地运用各种手段保护资本主义剥削制度，与无产阶级进行殊死搏斗，维护资产阶级国家机器。"尽管资产阶级侈言什么平等和博爱，它毕竟是剥削劳动群众的阶级，因此它不能消灭国家，相反地，它使国家

---

① 中共中央马克思恩格斯列宁斯大林著作编译局国际共运史研究室编：《拉法格文选》（上卷），人民出版社1985年版，第34页。

② 中共中央马克思恩格斯列宁斯大林著作编译局国际共运史研究室编：《拉法格文选》（上卷），人民出版社1985年版，第365页。

更加强化，而从它取得政权之初期，它就利用国家来镇压人民暴动。"① 这样，夺取国家政权就成为被压迫的革命阶级实现自身解放的充分必要条件。因为国家机器主要由军队、监狱、警察、法庭等暴力手段组成，所以无产阶级不能和平地夺取政权和剥夺资本家阶级。拉法格号召各个文明国家的无产阶级起来暴动，认为无产阶级只有粉碎资本主义社会经济形态时才能解放，"人类社会只有用炸毁对它已变得过份狭隘的经济形式的方法才能发展"②。毋庸置疑的是，无产阶级在炸毁资产阶级国家机器后，还要学会"掌握国家机器，按照自己斗争的需要改造它并且把它的全部力量转向对付敌对阶级"③，等等。

建党初期，拉法格不太重视甚至反对议会斗争。他认为议会制给人民一种似乎是亲自管理国家事务的幻想，而实际上真正的权力集中在资产阶级的某些阶层手中。虽然英、法、美等国实行议会普选，但国家政权实际上掌握在金融资本家手中，他们受金钱奴役驱使，不是为选民服务。多党制通过两个政党轮流执政的把戏，交替掠夺群众。他说："这种玩弄议会平衡把戏的制度只有在英国能够达到登峰造极的地步……但是，不管哪个党执政，为土地所有者和资本家的利益而对生产者的剥削照样顺利地进行。"④

19世纪70年代以后，随着资本主义长期和平发展和资产阶级民主政治的巩固，资产阶级的代议制也在政治生活中日显重要。拉法格在强调暴力革命重要性的同时，也开始主张不放弃利用议会制等和平途径取得政权的可能性。随着革命形势的发展，他逐渐感到

---

① ［法］拉法格：《唯心史观和唯物史观》，王子野译，生活·读书·新知三联书店1965年版，第77页。
② ［法］拉法格：《唯心史观和唯物史观》，王子野译，生活·读书·新知三联书店1965年版，第50页。
③ ［法］拉法格：《唯心史观和唯物史观》，王子野译，生活·读书·新知三联书店1965年版，第77页。
④ 中共中央马克思恩格斯列宁斯大林著作编译局国际共运史研究室编：《拉法格文选》（上卷），人民出版社1985年版，第266页。

"普选现在已成为一个有力的武器，因为工人们开始学会如何使用它了"，但他过分乐观地估计"再过几年以后，工人党将合法地、和平地执行公共权力"，他甚至把1893年举行的省议会选举看作"接近最后的胜利"的机会。① 1891年10月，法国工人党推选拉法格为利尔市第一选区议员候选人，他在竞选活动中的两轮选票里获得较高票数，击败资产阶级政府提名的候选人而当选为第一位工人众议员，也成为了法国马克思主义者中第一个进入资产阶级议会的理论家，这引起了资产阶级政界的恐慌。虽然政府以拉法格曾在1871年取得西班牙护照为借口说他是西班牙人，宣布选举结果无效，但也未能得逞。曾经同他进行论战的法国资产阶级经济学者保尔·勒卢阿·博利约认为，拉法格当选为议员"是一件重要事情，或许是1871年以来法国发生的最重大的政治事件。随着马克思的女婿拉法格的当选，集体主义这种不可动摇的、系统的学说也进入了议会"②。

在拉法格以众议员的身份担任议员的两年时间里，他充分利用资产阶级议会讲坛沉痛谴责资本主义制度的腐朽性，宣传党的理论观点和政策主张，捍卫无产阶级群众的利益并尽力争取实行利于人民群众的民主改革措施，人们亲切地称呼他为"社会主义推销员"。在议会演说中，他分别提出了实行大赦、政教分离、对女工国家给予补助金、废除对生活必需品的进口税等提案。拉法格在众议院的演说可谓重磅炸弹，把什么都炸崩了，演说取得了良好效果，他还打算在议院外面做一些鼓动工作。对于拉法格在议会斗争中取得的成绩，恩格斯认为，虽然普选权比号召革命缓慢而枯燥，但是要可靠十倍，它是很好的斗争武器，只要工人们能合理地利用普选权，就会使革命处于有利的地位。他鼓励拉法格在翌年（1893）的议会

---

① 参见中共中央马克思恩格斯列宁斯大林著作编译局国际共运史研究室编《国际共运史研究资料》第5辑，人民出版社1982年版，第167页。
② ［法］亚历山大·泽瓦埃斯：《一八七一年后的法国社会主义》，中共中央马克思恩格斯列宁斯大林著作编译局国际共运史研究室译，生活·读书·新知三联书店1983年版，第102页。

选举中争取进入一个新阶段，使议院中有二十来个社会主义者，届时将会出现各种色彩的社会主义者的联合。如果社会主义者能够取得多数，他们将会左右局面。① 1893 年，盖得、瓦扬等工人领袖共 12 人被选为议员。恩格斯在同年 4 月 14 日给盖得的信中说道，法国无产阶级"把这样一支不大的紧密团结的队伍送进波旁王宫，这支队伍要断然地、毫不含糊地明确法国社会主义的性质，并使所有分散无组织的分子在自己周围团结起来"②。可以说，议会成为无产阶级向资产阶级斗争、教育广大人民群众的第二个阵地。

拉法格还在 1894 年 8 月的《法国的阶级斗争》一文中，考察了议会重要性发生的变化，他在谈及议会问题时指出，几年前社会主义政党参加选举时没有期望自己的候选人能当选为议员，初衷只是为了宣传自己的宗旨，现在则利用议会开始进行夺取政权的合法斗争，而且社会主义已经在省议和市镇参议员这些机构中有了代表，人数呈递增态势。以前的议会中，只要社会主义者登上讲坛，就会引起一场唏嘘和哄闹，而现在社会主义在议会中已经有足够的代表，社会主义演讲者也受到了应有的尊重。最初，在教条思维束缚下，一些党内老同志认为社会主义参议员是不可想象的，参议院是反动化石的收藏室、政客的养老院。但自从议会里有了社会主义集团的一席之地后，多数派③议员们变得十分谨慎，不敢再肆无忌惮地公开发表违背城市和农村选民的意见。所以，必须使党的拥护者明白，社会主义者要占据一切可能占据的阵地。拉法格在文末强调："社会主义政党是争取政治自由的战士，它面对一切资产阶级政党的联合

---

① 《马克思恩格斯全集》第 38 卷，人民出版社 1972 年版，第 513—514 页。
② 《马克思恩格斯全集》第 39 卷，人民出版社 1974 年版，第 65 页。
③ 在法国议会中有两个完全不同和相互对立的党派：社会主义政党和机会主义政党。前者人数不多，但力量强大，通过提升自己党员的才干、毅力和威望来扩大影响；后者在议会中拥有多数票，即使该党的所有议员不都是骗子，那它最有影响的成员也是参加过最肮脏的投机活动。前者成员的干练和智谋与后者成员多是缺乏主动性、只会俯首听命的涣散状态形成鲜明对照。

而保卫这种自由。同代表资本家利益的、正在瓦解和崩溃的资产阶级政党相对立，社会主义政党作为一种新的力量出现在全国面前，这种力量不久将会统治全世界。"①

19世纪90年代，许多西欧国家的工人阶级相继加入各地方选举产生的国家机关，也加入议会进行社会主义宣传，工人阶级在资产阶级法律限度内取得的议会斗争成绩却催生出了各式各样夸大议会作用的幻想，认为通过选举的合法手段就能和平地夺取政权。但拉法格并没有因此成为"议会迷"，1899年发生的米勒兰加入资产阶级内阁事件使拉法格对资产阶级议会民主制度的虚伪性和迷惑性进行了重新考量，同米勒兰改良主义进行了针锋相对的斗争。拉法格等人在共同签署的《法国工人党和革命社会主义党宣言》中指出，社会党是工人阶级的革命政党，"我们只能以敌人的身份把我们自己的人派进议会和其他经选举产生的代议机构，其目的是去反对敌对阶级和他们形形色色的政治代表"②。他在1908年召开的图卢兹代表大会演讲中进一步指出："议会制是资本家实行社会专政的政治形式，自由主义则是掩盖这个粗暴统治的假面具"，"议会制是适用于资产阶级的政治形式，它把国家的财产收入、武装力量、司法力量和政治力量统统交到资本家阶级的手里"③。可以说，拉法格在议会民主制问题上越来越接近马克思主义的立场。

---

① 中共中央马克思恩格斯列宁斯大林著作编译局国际共运史研究室编：《拉法格文选》（下卷），人民出版社1985年版，第48页。
② 中共中央马克思恩格斯列宁斯大林著作编译局国际共运史研究室编：《米勒兰事件》，生活·读书·新知三联书店1980年版，第2页。
③ 转引自中共中央马克思恩格斯列宁斯大林著作编译局国际共运史研究室编《国际共运史研究资料》第5辑，人民出版社1982年版，第166页。

第 六 章

认识论：拉法格马克思主义观的评析及其当代启示

认识的实质是主体在实践基础上对客体的能动反映，这是辩证唯物主义认识论对认识本质的科学回答。在实践基础上，人的认识不断深化发展，认识图式表现为由感性认识发展到理性认识，再从理性认识到具体实践的过程；还表现为从实践到认识，再从认识到实践的循环往复、无限发展的螺旋式上升总过程。拉法格在社会实践中，对马克思主义的阐释和理解，关涉到马克思主义的认识和评价问题，属于认识论范畴。从认识论的角度考察出发，我们在理论评析中对拉法格马克思主义观做出评价，从而凝练出对中国共产党人的当代启示。

对于拉法格马克思主义观的功过评说，国外学者观点不一，各执一词。其中一种代表性看法是有学者将他与第二国际其他理论家横向比较，肆意矮化拉法格对马克思主义的理解。

法国历史学家克洛德·维拉尔（Claude Vilar）在论著《1893—1905年的法国社会主义运动（盖得派）》中，阐述拉法格在法国和国际社会主义运动中的贡献时，却在一定程度上损害了拉法格的形象。他任意将拉法格和国际工人运动中的其他一些活动家和理论家，如考茨基、普列汉诺夫等人加以对比，显得过于草率。例如，维拉尔在没有任何证据的情况下就断定:"考茨基、卢森堡这二位理论家在创造性地掌握马克思主义方面要比拉法格强得多。"他在该书中还写道:"拉法格作为一位理论家则不如考茨基与普列汉诺夫。"① 不容否认,普列汉诺夫的一些优秀著作的理论价值是无可置疑的,但是不能据此就贬低或矮化拉法格著作的理论价值。

还有学者持相反意见,如苏联历史学家 A. 曼夫列德在为维拉尔的书所作的序言中认为,克洛德·维拉尔在书中的很多地方批评了盖得派对马克思主义理论的理解,但不是所有见解都是正确的。例如,他在文末强调,除了拉法格以外,盖得派对马克思主义的理解非常肤浅,这个论断实在难以让人赞同。在曼夫列德看来,拉法格无疑在理论上存在缺陷和不足,但是认为他大不如考茨基和普列汉诺夫的观点还有待商榷,因为两者同样也犯有错误,他们的错误甚至比拉法格的错误还要大得多。把中派主义代表、后来成为叛徒的考茨基的理论观点和犯过错的马克思主义理论家拉法格理论立场上的某些错误加以对比,未免牵强附会。拉法格毕竟始终是一位坚定的马克思主义革命家、宣传家。

拉法格晚年在对待半无政府主义者古斯塔夫·爱尔威(Gustave Elway)的态度问题上,以及晚年滑向中派主义的探讨都构成了其马克思主义者身份的核心组件,决定了他的马克思主义观的真假和走向。为此,笔者选取拉法格马克思主义观中的两个典型主题,即半无政府主义、中派主义,展开对拉法格是否为一个马克思主义者的蠡测,希冀澄清学界在诸多问题上的分歧及症结。基于此,我们要以马克思主义为立场,用历史视角和辩证方法正确把握拉法格和其他理论家之间的差异和趋同,对拉法格的功与过做出客观、准确的评价。

---

① [法]克洛德·维拉尔:《1893—1905 年的法国社会主义运动(盖得派)》,转引自[苏]哈·尼·莫姆江《拉法格与马克思主义哲学》,张大翔等译,国际文化出版公司 1987 年版,第 73 页。

第一节　关于拉法格"半无政府主义"真假面孔的澄清

在爱尔威①案例中，拉法格被一些学者粉饰成一位坚定的半无政府主义者，这就直接将拉法格的思想旅程切割为早期马克思主义者和晚期半无政府主义者两种身份，这对他的马克思主义观无疑是一种责难。基于此，笔者认为有必要考察"半无政府主义"概念的具体内涵，以此澄清拉法格半无政府主义者身份的真假。

一　"半无政府主义"的释义

半无政府主义和无政府主义只有一字之差，它在一些有关马克思主义的论著中经常以字眼的形式出现②，但缺乏系统的追根溯源。半无政府主义的思想主张是什么？它是贬义还是褒义？这是一个值得研究的课题。

关于半无政府主义，最早可追溯至19世纪末德国形成的青年派。19世纪八九十年代，随着德国无产阶级斗争的胜利和统治阶级策略的改变，德国社会民主党内发生危机。1890年在德国社会民主

---

① 古斯塔夫·爱尔威（1871—1944），法国社会党人，政论家和律师。1905—1918年是工人国际法国支部成员，他在1906年创办的《社会战争报》中宣传半无政府主义的反军国主义纲领。一战期间堕落为社会沙文主义分子。十月革命后，反对苏维埃政权和布尔什维克的领导。20世纪30年代后又成为民族社会主义者，主张接近德国法西斯。

② 涉及"半无政府主义"一词的代表性专著有：《国际共产主义运动史》第2卷，人民出版社1977年版，第379、539—540页；［苏］安·米·潘克拉托娃主编：《苏联通史》第3卷，山东大学翻译组译，生活·读书·新知三联书店1980年版，第144页；《马列主义研究资料》第3辑，人民出版社1985年版，第125页；刘祚昌等主编：《世界史近代史》（下），人民出版社1984年版，第318页；［苏］祖波克主编：《第二国际史》第1卷，刘金质等译，人民出版社1984年版，第351页；戴清亮等：《社会主义学说史》，人民出版社1987年版，第289页；等等。

党内形成了一个小资产阶级的半无政府主义反对派,即"青年派",它的核心成员主要是以党的理论家和领导自居的大学生、资产阶级知识分子出身的党员、年轻的文学家,这部分人纠集在以保·恩斯特(Paul Ernst)、汉·弥勒(Han Miller)、保·康普夫麦尔(Paul Kempfmeier)、卡·维耳德贝尔格(Karl Wildberg)、威·威纳尔(Wei Weiner)等人为主要首领的周围。"青年派"不怀好意地指责党及其执行委员会奉行维护小资产阶级利益的机会主义路线,破坏党的民主和集中制,并利用福尔马尔的演讲,向党发动进攻。"青年派"粗暴地歪曲和肢解马克思主义的策略原则,脱离工人群众,倡导发动无政府主义的冒险活动,并且自认为他们的活动原则和恩格斯是"一致的"。

首先,恩格斯严厉谴责了"青年派"的这种"无耻的行为",同时严肃地批判了他们的"左"倾机会主义和半无政府主义观点。德国社会民主党在倍倍尔的领导下,同"青年派"的半无政府主义立场进行了不懈的斗争。青年派在政治策略上的错误主要表现为:在"左"的辞藻鼓动下,疯狂鼓吹半无政府主义的冒险策略。他们否认党在特殊时期采取合法斗争和非法斗争相结合的灵活策略,无视反社会党人《非常法》废除后党的活动条件的变化,否认利用议会斗争的重要性和必要性,极力反对社会民主党参加资产阶级的议会竞选和利用议会讲坛进行宣传与组织工作。按照他们的想法,不考虑当时的历史条件,一举攻下障碍物,立即实现夺取政权的冒险主义策略,反对依靠统一、自觉的纪律集中和团结起来的党组织。恩格斯指责青年派这种极端无耻的半无政府主义策略是一种歪曲得不成样子的"马克思主义",认为他们的策略是断送党的事业的策略,尖锐地批判了荷兰社会主义者斐迪南·多梅拉·纽文胡斯(Ferdinand Domela Nieuwenhuis)等半无政府主义分子的冒险计划。

其次,列宁对于半无政府主义的发展动向和演变苗头有着敏锐的观察。他在《克·蔡特金〈斯图加特国际社会党代表大会〉一文的注释》(1907)、《致伊·费·阿尔曼德》(1914)、《致亚·米·柯伦泰》（1915）、《俄共（布）第十次代表大会文献》（1921）、《新的时代和新形式的旧错误》（1921）等文章和书信中数次提到半无政府主义。

列宁在《社会民主党在民主革命中的两种策略》中提到"半无政府主义"，驳斥了脱离具体实际、立即实现最高纲领、为社会主义革命夺取政权这类荒唐的半无政府主义。① 在列宁看来，作为俄国经济发展的程度的客观条件，和无产阶级群众的觉悟程度和组织程度的主观条件，两者还无法使工人阶级立即获得完全的解放。列宁曾在《马克思主义和修正主义》中，将修正主义分为"来自右面的修正主义"和"来自左面的修正主义"两种样态。列宁这里所说的"来自左面的修正主义"即"革命工团主义"②，这是19世纪末在西欧一些国家的工人运动中滋生的小资产阶级半无政府主义派别。它排斥工人政党的领导，拒绝一切政治斗争，反对工人阶级夺取并掌握国家政权，梦想通过经济斗争和总罢工消除私人资本，用工会取代无产阶级专政，认为日益涌现的工会组织单位构成了未来社会的基础。这种思潮和流派也是打着马克思主义的旗号而实际上背离了马克思主义，列宁称它为"来自左面的修正主义"，以区别于伯恩施坦的"来自右面的修正主义"。这种修正主义由于当时还远不如伯恩施坦修正主义那样成熟，还未发展为国际化的思潮派别，因此，列宁当时没有详细分析它。后来，尼古拉·伊万诺维奇·布哈林（Николай Иванович Бухарин）在1916年的《帝国主义强盗国家》中歪曲马克思主义国家学说，鼓吹炸毁国家，不需要任何国家的半无政府主义谬说，实质是否定无产阶级专政。对此，列宁还在1916

---

① 参见《列宁选集》第1卷，人民出版社2012年版，第537页。
② 人们通常把革命工团主义等同于无政府工团主义和工团主义，工团主义（syndicalisme）的思想主张主要是：工会独立于一切政党派别之外，不受其影响和控制，号召通过直接行动和总罢工进行工人阶级反对资本主义的斗争，消灭资本主义雇佣制、剥夺资本，实现劳动者的全面解放。如法国的索列尔、佩路蒂耶、普热、格里富爱尔等人都是革命工团主义思想的精英代表。

年3月11日以后致亚·加·施略普尼科夫（Александр Гаврилович Шляпников）的信中，专门撰文批判布哈林提出的一个荒谬绝伦的半无政府主义提纲，强调"战争使他沾染了半无政府主义的思想"①，接着又在《马克思主义论国家》中再次批评了布哈林的错误。

可以说，半无政府主义在革命策略上主要犯了"左"的错误，它与"右"的错误相对，并被赋予贬义色彩的内涵。

二 驳西方学者关于拉法格是"半无政府主义者"之责难

1907年11月，盖得创办了《社会主义》杂志，并试图将其作为法国社会党内盖得派的喉舌。拉法格致信盖得反对这本杂志的出版。拉法格认为，《社会主义》杂志只面向少数读者，缺乏群众基础，而法国社会党的另外两家报纸《人道报》和《社会主义者报》销量走俏，拥有近3万读者，在工人群众中影响较大。但《社会主义》杂志的出版只能加剧法国社会党党内矛盾。盖得却拒绝了拉法格的提议，坚持要出版《社会主义》杂志。结果正如拉法格所预料的那样，《社会主义》杂志逐渐变成了一个脱离群众、毫无生气的刊物。列宁在剖析《第二国际的破产》一文中，批评这家杂志"死气沉沉"、"庸碌无能"、"对任何一个重要问题都没有独立见解"，导致了盖得派在这家杂志上的"当众死亡"。②

在对待半无政府主义者爱尔威的问题上，拉法格和盖得之间存在争论。古斯塔夫·爱尔威（1871—1944）曾在1906年主办了《社会战争》报，大肆宣扬和鼓吹半无政府主义的反军国主义纲领。他在1907年7月的第二国际斯图加特代表大会上提交的关于军国主义提案中，混淆正义战争和非正义战争之间的区别，开出反战的药方，挑唆无产阶级没有祖国的观念，号召士兵和无产阶级用罢工和起义

---

① 《列宁全集》第47卷，人民出版社2017年版，第259页。
② 参见《列宁选集》第2卷，人民出版社2012年版，第486页。

的方式笼统地回答和反对一切战争。爱尔威从城市到农村到处演讲，反对一切战争，宣扬工人不需要祖国，他说："对穷人来说，祖国不是生身母亲，而是后娘，我们憎恨自己的祖国，我们是反爱国者。"他在1907年斯图加特大会上再次说道："任何祖国都只是资本家的牛奶，因为祖国对所有无产者来说只是幻想，说真的，他们不应当为了幻想即拼得头破血流。在栅栏外面的狼早已联合起来了。我们现在应当使羊联合起来，领它们迈出不同色彩的界桩。"① 第二国际理论家对爱尔威的观点纷纷进行了驳斥。在考茨基看来，爱尔威高尚而又英勇的罢战思想实则是英勇的愚蠢。在普列汉诺夫看来，爱尔威早在《他们的祖国》一书中就发表了见解。爱尔威认为祖国只是对统治阶级存在，而和无产阶级毫不相干，他的许多论点带有无政府主义的色彩。爱尔威的言论既有引人入胜的地方，也有错误的地方，普列汉诺夫从来没有觉得爱尔威是社会主义者。与此对应的是，在列宁眼中，德国社会民主党人福尔马尔和古斯塔夫·诺斯克（Gustav Noske）主张和军国主义同归于尽，这种观点是一种机会主义的怯懦。

  倍倍尔等人的德国代表团提出的草案虽然指出只有消灭资本主义制度，才能避免战争，但它错误地用"防御"或"进攻"的概念来界定战争性质，且不敢明确提出反军国主义，这实质上是一种"中派"的观点。德国的右倾机会主义者福尔马尔攻击爱尔威，他十分欣赏议会斗争方式，并宣扬保卫"祖国"的正当性。列宁和各国社会党代表团的代表都参加了关于军国主义问题的委员会，他梳理和剖析了代表大会上关于政党和工会关系问题、殖民地问题、妇女选举权、反军国主义等几项带有争议和辩论性质的决议，批判爱尔威这种半无政府主义的谬误在于：一方面，他不懂得战争是资本主义制度下，矛盾双方为争夺利益爆发的必然产物，无产阶级不能拒

---

① ［苏］伊·布拉斯拉夫斯基编：《第一国际第二国际历史资料：第二国际》，转引自楼均信《法兰西第三共和国兴衰史》，人民出版社1996年版，第305页。

绝参加革命战争，因为在资本主义社会中可能会爆发这样的战争，而且也曾经发生过。另一方面，他也不懂得，战争所引起的危机的性质决定能否"回答"战争。① 要根据条件选择斗争手段，爱尔威思想考虑欠周的地方是将斗争的目的误解为单纯以和平代替战争，实际上应该是以社会主义来代替资本主义，问题的症结不在于仅仅防止战争的爆发，而在于利用战争所造成的危机加速推翻资产阶级。

但是，在爱尔威充斥半无政府主义的观点中也"包含了一个实际上正确的内容"②，即"不要仅仅局限于议会斗争手段，要使群众进一步意识到在战争必然引起危机的时候必须采取革命的行动方式，最后，要使群众比较深切地意识到工人的国际团结，意识到资产阶级爱国主义的虚伪性"③。

拉法格认为社会党必须积极加入反对军国主义和反战斗争行列中，决不能对战争危机袖手旁观。他在1907年的法国社会党代表大会中，再次重申了自己的反战立场。在他看来，只有资本家才希望战争，因为资本家渴望从战争中发一笔横财，获取大量利润。所以，无产阶级必须起来反对战争，不能上资本家的当，去保卫已经属于资本家的"祖国"。拉法格并不赞同爱尔威的半无政府主义观点，但是他显然察觉到了爱尔威思想中所包含的正确内容，尝试利用它来打击党内沉迷于议会斗争的机会主义多数派。

1905年10月，拉法格在法国社会党夏龙代表大会上反对开除爱尔威，次年，他建议吸收和发展爱尔威和拉波波特两人为《人道报》编辑。他曾在1909年11月给爱尔威的信中说到，《人道报》的运营收入勉强收支相抵，并打算在法国社会党大选期间出版六版，但拉法格本人表示反对。他建议最好是为《人道报》"增加新鲜血液并补充新的编辑"④。

---

① 参见《国际共产主义运动史》第2卷，人民出版社1977年版，第590页。
② 《列宁全集》第16卷，人民出版社2017年版，第84页。
③ 《列宁全集》第16卷，人民出版社2017年版，第84页。
④ 转引自李兴耕《拉法格传》，人民出版社1987年版，第217页。

拉法格还表示将在最近一次报刊编委会会议上举荐拉波波特和爱尔威为编辑部编辑，但他嘱咐爱尔威前提是要严格遵守在国际代表大会和法国社会党代表大会上确定的各项党的原则和策略。例如，社会党利用议会选举的斗争手段，不仅仅是为了宣传，也是为了把自己的活动家派遣到议会中去，进行反对资本家阶级及其在政府里的仆从的斗争。党不是沉醉于起义的党，等到机会来的那一天，就会发动起义。但不能由此得出结论，当形势还没有提供这样的要求和这样做的理由时，必须不断地宣传起义。① 这封书信从侧面反映了拉法格的立场不同于党内的机会主义多数派和爱尔威的半无政府主义。令人遗憾的是，拉法格对爱尔威个人人品的评估有失得当，犯了错误。如果说爱尔威在1905—1910年是以半无政府主义的面目出现，那么，自1911年起，爱尔威就来了三百六十度大转弯，蜕变为彻头彻尾的狂热沙文主义者，滚入了社会沙文主义的泥坑。

但是，西方有学者以拉法格主张推荐爱尔威为《人道报》编辑部成员和反对把他开除出党为证据，就草率地断定拉法格本人是半无政府主义者，这是没有根据的。拉法格早在1880年的《工人政党和资本主义国家》中就剖析过半无政府状态的反动本质，所以，关于拉法格是半无政府主义者的说法就难免显得有些牵强附会，存在过度引申之嫌。

第二节　关于拉法格晚年"中派主义错误"与否定性评价

虽然拉法格晚年由于身体原因，他所参加的革命斗争活动较青年和中年时期大幅减少，然而即便是这样，他依然在1911年4月法国社会党召开的圣康坦代表大会反对机会主义者鼓吹的市政社会主

---

① 参见李兴耕《拉法格传》，人民出版社1987年版，第217页。

义理论，在马克思主义原则问题上没有妥协让步。但一些学者以此为借口，认为拉法格晚年滑向了中派主义，这未免是无中生有。拉法格由一位马克思主义者被粉饰为中派主义者，来了一个三百六十度的大转弯，这很容易导致其马克思主义者形象的崩塌，给人一笔抹杀历史贡献提供了口实。基于此，只有弄清楚中派主义的来龙去脉，才能还拉法格以革命的马克思主义者身份。

一 "中派主义"概念及其发展流变

中派主义是一项组成部分非常复杂、细节上尚未弄清楚的研究课题，必须对这一流派的规模、行动机制、传播因素等进行认真研究。为了正确地评价拉法格晚年的马克思主义观，首先要弄清"中派主义"的历史由来，"中派主义"是一种新名词，还是一种特殊的舶来品？那么，何谓"中派主义"呢？

19世纪末20世纪初，德国工人运动中的改良主义不断弥漫扩散，多数工会和社会民主党的领导者都满足于议会斗争取得的成绩，期待通过赢得议会多数和平地夺取政权。以罗莎·卢森堡、卡尔·李卜克内西等为代表的革命左派认为德国举行政治性群众罢工的时机已成熟，德国社会民主党应该利用这一新的斗争武器推进德国革命，号召唤起工人群众的革命斗志，动员工人阶级的革命行动。

考茨基在《今后怎么办？》中则反对卢森堡等人关于举行群众性罢工的主张，认为目前无产阶级政党进行罢工斗争的时机还不成熟，德国社会民主党当下的主要任务是准备帝国议会选举，避免对德国政府的冲突。他还在《一个新战略》一文中，坚持认为德国的工人群众可以利用合法方式进行斗争，德国社会民主党没有必要冒险去破坏已经取得的成绩。另一方面，德国社会民主党最初参加议会活动时，承诺只参加议会活动，但做忠实的政府反对派。考茨基在《取得政权的道路》一书出版问题上的投降行为"不是一时的失足"，实则是从"革命的一翼"转向"机会主义的变种"——中派主义。考茨基把群众罢工视为一种自发产生的事件，在他看来，革命就是一种自发产生的自然现象。他甚至无视和背弃自己当初19世纪末20世纪初提出的一些看法，仅仅论证合法的阶级斗争的方法的有效性，避免工人组织受到革命群众行动的损害。他坚称俄国的条件不适合于德国，坚决拒绝把俄国革命的经验运用到德国，把实际存在的差别绝对化，说成是本质的差别，变本加厉地否定任何革命的群众行动。从表面上看，他是打着捍卫马克思主义、反对修正主义的幌子，实际上干着维护机会主义的拙劣勾当。罗莎·卢森堡对考茨基这种正在演变的中派立场作出评价："理论上是极为高超的，实践上则是'疲劳的'；前景是云雾中最革命的，而唯一现实的前景则是帝国国会的议席。"[①] 另外，考茨基在与安东尼·潘涅库克（Antoinie Pannekoek）的争论中，助推了他走向中派主义泥潭的第二步。1912年，潘涅库克在无产阶级革命对待国家态度的问题上，强调无产阶级革命必须打碎资产阶级国家机器。考茨基却将潘涅库克歪曲为"一般地破坏国家"，给其扣上无政府主义的帽子。相反，考茨基认为马克思主义的目标是夺取国家政权，所以无产阶级的政治任务就在于把自己的代表送进议会，通过在议会中取得多数并使议会上升为政府的主宰而夺取国家政权，而不是破坏国家政权。实质上，这是一种借助马克思主义词句稍加装饰的对马克思主义关于国家和革命学说的背弃。他不再要求摧毁资产阶级专政和建立无产阶级专政，而是蛊惑人心地提出，如果国家政权事先就被破坏，社会主义将无法建设，进而为他自己歪曲马克思国家和革命的谬说进行辩护。

　　1910年7月，巴登地区社会民主党邦的大多数议会党团违反社会民主党纪律，对地方政府预算投了赞成票，激起党内不少人的强烈反对。考茨基在和革命左派争论后，又向巴登改良主义者宣战。1910年8月5日，考茨基在《新时代》上发表了既反对左派又反对

---

① 中共中央马克思恩格斯列宁斯大林著作编译局国际共运史研究室编：《国际共运史研究》第5辑，人民出版社1988年版，第221页。

右派的代表作——《在巴登与卢森堡之间》,他先是批驳了卢森堡关于举行政治性群罢工的观点,接着又批判了党内的改良主义。他说:"我们将从巴登和卢森堡中间走向胜利。如果我们看一看地图上的巴登和卢森堡大公国的位置,那么我们就会发现,在它们之间是特里尔——卡尔·马克思的故乡。从那里向左越过国境线,可以到达卢森堡。向右越过莱茵河,可以到达巴登。地图上的位置是现在德国社会民主党内状况的象征。"① 在这里考茨基借用巴登、卢森堡、特里尔等地理位置名称譬喻为不同的政治方向。"巴登"暗指社会民主党内的改良主义者,"卢森堡"影射党内革命左派分子,"特里尔"代表不左不右、不偏不倚的真正马克思主义。这也被视为中派主义正式出场的标志。②

据考证,奥地利社会民主党人奥托·鲍威尔(Otto Bauer)在1912年最早使用"马克思主义中派"这个专有名词指称德国社会民

---

① Gary P. Steenson, *Karl Kautsky 1854 – 1938*: *Marxism in the Classical Years*, Pittsburgh: University of Pittsburgh Press, 1978, p. 127.

② 关于考茨基中派主义形成时间和正式诞生的问题,国外学者观点不一。比如苏联史学家伊·阿尔特尔和20世纪20—40年代的许多学者都认为,中派主义早在19世纪的德国就产生了;阿·伯恩施坦对中派主义的三个阶段作了分期,认为1869—1891年是中派主义首先形成思想体系的阶段,从1905年起才出现了中派主义政治流派;苏联历史学家切尔涅佐夫斯基认为,第一次俄国革命前在德国社会民主党内就已出现中派主义的观点没有根据;德国史学界一般认为德国社会民主党内的中派产生于1906年,其他马克思主义史学著作中还有一种观点,如德国史学家伊尔利茨认为中派形成于1910年,一些苏联学者也表示赞成。(参见[苏]切尔涅佐夫斯基《革命马克思主义者反对中派主义的斗争》,李宗禹、李兴耕译,中国人民大学出版社1988年版,第6—10页)我国学术界大致可分为三种观点:第一,考茨基在19世纪末反对伯恩施坦修正主义的斗争中堕落为中派(参见彭树智《叛徒考茨基》,陕西人民出版社1974年版,第21—27页);第二,在1900年巴黎代表大会围绕米勒兰事件争论中持中派主义立场(参见《国际共产主义运动史》第2卷,人民出版社1977年版,第433页;王荣堂、姜德昌主编《新编世界近代史》(下册),吉林人民出版社1981年版,第194—195页;黄宗良等《世界社会主义的历史和理论》,中央编译出版社1995年版,第101页);第三,中派形成于1910年(参见韩承文《世界近代史诸问题》,河南人民出版社1979年版,第142页;李兴耕《关于考茨基中派主义形成的时间问题》,《世界历史》1982年第3期)。笔者更赞同最后一种看法。

主党内以考茨基为首的中派主义者。他说道："有些同志对于中派这个词有点感到不舒服，但是我甚至承认我对于第一次使用这个词是有责任的。我在战争之前就已经深信，对于我们党来说，走中派道路是统一和团结的前提。"①后来"马克思主义中派"、"中派主义"的概念传播开来，被人们广为接受，考茨基本人也在很多场合以中派自居，在文中使用"中派"的概念。②

俄国的布哈林和叶甫盖尼·阿列克谢耶维奇·普列奥布拉任斯基（Евгений Алексеевич Преображенский）则识破了中派集团的别有用心。他们在《共产主义ABC》一书中，把隐蔽的和摇摆不定的叛徒称为"中派"。在他们看来，这个派别命名的由来，是因为它如摆钟一样，动摇于共产主义者和社会沙文主义者之间。比如，俄国以马尔托夫（Юлий Осипович Мартов）为首的左派孟什维克，德国以考茨基和胡戈·哈阿兹（Hugo Haaz）为首的"独立派"，法国的让·龙格（Jean-Laurent-Frederick Longuet）集团，以莫里斯·希尔奎特（Morris Hillquit）为代表的美国社会党，英国不列颠社会党的一部分和独立工党等，都是中派的典型代表。"中派"的政策伎俩在于，它无所作为地在无产阶级和资产阶级之间跑来跑去，脚跟不稳，企图调和不可调和的东西，并在关键时刻背叛无产阶级。③俄国十月革命时期，中派对布尔什维克的暴力发出哀号，妄图调和一切，反对无产阶级专政，同资产阶级的和平主义阴谋者沆瀣一气；德国

---

① 殷叙彝：《"奥地利马克思主义"》，转引自中共中央马克思恩格斯列宁斯大林著作编译局国际共运史研究室编《国际共运史研究资料》第3辑，人民出版社1981年版，第127页。

② 也有西方学者认为考茨基是中派主义的创始人。参见［德］汉斯·尤尔根·门德《考茨基的中派主义观点》，溪人译，转引自中共中央马克思恩格斯列宁斯大林著作编译局国际共运史研究所编《国际共运史研究》第5辑，人民出版社1988年版，第219页。

③ 参见［苏］尼·布哈林、叶·普列奥布拉任斯基《共产主义ABC》，中共中央马克思恩格斯列宁斯大林著作编译局国际共运史研究所译，东方出版社1988年版，第151页。

的"独立派"则是在柏林工人起义中扮演了叛徒的角色,坚持"主和",不宣传反对自资产阶级的群众起义,而是用和平主义的愿望麻痹无产阶级,最终导致起义失败;法国和英国的"中派"虽然口头上谴责反革命,但对群众的行动表现出完全的无能。因此,种种迹象表明,"中派"集团同社会沙文主义者一样有害。

遗憾的是,荷兰左派安东尼·潘涅库克（Pannekoek）和德国的卢森堡等革命社会民主党人,他们在同中派主义斗争并认识到它对工人运动危害性的同时,并不完全了解中派主义的阶级实质和真正面目。中派主义的马克思主义外衣以及代表人物以前的马克思主义者身份使很多后来的研究者产生了误解,他们对中派主义下了一些模糊甚至错误的定义。比如,苏联历史学家伊·阿尔特尔（Иван Изменить）把中派主义马克思主义看成是残缺不全的、软化了的马克思主义,还有一些人将其描绘成第二国际时期独特的、和平时期的马克思主义。

总的来说,革命左派和改良主义右派的分歧点就在于,德国工人运动的未来命运是应该走向暴力革命还是从事和平改良。中派主义者虽然在理论上认同革命左派的观点,主张革命迟早会到来,但在实践中偏向社会主义改良右派,认为社会民主党当前的主要任务是专注于议会选举的改良行动和合法斗争。准确地说,中派主义者几乎在所有问题上都坚持"中间"的立场。他们既不支持社会民主党内改良主义派别关于和平长入社会主义的观点,也不赞同革命左派进行暴力革命的主张;既不同意改良主义者坚持的资本主义破产遥遥无期的观点,也不接受革命左派关于帝国主义是资本主义最高阶段的看法。

二 关于拉法格晚年"中派主义错误"否定性评价之评价

国内外有些学者认为,拉法格晚年滑入了中派主义立场。[①] 尽管

[①] 国内个别学者持此观点（参见韩英《国际工人运动的著名活动家拉法格》,《赤峰教育学院学报》2000年第6期）。

拉法格在理论和实践中存在某些缺点和错误，但这种观点是缺乏根据的。

中派主义大约在 1910 年席卷为一个国际思潮，由于中派主义的主要代表是考茨基，所以列宁通常把中派主义又称为考茨基主义，两者含义相同。列宁曾在《无产阶级在我国革命中的任务》《社会主义与战争》《论同"泥潭派"作斗争的文章的草稿》《机会主义与第二国际的破产》等多部著作中严厉批判了考茨基的中派主义。

列宁在下定义时认为，以考茨基为首的中派主义实质就是改头换面的机会主义，它的显著特征就是口头上打着忠实于马克思主义的幌子，实践中干着屈服于机会主义的勾当。

首先，列宁在《无产阶级在我国革命中的任务》一文阐述中派主义产生的现实基础时进一步说道："'中派'是一些被腐朽的合法性侵蚀了的、被议会制度的环境等等败坏了的守旧派，是习惯于待遇优厚的职位和'安稳的'工作的官吏。从历史上和经济上来讲，他们并不代表一个特殊的阶层，而只是代表工人运动从过去的阶段即从 1871—1914 年的阶段向新阶段的过渡；过去的阶段给了无产阶级许多宝贵的东西，特别是在无产阶级所必需的一门艺术方面，这门艺术就是广泛而又广泛地进行缓慢的、坚持不懈的、有系统的组织工作；从第一次世界帝国主义大战开创了社会革命的纪元那时起，新阶段的到来在客观上就成为必然的了。"① 列宁的这个评价指明了中派主义的基础、传播者和社会根源三个方面，此段论述也说明考茨基中派主义是德国国情的特殊产物，是在德国半民主半专制环境下社会主义运动发展的一个缩影。

其次，列宁在《社会主义与战争》中援引《国际》杂志社论的作者观点时又说道："考茨基的'中派'比公开的社会沙文主义更有害于马克思主义事业。现在谁抹杀意见分歧，现在谁假借马克思主义的名义向工人宣传考茨基主义所宣传的东西，谁就是在麻痹工

---

① 《列宁选集》第 3 卷，人民出版社 2012 年版，第 56 页。

人，就比直截了当地提出问题而使工人不得不自己去辨别是非的休特古姆和海涅之流更为有害。"①

再次，他在《论同"泥潭派"作斗争的文章的草稿》中进一步指出："区别普列汉诺夫、海德门、海涅和卡尔·考茨基、王德威尔得等人的意义。两种'色彩'。"②"泥潭派"所指的是考茨基、胡斯曼（Hulsmann）等人，这些中派主义者摇摆不定、毫无原则，就好比是"回转器"和"风向仪"。由此可见，中派主义的核心内容是机会主义，马克思主义和革命的词句只是它的包装外壳，不能把中派主义和马克思主义完全等同。

所以，列宁认为考茨基主义和中派主义是"用马克思主义词句装饰起来的机会主义"，将它称为"隐蔽的、胆怯的、伪善的、甜蜜的机会主义"③。在列宁看来，中派不是宣传革命，而是捏造各种听起来似乎是绝顶"马克思主义"的借口躲避革命，对工人阶级缺乏信心，显示出政治上的怯懦，不敢发动群众进行革命斗争。

尽管拉法格在理论和实践中存在一些缺点和错误，但总的来看，他始终站在马克思主义立场上，在法国和国际工人运动中和机会主义进行了不折不挠的斗争。拉法格不但没有表现出政治上的懦弱，反而积极组织工人运动和革命斗争。所以，强调拉法格晚年演变为中派主义者的说法是不恰当的，有失公正。

我国早期马克思主义者和革命家瞿秋白认为，拉法格在哲学方面并没有很大的造诣。他的哲学概念里有较多缺点，在探讨唯物史观和认识论问题时，时常脱离马克思主义立场滑到进化论和机械论的泥潭中。虽然他在实际政治行动和国际共产主义革命行动中成绩斐然，但也犯下了哲学概念上的一些错误。但是拉法格与考茨基等机会主义者的错误有根本区别。④ 考茨基等理论家是不断地向右转

---

① 《列宁选集》第 2 卷，人民出版社 2012 年版，第 538 页。
② 《列宁全集》第 54 卷，人民出版社 2017 年版，第 5 页。
③ 《列宁全集》第 27 卷，人民出版社 2017 年版，第 111 页。
④ 参见《瞿秋白文集》（文学编）第 4 卷，人民文学出版社 1986 年版，第 127 页。

变，蜕变成机会主义叛徒，演变成资产阶级的同盟者，掉过头来反对无产阶级。拉法格只是在个别场合多半是犯了"左"的错误，表现出无政府主义的倾向。这是拉法格和第二国际的"中间派"的根本差异所在。如果说法国存在中间派的话，那也便是以社会改良主义者让·龙格为首的法国社会党内的少数派，该派持中派观点，同社会沙文主义者妥协，在第一次世界大战期间持社会和平主义立场。1917年俄国十月革命后，该派口头上拥护，实践中反对无产阶级专政，并继续同社会沙文主义者合作，支持凡尔赛和约。

第三节　拉法格马克思主义观整体评价：贡献大于缺陷

拉法格作为法国具有重要影响力的历史人物，在国际共产主义运动和法国无产阶级革命运动的斗争中，都扮演了重要的双重角色：他是对马克思主义和哲学社会科学有理论造诣的著名理论家，一生中的一些革命事件成为未解之谜，留下诸多悬念。拉法格的马克思主义观，是贡献大于缺陷，还是缺陷大于贡献，还是一半对一半？这是一个值得思考的问题。[①] 一百多年来，不同国度的人们纷纷从不同的立场、视角、方法出发进行解析，对他的评论难免会左右偏颇，褒贬相掺。所以评价拉法格这样重要而又具有争议的历史人物，既要肯定其卓越的历史功绩，同时也应看到他思想学说的缺陷。既不能大肆鼓吹"功勋卓越，不计过失"，也不能武断主张"因小失大，全盘否定"，唯有这样才能准确地把握拉法格的马克思主义观。

[①] 有学者认为，功过参合、瑕瑜互见的人可分为三类：功大于过、过大于功或功过参半。当然还要具体分析每个人的功过比例：二八开、三七开或四六开，不等；或者正开，或者倒开。（参见高放《国际共产主义运动别史》，中国书籍出版社2002年版，第692页。）

一 拉法格马克思主义观评价方法：历史视角和辩证方法相结合

历史人物生活在一定的社会历史条件下，他们的活动受到客观现实和历史条件的限制。个别历史人物无论多么卓越，也不能离开历史舞台的万花筒而悬浮于空中。无论多么杰出的历史人物，也不能不食人间烟火，要穿戴那个时代的服装，讲那个时代的语言，出演那个时代的历史话剧。同样，拉法格也不例外。历史人物在一定的阶级地位中生活，在特定的阶级关系中，是一定阶级的"代言人"。尽管他们的气质、性格、面貌有自己的个性特质，本质上还是其所属阶级的面貌和属性的反映。所以，历史人物既要受历史限制，又要受阶级局限。基于这样的客观事实，历史唯物主义评价历史人物形成了两条基本原则、一套坐标系统：历史主义和阶级分析。[①] 坚持两者相统一的评价原则，既可以防止将革命活动家"神化"的错误倾向，又可以避免脱离历史和阶级的条件，苛求于革命活动家的偏执。

首先，评述历史人物，应当将历史人物放置于其具体活动时代来衡量是非功过，不能以一时的主观揣测、当下的眼光、个人的喜恶去要求、裁剪和打扮历史人物。评价拉法格的马克思主义观，既不能把他说成是游离于时代限制的完美"圣人"，也不能用现代标准苛求于他，最终是要看其在当时社会条件下，他以自己的努力给法国工人运动历史和社会主义革命贡献了什么，对国际共产主义运动起了何种作用。就如列宁曾在《评经济浪漫主义》中所说："判断历史的功绩，不是根据历史活动家没有提供现代所要求的东西，而是根据他们比他们的前辈提供了新的东西。"[②]

在认识和看待历史人物时，习近平总书记说得好："革命领袖是人不是神。尽管他们拥有很高的理论水平、丰富的斗争经验、卓越

[①] 参见肖前等《历史唯物主义原理》，人民出版社1991年版，第383页。
[②] 《列宁全集》第2卷，人民出版社2013年版，第154页。

的领导才能，但这并不意味着他们的认识和行动可以不受时代条件限制。不能因为他们伟大就把他们像神那样顶礼膜拜，不容许提出并纠正他们的失误和错误；也不能因为他们有失误和错误就全盘否定，抹杀他们的历史功绩，陷入虚无主义的泥潭。"① 这就要求我们要一分为二、历史辩证地看待拉法格在特定历史年代中的贡献和错误。②

其次，阶级分析的原则，要求我们要将历史人物同其所属的阶级关系关联起来做出评价。这就需要考察他们所属的阶级当时处于什么地位，他们的活动代表所属阶级的哪种政治立场和思想倾向。这有助于我们在分歧不断、思想信仰形形色色、传统派别复杂多变的法国社会现象中把握主要线索，勾勒出历史人物的基本背景。马克思主义阶级分析的原则，正是要求我们对历史人物予以具体、科学的分析，而不是简单地将其当作套语和标签肆意滥用。

拉法格在革命实践中培育了自己作为法国工人运动活动家领袖优于其他一切阶级领袖的优秀品质。工人阶级的阶级属性和历史使命对无产阶级革命家领袖的品质提出了以下几点要求：

第一，具备理论家、革命家和活动家的品质。拉法格作为法国工人运动的革命家和实践家，始终站在运动的前列，领导工人群众斗争，具备富于彻底的革命精神。拉法格具有深厚的马克思主义理论功底和学术素养，洞察到法国无产阶级革命的运动规律，了解各个阶段的时势发展动向和进程，他将革命经验和理论素养齐头并进地结合起来。

第二，拉法格的无产阶级立场。拉法格一切从法国工人党、无产阶级和劳动群众的利益出发，而不是从个人或小集团利益出发，体现了为社会主义、共产主义事业献身的牺牲精神，最鲜明地折射

---

① 《十八大以来重要文献选编》（上），中央文献出版社2014年版，第693页。
② 参见黎澍主编《马克思、恩格斯、列宁、斯大林论历史人物评价问题》，中国社会科学出版社2012年版，第80页。

了无产阶级的本性。拉法格作为法国资本主义制度中无产阶级实现公有制的阶级担当者，他除了把法国无产阶级劳动大众和全人类从私有制下解放出来以外，没有任何一己私利可图。拉法格在1880年的《进化——革命》中认为，农民为了用货币向国家和高利贷者交税还债，为了取得需要但自己又不能生产的一切，他们必须为交换而生产；他们于是就要和其他生产方式竞争，在大地主耕作方法和资本家生产方式的挤压下，就不得不改变自己的生产方式。这时就会有两种经济力量统治商品生产，因而也就渗透于基于商品交换的一切资产阶级政治关系和社会关系中。两种力量的作用必然破坏小私有制，将小农私有主不断抛入无产阶级队伍中。拉法格坚信，虽然社会主义的敌人总是扬扬得意地谈论小私有制，但"小私有制的消失不过是时间问题"[1]。他的根据是，随着外国竞争的加剧和工业家强烈的自由贸易主义倾向，小私有制的消失不会用时太久，这种急剧的变化必会引起革命爆发。拉法格相信群众，依靠群众，把全体无产阶级和劳动群众和一切可以团结的力量团结起来，组建广泛的统一战线，以符合无产阶级革命斗争的需要，展现无产阶级的阶级本性。

第三，勇于批评与自我批评。无产阶级革命理论家不是圣人，而是肉眼凡胎的凡人，拉法格在革命实践和理论认识中，不可避免地会产生这样那样的缺陷和错误，重要的是他能够勇于改正，刀刃向内，不断地修正和完善先前的旧观点、旧概念，进行自我清洗、自我革命，并借此教育党和群众。

二 国际共产主义运动史上独特的"拉法格阶段"

自从拉法格1871年在外省发动起义支援巴黎公社，作为职业革命家登上历史舞台直到1911年逝世，其革命理论与实践活动生涯历

---

[1] 中共中央马克思恩格斯列宁斯大林著作编译局国际共运史研究室编：《拉法格文选》（上卷），人民出版社1985年版，第36页。

经了整整40年。期间跌宕起伏，穿越艰难险阻，这是他革命生涯的真实映射。所以，评说他的革命理论与实践活动，必须回到具体的历史环境中，将其分成各个阶段，具体分析考察，不能胡子眉毛一把抓，混为一谈。笔者以为，纵观拉法格的一生，拉法格这个人是功大于过，大体上是"八二开"。可以说，拉法格的理论贡献构成了国际共产主义运动史上独特的"拉法格阶段"。

我们既要肯定拉法格的理论贡献，又要看到他所犯的错误。马克思主义经典作家们也是秉持了具体问题具体分析的方法。[①] 自拉法格走上革命道路以后，他经受住了一系列严峻考验，表现出了革命家的气概和理论家的素养。19世纪60年代初，随着反对法兰西第二帝国斗争的深入，以拉法格为代表的一部分进步大学生逐步脱离资产阶级共和派，变成激进民主主义派；遭受帝国政府的指控后，他成为伦敦的法国流亡者成员之一，在伦敦法国人支部中同小资产阶级冒险主义路线展开斗争，维护马克思的路线；在伦敦流亡期间，他认真领悟了导师的《资本论》《共产党宣言》等经典著作，逐渐抛弃了蒲鲁东主义、布朗基主义和实证主义，是法国第一个反击蒲鲁东主义的先锋，在激进民主主义者阵营中转向科学共产主义立场，成为法国第一个杰出的马克思主义者。到19世纪八九十年代，面临国际共产主义运动中滋生的伯恩施坦修正主义逆流，在马克思主义遭遇危机之时，拉法格逐渐认识到修正主义的危害性，成为法国批判伯恩施坦修正主义的第一位马克思主义者，旗帜鲜明地保卫了马克思主义。他接连又批判了伯恩施坦在法国的变种——米勒兰主义、改良主义、无政府主义等思潮。在20世纪初，法国社会党遇到了党

---

① 经典作家们对于不论对敌手还是战友，也从来是具体分析，褒贬得当，而非千篇一律，一概骂倒。比如，马克思在蒲鲁东逝世后对其盖棺定论的评论就是范例。他既尖锐地指出了这位小资产阶级代言人"科学上的招摇撞骗和政治投机"，也肯定其第一部代表作《什么是所有权》所起的划时代作用；无政府主义首领巴枯宁，搞阴谋诡计的分裂活动，在国外罪行累累，但在国内革命史上有过重要影响，所以1918年列宁在关于为一批伟大的活动家建立纪念像的命令中还列出了巴枯宁的名字。

派林立、政治动摇、组织涣散的危机。在这一转折关头，拉法格与盖得等革命者，挽救并推动了法国社会党的统一，成为党的革命领袖。

特定的历史时代赋予拉法格等第二国际马克思主义理论家特殊的历史使命。在早期以及恩格斯逝世后，作为革命导师的学生和追随者，拉法格等人肩负着在国际共产主义运动中宣传马克思主义的任务。拉法格作为马克思恩格斯之后的第一代马克思主义者，还要在抵制无政府主义、改良主义、机会主义、修正主义等小资产阶级反马克思主义思潮的斗争中捍卫马克思主义，扩大马克思主义在工人群众或更广范围内的影响力。此外，他还要在变化了的社会新形势下发展马克思主义，注入新鲜血液，保持鲜活的时代活力。同时，拉法格在扩展宣传力度，批判错误观点，阐释和捍卫马克思主义的过程中，虽然做出了不可忽视的理论贡献，但也难免存在一些缺陷。

就如李兴耕先生所言，长期以来，在国际共产主义运动史研究中流行一种看法，即马克思恩格斯二人似乎和列宁之间隔着第二国际机会主义独占统治地位的一道沟壑。[①] 这种观点几乎把第二国际看成了机会主义的同义词，这其实也就抹杀了拉法格在内的一大批革命活动家的历史功绩，似乎恩格斯逝世后，马克思主义理论在很长一段时期内处于停滞的"真空"状态，造成一种无人对马克思主义的发展做出贡献的假象。这种看法是片面和不切实际的，这个判断忽略了一个基本事实，即马克思恩格斯逝世后，他们的许多学生和战友，推动了马克思主义的继续发展。波兰学者莱泽克·科拉科夫斯基认为，按照马克思主义的标准，拉法格肯定是第二层次的理论家中的核心人物之一，完全应该在马克思主义的伟人祠中占有第二级的地位。但他的马克思主义是高度简化的，在他的著述中很难找到可以称为对马克思主义学说进行"发展"的东西。但是，在拉法

[①] 参见李兴耕《拉法格传》，人民出版社1987年版，序言第2页。

格所处的时代，所有法国马克思主义作家中，他最接近正统派。[1] 其实，国内大部分学者通过历史考证，认为拉法格是一位忠诚但不彻底的马克思主义者。

笔者以为，如果说拉法格马克思主义观中确实存在错误缺陷的话，那么顶多也是"左"的错误。他在贯彻马克思主义观不彻底的方面表现在：比如，他在批判康德的不可知论时，认为可以用科学仪器的指示代替人的感觉，对真理的客观认识可以代替认识中的主观主义，这与他捍卫的马克思主义认识论相矛盾；他主张实践是认识的基础和检验真理的标准，但他在个别场合又把社会实践和科学实验混为一谈；作为坚定的唯物辩证法拥护者，他的个别言论认为，新质在量变达到一定限度以前的进化过程中已经形成，有时得出错误的政治结论；他有时不能把辩证法蕴藏的辩证分析运用到现实中，在辨别工人党对一些政治生活问题的立场和态度时，不可避免地会犯一些错误；分析资本主义的帝国主义阶段特征时，拉法格还未完全理解帝国主义是作为资本主义发展中的一个特殊历史阶段；同无政府主义国家观进行斗争时，表现出低估议会斗争对工人群众的意义；对巴黎公社性质和历史意义的评价具有片面性；在谈到完成社会主义革命任务时，不加区分地将全体农民看作工人阶级的真正同盟者，把富农也包括在内；低估了无产阶级取得政权后国家的作用，错误地主张无产阶级国家不应干预任何生产；他在策略问题上有时摇摆不定，他曾经甚至还把沙文主义的布朗热运动看成是人民群众的运动；等等。笔者在上文的第三章、第四章、第五章，从微观角度耙梳和剖析拉法格马克思主义观时，已经做过相应的分析，此处不再一一赘述。

但是，我们并不是要过分拔高拉法格的贡献，或刻意放大他的错误。俗话说"黄金无足色，白璧有微瑕"[2]，个别缺点和错误是不

---

[1] ［波］莱泽克·科拉科夫斯基：《马克思主义的主要流派》第 2 卷，马翎等译，黑龙江大学出版社 2015 年版，第 132 页。

[2] 南宋著名诗人戴复古《寄兴》中的诗句，转引自《平天下·中国古典政治智慧》，人民出版社 2016 年版，第 79 页。

能够贬低和抹杀拉法格为捍卫唯物主义、阐明世界可知性进行的斗争意义的；哲学方法问题在思想遗产中所占的比例和地位虽小，但不能证明这位马克思主义者轻视唯物辩证法的重要性；承继马克思主义的阶级和阶级斗争学说，坚持科学的国家观，论证社会主义革命和无产阶级专政的必然性，这些理论活动都是拉法格马克思主义观的核心部件。所以，他的错误和缺点只是局部的、次要的、第二位的，考虑到拉法格所处的时代背景和斗争环境，这些错误和缺点可以理解，他的历史功绩才是首要的、第一位的。①

借用列宁当年在《政论家札记》中评价罗莎·卢森堡时所说的一句话："鹰有时比鸡飞得低，但鸡永远不能飞得像鹰那样高。罗莎·卢森堡……虽然犯了这些错误，但她始终是一只鹰。"② 在笔者看来，这句话同样适用于拉法格。纵然拉法格一生中犯过这样那样的错误，但他依然是杰出的马克思主义宣传家、理论家。

就像毛泽东所说的那样，有的人马克思主义学习和运用得好一些，马克思主义多一点，有百分之八十至九十，甚至百分之百的马克思主义；有的人学得一般，有百分之五十至六十的马克思主义；有的人学的差一些，只有百分之十至二十的马克思主义。③ 但从历史上看，凡是自诩为"百分之百的马克思主义者"的人，他的马克思主义要大打折扣。我们刨去拉法格"小打折扣"的缺点，他仍然可以当之无愧地被称为百分之九十的马克思主义者。一言以蔽之，拉法格的马克思主义观在马克思主义发展史和国际共产主义运动史中的地位是"大写的贡献"和"小写的错误"。

---

① 一个人的一生如果没有重大错误，那是白璧无瑕，最为难得；假如有较大差错但得到改正，可谓白璧微瑕，也算难得；如果有重大功绩，也有重大过错，那是白璧污瑕。
② 《列宁选集》第4卷，人民出版社2012年版，第643页。
③ 参见《毛泽东文集》第7卷，人民出版社1999年版，第331—332页。

第四节　拉法格马克思主义观对中国共产党人的当代启示

我们在上文探讨拉法格马克思主义观的逻辑理路、演变规律和历史地位时，通过重回当时的时代语境，体悟当时19世纪中后期拉法格在法国现实生活中的生存境遇、价值诉求，学习拉法格等马克思主义理论家对马克思主义的学习、宣传和运用，及对其所处时代问题进行深度研究、审视与批判所运用的逻辑和方法，以反观当今时代我们如何树立科学马克思主义观的问题，从而受到启发，获取灵感，认清前进的方向。基于此种考虑，结合前文所析，笔者通过耙梳拉法格的马克思主义观的形成与演变，分析他对马克思主义的结构、特征、本质、功能等方面的阐释，从中凝练出对于中国共产党人的当代启示。具体来看，我们可以归纳为以下几点：

一　马克思主义学说是博大精深的理论体系

明·姜世昌《〈逸周书〉序》曰："迄今读书，若揭日月而行千载，其博大精深之旨，非晚世学者所及。"众所周知，马克思、恩格斯、列宁等经典作家们知识渊博，他们为后世遗留的著作可谓浩瀚星辰。这些著作蕴藏的思想主张构筑了一个完整、系统的知识体系。因此，习近平总书记多次强调："马克思主义理论体系和知识体系博大精深。"① 马克思主义理论体系涵盖面广，思想学说广博丰富、深奥精微，涉及自然界、人类社会、人类思维各个领域，囊括政治、经济、历史、文化、社会、生态、科技、党建、军事等各个方面。拉法格则是把马克思主义普遍原理和地域性特征相结合，在革命的

---

① 习近平：《在哲学社会科学工作座谈会上的讲话》，人民出版社2016年版，第11页。

暴风眼——法国，为了阐释和宣传马克思主义也从马克思主义各个领域入手，撰写了许多著作，涉及哲学、政治经济学、历史、文艺、语言等各个层面：哲学方面，主要著作为《卡尔·马克思的经济唯物主义》（1883）、《唯心史观和唯物史观——回答让·饶勒斯》（1895）、《马克思的唯物主义和康德的唯心主义》（1900）、《卡尔·马克思的历史方法》（1904）、《认识问题》（1910）；政治经济学方面的代表作为《马克思的价值和剩余价值理论同资产阶级经济学家》（1892）、《交易所的经济职能》（1897）、《美国托拉斯及其经济、社会和政治意义》（1903）；社会主义革命方面的论著主要是《进化——革命》（1880）、《阶级斗争》（1880）、《资本的宗教》（1886）、《革命的次日》（1887）、《赞成共产主义和反对共产主义》（1892）、《赫伯特·斯宾塞和社会主义》（1894）、《法国的阶级斗争》（1894）；文学方面的著作有《雨果传说》（1885）、《左拉的〈金钱〉》（1891）；语言学领域的代表作为《革命前后的法国语言》（1888）；等等。毋庸置疑，拉法格从不同的领域阐释、捍卫和发展了马克思主义，也从侧面反映了马克思主义的丰富内涵，展现了马克思主义法国化的生动历程。

我们把马克思主义视为一个系统的理论体系，并非因为经典作家们"穷尽了一切真理"，而是因为它是一个开放发展的学说。正是因为马克思主义的生长时间轴之长，辐射地域范围之大，涵盖专业领域之广，造就了马克思主义理论体系的广袤丰富。从历时形态上看，马克思主义在不同的时间和国度呈现为不同的理论形态，囊括了经典马克思主义、列宁主义、中国化的马克思主义等子系统；从共时形态上看，马克思主义知识体系涉及和涵盖了经济、政治、文化、生态、党建、军事等各方面。2019年9月3日，习近平总书记在秋季学期中央党校中青年干部培训班开班式上发表重要讲话，他强调："马克思主义产生和发展、社会主义国家诞生和发展的历程充满着斗争的艰辛。"① 通过梳理历史线索，我们就会发现马克思主义的发展充满了无数的论争和斗争节点。从整体上来看，马克思主义发展史上，有五次重大的认知节点和历史论争：一是马克思和恩格斯在创立马克思主义并把它初步系统化的过程中，对其丰富内涵的认知回答；二是恩格斯逝世后，拉法格等马克思主义者在和伯恩施坦为代表的修正主义者的斗争中对马克思主义的捍卫和发展；三是第三国际的马克思主义者在同第二国际机会主义思潮斗争中对马克思主义的继续完善；四是二战后各个社会主义国家的实践对马克思主义的新解读和新发展；五是当代世界社会主义运动对马克思主义的推动。正是这五次重大认知节点，从不同时段的认知领域揭示和拓展了马克思主义的本质内涵，构建了马克思主义理论体系与时俱进和日益完善的完整链条。

2019年6月24日，习近平总书记在十九届中央政治局就"牢记初心使命，推进自我革命"进行第十五次集体学习时强调："马克思主义是指导我们改造客观世界和主观世界的锐利思想武器。"② 在中国特色社会主义进入新时代的背景下，我们要结合坚持和发展中国特色社会主义的现实要求，对马克思主义理论体系内容的宏观体系应该熟记于心，分支内容要准确把握，而不是一知半解、模棱两可；要坚定理论自信，而非"谈马色变"。由于马克思主义理论学说的博大精深，我们也要有针对性地重点围绕以下几个方面掌握和实践马克思主义的核心内容，比如，关于以人民为中心的人民立场思想、关于生产力和生产关系的思想、关于人民民主的思想、关于文化建设的思想、关于社会建设的思想、关于人与自然关系的思想、关于世界历史的思想、关于政党建设的思想等。要通过深入、持久和刻

---

① 《习近平在中央党校（国家行政学院）中青年干部培训班开班式上发表重要讲话强调 发扬斗争精神增强斗争本领 为实现"两个一百年"奋斗目标而顽强奋斗》，《人民日报》2019年9月4日第1版。

② 《习近平在中央政治局第十五次集体学习时强调 全党必须始终不忘初心牢记使命 在新时代把党的自我革命推向深入》，《人民日报》2019年6月26日第1版。

苦地学习马克思主义，汲取蕴含其中的思想精华，为统筹推进"五位一体"总体布局和协调推进"四个全面"战略布局提供科学智慧和理论力量。

二 认认真真钻研和体悟马克思主义经典著作

经典好比富矿，原理则是蕴藏于其中的宝石；经典如同参天大树，原理则是树上结出的智慧之果。就如习近平总书记所说："学习理论最有效的办法是读原著、学原文、悟原理，强读强记，常学常新，往深里走、往实里走、往心里走，把自己摆进去、把职责摆进去、把工作摆进去，做到学、思、用贯通，知、信、行统一。"[①] 通过上文的考察我们发现，拉法格对经典著作的研读正是他的马克思主义观形成的文本前提。拉法格的革命工作繁忙，又要躲避法国反动当局的追捕，为此还要经常流亡海外。在这样极其艰苦的条件下，他还拿出相当多的时间，刻苦攻读，勤奋思考。拉法格如饥似渴地阅读大量珍贵藏书，系统学习和研究马克思恩格斯的著作，掌握和领悟了其中的基本原理。同时，他还研究英国古典经济学集大成者大卫·李嘉图、英国生物学家达尔文等人的著作，并在文章中做了大量摘录、批语和注释，从中可以窥见出一个法国无产阶级领袖人物认真读书和独立思索的可贵精神和科学方法。拉法格这种学习态度、精神和方法也成为了他一生学习活动的一个缩影。可以说，他的一生就是一个不断学习并在学习中不断地把学到的东西真正深入到自身血肉里的过程。

拉法格的学习精神、态度和方法对当今中国共产党人学习经典著作，原原本本地领悟马克思主义，做到真学、真懂、真用和真信，树立马克思主义观也有重大意义。客观地讲，当今国人功利化、浮

[①] 《习近平在中央党校（国家行政学院）中青年干部培训班开班式上发表重要讲话强调 在常学常新中加强理论修养 在知行合一中主动担当作为》，《光明日报》2019年3月2日第1版。

躁化、碎片化、短视化导致的全民阅读氛围不尽人意。仔细反思，国人认认真真、沉下心来阅读经典名著和深层次的理性著作究竟能有多少？读马列著作的更是凤毛麟角。有些共产党员，身体入了党，思想上却没有入党，甚至搞不清楚什么是马克思主义。2014年初，一名印度工程师所写的《令人忧虑，不阅读的中国人》红遍网络，从侧面反映了当今中国人的阅读现状。中国共产党党章明确指出，马克思列宁主义、毛泽东思想是党的根本指导思想。共产党员尤其是各级领导干部不读马列毛泽东著作，不去深研马列毛泽东著作中包含的无数珍宝，不去自觉用先进文化武装自己，何以肩负起实现中华民族伟大复兴和社会主义的伟大事业呢？甚至相当多专门从事马克思主义、毛泽东思想研究的理论工作者也不读马列经典著作，或者用西方马克思主义观点，或者用当今时髦观点去解读和"创新"马克思主义。当今中国各级领导干部和学者的读书状况不能再继续下去了。当然，笔者强调我们要学习拉法格，并不是苛求各级领导干部和学者都去读黑格尔艰深而又晦涩的《精神现象学》《逻辑学》，而是学习拉法格的读书精神、态度和方法。

首先，树立认真钻研经典著作的学习观。中国共产党人尤其是各级领导干部必须把督促自身养成主动学习、善于学习、终身学习等学习观念，系统研读马克思主义经典著作，深刻领悟基本原理，真正学会运用马克思主义的立场、高度、方法，以问题导向和大众化的方式去分析和回应社会各界提出的艰难的理论和现实问题，这样才能实现中国共产党人肩负的历史使命。因此，只有用科学理论武装头脑，才能炼就金刚不坏之身。马克思主义是一个博大精深的理论体系，常学常新。自马克思主义诞生以来，学习马克思主义学说始终是马克思主义执政党的一项重要课题。但随着改革开放的深入，一些共产党员理想信念松动，将马克思主义泛娱乐化、标签化。鉴于此，应当像习近平总书记在2013年十八届中央政治局第十一次集体学习时所说的那样："要原原本本学习和研读经典著作，努力把马克思主义哲学作为自己的看家本领。"① 广大干部特别是年轻领导干部"要经受严格的思想淬炼","要学懂弄通做实党的创新理论,掌握马克思主义立场观点方法"。② 我们只有老老实实地钻研经典著作,读原著、学原文、悟原理,把学、懂、用、信几个环节统一起来,才能树立科学的马克思主义的态度。

其次,掌握经典文本蕴藏的基本原理。要想吸收马克思主义的精华,掌握马克思主义的要义,就必须研读原著。2018年5月4日,习近平总书记在纪念马克思诞辰200周年大会的讲话中进一步强调:"共产党人要把读马克思主义经典、悟马克思主义原理当作一种生活习惯、当作一种精神追求,用经典涵养正气、淬炼思想、升华境界、指导实践。"③ 马克思主义经典著作不仅呈现了马克思主义基本原理,而且蕴含了科学的马克思主义立场、观点和方法。例如,《共产党宣言》蕴含的科学社会主义理论,《资本论》展示的资本主义社会经济形态学说,《德意志意识形态》阐述的唯物史观,等等。这些重要篇章都充分彰显了经典作家天才式的理论思维和缜密逻辑。假如不了解这些经典文本的核心要义和分析方法,也就无法准确理解马克思主义。正因为如此,要熟悉和领会马克思主义基本原理,除了学习经典著作,没有其他的捷径可走。与此同时,我们读原著的目的不是让人们背诵语录,陷入本本主义的窠臼,而是要人们掌握马克思主义的立场观点方法。对于马克思主义者和共产党人来说,立场,即人民大众的立场;观点,就是马克思主义关于自然界、社会和人类思维发展规律的科学认识;方法,就是指唯物辩证法、实

---

① 《习近平在中共中央政治局第十一次集体学习时强调 推动全党学习和掌握历史唯物主义 更好认识规律更加能动地推进工作》,《光明日报》2013年12月5日第1版。

② 《习近平在中央党校(国家行政学院)中青年干部培训班开班式上发表重要讲话强调 发扬斗争精神增强斗争本领 为实现"两个一百年"奋斗目标而顽强奋斗》,《人民日报》2019年9月4日第1版。

③ 习近平:《在纪念马克思诞辰200周年大会上的讲话》,人民出版社2018年版,第26页。

事求是、群众路线等思想方法和工作方法。所以，共产党人只有认真学习马克思主义经典著作，系统掌握马克思主义基本原理，才能完整准确地理解根本精髓，才能把马克思主义立场、观点和方法创造性地运用于分析和解决我们面临的时代问题中去。①

三 在理论与实践的互动中发展21世纪的马克思主义

19世纪八九十年代，拉法格在法国发展马克思主义的理论阐释和实践活动为我们提供了示范，可谓"轨物范世"。如果说，为了解决法国无产阶级的解放问题，拉法格在特定的历史时期发展了19世纪末20世纪初的马克思主义，那么新时代面临新旧问题的叠加，我们中国共产党人担负的理论任务是要发展21世纪的马克思主义。

我们从马克思主义发展的历史画廊中可以看到，人类在19世纪末20世纪初面临的基本矛盾是无产阶级与资产阶级、帝国主义与不发达国家和民族之间、帝国主义国家之间的矛盾等，这些矛盾进入21世纪没有消失，无产阶级以消灭资本主义、帝国主义和阶级压迫的历史使命依然处在进行时，而非完成时。20世纪和21世纪所面临的一些问题是两个世纪共有的，有的问题是其中一个世纪特有而另一个世纪所没有的，而同样的问题在不同的世纪也有不同的表现形态。比如：生态、工人、妇女、民族、文化等问题在19和20世纪就已经出现，被人们谈论，并不新鲜。很明显，相比20世纪，这些问题在21世纪表现得更为突出，而恐怖主义、金融危机、网络犯罪等问题在21世纪要比20世纪更加强烈。与20世纪相比，人类进入21世纪后面临的问题在种类、规模、以及表现形式、强度和影响深度与广度上都发生了很大变化，造成了两个世纪问题之别的鸿沟。

世界上没有万世一系的世代王朝，也不存在永恒不变的思想体

---

① 社会上存在一种不正确的看法，认为研读马克思主义经典著作是刻意回避现实问题，搞"本本主义"和"经院哲学"，体现不出马克思主义的当代性。相反，笔者以为，我们研读经典著作的初衷不仅仅是学术探索和理论兴趣，最根本的是要在理论学习中把握基本原理，认清实际问题，找到解决时代问题的科学方法。

系，马克思主义同样也不例外。党的十八大以来，面对时代的新发展和实践的新要求，习近平总书记在2016年中国共产党成立95周年大会、哲学社会科学工作座谈会等多个场合，提出了"发展21世纪马克思主义"的命题，并高频次地和"发展当代中国马克思主义"的命题交替使用，将两个基本范畴并列。那么，两大范畴的联系和区别何在？有学者认为，两者具有对立统一性：两者既是一种马克思主义，又是两种不同的马克思主义。当代中国马克思主义具有21世纪马克思主义的性质，但21世纪马克思主义又是当代世界范围的马克思主义，不仅映射当代中国特色社会主义建设规律和发展要求，也反映了世界上其他国家革命实践和社会发展的规律和要求。[①] 也有学者提出，从外延和内涵来看，两者的区别在于：21世纪马克思主义不只是当代中国马克思主义在21世纪的延伸，应该在研究对象和研究主体两个方面有所扩展；21世纪马克思主义的内涵不只局限于当代中国马克思主义在世界范围的扩展，同时也是对人类社会发展规律的认识提升。[②] 事实上，我们可以通过以下方式形象直观地区分两者。（如图6-1所示）

从图6-1中发展主体的数量和理论成果实力来看，当代中国马克思主义是21世纪马克思主义的最大主体和重要增量。中国共产党不仅是发展当代中国马克思主义的"第一小提琴手"，而且也是发展21世纪马克思主义的主力军和主角。可以讲，自马克思主义问世后，它并未始终安静地躺在书斋里面，而是处于不断的发展之中。只有在实践中不断把马克思主义向前推进，产生于19世纪40年代的马克思主义学说才能避免固化为抽象的教条。同时，坚持与发展马克思主义是内在统一的，因为"真正坚持马克思主义的指导地位，

[①] 参见梁树发、李德阳《发展21世纪马克思主义路径的思考》，《思想理论教育导刊》2017年第3期。

[②] 参见陈锡喜《不断开辟21世纪马克思主义发展新境界》，《思想理论教育导刊》2016年第9期。

图 6-1

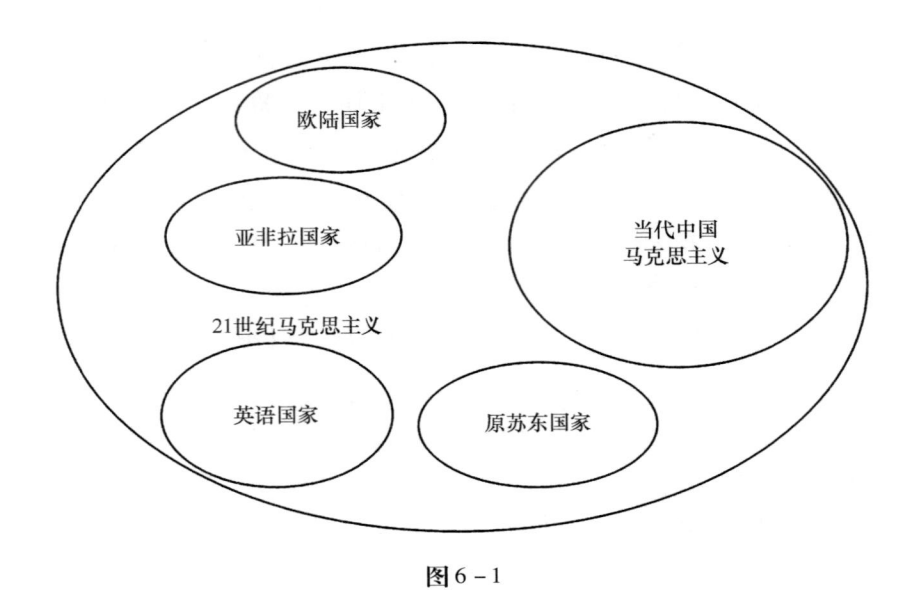

同时也内在地包含了不断发展马克思主义的要求"①。马克思主义始终站在时代前沿，它是不断发展的开放的理论。要想拓宽和深化马克思主义观，就要"不断开辟 21 世纪马克思主义发展新境界"②。正如习近平总书记在 2018 年 4 月中共中央政治局就《共产党宣言》及其时代意义进行集体学习时所说："要以科学的态度对待科学，以真理的精神追求真理，不断赋予马克思主义以新的时代内涵。"③ 对于中国共产党人而言，要想创新和发展 21 世纪马克思主义，首先需要厘清发展主题和发展内容的问题，即搞清楚靠谁发展、发展什么

---

① 习近平:《干在实处走在前列——推进浙江新发展的思考与实践》，中共中央党校出版社 2006 年版，第 313 页。

② 习近平:《在庆祝中国共产党成立 95 周年大会上的讲话》，人民出版社 2016 年版，第 10 页。

③ 《习近平在中共中央政治局第五次集体学习时强调 深刻感悟和把握马克思主义真理力量 谱写新时代中国特色社会主义新篇章》，《人民日报》2018 年 4 月 25 日第 1 版。

两个基本问题。唯有如此，我们才能掌握 21 世纪马克思主义①的生长版图和理论谱系等问题。

第一，把握发展 21 世纪马克思主义的主体面相，即靠谁来发展的主体性问题。21 世纪马克思主义不仅是当代中国马克思主义在时空维度的延伸，它也是 21 世纪中国马克思主义与 21 世纪世界马克思主义的辩证统一体。其一，发展主体涵盖不同国别。我们可以用一个公式来呈现其主体版图：21 世纪马克思主义 = 21 世纪中国马克思主义 + 21 世纪国外马克思主义。根据这个公式，结合不同国家和分布区域来看，发展 21 世纪马克思主义的区域主体主要包括：德、法、意等欧陆国家的马克思主义；英、美、加、澳等为代表的英语国家的马克思主义；俄罗斯、中东欧等原苏东国家的马克思主义；中国、越南、朝鲜、日本、非洲和拉美国家等亚非拉地区的马克思主义。其二，厘清发展 21 世纪马克思主义的两大主要群体。客观地看，马克思主义是由共产党领袖群体和马克思主义学者群体，进行研究和发展的，我们据此可以把马克思主义区分为政党指导思想形态的马克思主义和学术理论形态的马克思主义。一方面，同一国家或不同国家的马克思主义政党领袖与马克思主义学者之间进行良性互动，共产党领袖提出的新观念和理论话语，为学者们发展马克思主义提供了指导思想，被学术界主动吸收进行深入研究，推动了 21 世纪马克思主义的创新。另一方面，学者们创新的马克思主义理论为官方马克思主义提供了学术参照，为党的领袖和党的文件政策所借鉴。其三，加强各国马克思主义政党之间的党际良性互动。社会主义政党之间通过双边交流、多边合作来整合资源，统筹各方地域化的马克思主义理论，开展对话，达成共识，形成合力，共襄马

---

① 我们通常所说的 21 世纪马克思主义，实际上是指"21 世纪世界马克思主义"，它不仅反映当代中国特色社会主义建设规律和发展要求，也包括世界上其他民族和国家无产阶级革命实践要求和社会主义发展规律。（参见陈锡喜《关于发展 21 世纪马克思主义的若干思考——学习习近平总书记在哲学社会科学工作座谈会上的讲话》，《思想理论教育》2016 年第 8 期。）

思主义的理论研究。比如，习近平新时代中国特色社会主义思想作为 21 世纪马克思主义的最大成果，它对越南共产党、古巴共产党、英国共产党、法国共产党、日本共产党、俄罗斯联邦共产党等党的指导思想产生了重要影响力。其四，依靠三种个体主体发展 21 世纪马克思主义。纵观马克思主义发展史，有三种个体主体创新了马克思主义：以马克思、恩格斯、拉法格等人为代表的经典作家和以卢卡奇、安东尼奥·葛兰西（Antonio Gramsci）、科尔施等为代表的思想家，他们对马克思主义进行了有鲜明特色的创造性发展；以列宁、毛泽东、邓小平等为代表的政党领袖，把马克思主义基本原理和本国实际相结合，形成具有不同国度和时代特色的马克思主义；还有一批名家大师为发展马克思主义做了重要的理论创新。毋庸置疑，21 世纪的这些个体群体都是发展 21 世纪马克思主义的重要力量。其五，在研究和回答人类社会和当代中国现实发展问题的基础上发展 21 世纪马克思主义。习近平总书记指出：“与时代同步伐，与人民共命运，关注和回答时代和实践提出的重大课题，是马克思主义永葆生机活力的奥妙所在。”① 就如拉法格当年花费大量时间潜心研究现实问题那样，比如"如何识破各种错误思潮"、"无产阶级如何实现解放"、"美国垄断资本主义"、"资本主义向何处去"等问题，最终推动了马克思主义在法国的创新性运用。发展 21 世纪马克思主义同样也需要中国共产党人去认真钻研当代中国发展面临的一些根本性和轴心性的现实热点问题，如"人工智能技术"、"数字资本主义"、"人类命运共同体构建"等。

　　第二，认清发展 21 世纪马克思主义的主要内容。一般来说，马克思主义理论是其主要内核，理论体系、学科体系和话语体系等要素构成其复杂有机体。首先，从理论体系看，马克思主义理论的发

---

① 《习近平在中共中央政治局第五次集体学习时强调 深刻感悟和把握马克思主义真理力量 谱写新时代中国特色社会主义新篇章》，《人民日报》2018 年 4 月 25 日第 1 版。

展不仅仅局限于传统教科书中划分的哲学、政治经济学和科学社会主义的三大板块。要想把握发展 21 世纪马克思主义的科学内容，我们需要树立"马克思主义+"①的理念。只有以马克思主义立场、观点和方法作为前提，创造出的新理论才能真正属于"马克思主义+"的范畴，比如马克思主义视野下的经济哲学、政治哲学、生态哲学、信息哲学等。同时，在遵循马克思主义经典思想的基础上，在历史、法学、新闻学、社会学、民族学、人类学等领域，创新发展各个学科分支的基础理论体系。其次，发展 21 世纪马克思主义的学科体系。众所周知，学科建设是促推科技创新进步的重要力量，是理论竞争优势的集中展现。我们通过扫描目前中国的马克思主义理论性学科发展现状可以发现，在谋篇布局上"大而欠强"；学术研究上"宽而欠精"；人才培养上"杂而欠专"；教学支撑上"全而欠深"；资政服务上"做而欠优"②。对此，一方面，我们应该花大气力从师资队伍、学生培养、课程建设、科研攻关和社会服务多个维度，深化马克思主义理论学科建设，推动学科建设不断向"大而强"、"宽而精"、"博而专"、"全而深"的局面发展。另一方面，我们应该从"大马克思主义"观的视野出发，明确马克思主义理论学科体系。以三个传统的马克思主义学科为轴心，以马克思主义相关的二级学科和研究方向为辅助，构建多层次的立体结构。可以运用 SWOT 分析方法考察每个二级学科，如马克思主义基本原理、马克思主义发展史、马克思主义中国化、思想政治教育等学科之间的差异性特征，为学科的发展路径提供参考性举措。再次，完善 21 世纪马克思主义的话语体系。话语是指对一定事物的合法性阐释或权力

---

① "马克思主义+"象征着一种新的理论生产形态，也就是说，要把马克思主义的立场、观点、方法和各种理论知识相互融合，更重视马克思主义的主体地位和方法论要求，从而推动各种理论知识的马克思主义化。言下之意，"+"意指升级、提升，即通过不同学科的马克思主义化推动理论知识的马克思主义升级。

② 参见靳诺《建设一流马克思主义理论学科——纪念马克思主义理论一级学科建立 10 周年》，《人民日报》2016 年 1 月 10 日第 5 版。

叙事。每个时代都有每个时代独特的话语体系，但是，目前我们中国的话语体系建设和我国的大国形象还不匹配。为改变国内外一些人的偏见和歧视，我们既要善于提炼和阐释"毛泽东思想"、"中国特色社会主义理论体系"、"习近平新时代中国特色社会主义思想"等这些独一无二的一级标识性概念，也要努力打造一大批二级标识性概念，如"中国梦"、"新时代"、"五位一体"、"四个自信"、"人类命运共同体"等。两者相结合才能共同构建起21世纪中国马克思主义的整体话语体系。此外，还要注重话语原创性表述，在马克思主义理论创新过程中不断推进"术语革命"。在新时代提出的新的话语表述，比如"一带一路"等，其实都是21世纪具有中国特色和中国基因的原发性话语创新。

四 恪守马克思主义信仰为共产党人补足精神之钙

从根本上看，理想信念和内心信仰决定着一个人的精神状态和工作面貌。纵观拉法格一生的革命轨迹，它绝非一条平滑的直线，而是犬牙交错，曲折动荡。任何困难和敌人都没能压垮拉法格，靠的就是对马克思主义的忠诚和信仰，对共产主义事业的坚定信念。无论在革命的高潮抑或低潮，拉法格的革命活动与精神信仰，始终保持言行一致、表里如一，为共产党人恪守信仰提供了经典样本和榜样示范。

一般来讲，信仰是指对某种主义、主张、宗教或对某人、某物的尊重和信奉，并将其奉为自己的行为准则或行动指南。日常生活中，我们也通常用"理想"、"信念"、"忠诚"、"信心"等词语来表达与"信仰"大致相同的要求和内涵。

值得注意的是，在革命战争年代，我们党的领袖曾使用"信仰"一词来指称共产党人的理想信念。但在新中国成立以后，伴随着社会氛围和文化语境的变化，"信仰"一词使用得较少而且谨慎，因为一些人存在这样那样的顾虑，导致"信仰"概念无法真正通行起来。后来，由于"理想"与"信念"两个术语的亲缘关系，它们进行了融合，并形成了新的核心性概念——"理想信念"。作为一个正面概念，它可以大大方方地表述人的正确信仰，表述共产党人的信奉。因此，在我们党的主流话语系统中，它专门用于表述共产党人的信仰。

人生不能没有信仰，同样，一个国家、民族、政党也不能没有信仰。历史和实践证明，从政党层面看，一个政党只有树立了崇高理想和远大追求，才会变得坚强有力、无坚不摧，才能经受住挫折和考验；从个人层面看，一名干部有了坚定的理想信念，心胸视野就会开阔，才能站稳政治立场，坚持正确政治方向，做到"风雨不动安如山"。习近平总书记说得好："信仰认定了就要信上一辈子，否则就会出大问题。"① 作为科学的世界观，马克思主义为我们提供了认识世界和改造世界的强大精神武器。对马克思主义的信仰②，是我们党区别于古今中外一切政党的独特优势和精神品格，也是我们党领导人民进行革命、建设和改革战无不胜的精神武器。共产主义理想信念就好比共产党人精神上的"钙"，缺钙就会走路不稳，精神上患"软骨病"。对于共产党人来说，共产主义并非在上空来回游荡的"幽灵"，而是其骨子里的政治灵魂。唯有如此，才能保持强大的战斗力。可以说，马克思主义是中国共产党人理想信念的灵魂，它奠定了共产党人坚定理想信念的理论基础。正如习近平总书记所言："马克思主义的命运早已同中国共产党的命运、中国人民的命运、中华民族的命运紧紧连在一起。"③ 尽管马克思主义诞生在170多年前，

---

① 《习近平在中央党校（国家行政学院）中青年干部培训班开班式上发表重要讲话强调 在常学常新中加强理论修养 在知行合一中主动担当作为》，《光明日报》2019年3月2日第1版。

② 学术界对于是否应该使用"马克思主义信仰"这一概念一直存在争议，反对在马克思主义理论话语体系中使用"信仰"一词的理由可归纳为三点：其一，"信仰"是宗教的专用术语，把马克思主义称为信仰会导致马克思主义宗教化；其二，马克思恩格斯他们本身反对把自己的共产主义理论称为"信仰"；其三，"信仰"不符合中国的话语传统和语境。笔者认为，这三点理由都有片面性，是站不住脚的。

③ 习近平：《在纪念马克思诞辰200周年大会上的讲话》，人民出版社2018年版，第14页。

但经过历史和实践的检验,迄今依然保持着强大的生命力。① 马克思主义没有破产,而是一些人鼓吹的马克思主义"过时论"、"破产论"等谬说破产了。所以,中国共产党人即使面对激流曲折,也要做马克思主义的忠诚信奉者和践行者,而不是"东风来了往西倒,西风来了往东倒"。对此,习近平总书记指出:"思想政治受洗礼,重点是教育引导广大党员干部,坚定对马克思主义的信仰、对中国特色社会主义的信念。"② 2021 年 3 月 1 日,习近平总书记在春季学期中央党校中青年干部培训班开班式上进一步强调:"任何时候任何情况下都不改其心、不移其志、不毁其节。年轻干部要以先辈先烈为镜、以反面典型为戒,不断筑牢信仰之基、补足精神之钙、把稳思想之舵,以坚定的理想信念砥砺对党的赤诚忠心。"③ 为此,我们要始终坚持马克思主义在意识形态领域的指导地位,做忠诚的信仰者和践行者。

其一,科学的信仰不能自发地形成。实践证明,信仰不是从天上掉下来的馅饼,无论何种社会地位,何种知识背景,何种职业收入,要树立科学的信仰,都必须读原著、悟原理,理论联系实践,在改造客观世界的同时改造主观世界。对于把马克思主义作为指导思想的共产党人来说,马克思主义学说既是一种科学理论,也是一种精神信仰,即行为准则、理想追求、价值目标。共产党人之所以信仰马克思主义,是因为它是最严密、最富有生命力并经过实践检

---

① 习近平:《在哲学社会科学工作座谈会上的讲话》,人民出版社 2016 年版,第 8 页。
② 《习近平在"不忘初心、牢记使命"主题教育工作会议上强调 守初心担使命 找差距抓落实 确保主题教育取得扎扎实实的成效》,《人民日报》2019 年 6 月 1 日第 1 版。
③ 《习近平在中央党校(国家行政学院)中青年干部培训班开班式上发表重要讲话强调 立志做党光荣传统和优良作风的忠实传人 在新时代新征程中奋勇争先建功立业》,《人民日报》2021 年 3 月 2 日第 1 版。

验的科学理论体系。迄今为止，在当代世界庞杂多样的思想流派中，对于致力于改变世界的共产党人来说，马克思主义是最具有理论说服力和理想吸引力的思想学说。

其二，信仰与行动相统一。马克思主义不仅是一种信仰，更是一种理论，也是一种运动。共产党人从理论上坚持马克思主义固然重要，但是在行动上把马克思主义崇仰的共产主义付诸行动则更为重要。所以，衡量信仰是否坚定的标准，不仅包含理论的支撑，还需要实在的行动这个透视镜，言行不一的信仰不是真正的信仰。孔夫子也曾说："始吾于人也，听其言而信其行；今吾于人也，听其言而观其行。"（《论语·公冶长》）意思是说，不能轻信言语，要看其是否言行一致。要把行动作为检验信仰的试金石，只有言行一致才算真正的信仰。语言上的巨人和行动上的侏儒，不论如何慷慨激昂，终究不算具有真正的信仰。有些共产党员，仅仅在嘴上大讲信仰马克思主义，这不能算作真正的共产党人。真正的信仰应该是言行一致的，而且判断一个人的信仰真假与否，应该是听其言、观其行，看其对人民群众的行为。而不是嘴上说信奉马克思主义，一开小差，转过身就陷到泥坑里去。经过时间大浪的冲洗，历史的考验终究会为信仰验明正身提供最好的见证。

其三，在逆境的激流中坚定信仰。鉴于社会主义革命早已取得了胜利，无产阶级把政权掌握在自己手中，不存在像拉法格所处的时代，因为信奉马克思主义而被通缉、坐牢、流血的问题。但社会主义建设绝不是土豆烧牛肉，高谈阔论，轻轻松松，敲锣打鼓就能完成的。对共产党人来说，革命时期有战争年代的生死考验，和平建设时期有逆境挫折的考验，改革时期有利益关系调整中的钱权考验。对于这些考验，我们一定要保持头脑清醒，能辨别理论上的是非黑白。做一个坚定的马克思主义信仰者，不仅要具备深厚的马克思主义理论素养，而且要有回应社会现实问题的和以人民利益为中心的情怀。信口胡言、左右摇摆的人，不可能成为坚定的马克思主义信仰者。就如同毛泽东在《水调歌头·长江》中所说的"不管风吹浪打，胜似闲庭信步"①，抵御各种诱惑和正确看待曲折，始终保持对马克思主义的信仰，应该成为共产党人的座右铭。

---

① 《毛泽东文集》第 7 卷，人民出版社 1999 年版，第 165 页。

结　　语

拉法格从19世纪60年代的早期蒲鲁东主义分子到马克思主义世界观的转向，再到1911年的逝世，他为无产阶级解放事业奉献了近半个世纪，为国际共产主义运动创下了重要的历史功绩。纵观其一生，拉法格主要通过三种渠道树立自身的马克思主义观，对法国社会主义革命产生影响：（1）拉法格著作等身，并在各国社会主义者中广为流传。他通过著书立说来表达政治观点，为社会主义运动提供理论指导。（2）他通过马克思恩格斯的指导，与法国社会党及第二国际其他国家的无产阶级政党领导者建立紧密联系，促推无产阶级的国际团结。（3）拉法格通过直接参与法国社会党相关工作，筹备第一国际和第二国际代表大会来表达自己的具体观点和立场。宏观地讲，从他的"理论家、革命家、活动家"的多重身份来看，拉法格的主要贡献有三：

其一，维护唯物主义反映论，驳斥唯心主义反映论和不可知论，运用唯物史观深度解剖资本主义制度，利用多种方式向工人阶级和农民群众宣传马克思主义；捍卫马克思的剩余价值学说，驳斥资产阶级经济学家的种种谬论；具体分析帝国主义的某些特征，探讨垄断资本主义组织的缘起、发展和影响，论证资本主义已经发展到最后阶段；论证资本主义必然被社会主义代替的历史趋势，指明无产阶级政党历史使命，继承革命导师的无产阶级革命和无产阶级专政学说。此外，他还推动了马克思主义观点、方法与民族学、语言学、文学、宗教等领域的"联姻"，留下了一批卓越的理论成果。

其二，20世纪的最初十年，拉法格参与创建法国工人党，成为党内外有威信的领导人之一。他和盖得、瓦扬等人共同坚持、贯彻党的革命纲领和斗争策略，不断扩大党的群众基础，组织和领导工人群众反对资本主义制度的压迫，始终秉持以劳动群众为中心的立场，维护广大劳动人民群众的切身利益，积极开展对马隆、布鲁斯为首的可能派的斗争，及时回击米勒兰主义者和无政府工团主义者，推动了1905年法国社会党的建立。毫无疑问，他是党内革命派的领头雁。

其三，拉法格作为国际工人运动史中的杰出活动家，在第一国际内部同巴枯宁主义毫不妥协；在恩格斯的谆谆教导下，又参与创建第二国际，迅速粉碎了可能派和英国工联分子企图篡夺国际工人运动领导权的阴谋。20世纪初，随着国际工人运动中革命派和机会主义派之间的斗争日益白热化，拉法格并没有屈从于机会主义的压力，晚年依然活跃在反对改良主义派和无政府主义派的战线上，保持着大胆的探索精神和革命斗志，坚持和秉承了马克思主义的原则。

总之，在当时马克思主义在法国影响力还比较有限的情况下，拉法格已经算得上是一战之前为数不多的法国马克思主义者队伍中的杰出代表，是法国和国际工人运动中的革命战士。当然，我们也不得不承认拉法格的理论观点中也存在错误，比如，他的思想主张有时会表现出无政府主义[①]的倾向；学术用语不够确切，将唯物史观称为经济唯物主义；制定土地纲领时向小农的私有心理妥协等。很显然，拉法格所犯的错误既是由于还未彻底摆脱旧世界观的窠臼，也是受所处历史时代和斗争环境的限制。我们既不能刻意回避，也

---

① 无政府主义（anarchisme）主要表现为一种破产小资产者和流氓无产者的思想主张。他们面对困顿的生活环境和工人运动中尖锐的派系斗争，通过正常途径无法找到恰当的解决办法，进而将否定各种政府和权威作为解救之路和精神寄托。它要求废除国家，实行"无政府状态"，强调个人自由，反对集体专制，抨击资本统治，批判议会民主制，主张缔结契约而实行自治，建立联邦制。其核心理念是在没有国家强制性权威的条件下组织社会。

不能无限放大，应该实事求是地分析和看待，从中汲取有益的思想营养液。从这个意义上讲，拉法格是一位坚定的马克思主义理论家和革命者，他是忠诚但非彻底的马克思主义者。

不得不说，拉法格所犯的一些错误值得我们警示：比如，他在《革命的次日》中提出的一些革命措施，虽然总体上与马克思主义原则保持了一致，但过于具体，甚至带有空想社会主义的色彩；对布朗热运动的危害缺乏清醒认识；他在反对可能派的机会主义中表现出教条主义和革命空谈的倾向，增加了一些新的不必要的事端。① 据梅林的回忆，针对法国工人党的幼稚病，马克思当年曾对拉法格等人阐述他思想的不当方式深感不满，以至有一次马克思冷冷地看了拉法格一眼后说了"我只知道我自己不是马克思主义者"的反话。恩格斯对拉法格为代表的法国马克思主义者，也表达了无奈和讽刺之意。② 这提醒我们在现实中要克服认识和对待马克思主义的两种错误倾向，即教条主义和修正主义。

通过上文检视拉法格的一生，可以这么讲，拉法格是在马克思、恩格斯之后法国无产阶级革命活动中的重要人物，对马克思主义理论的传播和研究做出了突出贡献，他是介于马克思、恩格斯与后世法国革命家之间的重要一环。正如列宁对各国工人群众和革命者所说的那样，要"懂得十分敬重拉法格"③。拉法格为共产主义理想进行的斗争精神依然保持着思想魅力，其文本中蕴藏的理论遗产值得继续挖掘！

---

① 《马克思恩格斯全集》第35卷，人民出版社1971年版，第38—39页。
② 参见［德］弗·梅林《马克思传》，樊集译，人民出版社1965年版，第655页。
③ 《列宁全集》第20卷，人民出版社2017年版，第386页。

参考文献

一 经典文献

《马克思恩格斯全集》第 3—39 卷，人民出版社 1960—1974 年版。
《马克思恩格斯文集》第 1—10 卷，人民出版社 2009 年版。
《马克思恩格斯选集》第 1—4 卷，人民出版社 2012 年版。
《斯大林选集》（上、下卷），人民出版社 1979 年版。
《列宁全集》第 1—60 卷，人民出版社 2017 年版。
《列宁选集》第 1—4 卷，人民出版社 2012 年版。
《列宁专题文集》第 1—5 卷，人民出版社 2009 年版。
《毛泽东文集》第 1—8 卷，人民出版社 1999 年版。
《邓小平文选》第 1—2 卷，人民出版社 1994 年版。
《邓小平文选》第 3 卷，人民出版社 1993 年版。
《习近平谈治国理政》第 1—3 卷，外文出版社 2014—2020 年版。
《国际共产主义运动文献史料选编》第 3 卷，中国人民大学出版社 1985 年版。
《十九大以来重要文献选编》（上），中央文献出版社 2019 年版。
《恽代英全集》第 4 卷，人民出版社 2014 年版。
《蔡和森文集》（上、下册），人民出版社 2013 年版。
中共中央马克思恩格斯列宁斯大林著作编译局国际共运史研究室编：《拉法格文选》（上、下卷），人民出版社 1985 年版。
［德］爱德华·伯恩施坦：《伯恩施坦文选》，殷叙彝编，人民出版社 2008 年版。

［德］卡尔·考茨基：《考茨基文选》，王学东编，人民出版社 2008 年版。

［德］卡尔·考茨基：《考茨基言论》，生活·读书·新知三联书店 1966 年版。

［德］弗·梅林：《马克思传》，樊集译，人民出版社 1965 年版。

［法］爱·鲍提若里编：《恩格斯与保尔·拉法格、劳拉·拉法格通信集（1868—1886）》第 1 卷，北京第二外国语学院法语专业 73 级师生合译，人民出版社 1979 年版。

［法］爱·鲍提若里编：《恩格斯与保尔·拉法格、劳拉·拉法格通信集（1887—1890）》第 2 卷，广州外语学院法语教研室译，人民出版社 1981 年版。

［法］爱·鲍提若里编：《恩格斯与保尔·拉法格、劳拉·拉法格通信集（1891—1895）》第 3 卷，冯汉津等译，人民出版社 1981 年版。

［法］拉法格：《财产及其起源》，王子野译，生活·读书·新知三联书店 1962 年版。

［法］拉法格：《思想起源论——卡尔·马克思的经济决定论》，王子野译，生活·读书·新知三联书店 1963 年版。

［法］拉法格：《唯心史观和唯物史观》，王子野译，生活·读书·新知三联书店 1965 年版。

［法］拉法格：《文论集》，罗大冈译，人民文学出版社 1979 年版。

［法］拉法格：《宗教和资本》，王子野译，生活·读书·新知三联书店 1963 年版。

［法］保尔·拉法格等：《回忆马克思恩格斯》，马集译，人民出版社 1973 年版。

［意］安·拉布里奥拉：《关于历史唯物主义》，杨启慌等译，人民出版社 1984 年版。

二 中文专著

《马克思主义哲学史》编写组:《马克思主义哲学史》,高等教育出版社、人民出版社 2012 年版。

安启念:《东方国家的社会跳跃与文化滞后》,中国人民大学出版社 1994 年版。

蔡中兴:《帝国主义理论发展史》,上海人民出版社 1987 年版。

曹富雄等:《中国共产党人的马克思主义观》,中国社会科学出版社 2012 年版。

陈爱萍:《第二国际马克思主义哲学:时代、问题与批判》,中国社会科学出版社 2017 年版。

陈辽:《马克思主义文艺思想史稿》,四川文艺出版社 1986 年版。

陈文海:《法国史》,人民出版社 2014 年版。

陈先达:《马克思主义信仰十讲》,人民出版社 2018 年版。

陈之骅主编:《苏联史纲(1917—1937)》(上、下册),人民出版社 1991 年版。

程玉海、张祥云主编:《国际共运史与社会主义研究辑刊》,中央编译出版社 2011 年版。

董德刚:《当代中国根本理论问题——科学的马克思主义观研究》,河北人民出版社 2009 年版。

樊亢等:《主要资本主义国家经济简史》,人民出版社 1973 年版。

方章东:《第二国际理论家马克思主义观研究》,安徽大学出版社 2007 年版。

方章东:《第二国际思想家若干重大理论争论研究》,中国社会科学出版社 2017 年版。

冯昆:《中国化马克思主义观》,社会科学文献出版社 2012 年版。

复旦大学中文系文艺理论教研室:《马克思主义文艺理论发展史》,中国文联出版社 2001 年版。

高放等主编:《科学社会主义的理论与实践》,中国人民大学出版社

2008 年版。

高放：《马克思主义与社会主义新论》，黑龙江人民出版社 2012 年版。

高放、黄达强主编：《社会主义思想史》，中国人民大学出版社 1987 年版。

顾海良主编：《马克思主义的历史命运》，吉林人民出版社 1996 年版。

顾海良主编：《马克思主义发展史》，中国人民大学出版社 2009 年版。

顾海良、颜鹏飞主编：《新编经济思想史》第 4 卷，经济科学出版社 2016 年版。

郭华榕：《法国政治思想史》，人民出版社 2010 年版。

黄楠森等主编：《马克思主义哲学史》第 3 卷，北京出版社 2005 年版。

荆学民：《当代中国社会信仰论》，人民出版社 2008 年版。

李德顺：《价值论——一种主体性的研究》，中国人民大学出版社 2013 年版。

李景源主编：《21 世纪的马克思主义哲学创新》，江苏人民出版社 2011 年版。

李兴耕：《拉法格传》，人民出版社 1987 年版。

刘佩弦、马健行主编：《第二国际若干人物的思想研究》，中国人民大学出版社 1994 年版。

刘祚昌等主编：《世界通史》，人民出版社 2017 年版。

楼均信等主编：《法兰西第三共和国兴衰史》，人民出版社 1996 年版。

马健行：《帝国主义理论形成史》，中国社会科学出版社 1993 年版。

欧阳康：《社会认识论导论：探索人类社会的自我认识之谜》，北京师范大学出版社 2017 年版。

沈丹：《伯恩施坦修正主义思想研究》，中央编译出版社 2014 年版。

沈汉主编：《资本主义史：从世界体系形成到经济全球化》，学林出版社 2008 年版。

沈炼之主编：《法国通史简编》，人民出版社 1990 年版。

宋振华：《马克思恩格斯和语言学》，吉林人民出版社 2002 年版。

孙来斌：《"跨越论"与落后国家经济发展道路》，武汉大学出版社 2006 年版。

孙来斌：《列宁的马克思主义理论教育思想研究》，中国社会科学出版社 2003 年版。

唐宝林主编：《马克思主义在中国 100 年》，安徽人民出版社 1997 年版。

卫志强主编：《马克思恩格斯列宁斯大林论语言》，中国社会科学出版社 2015 年版。

吴黎平、艾思奇：《唯物史观》，人民出版社 1983 年版。

吴晓明、陈立新：《马克思主义本体论研究》，北京师范大学出版社 2017 年版。

萧贵毓、张海燕主编：《社会主义思想史纲》，中共中央党校出版社 1998 年版。

萧前等主编：《历史唯物主义原理》，北京师范大学出版社 2012 年版。

许春玲等：《延安时期中国共产党人的马克思主义观》，中国社会科学出版社 2017 年版。

许全兴：《马克思主义的自我反思与创新》，人民出版社 2019 年版。

许征帆等：《马克思主义学说史》第 3 卷，吉林人民出版社 1987 年版。

王伟光主编：《社会主义通史》第 1—5 卷，人民出版社 2011 年版。

叶蠖生：《历史唯物主义浅说》，中国青年出版社 1981 年版。

衣俊卿等：《20 世纪的新马克思主义》，中央编译出版社 2001 年版。

殷叙彝等：《第二国际研究》，中央编译出版社 1998 年版。

于沛主编：《马克思主义史学思想史》第 2 卷，中国社会科学出版社

2015 年版。

俞宣孟：《本体论研究》，上海人民出版社 2012 年版。

张一兵：《回到列宁》，江苏人民出版社 2008 年版。

张一兵主编：《资本主义理解史》（第 2—3 卷），江苏人民出版社 2009 年版。

张玉宝：《卡尔·考茨基及其中派主义研究》，中国社会科学出版社 2014 年版。

张芝联主编：《法国通史》，北京大学出版社 2009 年版。

中共中央党校：《社会主义思想史》，中共中央党校出版社 1988 年版。

中共中央马克思恩格斯列宁斯大林著作编译局：《马克思恩格斯著作在中国的传播》，人民出版社 1983 年版。

中共中央马克思恩格斯列宁斯大林著作编译局：《马列著作编译资料》第 13 辑，人民出版社 1981 年版。

中国人民大学马列主义发展史研究所：《列宁思想史》，上海人民出版社 1988 年版。

中国人民大学马列主义发展史研究所：《马克思恩格斯思想史》，上海人民出版社 1982 年版。

中国人民大学马列主义发展史研究所：《马克思主义史》第 1—4 卷，人民出版社 1996 年版。

周向军：《马克思主义理论与马克思主义观发展研究》，中国人民大学出版社 2018 年版。

周忠厚等主编：《马克思主义文艺学思想发展史》（上），中国人民大学出版社 2007 年版。

庄福龄主编：《简明马克思主义史》，人民出版社 2004 年版。

三　中文译著

《回忆列宁》（第 1—2 卷），上海外国语学院列宁著作翻译研究室译，人民出版社 1982 年版。

［德］约·连茨：《第二国际的兴亡》，学庆译，生活·读书·新知三联书店 1964 年版。

［法］埃米尔·鲍提若里、克洛德·维拉尔：《法国工人党的诞生》，杭州大学历史系法国史研究室和政治系国际问题研究室译，中国人民大学出版社 1986 年版。

［法］克洛德·维拉尔：《法国社会主义简史》，曹松豪译，中共中央党校出版社 1992 年版。

［法］克洛德·维拉尔：《盖得主义和马克思主义》，沈炼之译，中共中央党校出版社 1983 年版。

［法］雷吉娜·佩尔努：《法国资产阶级史》（下册），康新文等译，上海译文出版社 1991 年版。

［法］米歇尔·博德：《资本主义史 1500—1980》，吴艾美等译，东方出版社 1986 年版。

［法］让－皮埃尔·里乌、让－弗朗索瓦·西里内利：《法国文化史》第 4 卷，吴模信、潘丽珍译，华东师范大学出版社 2012 年版。

［美］保罗·斯威齐：《资本主义发展论》，陈观烈、秦亚男译，商务印书馆 1997 年版。

［南］普雷德腊格·弗兰尼茨基：《马克思主义史》，李嘉恩等译，人民出版社 1986 年版。

［苏］А. А. 古贝尔主编：《世界通史》（第 7 卷），北京编译社译，生活·读书·新知三联书店 1975 年版。

［苏］В. Е. 叶夫格拉弗夫：《苏联哲学史》，贾泽林等译，商务印书馆 1998 年版。

［苏］伊·布拉斯拉夫斯基编：《第一国际第二国际历史资料：第二国际》，中国人民大学编译室译，生活·读书·新知三联书店 1964 年版。

［苏］敦尼克等主编：《哲学史》（第 3—5 卷），何清新译，生活·读书·新知三联书店 1963 年版。

［苏］哈·尼·莫姆江:《拉法格与马克思主义哲学》,张大翔等译,国际文化出版公司 1987 年版。

［苏］祖波克主编:《第二国际史》(第 2 卷),南开大学外文系译,人民出版社 1984 年版。

［英］尼尔·哈丁:《列宁主义》,张传平译,南京大学出版社 2014 年版。

［英］佩里·安德森:《西方马克思主义探讨》,高铦等译,人民出版社 1981 年版。

《第二国际第二、三次代表大会文件》,《国际共产主义运动史文献》编辑委员会编译,中国人民大学出版社 1991 年版。

《第二国际第一次代表大会文件》,《国际共产主义运动史文献》编辑委员会编译,中国人民大学出版社 1989 年版。

《国际共运史研究资料》第 1—16 辑,人民出版社 1981—1986 年版。

四 中文期刊

本刊记者:《应该重视和加强对第二国际的研究——姚顺良教授访谈》,《国外理论动态》2008 年第 6 期。

蔡青竹:《第二国际对马克思社会结构理论的捍卫与局限》,《中共宁波市委党校学报》2016 年第 6 期。

操奇:《发展 21 世纪马克思主义的三个维度》,《探索》2019 年第 6 期。

陈锡喜:《不断开辟 21 世纪马克思主义发展新境界》,《思想理论教育导刊》2016 年第 9 期。

程恩富:《在学术生涯中形成十大马克思主义观》,《毛泽东邓小平理论研究》2020 年第 5 期。

法兰西第三共和国史研究课题组:《论拉法格对马克思主义的新贡献》,《浙江社会科学》1993 年第 1 期。

高放:《第一个社会主义政党的国际组织第二国际功败垂成》,《中国延安干部学院学报》2014 年第 6 期。

高放:《马克思的女儿不是嫁给资本家》,《炎黄春秋》2006年第9期。

高放:《马克思恩格斯确实设想无产阶级革命将在几国同时发生——与赵易亚同志商榷》,《社会主义研究》1999年第2期。

顾海良:《马克思主义:与中国改革开放同行》,《人民论坛》2018年第36期。

顾海良:《马克思主义中国化历史过程研究的启示》,《新视野》2016年第1期。

顾海良:《热话题与冷思考——马克思思想:与中国改革开放同行》,《当代世界与社会主义》2018年第4期。

顾海良:《治国理政的21世纪中国马克思主义新境界》,《中国高等教育》2016年第20期。

郭小香:《拉法格对史前社会研究的贡献》,《吉林师范大学学报》(人文社会科学版)2010年第4期。

郭艳君:《论拉法格对唯物史观的理解及局限》,《学习与探索》2006年第5期。

何孔鲁:《一幅金钱角斗场的形象图画——左拉〈金钱〉评析》,《苏州大学学报》(哲学社会科学版)1982年第1期。

何萍:《当代第二国际马克思主义研究的思想史语境及其建构》,《学术月刊》2016年第5期。

何梓焜:《对所谓"经济唯物主义"的一点看法》,《中山大学学报》(哲学社会科学版)1981年第2期。

侯树栋:《树立科学的马克思主义观》,《中国特色社会主义研究》2002年第5期。

金隆德:《拉法格对历史唯物主义的贡献》,《安徽教育学院学报》(社会科学版)1988年第4期。

金隆德:《拉法格对资产阶级道德观的剖析》,《江淮论坛》1990年第6期。

金喜仁、张树森:《国际工人运动的著名活动家倍倍尔和拉法格》,

《内蒙古师范学院学报》（哲学社会科学版）1978年第2期。

李安增、王梅琳：《全面理解习近平的马克思主义观》，《马克思主义研究》2019年第9期。

李益荪：《拉法格批评思想新论》，《社会科学研究》1998年第6期。

梁树发：《关于"什么是马克思主义"的提问》，《中国人民大学学报》2000年第4期。

梁树发：《马克思主义者身份认同与马克思主义发展主体意识自觉》，《马克思主义理论学科研究》2018年第3期。

梁树发：《谈谈马克思主义观》，《马克思主义研究》1999年第6期。

梁树发：《再谈马克思主义观——关于科学马克思主义观的基本内容》，《马克思主义研究》2000年第5期。

梁树发、李德阳：《发展21世纪马克思主义路径的思考》，《思想理论教育导刊》2017年第3期。

林建华：《第一国际、第二国际、第三国际的历史贡献新论》，《中国浦东干部学院学报》2017年第4期。

刘菲菲：《历史唯物主义是经济决定论吗？——以饶勒斯与拉法格在社会发展动力问题上的争论为理论案例》，《教学与研究》2016年第1期。

柳鸣九：《拉法格的文学批评——读〈拉法格文学论文选〉》，《文学评论》1962年第6期。

楼均信：《保尔·拉法格》，《历史教学》1981年第12期。

楼均信：《拉法格的无神论思想浅论》，《天津社会科学》1983年第3期。

楼均信、戴成钧：《马克思与法国工人党的创立》，《杭州大学学报》（哲学社会科学版）1983年第3期。

马驰：《论拉法格的文艺思想》，《广西师院学报》（哲学社会科学版）1999年第4期。

马健行：《拉法格对帝国主义理论的贡献》，《中国人民大学学报》（哲学社会科学版）1988年第1期。

马润清：《拉法格对阐发和传播历史唯物主义的贡献》，《河北学刊》
　　1986 年第 5 期。
莫其逊：《论马克思、恩格斯之后的马克思主义美学研究》，《广西
　　师范大学学报》（哲学社会科学版）2002 年第 4 期。
逢锦聚：《研究和把握马克思主义整体性的四个角度》，《南开学报》
　　（哲学社会科学版）2008 年第 4 期。
施鹤龄：《唯物史观和决定论》，《理论探讨》1990 年第 3 期。
殳安英：《恩格斯反对经济唯物主义的斗争》，《浙江社会科学》
　　1990 年第 3 期。
孙来斌：《列宁的马克思主义观》，《学习论坛》2009 年第 2 期。
孙来斌：《如何对待马克思恩格斯的"跨越论"——关于跨越"卡
　　夫丁峡谷"问题的思考》，《当代世界与社会主义》2007 年第
　　6 期。
孙熙国：《马克思主义究竟能够带给我们什么?》，《红旗文稿》2016
　　年第 4 期。
田心铭：《略论马克思主义观的研究》，《马克思主义研究》2011 年
　　第 2 期。
王安林：《拉法格的宗教观》，《宗教学研究》1992 年第 Z2 期。
王丰：《百年来西方马克思主义农业现代化思想的演进》，《青海社
　　会科学》2016 年第 4 期。
王京清：《为发展 21 世纪马克思主义作出新贡献》，《马克思主义研
　　究》2019 年第 10 期。
王芹、颜岩：《第二国际理论家对唯物史观的基本理解》，《学术交
　　流》2015 年第 12 期。
王群、詹真荣：《论拉法格对历史唯物主义的理论贡献和当代启思》，
　　《科学社会主义》2019 年第 1 期。
王伟光：《马克思主义在中国的伟大胜利》，《中国社会科学》2011
　　年第 4 期。
王岩、殷文贵：《架构与魅力：马克思主义理论内核的时代性阐释》，

《马克思主义与现实》2018 年第 6 期。

王义奎、赵云莲:《试论拉法格的伦理思想》,《法国研究》1987 年第 2 期。

王中保、程恩富:《多层面丰富和发展 21 世纪马克思主义》,《毛泽东邓小平理论研究》2017 年第 9 期。

伍先福、陈攀:《休闲权保障对社会和谐发展的历史意义——从〈懒惰权〉解读拉法格的休闲思想》,《长春理工大学学报》(社会科学版)2012 年第 3 期。

谢伏瞻:《马克思主义是不断发展的理论——纪念马克思诞辰 200 周年》,《中国社会科学》2018 年第 5 期。

谢富胜:《马克思主义经济学中生产组织理论的发展》,《经济评论》2005 年第 4 期。

谢向波:《拉法格与马克思恩格斯学术思想的关系》,《学术交流》2016 年第 2 期。

徐军:《第二国际马克思主义实践观的缺失及当代审视》,《内蒙古社会科学》2019 年第 6 期。

徐军:《第二国际主要理论家旧世界观改造的思想史分析与反思》,《教学与研究》2014 年第 8 期。

尹世洪:《全面准确地理解马克思主义唯物史观》,《江西社会科学》2001 年第 5 期。

杨斌、徐之顺:《本体、实践、批判:科学马克思主义观的认知逻辑》,《江苏社会科学》2020 年第 5 期。

杨斌、徐之顺:《科学马克思主义观的运行逻辑、辩证意蕴与价值旨趣》,《学海》2017 年第 6 期。

杨堃:《论拉法格对民族学与经济民族学的贡献》,《科学社会主义》1985 年第 1 期。

姚顺良:《第二国际关于资本主义现代形态理论的当代审视——兼论列宁经典帝国主义理论的贡献和缺陷》,《南京大学学报》(哲学·人文科学·社会科学版)2007 年第 1 期。

姚顺良、夏凡:《重新审视考茨基理解资本主义现代形态的"另类"模式》,《南京社会科学》2008年第10期。

袁林:《所有制起源的探讨》,《经济科学》1989年第2期。

袁婷婷、李国泉:《论习近平的马克思主义观》,《社会主义研究》2016年第6期。

张奎良:《恩格斯与历史唯物主义》,《哲学动态》2012年第11期。

张雷声:《从整体性角度把握马克思主义》,《甘肃社会科学》2010年第6期。

张雷声:《论马克思主义的整体性发展》,《教学与研究》2014年第1期。

张雷声:《马克思主义整体性的三个层次》,《思想理论教育导刊》2008年第2期。

张雷声:《研究马克思主义整体性的三大视角》,《思想理论教育导刊》2018年第7期。

张镭:《论拉法格的财产权理论》,《贵州社会科学》2006年第6期。

张新:《论中国共产党马克思主义观的新进展》,《马克思主义研究》2010年第6期。

赵家祥:《完整准确地理解马克思及其唯物史观——对"广义历史唯物主义"和"狭义历史唯物主义"区分的质疑》,《北京行政学院学报》2018年第3期。

赵庆元:《世谈经济决定论的"历史指认"——兼与万平、李文峰同志商榷》,《社会科学论坛》2012年第10期。

郑佳译:《一个国际工人运动著名活动家的足迹》,《社会科学报》2014年1月2日第8版。

周宏:《试论拉法格的意识形态理论》,《南京社会科学》2006年第4期。

周莉莉:《保尔·拉法格的社会主义思想及其当代价值》,《社会主义研究》2013年第3期。

周莉莉:《保尔·拉法格对历史唯物主义的阐释与运用》,《科学社会主义》2010 年第 3 期。

周莉莉：《保尔·拉法格关于政党建设的探索及其现实意义——写在中国共产党建党 90 周年暨拉法格逝世 100 周年之际》，《社会主义研究》2011 年第 4 期。

周思成：《新发现的法文版〈资本论〉书信集初探——马克思著作形成史的文本社会学考察》，《当代世界与社会主义》2020 年第 5 期。

周向军：《恩格斯的马克思主义观：基本内容与重要意义》，《理论学刊》2006 年第 8 期。

周向军、刘文杰：《论马克思的马克思主义观》，《理论学刊》2013 年第 8 期。

庄绪策、聂运麟、黄红发：《不容遗忘的马克思主义理论家——理论界关于拉法格思想研究综述》，《当代世界与社会主义》2008 年第 2 期。

五　中译论文

［德］米夏埃尔·布里：《〈资本论〉中的社会主义元件》，朱霞译，《当代世界与社会主义》2017 年第 3 期。

［法］R. 斯蒂芬妮：《马克思主义与 18 世纪法国的思想遗产》，潘滢译，《马克思主义与现实》2019 年第 4 期。

［法］拉法格：《保尔·拉法格的十八封信》，方光明译，《教学与研究》1984 年第 6 期。

［法］路易斯·阿尔都塞：《论资本主义社会的再生产》，吴志峰译，《国外理论动态》2013 年第 6 期。

［美］奥古斯特·H. 尼姆兹：《回到列宁，却脱离马克思恩格斯?》，李百玲译，《马克思主义与现实》2010 年第 2 期。

［英］亚历克斯·卡利尼科斯：《列宁主义过时了吗?》，刘旭东译，《国外理论动态》2014 年第 4 期。

六 外文期刊

Franklin. H. Giddings, "The Positive Outcome of Philosophy by Joseph Dietzgen; The Physical Basis of Mind and Morals by M. H. Fitch; Social and Philosophical Studies by Paul Lafargue", *International Journal of Ethics*, Vol. 17, No. 2, Jan 1907.

Keller, F. Leslie Derfler, "Paul Lafargue and the Flowering of French Socialism, 1882 – 1911", *International Review of Social History*, No. 9, 2000.

Paul Kellogg, "Paul Lafargue and the Fouding of French Marxism: 1842 – 1882", *Science & Society*, No. 1, 1995.

索　引

B

巴枯宁　12，29，89—96，100，108，270，272，273，282，287，288，314，336

巴黎公社　1，2，29，30，40，44，48，56，58，63，86—91，93，96，99，100，123，141，173，190，262，277，283，287，288，313，316

半无政府主义　1，36，295—302

辩证唯物主义　44，75，123，124，129，132，221，285，294

伯恩施坦主义　4，119，223，224，270，276

博利约　182，222，231—234，237，240，276，291

不可知论　129—133，146，225，316，335

布朗基主义　44，78，81，89，274，287，314

布鲁斯　100，102—105，107，108，273—275，288，336

布洛克　144，145，182，184，222，234，235

C

财产　10，11，14，16，19，41，75，82，97，102，110，115—118，128，145，156，168，175，183，194，196，206，220，229，230，234，246，249，251—256，262，289，293

错误思潮　2，6，74，146，222，271，275，282，287，328

D

达尔文　68，110，113，182，184—187，204，207，208，233，321

德莫连　114—117

帝国主义论　15，246

第二国际　2—5，8，9，12，15，18—21，23，24，27，32，34，48，53，54，57，60，63，66，71—74，119，149，150，156，158，159，166，167，186，192，195，222，247，270，279，294，296，

299,300,307,308,310,315,320,335,336

第一国际　5,8,21,29,30,44,49,53,78,88,90,92,95,98,100,119,141,190,273,274,282,283,288,300,335,336

E

21世纪的马克思主义　324

F

法国大革命　68—70,86,116,166,183,210,225,254,257,280

法国社会党　2,26,44,113,118—122,170,179,191,266,273,277,281,295,299,301,302,310,314,315,335,336

法兰西第二帝国　28,39,40,314

法兰西第三共和国　5,18,24,174,195,300

G

改良主义　1,2,44,55,61,96,101,118,121,169,194,228,270,274,280,281,293,303—305,307,310,314,315,336

盖得　1,5,28—30,32,33,60,67,96—101,103—107,109,110,118—120,170,195,197,198,201,203,262,263,273,274,278,279,281,289,292,294,295,299,315,336

革命派　69,103,105,106,119—121,195,273,275,336

个人主义　115—117,198

工人运动　2,7,9,20,24,25,29,30,34,44,48,55,58,59,78,80—82,86,91,96—98,102,103,109,114,123,141,147,150,166,187,190,192,193,197,221,268,270,272,274,275,282—285,287,294,298,303,307—309,311,312,336

《共产党宣言》　44,84,98,105,123,150,156,165,171,173,175,182,186—189,191,192,266,314,323,326

共产主义　1,5,6,8,9,12,13,18,21—24,26,27,36,56,57,60,67,68,72,77,84,86,98,99,102,103,105,106,109,110,114—118,120,122—124,128,129,136,139,140,145,146,159,160,174,175,177,184,192,193,197,198,218,219,229,230,239,247,252,253,255,256,258,261,263,266,269,274,277,280,289,296,301,305,306,309—315,317,319,330,331,333,335,337

国家　5,7,11,13,21,24,26,30,31,38—40,42,44,49—56,58—60,63,67—69,71,80—83,89,91,95,101,103,106,111—113,115,116,118,119,121—123,138,141,156,

162，164，168—170，174—176，
180—183，186，187，192，196—199，
226，238，239，242—244，249—251，
253—256，259，263，265，268，269，
272，275，278，280—282，286，289—
291，293，298，299，302，304，313，
316，317，319—321，323—327，331，
332，335，336

J

机会主义　2，9，12，19，31，44，45，
58，59，66，71，73，74，107，113，118，
119，122，124，162，169，170，201，
224，225，258，270，273，278，279，
282，283，288，289，292，297，300—
304，308—310，315，320，336，337

集体主义　96—98，102，106，120，
121，167，178，194，196，198，228，
231，234，291

阶级斗争　17，18，40，41，58，59，
75，76，94，99，105，107，110，118—
120，123，124，146，147，151，153，
156，159，165，170—174，181，186，
192，194，197，200，201，203，204，
206，207，215，217，223，269，272，
277—279，281，284，285，287，292，
296，304，317，319

经济唯物主义　20，36，61，62，68，
110，111，124，149—152，156，158，
162，181，186，230，241，285，319，
336

K

卡特尔　43，54，58，72，74，246

考茨基　3—5，11，32—34，63，66，
67，73，74，119，156，245，246，256—
258，279，280，294，295，300，303—
306，308，309

可能派　1，2，9，23，90，103—107，
110，270，272—275，278，281，288，
289，336，337

可能主义　44，105，272，273

L

劳拉　15，16，24，26，34，85，86，92，
94，106，108，110—114，142，167，
169，174，179，180，183，184，188—
193，195，196，199，201，232—235，
251，252，261—266，269，275，277，
284，285，287

历史法则　11，202

历史唯物主义　11，16，17，19—21，
26，32，62，64—66，75，124，129，
148—159，162，174，196，205，207，
209，221，228，311，322

灵魂　50，75，99，115，123，128，
129，160，208，331

垄断　4，9，39，42，43，47，53—56，
58，74，238，245—248，250，251，
254，328，335

卢森堡　4，5，28，32，34，63，72，73，
246，295，303—305，307，317

M

马克思主义观　1—4,6—9,22,23,
　31,33—39,67,71,77,78,109,127,
　136,174,185,294—296,303,310,
　311,316—318,321,322,326,335

马克思主义经典著作　8,13,185,
　187,188,191,192,321—324

马克思主义学说　2,32,34,60,78,
　90,138,140,141,146,179,187,
　188,194,199,271,283,315,318,
　322,325,332

马克思主义者　1,6,10,22,23,31,
　36,37,57,60,61,66,70,72,74,76,
　77,84,86,89,90,122,134—136,
　141,145,149,152,157,158,167,
　171,179,190,192,203,215,224,
　226,229,245,247,260,269,274—
　276,282,283,288,291,295,296,
　303,305,307,309,314—317,320,
　323,336,337

马隆　100,102—105,107,191,
　197,223,225,273,274,288,336

米勒兰主义　1,9,44,119,224,
　270,277,278,280,281,314,336

N

农民　43,49—51,69,76,113,
　164—170,175,193,199—201,233,
　238,250,254,313,316,335

P

帕雷托　236—238

《平等报》　94,96,98,99,102,
　105—108,194,195,197,274,285

平均利润率　183,240,241,244

蒲鲁东主义　1,8,12,44,67,78,
　81—84,86,91,97,100,105,159,
　188,190,194—196,217,218,270,
　272,273,282,285—287,314,335

普列汉诺夫　3—5,12,14,32,33,
　63,66,67,74—76,112,113,156,
　223,224,227,241,247,276,294,
　295,300,309

R

饶勒斯　3,5,20,21,32,69,118,
　121,159,160,178,179,182,211,
　222,224,225,227—230,278,279,
　319

S

实证主义　44,45,60,78,81,84,
　150,285,286,314

私有制　11,93,111,128,171,172,
　180,187,192,196,233,251,256,
　262,273,313

斯宾塞　116,182,185,186,319

T

托拉斯　26,43,54,58,74,165,

索 引

183,246—251,287,319

W

唯物辩证法　17,203,204,316,317,323

唯物史观　8,11,14,16,19—22,31,37,60—62,64—66,73,110,111,124,125,129,145,148—151,153,154,156,159,161—163,178,185,186,199,211,222,227—229,239,251,256,257,259,289,290,309,319,323,335,336

唯物主义　4,23,32,44,64—66,75,110,111,126,130,133,148—150,152,153,156,158,159,164,181,199,224—230,246,258,275,276,285,286,317,319,335

唯心主义　26,44,45,65,75,81,124—126,130,131,133,146,149,151—153,158,181,199,223—225,228,229,243,275,276,285,286,319,335

文艺　4,11—15,18,188,203—205,319

无产阶级　1,2,4,9,22,40,43,44,46—49,54—61,66,71—73,75,76,86—92,95—98,101,103—105,107,109,112,113,118—121,123,129,133,136,138,143,146—148,153,162—167,169—177,194—199,204,206,209,215,218,221,224,232,236,244,255,257,258,261,262,266—269,271—275,277—279,281,284,286,288—292,296,298—301,303,304,306—308,310,312,313,316,317,321,324,326,328,333,335,337

无政府主义　2,8,22,29,31,32,44,46,81,91,92,95,97,100,101,103,105,108,121,122,162,176,194,196—198,215,218,259,265,270,287,288,296,297,300,304,310,314—316,336

X

习近平　6,311,318—323,325,326,328,330—332

先验论　124,126,144,158,234,235,285

信念　22,58,88,121,260,266,284,322,330—332

信仰　2,51,60,68,70,72,77,78,83,86,96,123,129,130,134,178,197,221,259—261,312,330—334

修正主义　1,2,4,9,31,32,44,49,55,57,58,60,63,66,72—76,119,222—225,270,275,277,280,282,283,298,304,305,314,315,320,337

Y

议会　40,47,56,58—60,62,99—

101，103，112—114，118，120—122，168，169，184，201，254，263，269，274，277，289—293，297，300—304，307，308，316，336

语言　　4，6，13—15，17，18，37，73，79，85，101，127，141，163，179，181，191，198，203，210—217，224，259，268，311，319，333，335

Z

中国共产党人　　35，37，294，318，321，322，324，326，328，331，332

中派主义　　1，4，9，13，33，36，295，302—309

《资本论》　　44，67，84，102，112，125，139—144，151，181—184，187—190，212，222，231，232，234，236，237，241，245，253，283，314，323

资本主义　　4，8，9，17，26，38，39，42，44，47，48，52—63，68，69，71—75，81，83，90，91，98，101，102，104，105，107，115—117，119—123，125，127，135，136，138，140，142，148，154，157，164，165，171—175，181，183，186，194，196—198，204，207，215，218，219，221，222，226，230，234—236，239，245—252，254，257，259，262，271，272，274，275，279，285，286，288—291，298，300—302，307，313，316，323，324，328，335，336

宗教　　4，6，11，13，14，16—18，31，32，45，46，64，68，70，81，101，115，125，128—130，149，155，157，160—162，171，180，181，186，203，217—222，228，253，259，286，319，330，331，335

后　　记

本书是我的博士论文，也是对我三年博士学习生涯的一个总结。"山上有黉，名曰武大。"能在风景秀丽、底蕴深厚的武汉大学攻读博士，是我人生中的奢求和一大幸事。更为荣幸的是，能师从孙来斌教授，忝列博士门下。先生以正为人，以真治学，以严律己，让我受益颇丰。读博期间虽有挑战和困惑，得到的却是攻克难题时的由衷喜悦，获得新知时发自内心的甜美，还有更深层次上认识世界的得意。实践证明，有了一颗热爱做学问的真心，才能如孔子赞颜回："人不堪其忧，回也不改其乐。"（《论语·雍也》）一个合格的文科博士，是每周工作八十个小时依然乐在其中。即使做不到这样的工作强度，也要拿这样的话激励自己。不喜欢科研，不享受科研，不为之哭为之笑为之痴为之傻，读博士的初心何在？

本书的完成首先要得益于恩师孙来斌教授的指导，在博士论文选题、史料搜集、框架设计、修改润色等环节，导师多次约我促膝长谈，为我答疑解惑，字字斟酌，提出了宝贵的修改意见及相关批注。恩师在生活中无微不至的关心和学习中耳提面命的督促，使我铭记在心。他对学问的敬畏之心以及为师和为学的精神品格都深深地影响了我。

拙作的完成还要感谢顾海良教授、颜鹏飞教授、左亚文教授、杨军教授、倪素香教授、李楠教授等各位专家的宝贵建议。顾海良教授对写作思路的梳理让我受益匪浅，顾老师对加强拉法格研究的肯定给了我莫大的鼓励，使我更加坚定了今后的努力方向。左亚文教授学贯中西，读博期间被左老师深邃的哲学思维深深地震撼，深入浅出而又幽默风趣的授课方式更让我收益颇多。博士论文申请答辩时，中国人民大学张雷声教授、湖北大学徐方平教授等评审专家对论文进行了鞭辟入里的评论。各位专家既充分肯定了论文的亮点，也中肯地提出了论文需要改进之处。评审专家们对一些重大理论问题的精湛分析和准确把脉，开阔了我的学术视野，启发了论文的修改思路。应该说，本书的写作、修改和完善，凝聚着各位答辩专家太多的关怀和垂爱。

本书有幸入选2020年度国家社科基金优秀博士论文出版项目，感谢四位评审专家提出的修改意见，为本书的润色、完善提供了宝贵的参考。本书的出版得到了中国社会科学出版社的大力支持，在此要特别感谢责任编辑刘艳老师为本书校订和最终出版付出的辛勤劳动。

拙著有幸得以正式出版，离不开南开大学科研管理处和学院各位同仁的热心扶持和鼎力相助，尤其是博士后合作导师寇清杰教授在日常工作中给予的关爱和鼓励，在此表示衷心的感谢。本书的完成，还得益于高鑫、张驰、王会民、王晓南、吴汉勋、张圆梦等各位同门的支持和帮助，他们的关心为我提供了坚实的后盾。同时，父亲、母亲和兄弟姐妹等家人的鼓励给了我最大的精神动力。还要感谢吉林大学商学院的王伟强博士、北京师范大学历史学院的梁山博士，在收集资料和查找文献等方面他们都为我提供了莫大的帮助。

不得不说，博士论文在选题之初心存顾虑：其一，论题所涉及的原著较多，但相关中文版本却寥寥无几，担心无法弥补自身不懂法文的缺陷；其二，选题的学科范围涉及历史、哲学、文学等领域，超出原先的知识结构，可借鉴的研究成果又不多，有一定难度。论文在写作过程中证实了上述的担心。搁笔掩卷之际，内心五味杂陈，正如恩格斯当年评价黑格尔哲学体系时所言："人们只要不是无谓地停留在它们面前，而是深入到大厦里面去，那就会发现无数的珍宝，这些珍宝就是在今天也还保持着充分的价值。"① 同时，借用恩格斯当年告诫德国年轻人的一段话来自勉："以唯物史观研究历史是一个艰苦细致的工作，但很少有人这样认真地做过，然而这又是一个无限广阔的领域，需要人们出大力。谁肯下一番功夫认真地工作，谁就能做出成绩，就能超群出众。"② 出于这样的学术考虑，自己才下定决心去啃这个"硬核桃"，一本一本去研读拉法格"掉渣、泛黄"的文本。

由于学识能力的限制，本书对拉法格的马克思主义观的梳理和剖析属于初步尝试，也难免存在错谬之处，敬希各位专家、学者批评指正。诚挚地感谢各位师长的指导、教诲和帮助。对于第二国际相关人物思想的研究，我顶多算是一个浅尝辄止的"小学生"。欢迎各位读者提出宝贵意见，您的关注、支持，尤其是批评性意见，我将心存感激。

张留财

2021 年 4 月 18 日于南开大学

---

① 《马克思恩格斯选集》第 4 卷，人民出版社 2012 年版，第 225 页。
② 参见《马克思恩格斯选集》第 4 卷，人民出版社 2012 年版，第 599 页。